Tibor Simanyi
Madame de Pompadour

Tibor Simanyi

MADAME
DE
POMPADOUR

Eine Biographie

claassen

Inhaltsverzeichnis

I. Kapitel	Das Jahrhundert der Vernunft	7
II. Kapitel	»Das Schnupftuch ist geworfen«	21
III. Kapitel	Feldzug in Bosheit	53
IV. Kapitel	Einladung nach Versailles	77
V. Kapitel	Der Hof amüsiert sich	117
VI. Kapitel	Der Schatten der Macht	129
VII. Kapitel	Intimes und Familiäres	161
VIII. Kapitel	Weltgeschehen in zwei Akten	179
IX. Kapitel	Hofgeschehen in mehreren Szenen	257
X. Kapitel	Zu Gast im Bureau d'esprit	283
XI. Kapitel	Der letzte Auftritt	301
Zeittafel		325
Literatur- und Quellenverzeichnis		343
Namensregister		349
Danksagung		357

5

I. Kapitel

Das Jahrhundert der Vernunft

Seit einigen Jahrzehnten schon war ein vollendetes Meisterwerk der französischen Baukunst zum festen Begriff in der Sprache der Staatsmänner und der Gesandten in ganz Europa geworden. Nicht »Frankreich«, nicht »Paris« sagte und schrieb man, wenn man die bereits achthundert Jahre alte Monarchie der Kapetinger und ihrer jüngeren Vettern, der Bourbonen, und ihr Imperium meinte, sondern schlicht: der Versailler Hof. Er aber war alles andere als schlicht. In fast dreißig mühevollen Jahren hatte ihn Ludwig XIV. als Ausdruck von Macht und Glanz seiner Herrscherwürde errichten lassen. Weltgeschichte wurde in diesem Schloß und den Parkanlagen, die es umgaben, gemacht, das Schicksal mancher Männer und Frauen erfüllte sich hier in Glück oder Unglück.

Knisternde Fackeln erleuchteten den Hof von Versailles in warmen Sommernächten, wenn der König und seine Gesellschaft, lachend und tuschelnd, etwa im Hirschpark, auf den gepflegten Wegen dahinspazierten. Doch das flatternde Fackellicht reichte nicht in das Dunkel, das hier und dort eine Bank einhüllte, auf der eine Dame und ein Herr sich heimlich trafen. Nicht nur Küsse schenkte man und nahm entgegen hinter einem hochgewachsenen Busch, sondern auch duftende Briefe steckte man der Auserwählten zu, man lüftete eine starre Maske, um das warme Lächeln auf einem hübschen Gesicht herzuzeigen, oder man ließ ein Spitzentüchlein fallen. Und nicht nur Küsse und Briefe und Lächeln tauschte man, sondern auch geistreiche Sprüche und boshafte Anspielungen – doch der Wahrheitsgehalt der Worte war oft weniger wichtig als die Grazie ihrer Formulierung oder der Verbeugung, mit der man sie vortrug.

7

Nicht selten glich der Hof von Versailles einer Bühne: Man schritt in langen Reihen dahin, man näherte und entfernte sich, man verneigte und erhob sich wie in einstudiertem Rhythmus. In Lila, Gelb, Blau, Schwarz, Rosa gekleidete hohe Herrschaften, Priester, Hofmeister und Hofmarschälle, Dichter und Musiker, Zwerge und Hofnarren bildeten eine Ganzheit, deren Brennpunkt der König von Gottes Gnaden war. Von ihm ging alle Macht aus, er verkörperte den geheiligten Glauben an das Gottesgnadentum, diesen geheimnisvollen Bund zwischen dem Allmächtigen und dem Herrscher. Edle Geburt war der herrschende Wertbegriff, denn sie ermöglichte den Hochwohlgeborenen einen Platz in der Nähe des Brennpunktes. Versailles war der Brennpunkt Frankreichs, der König aber der Brennpunkt allen Geschehens.

Auch die Vertreter fremder Mächte hatten Zutritt zum Hofe. Oft griffen hier die Minister und Gesandten wichtige Informationen auf, die sie dann, verschlüsselt, mit Kurieren nach Madrid, nach London, nach Wien, nach München, nach Dresden, nach Berlin, nach Petersburg, nach Turin, nach Neapel verschickten. Das diplomatische Ränkespiel war nicht minder formvollendet, nicht minder boshaft und nicht minder heuchlerisch als das höfische Liebesspiel.

Die frühere französische Geschichtsschreibung neigt dazu, manche Schlafzimmergeheimnisse als gestaltenden Faktor des politischen Geschehens zu werten, zu deuten und darzustellen. Zwar konnte ein abgefangener Liebesbrief – bestochene Diener und im treuen Dienst ergraute Ammen spielten dabei tatsächlich die Rolle, wie sie ihnen in Theaterstücken und Romanen des 19. Jahrhunderts zugeteilt wird – gegen einen einflußreichen Herrn am Hofe oder den Gesandten einer fremden Macht als Erpressungsmittel ausgespielt werden. Aber zu jener Zeit – wir sind im zweiten Drittel des 18. Jahrhunderts – war die Diplomatie darüber hinausgewachsen, der Hausmacht und der Habgier oder dem Ehrgeiz einzelner Fürsten zu dienen. Nicht mehr um einen Überfall auf das nächste Schloß ging es, nicht mehr um einen reiche Beute versprechenden Raubzug gegen den feindlich gesinnten Nachbarn, der übermächtig zu werden drohte, nicht mehr darum, im Geiste des individuellen Herrschertums noch ein Dorf, noch eine Weide, noch ein Ackerland, noch zehn oder hundert oder tausend Leibeigene zu gewinnen – nein. Schon hatten sich jene großen Staaten herausgebildet, die das Weltbild der Zeit prägten und es, mit größeren oder kleineren Korrekturen, bis 1914 prägen sollten.

Britannien unterstützte schon die jeweils schwächere Macht auf dem Kontinent – bald Maria Theresia, bald Friedrich II. von Preußen. Niemals in den europäischen Vordergrund tretend, meistens hinter dem Rücken seines kontinentalen Verbündeten verbleibend, nahm Britannien bald mit Expeditionsarmeen, bald mit Krediten – wie im Österreichischen Erbfolgekrieg, wie im Siebenjährigen Krieg – nur zurückhaltenden Anteil am Schicksal Europas, ohne dieses Geschick selbständig bestimmen zu wollen, aber auch ohne vom gemeinsamen Schicksal Europas abhängig zu werden. Denn die Quellen des britischen Reichtums lagen schon außerhalb Europas. Die anlaufende Gleichgewichtspolitik Britanniens war auf das Aufrechterhalten der Rivalität zwischen den führenden Mächten gerichtet. Aus der Natur dieser Politik folgte, daß es niemals Londons Ziel sein konnte, die eine oder die andere Macht, die das Übergewicht auf dem Kontinent errungen hatte, zu vernichten, sondern sie nur in Schranken zu halten. Denn die Vernichtung einer kontinentalen Großmacht im Bündnis mit einer anderen oder einer Mächtegruppe würde zugleich das Gleichgewicht auf dem Kontinent zerstören, jenes Gleichgewicht, welches das Lebensinteresse Britanniens war. Das politische Ziel Londons mußte die Aufrechterhaltung der europäischen politischen Differenziertheit sein – denn ohne aufeinanderprallende Kräfte entstand auch kein Gleichgewicht! Und daraus folgte, daß Britannien in dem Augenblick, in welchem *eine* einzige Macht das militärische, wirtschaftliche und geistige Übergewicht in Europa errang, seine Weltmachtstellung einbüßen mußte.

Seine Dynastie war national. Sie war es, obwohl sie vom Kontinent kam, aus Hannover. Denn die britische dynastische Würde entsprang den gesellschaftlichen und imperialen Bestrebungen der Nation, ja sie war Trägerin dieser Bestrebungen, nach einigem Widerstand wurde sie sogar zum Sinnbild jener spezifisch britischen gesellschaftlichen Entwicklung, die ihren Ausdruck im Parlamentarismus fand. Der nach Synthese strebende Sinn des Briten, seine Bereitschaft, gegeneinandertreibende Kräfte auszugleichen, gestalteten die konstitutionelle Monarchie. Das republikanische Experiment Cromwells, das, nebenbei gesagt, recht herrische Züge zeigte, löste sich auf in jenem wirtschaftlichen Aufschwung, der später im englischen Industriekapitalismus seinen Höhepunkt erreichte. Der Kaufherr und der Industrielle zogen in das Parlament ein. Das Parlament regierte. Dieses Parlament war bürgerlich gefärbt, auch wenn seine Mitglieder Adelstitel führten. Der Bürger erkaufte seine Freiheiten von der dynastischen Würde. Die Formen der aristokratischen Lebens- und Produktionsweise waren nicht dieselben wie auf dem Kontinent. Der kontinentale Feudalherr beharrte auf seinen mittelalterlichen Privilegien – der britische Feudalherr wurde zum Förderer des Handels im Lande und in Übersee, zum Förderer der Industrie, der Entdeckungen, er selbst war der Kaufherr und der Industrielle. Im Verlauf der Jahrhunderte hat die englische Philosophie alle autoritativen Begriffe und Vorstellungen ausgehöhlt, welche dem freien Gedanken ein Hindernis waren. Newton, der Gläubige und Religiöse, schuf ein neues physikalisches Weltbild, von dem Voltaire berichtete. Bitter grinsend zweifelte Swift die Werte der Gesellschaft an, in der er lebte. Doch es war die Art Zweifel, die anregend und schöpferisch wirkt. Die alte, als schlecht erkannte Wirklichkeit blieb im Leben des britischen Volkes als Dekor, während es die neue Wirklichkeit gestaltete. Das war der britische Konservatismus, der niemals wie der konservative Geist auf dem Kontinent Erstarrung oder Rückschritt bedeutete.

Und das Volk, das die überseeischen Wunder und Reichtümer für Europa erschlossen hat? Das Volk Spaniens war nicht ganz da. Es schien das einmalige Abenteuer, das es von Europa in die Himmelsrichtungen des goldenen Erlebnisses gelockt hatte, nicht ganz überstanden zu haben oder nur um den Preis seiner Vitalität. Einst hatte ihm die Welt gehört. Nun lebte es in sich gekehrt, den Blick in eine Ferne gerichtet, die niemand sonst sah. Vielleicht blickte das spanische Volk in den Himmel, den die Flammen der Autodafés erleuchteten, wenn Ketzer, die lieber dachten als glaubten, verbrannt wurden. Vielleicht blickte es zurück in die Vergangenheit. Die Inquisition regierte. Und die Angst. Hier und dort lebte noch das Mittelalter, lebendig war die Erinnerung an jene Zeit der Gärung, da die königliche Würde und die kirchliche Gewalt ein enges Bündnis eingegangen waren, um die Mauren zu vertreiben. Durch die strenge, bedingungslose Disziplin des Glaubens an Thron und Altar haben die Könige und die Priester die Völker der Iberischen Halbinsel geeint. Durch die maurische Bedrohung ist der spanische Staat entstanden. Und geblieben war ein einheitlicher Wille zur Beharrung auf dem Überlieferten, auf sinnlos gewordenen ritterlichen Bräuchen, auf so manchen Charakteristika des kämpfenden und glaubenden Mittelalters. Die Kirche hatte ihr fröhliches Antlitz verloren, sie zeigte kriegerische, hochmütige, herrische und grausame Züge. Die arabische Hochkultur als Erinnerung, Beherrschung der Erdkugel als Erlebnis, das Christentum als erfüllendes Lebensgefühl, und eine Leidenschaft, die sich nicht mehr in Taten zu verwirklichen suchte . . . Spanien. Umgrenzt von Meeren und den Pyrenäen, die es von der übrigen Welt trennen. Eines der Urländer Europas, und doch nicht ganz in Europa. Nach dem Erbfolgekrieg zu Beginn des Jahrhunderts – Wien und London, Prinz Eugen und der Herzog von Marlborough, kämpften gemeinsam gegen das bourbonische Übergewicht – bestieg ein Bourbone Spaniens

Thron. Habsburg machte den Schritt zurück in den Raum, von dem er ausgezogen war, um als Erbe der universalen päpstlichen Verwaltungsgewalt ein Weltreich zu gründen, und der von nun an das Fundament seiner realen Macht sein sollte: in den Donauraum.

Denn nach der dynastischen Kräfteentfaltung, die ihr Haus in die Ferne gelockt hatte, herrschte und regierte Maria Theresia nur in drei Ländern uneingeschränkt – in jenen beiden, die beim Angriff der französisch-bayrisch-preußischen Koalition auf ihre Erbländer im denkwürdigen Jahr 1741 Armeen ausgerüstet hatten: Österreich und Ungarn, und in jenem dritten, das sie mit Waffengewalt zurückerobert hatte: Böhmen. Und sie ließ sich nicht zur »römisch-deutschen Kaiserin« krönen. Nachdem der unglückliche bayrische Kurfürst, ein Schattenkaiser unter dem Namen Karl VII., das Zeitliche gesegnet hatte, wurde ihr Gemahl, der Großherzog von Toskana, Franz von Lothringen, zum Kaiser erwählt. Sie wußte, er wußte auch und alle Welt wußte, daß nur sie um seine Wahl intrigiert und verbissen gekämpft hatte. Ihr Verdienst allein war es, daß er zum Kaiser gekrönt wurde. Aber die glänzende Kaiserkrone, der goldene Reichsapfel und das Zepter blendeten sie nicht. Die bitteren Niederlagen, die wenigen Siege, der ganze blutige Erbfolgekrieg hatten sie gelehrt, daß das Reich, wie Karl der Große es einst begründet hatte, nur noch ein kaum übersehbares Konglomerat war. Nur noch mit peinlicher Sorgfalt und ängstlicher Rücksicht einander bekräftigende Verträge, nur noch einander ausschließende und dadurch ausgleichende Freiheiten und Privilegien Hunderter von Provinzen, Städten, Ständen und Orden hielten dieses Reich zusammen. Es besaß keine ausstrahlende Kraft mehr, weder eine politische noch eine militärische. Der Erbfolgekrieg war eine Kraftprobe gewesen. Und sie hatte alle historischen Illusionen vernichtet. Maria Theresia hatte sich mit der Macht ihrer Erbländer behauptet. Von den dreiundsechzig Titeln, die ihr Vater noch sein eigen genannt hatte, verblieben ihr in erstaunlich kurzer Zeit nur drei, die wirkliche

Macht bedeuteten: Königin von Ungarn, Königin von Böhmen und Erzherzogin von Österreich. Die Kaiserkrone war nur noch ein Symbol bar aller Macht und Franz Stephan I., wie ihn Maria Theresia am Krönungstag, am 4. Oktober 1745, vom Balkon des Hauses Frauenstein in Frankfurt am Main sah und ihm heiter lächelnd zuwinkte, ein würdevoller Kaiser. Aber das Habsburgerreich zu dieser Zeit wollte und konnte die Bourbonen nicht mehr bedrohen. Eher konservierend, zusammenhaltend als angriffslustig war seine Macht. Und nicht so zentrifugal, nicht so ungeduldig, nicht so zielstrebig wie die Macht Preußens.

Das alte Ordensland Preußen war ein Soldatenstaat. Friedrich II. hatte von seinem Vorfahren eine bis ins letzte durchorganisierte und in straffer Zucht disziplinierte Armee geerbt, die er nun selbst befehligte − mit der von seinem Vater ererbten Härte und Rücksichtslosigkeit. In seinen Landen war jeder sechste Mann Soldat, im Etat nahm die Armee die erste Stelle ein. Aber der Staatsapparat, auf den der Bürger sich verlassen durfte, funktionierte reibungslos, und die Armee hatte eine ungewöhnliche Durchschlagskraft. Friedrich knauserte, bezahlte seine Minister schäbig, und die Gesandten an fremden Höfen verarmten in seiner Vertretung. Einige abgenützte Mäntel, vom Tabaksaft fleckige Westen, einige Paar Stiefel machten seine Garderobe aus. Höchstpersönlich überwachte er die Ausgaben seines Haushalts − und der Mundschenk konnte auf manches gefaßt sein, wenn er ohne die Erlaubnis des Königs zusätzlich eine Flasche Wein öffnete. Friedrich beschnitt sogar die Zucker- und Schokoladenration seines gefeierten Gastes Voltaire und gab ihm nicht genug Kerzen. Voltaire grinste, zuckte mit der Achsel und steckte die Kerzen im Vorzimmer der königlichen Gemächer ein, um nicht in der Nacht ohne Licht zu bleiben.

Als Friedrich mit kühler Berechnung, urplötzlich und daher erfolgreich in das habsburgische Schlesien einfiel (und damit den Erbfolgekrieg heraufbeschwor), feierte ihn Voltaire mit den Zeilen:

Sitôt que Frédéric parut
Dans la Silésie étonnée,
Vers lui tout un peuple accourut
En bénissant sa destinée.

(Kaum erschien Friedrich/Im staunenden Schlesien,/Da strömte das Volk,/Sein Geschick segnend, zu ihm.)
Freilich, das war dichterische Übertreibung. Wenn auch Bürgermeister und verschiedene Ständevertreter pflichtgemäß enthusiastische Reden hielten, blieb die Provinz dem Erzhaus treu und wartete mit banger Hoffnung auf die österreichische Befreiungsarmee. Diese aber ließ lange auf sich warten. Die Besetzung Schlesiens durch Friedrich war eine Zäsur in der Geschichte Europas.

Die führenden Höfe hatten nach jahrzehntelangen mühsamen diplomatischen Auseinandersetzungen das habsburgische Hausgesetz des Kaisers Karl VI., die Pragmatische Sanktion vom 19. April 1713, das »pactum mutuae Successionis«, das heißt die weibliche Erbfolge, anerkannt und geschworen, die Erbrechte Maria Theresias gegen jeden Aggressor – »contra quoscumque« lautete die vermeintlich unanfechtbare Formulierung – in Schutz zu nehmen. Sie hatten ein Gleichgewicht der Kräfte hergestellt. Dieses Gleichgewicht hatte nun Friedrich jäh umgeworfen und dadurch einen Anspruch geltend gemacht, der – da die kaiserliche Macht ohnehin schon verblaßt war – einen Machtdualismus im deutschen Raum bewirkte. Der Staatskanzler Maria Theresias, Kaunitz, erkannte dies. Kardinal Fleury, der langjährige Außenminister Ludwigs XV., und seine Nachfolger erkannten es nicht.

Kaum war das Jahrhundert angebrochen, da klopfte der Herrscher Rußlands an die Türen Europas: »von Gottes Gnaden Durchlauchtigster und Großmächtigster Herr, Zar und Großfürst Peter Alexejewitsch, Selbstherrscher von ganz Groß-, Klein- und Weißrußland«. Das russische Volk hatte in der zwielichtigen Strahlung byzantinischen Prunks zu glauben

14

gelernt und jahrhundertelang die Herrschaft der Tataren erdulden müssen. Lange hat es in unberührter Abgeschlossenheit gelebt. Die Reformation und die Bauernkriege, die fröhliche Renaissance, die in Europa neue Staatsordnungen und Produktionsweisen, eine neue Lebensart schufen, haben hier nicht stattgefunden. Von tiefer, unheimlicher Kraft war jedoch des Volkes Glaube an die Erlösungskraft der Religion – es war eine Glaubenssehnsucht, die oft Gefahr lief, in ihren ausübenden Formen und Regeln zu erstarren. Was die Völker Europas sich einst von Rom geholt hatten und was das russische Volk von Byzanz nicht bekommen konnte, das wollte es nun von Europa erhalten. Zar Peter I. verkörperte diesen Drang, sich dem Westen zuzuwenden.

Doch zunächst mußte er sein Land von fremden Eindringlingen befreien. Dies gelang ihm in der Schlacht bei Poltawa im Jahre 1709, als er das Heer des Schwedenkönigs Karl XII. schlug. Der nicht faßbare Raum, in Bündnis mit dem unfaßbar strengen Winter, vernichtete die Großmachtstellung Schwedens. In diesem Feldzug ging auch der Glücksstern des polnischen Königs Stanislaus I. aus dem Geschlecht Leszczyński unter. Er und seine Familie fanden im Elsaß Asyl. Die nächste starke Persönlichkeit auf dem Thron der Romanow herrschte in der zweiten Hälfte des Jahrhunderts: Katharina II.

Seit mehr als zweihundert Jahren betrieb Frankreich eine Außenpolitik, die zur Zeit unserer Geschichte bereits zum Axiom erstarrt war. Urheber dieser Politik war Franz I. Nach der verlorenen Schlacht bei Pavia, 1525, nach der demütigenden Gefangenschaft in der habsburgischen Hauptstadt Madrid, nach den harten Friedensbedingungen, die ihm Karl V. aufzwang, reichte Franz I. die Hand über die Köpfe Europas hinweg einer außereuropäischen Macht: Sultan Soliman dem Prächtigen, um sein Land aus der habsburgischen Umklammerung zu befreien. Seitdem kämpfte Frankreich gegen die Übermacht Habsburgs – oft war in diesem Kampf die Religion, wie im Dreißigjährigen Krieg, Vorwand bloß, waren die religiösen Auseinandersetzungen nur das massenbewegende Moment der Kriege, die um die Vorherrschaft geführt wurden. Und so konnte Frankreich zunächst das Osmanenreich gegen Mitteleuropa ausspielen, doch dessen Macht zerschellte an den Mauern Wiens, und nach und nach verlor Paris seinen Verbündeten im Rücken der europäischen Mitte. Es unterstützte die protestantischen süddeutschen, dänischen, schwedischen, böhmischen, ungarischen Fürsten und Stände in ihrem Ringen mit der Gegenreformation, deren Hochburg Wien war. Doch während das bourbonische Frankreich sich vom Irrlicht der habsburgischen Kaiserkrone blenden ließ, entstand eine ganz neue Machtkonstellation: Britannien weitete seine Seemacht aus (». . . from out the azure main«, wie das Lied »Rule, Britannia« es bezeugt), Preußen trat die Erbschaft der habsburgischen dynastischen Macht in deutschnationalem Gewand an, und der Herrschaftsbereich Habsburgs wurde auf den Donauraum beschränkt. Das war das Europabild des geschichtlichen Augenblicks, in dem der Dichter der Vernunft sich zu Wort meldete.

Einiger persönlicher Satiren wegen wurde der junge Voltaire verfolgt und flüchtete nach England. Dort schrieb er die »Englischen Briefe« – Satiren gegen Frankreich. Er war ein Kind des Jahrhunderts der Vernunft und zugleich sein Gestalter. Sein Interesse reichte über das Literarische hinaus, in das Gesellschaftliche, Politische und Philosophische hinein. Nicht nur den Vers suchte er nach den Regeln der Vernunft neu zu prägen, sondern die ganze Welt. Um dies zu erreichen, mußten die alten, schiefen Wirklichkeiten und die eingefleischten Vorurteile entlarvt werden. Also stellte er Vers wie Prosa in den Dienst der Ideen der Aufklärung. Eigentlich waren diese »Ideen« kaum etwas anderes als Verneinung. Doch wie schneller, wie eindrucksvoller lenkte man die Aufmerksamkeit mit dem Verneinen, besonders mit dem spöttisch vorgebrachten Verneinen, auf sich als mit dem biederen Schaffen! Grenzenloser Ehrgeiz trieb Voltaire voran. Seine Werke las er in den Salons vor und sandte sie in alle Welt hinaus. Und er korrespondierte mit der ganzen Welt, vor allem mit den Fürsten, denen er sich kraft seines Geistes ebenbürtig fühlte. Und er fühlte sich berufen, in allem mitzureden. Die großen althergebrachten Ideen und Verhaltensweisen erschienen ihm komödienhaft. Doch er empfand keinen Schmerz dabei wie Swift.

Als im zweiten Jahr des Siebenjährigen Krieges, 1758, der *Candide* erschien, sein Meisterwerk, stand er auf dem Gipfel seines Ruhms. Das Französische war die internationale Sprache, die Sprache der Gebildeten wie einst das Lateinische, und Voltaire der anerkannte Führer einer internationalen Literatur. Die bedeutendsten Höfe Europas, Schönbrunn etwa oder Sanssouci, wirkten wie Filialen von Versailles, und überall schwärmte man für ihn. Friedrich, selbst ein französischer Dichter, rief ihn an seinen Hof und schloß mit ihm eine etwas hysterische Freundschaft. Dies hinderte Voltaire freilich nicht daran, auch Maria Theresia in Oden zu huldigen. Schon 1742, als die Königin noch gegen Frankreich Krieg führte, nannte er sie eine »princesse magnanime«, doch jetzt, anläßlich der Eröffnung der Universität zu Wien, 1756 (und nachdem er sich mit seinem Freund Friedrich verkracht hatte), überbot er sich selbst:

Dans Vienne à l'indigence on donne des asiles,
Aux guerriers des leçons, des honneurs aux beaux-arts
Et des secours aux arts utiles.
Connaissez à ces traits la fille des Cézars.
Therese et son Époux ont dans l'Europe entière
Un concert d'applaudissements . . .

(In Wien gibt man Asyl Bedürftigen, den Kriegern Unterweisung, ehrt die schönen Künste, unterstützt die nützlichen. Erkennet daran die Tochter der Cäsaren. Therese und ihr Gemahl finden beide in ganz Europa jubelnden Applaus.)

Auf seinem Landsitz in Ferney lebte Voltaire wie ein Fürst.

17

Sein Wort hatte Gewicht. Er war kein Revolutionär: Die Welt verbessern wollte er eher durch eine vernunftverbreitende Literatur und mit Hilfe der aufgeklärten Fürsten. In diesem Jahrhundert der Vernunft schien alles möglich. Man meinte, die Einsicht könne alle Probleme lösen und sah die Kräfte nicht, die in der Tiefe sich ballten. Unendlich groß war die Kluft zwischen dem Optimismus der Schriftsteller und dem Elend des niedrigen Volkes. Der »Patriarch von Ferney« rief der Welt zu: »Cultivons notre jardin!« – ja, pflegen wir die Gärten und jäten wir das Unkraut, den Aberglauben. Er glaubte daran, daß menschliche Vernunft und Einsicht, die er in sich verkörpert wähnte, die göttliche Vorsehung, die man entmachten wollte, ersetzen würden.

Diese Staaten nun prägten das Weltbild der Zeit. Sie waren Einheiten der Sprache, des Denkens, der Gesetzgebung, der Verwaltung und des tief in der Religion verwurzelten, scheinbar unzerreißbaren Bandes, das Herrscher und Untertanen in Staaten, ja in gemeinsamer Staatlichkeit mehrerer Völker einte. Der Herrscher personifizierte zwar die Interessen seines Landes, aber es waren nicht mehr nur seine persönlichen Interessen, nicht mehr die Interessen seiner Hausmacht. Zwar trug der Gesandte am fremden Hofe im Namen seines Souveräns vor, die Instruktionen erhielt er aber von einem Ministerpräsidenten oder einem Kanzler, von einem »Regierungschef« also, der auf die Ortskenntnisse und die Urteilskraft, auf die schriftliche Berichterstattung des Gesandten angewiesen war. Nur Friedrich von Preußen instruierte seine Gesandten persönlich (wie er alles persönlich tat, die Minister waren Marionetten). Eine köstliche Lektüre sind die geheimen Berichte des Grafen Podewils an seinen neugierigen König über die Art Maria Theresias, sich zu kleiden, über das »impertinente Wesen« ihres Staatssekretärs Baron von Bartenstein, über die Unbestechlichkeit ihres Kabinettssekretärs Koch aus dem Wien der vierziger Jahre! In dieses Jahrhundert fallen die Anfänge der eigentlichen Diplomatiegeschichte. Schon wurden dem Diplomaten, wenn auch für ihn »Hof«, »Staat« und »Regierung« – das folgte aus dem loyal-servilen Verhaltensschema der Zeit – ein einziger Begriff waren, wichtige Aufgaben erteilt. Das politische Kräftefeld war durchwoben mit Interessen und Gegeninteressen, mit Verträgen und Gegenverträgen und Gegen-Gegenverträgen. Es war auch die Zeit eines gigantischen, eines weltumspannenden Kampfes: Die Eroberung und die Aufteilung des nordamerikanischen Kontinents, Indiens und Indonesiens sind schon Thema und Ziel der Tagespolitik geworden. Nicht mehr nur um die Vormachtstellung auf dem europäischen Kontinent wurde dieser Kampf geführt, sondern um die Hegemonie in der ganzen Welt. London wußte schon, daß sein Gegner in diesem Kampf nicht mehr das in seinem goldenen Glanz erstarrende Spanien war, sondern das kampflustige Frankreich – es wußte das früher als Versailles. Denn die französische Außenpolitik beharrte noch auf der alten, axiomatischen Konzeption, darauf, die Habsburger zu schwächen, ihnen mit Schläue und Gewalt die Kaiserkrone endlich – endlich! – zu entwinden. Ein redegewandter, kluger und geschickter Diplomat, der mit Verhandlungen und Intrigen eine für einen Vertragsabschluß oder einen Feldzug günstige Situation herbeizuführen verstand, wurde geschätzt. Der Hochadel, der Zutritt zum Hofe, also zur »Regierung«, hatte, stellte die Diplomaten.

In Versailles stellte er auch die Mätressen des Königs. Dies war eines seiner Vorrechte. Das Mätressentum war zu einer Institution geworden, und im Schlafzimmer des Königs verkehrten Damen von höchster Geburt und mit den glänzendsten Namen von ganz Frankreich. Der zeitgenössische Chronist Barbier berichtet, wie die öffentliche Meinung sich verhielt, als Madame de Mailly die Mätresse Ludwigs XV., für den man den Kosenamen »der Vielgeliebte« erfand, geworden war. Unter der öffentlichen Meinung waren freilich die herrschenden Adelskreise zu verstehen. In ihnen also meinte man, es sei nichts gegen die Wahl des Königs einzuwenden, denn der Name des Geschlechts der Dame sei »einer der ersten Namen der Monarchie«. Sie stammte aus dem Hause der Herzöge von Nesle.

Es ging jedoch nicht nur darum, daß Gleiches mit Gleichem sich verbinde. Am Hofe von Versailles lagen Cliquen miteinander im Streit, boshaft und mit allen Mitteln der Intrige. Jede von ihnen wollte eine bestimmte Politik durchsetzen, die von ganz bestimmten Personen ausgeführt werden sollte. Also wurde dem König die eine oder andere Mätresse zugespielt, damit die Clique, die sie bis ans Schlafgemach des Souveräns geführt hatte, durch sie den König beeinflussen konnte. Durch die Hände der Mätresse gingen manchmal Staatsgeschäfte, sie, die Favoritin, war nicht selten Trägerin von Geheimnissen und konnte Einfluß nehmen auf Entscheidungen, die von einiger Tragweite waren. Eifersüchtig hütete der Hofadel sein ungeschriebenes Privileg.

Und da, auf dem verworrenen Kräftefeld der Innen- und Außenpolitik, inmitten des schon seit Jahren tobenden Krieges, im glitzernden Licht des unnachahmlich verfeinerten Prunkes am Hofe von Versailles und seiner durch Jahrhunderte gereiften Vornehmheit erschien unerwartet, auf dem großen Maskenball des Fastnachtssonntags im Jahre 1745, eine zarte, schillernde, ehrgeizige, überdurchschnittlich gebildete, kluge und schöne Frauengestalt. Eine Bürgerliche von niedriger Herkunft.

Sie hieß: Dame Le Normant d'Étioles, geborene Jeanne-Antoinette Poisson.

II. Kapitel

»Das Schnupftuch ist geworfen«

Eine Ahnentafel also vermochte Jeanne-Antoinette nicht vor-
zuweisen, und nicht nur das: Ihre Geburt war sogar zweifelhaft,
zumindest aus dem Gesichtspunkt der vorherrschenden Ehemoral betrachtet, wenn auch der Name des Vaters und der
Mutter bekannt war.

Ihr Vater hieß François Poisson. Eine zeitgenössische Biographie der Jeanne-Antoinette, 1759, also zu ihren Lebzeiten,
erschienen und eher eine übelwollende Sammlung von anein-
andergehäuftem Tratsch und Klatsch als eine Lebensbeschrei-
bung, nennt Monsieur Poisson einen »Schlächter« und seine
zum Erscheinungsdatum allseits bekannte (wenn auch nicht
einmütig gepriesene) Tochter einfach »Frauenzimmer« und
»Schlächterstochter«. In Wirklichkeit war Herr Poisson Le-
bensmittellieferant für staatliche Stellen – ein Beruf, den viele
Bürgerliche ausübten. Er dürfte ein etwas rauher Geselle, aber
kein herzloser Mann gewesen sein (seine Tochter liebte ihn
ehrlich), lebenslustig und bestimmt nicht von Gewissensbissen
geplagt, denn er schrak vor Unterschlagungen nicht zurück –
doch das lag wahrscheinlich nicht so sehr daran, daß er betrüge-
rischer gehandelt hätte als andere staatliche Lieferanten, sondern eher an den öffentlich zwar keineswegs gebilligten, doch
geduldeten Usancen der Zeit. Die Beamten waren bestechlich,
die weltlichen Würdenträger waren bestechlich, und bestechlich waren auch die geistlichen Würdenträger, käuflich und
korrupt jene, die Pfründen und sonstige einnahmeträchtige
Stellen zu vergeben hatten. Selbstverständlich gab es auch
Männer anderer Art wie etwa den Volkswirt und Finanzminister Turgot, der wegen seiner ehrlichen Reformbestrebungen

bei Ludwig XVI. in Ungnade fiel, doch sie prägten nicht das Bild der Zeit. Herrn Poisson aber traf das Mißgeschick, wegen Unterschlagung verurteilt zu werden. Dies beeinträchtigte jedoch nicht seine Lebenslust.

Louise-Madeleine de La Motte war, nach den Worten des Advokaten Barbier,»eine der schönsten Frauen von Paris«. Mit neunzehn Jahren heiratete sie 1718 den erst vor kurzem verwitweten Monsieur Poisson und wurde in den kommenden Jahren dreimal Mutter: Am 29. Dezember 1721 schenkte sie Jeanne-Antoinette das Leben; auf sie folgte 1724 Françoise-Louise, doch sie starb in zartem Alter; 1727 kam der einzige Sohn, François-Abel, zur Welt. Somit war Jeanne-Antoinette vier Jahre jünger als Maria Theresia, neun Jahre jünger als Friedrich II. von Preußen, siebenundzwanzig Jahre jünger als Voltaire und elf Jahre jünger als König Ludwig XV. – und sie sollte früher als sie alle sterben.

Auch die junge Madame Poisson war eine lebenslustige Person. Ihre Zeitgenossen berichten, daß sie nicht wenige Männer mit ihren Reizen beglückt hat, so zum Beispiel den Kriegsminister Le Blanc und auch seinen Bruder, der zufällig der Bischof von Avranches war, dann einen gewissen Monsieur du Laurens, Beamter im Kriegsministerium, auch einen Herrn Fournier, der ebenfalls etwas mit Waffen zu tun hatte. Unter allen ihren Verehrern aber scheint ein anderer Herr die einnehmendste und erfolgreichste Persönlichkeit gewesen zu sein, ein gebildeter Aristokrat, auch wohlhabend, wie Herr Poisson siebenunddreißig Jahre alt zur Zeit der Geburt der kleinen Jeanne-Antoinette: Charles-François-Paul Lenormant de Tournehem. Er nahm an – und Madame Poisson dürfte ihn in dieser Annahme bestärkt haben –, daß Jeanne-Antoinette seine Tochter sei. Auf jeden Fall kam Monsieur Lenormant für die Erziehung der beiden Kinder seiner Geliebten auf, für eine teure und gründliche Erziehung. Tanzen, Musizieren und sogar»Deklamieren«, das heißt Gedichte vortragen, sollte Jeanne-Antoinette lernen, und sie lernte mit Fleiß, mehr noch: mit dem ihr angeborenen

Ehrgeiz. Ein gefeierter Dichter ihrer Zeit, Crébillon, führte sie in die Geheimnisse der Dichtkunst und der Komödien ein, Gesangunterricht erhielt sie von einer anderen Berühmtheit: von Jélyotte an der Oper. Ihr wurde – und das ist zweifellos dem Einfluß des liebenswürdigen Monsieur Lenormant zu verdanken – alles Wissenswerte der Zeit vermittelt. Und sie wußte davon Gebrauch zu machen.

Jeanne-Antoinette konnte also den zweifachen Makel ihrer Geburt – daß sie nämlich eine gewöhnliche Mademoiselle Poisson und nicht einmal die leibliche Tochter ihres nominellen Vaters war – durch Bildung, durch Talente, durch eine Vollkommenheit ihres Wesens wettmachen, die auffiel, die nicht einmal ihre Feinde ihr abzusprechen wagten und die sie über die meisten ihrer Zeitgenossen erhob – eine Vollkommenheit, die der Oberjagdmeister im Park von Versailles, Monsieur Leroy, im Geiste des Hofes so beschrieb: »Die Gesamterscheinung ihrer Person schien an der Grenze zwischen der letzten Stufe der Eleganz und der ersten des Adels zu sein.«

Welchen Eindruck mag wohl die Gesamterscheinung ihrer Person vermittelt haben? Ob man das Pastell von La Tour oder das Gemälde von Boucher betrachtet – beide Bilder zeigen sie sitzend, ein wenig nach rechts blickend, also von halblinks, in der üblichen, etwas maniriert vornehmen Haltung der Zeit (im Hintergrund stehen bezeichnenderweise Bücher!) –, der erste Eindruck ist der einer schönen Frau. Doch diese Schönheit ist eher zurückhaltend, gar nicht aggressiv, gewiß nicht jene Art Schönheit, die heute mit einem schnippisch-gewöhnlichen Wort »sexy« genannt werden könnte. Nur in den lebhaften Augen mag etwas Verführerisches gelegen haben. Das feingeschnittene Gesicht ist ausdrucksvoll, aus ihm strahlt Geist, vielleicht auch Berechnung und verhaltener Ehrgeiz, sie macht den Eindruck einer klugen Frau, die zielstrebig zu handeln versteht. Auf dem Gemälde Bouchers erscheint sie nachdenklich, La Tour zeigt sie tatkräftiger. Wahrscheinlich war sie beides. Denn obwohl in die Bewegungslosigkeit der zeitgemäßen Pose gebannt, wirkt ihr Gesamtbild der beiden Darstellungen, als habe sie sich soeben lässig hingesetzt oder als sinne sie gerade über etwas Geistreiches nach, ein boshaftes Bonmot etwa.

Ihr Gesicht war ein vollkommenes Oval, so beschreiben es Zeitgenossen. Ihr Teint war von blendendem Weiß, blaß schimmerten die Lippen, und wenn sie lächelte, sah man herrlich weiße Zähne und Grübchen auf den Wangen. Sie war groß gewachsen und dennoch weiblich zart. Über alle Maßen lobte man ihr kastanienfarbenes, seidenweiches Haar, ihre vollendete Figur, ihre Hände, mit welchen sie alles, was sie sagte, leidenschaftlich gestikulierend unterstrich. Sie hatte noch eine andere Ausdrucksmöglichkeit: Ihr Mienenspiel war von ungewöhnlicher Lebendigkeit. Mit ihm kam sie dem, was sie zu sagen beabsichtigte, zuvor oder bekräftigte das Gesprochene auf ungewöhnlich einprägsame Weise. Oder sie sagte nicht ein einziges Wort, sondern ließ nur ihr Gesicht sprechen, und alle Welt begriff, was sie mitteilen wollte. Dennoch – oder gerade wegen der ausdrucksstarken Handbewegungen und des Mienenspiels – wirkte ihr Verhalten niemals unnatürlich oder sogar gezwungen. Sie war – und das ist ebenfalls das Wort eines Zeitgenossen – eine der schönsten Frauen in Paris. Wie einst die Mutter.

Und so kann nicht erstaunen, daß bald viele junge und auch nicht mehr ganz junge Männer sie umschwärmten. Ihr Erzieher, Monsieur Lenormant de Tournehem, hatte einen vierundzwanzigjährigen Neffen, Charles-Guillaume d'Étioles. Der junge Mann verliebte sich tief in die schöne und anmutige Jeanne-Antoinette, und bald sprach man von einer Familienheirat.

Monsieur Poisson hatte inzwischen seine Fehde mit den Behörden begraben und durfte nun in der königlichen Verwaltung tätig sein. Er war so erfolgreich, daß er in der Rue Richelieu Nr. 50 ein Haus einrichtete, dessen Fenster auf die Gärten des Palais Royal schauten. Im Jahr 1738 zahlte er dafür 61 000 Livre. Vorsorglich ließ er das Haus auf den Namen seiner Frau überschreiben. Mit großer Genugtuung erfüllte ihn, daß seine Tochter im Begriff stand, eine »aristokratische« Ehe zu schließen, die man in seinen Kreisen als »brillant« bezeichnete.

Nur daß Jeanne-Antoinette den jungen Charles-Guillaume nicht liebte! Der junge Mann sah auch nicht sonderlich liebenswert aus, er war schlecht und klein gewachsen, und er war häßlich. Sie erwiderte seine Leidenschaft nicht. Es ist mit gutem Grund anzunehmen, daß dies eine Vernunftehe war, mit anderen Worten, daß sie ihn aus Berechnung heiratete.

Das junge Paar wurde am 9. März 1741 in der Kirche Saint-Eustache getraut, wo Jeanne-Antoinette auch getauft worden war. Nun hieß sie Madame d'Étioles. Selbstverständlich setzte ein Notar einen Ehevertrag auf – wir wissen, daß Madame d'Étioles Schmuck und Kleider im Wert von 30 000 Livre bekam, und 90 000 Livre war das Haus in der Rue Saint-Marc wert, das ihr zugedacht war. Nach dem Ableben von Monsieur Lenormant de Tournehem war eine Erbschaft im Wert von 150 000 Livre vorgesehen. Außerdem erhielten die Jungvermählten die Summe von 83 000 Livre.

Die Großzügigkeit des Herrn von Tournehem schien keine Grenzen zu kennen: Er überließ dem jungen Paar sein reizvolles Chateau d'Étioles in einem Tal am Ufer der Seine, in der Nähe von Corbeil, wo die Eheleute von nun an residierten. Die Atmosphäre dieses Landguts und die Gesellschaft, die sich dort zu versammeln pflegte, gaben Jeanne-Antoinette jenen letzten Schliff von Lebensart, die sie auf die erste Stufe der Hoffähigkeit hob. Denn es verkehrten dort Gäste aus dem Bekanntenkreis des noblen Monsieur von Tournehem, deren Namen in aller Munde waren: Crébillon, Fontenelle, Montesquieu und sogar Voltaire. Auch der gebildete und begabte Abbé de Bernis erschien dort oft, und eine tiefe Freundschaft entstand zwischen ihm und Madame d'Étioles. Sogar Damen vom Hofe, etwa die Herzogin von Chevreuse und die Marquise von Saissac, waren der jungen Frau von d'Étioles nicht abgeneigt.

Die Bürgerstochter hatte den ersten Schritt in eine höhere Welt getan.

25

Klingt diese letzte Feststellung nicht wie eine schlechte Imitation des Romanstils, dessen sich im 19. Jahrhundert die Damen Courths-Mahler und Marlitt bedient haben? Vielleicht nicht, wenn man sie auf die Wirklichkeit der vierziger Jahre des 18. Jahrhunderts bezieht. Denn die große bürgerliche Revolution fand nicht erst mit dem Sturm einer Schar Pariser auf die Bastille an jenem berühmten 14. Juli 1789 statt – sie ist ein jahrhundertelanger historischer Prozeß gewesen, den man nicht zwischen zwei Jahreszahlen einfangen kann. Und die Lebensgeschichte der Bürgerstochter Poisson mag als Versinnbildlichung, als Bestätigung, als ein Entwicklungsabschnitt dieses Prozesses erscheinen.

Im vorangegangenen Jahrhundert spottete noch ein bürgerlicher Komödiant, Jean Baptiste Poquelin, genannt auch Molière, über den tolpatschigen Bürger, der den vornehmen Herrn spielen wollte, und Herren wie Bürger spendeten ihm tosenden Beifall. Im Jahrhundert unserer Bürgerstochter wollte der Bürger den Herrn nicht mehr nur spielen, sondern er griff nach der Macht, die bis dahin nur die echten, die geborenen Herren besessen hatten. Als der Abbé Sieyés einige Monate vor dem Sturm auf die Bastille die in ihrer verblüffenden Rhetorik so herausfordernde Frage stellte: »Was ist der dritte Stand?« und darauf die Antwort gab: »Alles« – da beherrschte schon der Bürger den Staat. Seine zweite Frage: »Was ist er in der politischen Ordnung bis jetzt gewesen?« und die Antwort darauf: »Nichts« spiegelten nicht die ganze Wahrheit wider. Denn schon seit mindestens einem Jahrhundert ist der »Tiers État« jenes »Etwas« gewesen, das der Abbé Sieyés für ihn in der dritten Frage forderte. Sie lautete: »Was will er?« Und er antwortete: »Etwas werden.« Zu diesem Etwassein hatte dem dritten Stand aber jener König schon verholfen, der im Bewußtsein der Menschheit als das Sinnbild der streng um die Person des Herrschers zentralisierten Regierungsmacht, des Absolutismus, weiterlebt und gewöhnlich der Sonnenkönig genannt wird: Ludwig XIV.

Es hatte damit begonnen, daß die aufstrebende Manufaktur und der in ihrem Gefolge unaufhaltsam wachsende Warenumsatz die staatsbildende und staatserhaltende Funktion des Feudalismus und des Hochadels in Frage stellten. Der Bürger war es, der Manufaktur betrieb und mit Waren handelte. Er besaß Geld, und der König nahm bei ihm in Krisenzeiten Kredit auf. Schon im 14. Jahrhundert, unter Philipp VI. aus dem Hause Valois, war das Bürgertum nicht mehr nur namenloses Volk, sondern zum »Dritten Stand« aufgestiegen. Auf ihn stützten sich gegen die Übermacht des Adels Heinrich IV., unter Ludwig XIII. der Kardinal und Ministerpräsident Richelieu und selbst Ludwig XIV., der die streng geregelte Verwaltung in die Hände des Bürgers legte. Im Jahrhundert unserer Geschichte wuchs die Macht des Bürgers von Tag zu Tag. Seine Söhne drangen vor bis an die scheinbar nicht zu überschreitende Schwelle des Hofes. Vertreten waren sie in allen Ämtern: in den Parlamenten des Staates, in den Rechnungskammern, in der Armee selbst, wo sie Offiziere stellten, auch in der Kirche, wo sie eine große Zahl der Pfarreien innehatten, beinahe das gesamte Verwaltungswesen war schon ein väterliches Erbgut der Bourgeoisie. Sie lieferte dem Staat nicht nur Geld, sondern auch Beamte aller Gattungen. Rechtsanwälte und Notare waren bürgerlicher Herkunft. Dieser »Tiers État« regierte schon mit, denn das gesamte Finanzsystem des Staates war in seinen Händen. Der Adel hatte seinen Reichtum nicht verloren, aber er war statisch, während das Geld der Bourgeoisie beweglich war. Flüssige Finanz kämpfte an gegen die staatserhaltende Macht von Landbesitzungen, die seit Jahrhunderten im Besitz eines einzigen Geschlechts gewesen waren. Schon vermählte diese Bourgeoisie ihre Töchter den größten Namen der Monarchie, und die Träger dieser Namen vermischten gerne ihr stolzes Blut mit dem gewöhnlichen jener Töchter, wenn nur das alte Wappen mit dem frischen Reichtum neu vergoldet werden konnte. Und nur zu gerne vergoldete die Bourgeoisie die alten Wappen. Geflissentlich übersah sie dabei das Elend derer, die sich später Citoyens nannten.

Den Weg der Bürgerstochter an den Hof von Versailles ebnete ein entfernter Verwandter ihres Gemahls, der Kammerdiener des Königs, Monsieur Binet. Er sei es gewesen, weiß der Herzog von Luynes zu berichten, der irgendwann im Jahre 1745 Madame d'Étioles Seiner Majestät Ludwig dem Vielgeliebten präsentiert hat.

Wie war dieser König von Frankreich, an den spätere Generationen viel eher als den willensschwachen Helden schlüpfriger Liebesaffären denken als an einen Herrscher und Staatsmann? Dieser Zeitgenosse so starker Persönlichkeiten wie Maria Theresia und Friedrich, die beide, jede auf ihre Art, der Zeit ihren Willen aufgezwungen haben? Ein Gemälde von Drouais im Museum von Versailles zeigt ihn in viel bescheidenerer Aufmachung als die, in welcher sein großer Vorgänger, Ludwig XIV., vor den Betrachter tritt. Im Vergleich zu jenem pompösen Bild des Sonnenkönigs ist dieses beinahe ein häusliches. Ein gutmütiger, gelangweilter Herr blickt auf uns, den Kopf, auf dem die obligate gepuderte Perücke sitzt, ein wenig zur Seite geneigt. Das Gesicht ist länglich, die Stirn hoch, die Nase stark geprägt, schmal sind die Lippen, und es will scheinen, als ob diese Lippen durchaus imstande wären, nicht nur liebenswürdige, manchmal boshafte, sondern auch böswillige Worte zu sprechen. Wahrscheinlich wurde das Modell in der Darstellung ein bißchen verklärt, vielleicht sogar heroisiert – schließlich wurde dieses Bild des gesalbten Souveräns für die Ewigkeit geschaffen. Dennoch offenbart die Manier der zeitgenössischen Darstellungskunst das hervorstechendste Merkmal im Wesen dieses Mannes. Dieses Merkmal ist eher ein Zustand als ein Charakterzug: Langeweile. Der Mann blickt beinahe vorwurfsvoll in die Welt, als trüge er ihr nach, daß ihm seine vielen Ahnen schon alles vorweggelebt hätten: den Reiz und den Stolz des Herrschens, die Neugier des Daseins, das aufwühlende Gefühl des Kampfes um ein Ziel, das entkrampfende Lachen über die Absurdität aller Dinge und den erlösenden Ernst der freiwilligen Pflichterfüllung. Was ist ihm noch geblieben? Ja, die

Jagd! Das Halali, das in den Wäldern von Rambouillet und Fontainebleau, von Choisy und Sénart ertönte. Das Jagen war eine Leidenschaft Ludwigs XV., es fesselte ihn, doch nicht für sehr lange Zeit. Immer wieder beschlich ihn die Kälte der Langeweile, bemächtigte sich seiner eine Leere, die durch rasche, aufrüttelnde, erheiternde, aufreizende Abwechslungen ausgefüllt werden wollte. Seine Sinne waren lebendig, sie wollten angesprochen werden durch ein freches und lustiges Wort, durch das sanfte und herausfordernde Streicheln von einer warmen Hand, immer wieder, immer von neuem. Die peinlich strengen Regeln des Hofzeremoniells, die ausgeklügelte Art, nach welcher man schritt und stehenblieb, die Hand hob oder lächelte, ansprach und erwiderte, der Empfang von Botschaftern, die Unterhaltung mit ihnen, die Vorträge der Minister, die ganze Routine der Staatsgeschäfte vermochten nicht, seinen Geist anhaltend zu bewegen. Selten nur ergriff ihn reines Interesse oder aufrichtige Neugier. Und das war stets kurzlebig. Seine Ehe mag für manchen Zug in seinem späteren Verhalten eine Erklärung liefern.

Als einfache Bürger verkleidet, waren Stanislaus I., noch vor kurzem König von Polen, und seine Familie geflohen. Die politischen Gegner hatten ihn, den Vertrauten und Waffenbruder des Königs Karl XII. von Schweden, nach der verlorenen Schlacht bei Poltawa verjagt und den sächsischen Kurfürsten August zum polnischen König gewählt. Stanislaus Leszczyński, seine Gemahlin und seine Tochter Maria durften sich nach einigen Irrfahrten im Elsaß niederlassen und lebten von der bescheidenen Pension, die ihnen die französische Regierung zukommen ließ. Mit Würde schickten sie sich in das Schicksal der Verbannten. Immer seltener dachte Stanislaus Leszczyński daran, noch einmal nach Polen zurückzukehren und den Thron seines Landes einzunehmen. Er schrieb Abhandlungen über den Weltfrieden und widmete sich seiner Familie. Seine Tochter Maria war auffallend schön. Stanislaus träumte davon, sie mit einem vermögenden Herrn aus dem französischen Hoch-

adel zu verheiraten. Es war ihr jedoch eine andere Zukunft beschieden.

Die gegeneinander intrigierenden Cliquen in Versailles trugen sich ebenfalls mit Heiratsplänen – sie wollten ihren jungen
König Ludwig XV. verheiraten, für ihn die zukünftige Gemahlin aussuchen, um durch sie den König zu beherrschen. Im Namen des minderjährigen Königs leitete ein Prinz von Geblüt,
der Herzog Louis Henri de Bourbon, die Geschäfte der französischen Politik. Drei Jahre nur währte die Regierungszeit dieses
unscheinbaren Mannes, doch diese kurze Zeit reichte ihm, um
eine folgenschwere Tat zu vollbringen. Kurzsichtige dynastische Überlegungen und persönliche Motive verleiteten ihn
dazu. Im Falle des kinderlosen Ablebens des jungen Ludwig
XV. sollte die Nebenlinie der Orléans, Widersacher der Bourbonen, die französische Krone erben. Ein Eheprojekt war bereits in die Wege geleitet worden, und zwar mit der Infantin von
Spanien. Die erst neun Jahre alte Prinzessin hielt sich in Paris
auf. Als einmal Ludwig erkrankte, meinte der Herzog von
Bourbon, es sei ein zu großes Risiko, darauf zu warten, daß die
Infantin heiratsfähig werde, und ließ das Projekt auf eine
höchst sonderbare Weise platzen: Ohne vorherige Konsulta-
tion des Hofes und der Botschafter schickte er die kleine Infantin dem Vater nach Madrid zurück – eine unverzeihliche, ja
tödliche Beleidigung des spanischen – bourbonischen! – Kö-
nigshauses. (Es verzieh auch nicht und näherte sich Wien.) Nun
aber stand der junge Ludwig ohne Braut da. Man hielt Ausschau nach einer Prinzessin passenden Alters. So fiel die Aufmerksamkeit auf Maria Leszczyńska. Sie war eine Königstochter, also kam sie für die Heiratspläne in Frage. Und sie war arm
wie eine Kirchenmaus, also würde sie ewigen Dank empfinden
der Clique gegenüber, die ihr dazu verhalf, Königin von Frankreich zu werden. Man riet Stanislaus, seine Tochter malen zu
lassen, und präsentierte das Bild, ohne den Vater vorher zu un-
terrichten, dem König. Nach einigen Wochen erhielt Stanislaus
Leszczyński vom König von Frankreich einen Brief, in dem dieser um die Hand seiner Tochter anhielt.

Die Vermählung fand im Jahr 1725 statt, Ludwig war fünfzehn Jahre alt, seine Gemahlin zweiundzwanzig. Sie hatten mehrere Kinder miteinander. Ihr Enkel Ludwig, als König von Frankreich der Sechzehnte dieses Namens, und seine Gemahlin Marie-Antoinette, Tochter Maria Theresias, waren dazu auserkoren, in einer bewegten Entwicklungsphase Europas die Versöhnung Bourbons und Habsburgs und damit die Neugestaltung der politischen Systeme zu versinnbildlichen.

Maria Leszczyńska war eine gütige, aber keine glückliche Frau. Bald schon langweilte sich der König in ihrer Gesellschaft. Sie war in ihrem biederen Wesen unfähig, den Geist dieses Mannes anzusprechen, ihm über seine eigene Schwäche, die Langeweile, hinwegzuhelfen, ihn mit dem Dasein auszusöhnen. Die Freude, Freude zu schenken, kannte sie kaum. Sie weinte und fühlte sich beleidigt bei den ersten Zeichen der Untreue des Königs, und sie half sich und ihm nicht, indem sie großmütig verziehen und über die gerade laufende Affäre des Gatten mit wahrer königlicher und weiblicher Würde hinweggeschaut hätte, sondern sie pflegte ihr Beleidigtsein. Sie weinte und war eifersüchtig. Und so wurde sie immer einsamer. Auch die von ihr begünstigten Musiker Colin de Blamont und Campra konnten sie nicht aus ihrer Isolation befreien.

Ihre Tage verbrachte sie in einer Monotonie, die Seele und Körper zermürben mußten, und das an einem Hofe, an dem Schein, Prunk, Zerstreuung, Intrige und Leichtlebigkeit mitregierten. Sie vermochte nicht, ein mahnender moralischer Gegensatz zu sein, sie moralisierte nur. Am Vormittag betete sie und las in heiligen Büchern. Dann stattete sie den üblichen Besuch beim König ab. Dann versuchte sie sich im Malen. Dann wurde sie groß angekleidet. Um halb ein Uhr wohnte sie der Messe bei. Dann wurde das Diner eingenommen. Und endlich, endlich kam des Tages amüsantes Ende, der Abend! Nun konnte sie mit ihrer lieben Freundin, der Herzogin von Luynes, beisammensein. Meistens waren auch der Herzog und der Kardinal von Luynes anwesend. Denn die Damen, die ihr, dem Zeremoniell entsprechend, hätten Gesellschaft leisten sollen, mußte sie, Abend für Abend, vom Dienste befreien – sie wurden in den »kleinen Appartements« erwartet. Diese familiären Zusammenkünfte der Königin zeichneten sich durch bohrende Langeweile aus, im Verlauf der Jahre wurden sie so quälend, daß man einfach einschlief. Der alte Hund der Herzogin, Tintamarre, schnarchte dazu die Begleitmusik.

Diese ihrer Umwelt so auffallend entgegengesetzte Lebensart der Königin mochte eine natürliche Reaktion auf das Verhalten des Gatten sein. In Ludwig aber, der in der Königin vergeblich nach etwas Befreiendem gesucht hatte, weckte sie Empfindungen unausgesprochener Feindseligkeit, es keimten in ihm Rachegefühle, die ihn gewiß verdrossen, die sich aber immer wieder in Bösartigkeiten entluden. So fand er Freude daran, sie lange stehen zu lassen, ehe er sie aufforderte: »Setzen Sie sich, Madame!« Schritt für Schritt entzog er ihr jeglichen Einfluß, sogar solchen, der ihr laut Etikette zustand, oder er zwang sie, selbst ihren nominellen Einfluß in den Dienst seiner Vergnügungen zu stellen. Er fand Freude daran, sie zu beschämen und zu demütigen. So entzog er ihr das Geld, über das sie hätte verfügen sollen, und einen ganzen Sommer lang mußte sie in Marly mit geliehenem Geld spielen. Niemand am Hofe konnte die herrische Überheblichkeit seiner Mätresse, der Herzogin von Châteauroux, übersehen. Die Königin war ihr wehrlos ausgeliefert. Der sich langweilende König und die gedemütigte Königin begegneten einander nur noch bei höfischen Anlässen. Nur einmal kam es anders. Diese Episode ist bezeichnend für den Charakter Ludwigs XV.

Nach jahrelangen diplomatischen und kriegerischen Auseinandersetzungen – vergessen wir nicht: Es tobte der Österreichische Erbfolgekrieg, gerade war eine österreichisch-sächsisch-englisch-sardinische Koalition gegen die verbündeten Länder Frankreich und Preußen geschmiedet worden – erklärte Frankreich am 15. März 1744 Britannien und am 26. April Österreich den Krieg. Diese Kriegserklärungen waren freilich reine

Formalität, aber sie schufen eine endgültige Lage. Frankreich überließ nicht der Koalition die Initiative, sondern begann den Feldzug mit ungeheurem Elan. Ludwig XV. reiste selbst nach Flandern, wo das Heer lag. Der König werde, der König müsse siegen, schworen seine Kapitäne, Kulissen gleich müßten die feindlichen Festungen einstürzen, wo immer er nur erscheine. Doch was nützten noch diese Beteuerungen? Maria Theresia mußte nicht aus Wien nach Ungarn flüchten wie 1741, und kein einziger französischer oder bayrischer Soldat stand auf österreichischem Boden. Die Königin befahl ihrem Oberkommandierenden, den Rhein zu überqueren, sie hetzte ihre wilden magyarischen Husaren und kroatischen Panduren auf das Elsaß.

Ludwig XV. eilte nach Metz, es begleitete ihn seine Mätresse, eben jene Herzogin von Châteauroux. Dort aber erkrankte er plötzlich. Verzweifelt kämpften die Ärzte um sein Leben. Alpträume quälten Ludwig, er hatte Angst vor der Verdammnis, er wollte beichten, die Absolution empfangen. Doch sein Beichtvater, der Bischof von Soissons, wollte ihm die Absolution nur erteilen, wenn er vor dem gesamten Hof und in Gegenwart seiner Offiziere die Sünden seines an skandalösen Abenteuern so reichen Lebens bereute und seine Geliebte von seinem Bette jagte. Die Herzogin von Châteauroux mußte die Stadt verlassen. In einer Staatskutsche fuhr sie davon, unter dem lauten Spottgeschrei des Volkes. Und während ganz Frankreich für das Leben des bekehrten Königs betete und ihn mit dem Kosenamen »der Vielgeliebte« bedachte, bestiegen in Versailles die Königin und ihre Kinder eine Karosse . . .

Madame d'Étioles ist zweimal Mutter geworden. Am 26. Dezember 1741 brachte sie einen Sohn zur Welt, der aber im darauffolgenden Jahr verstarb. Ihre Tochter Alexandrine-Jeanne wurde am 10. August 1744 geboren, und Madame d'Étioles malte sich für sie eine glänzende Zukunft aus.

Die junge Herrin von Chateau d'Étioles blühte auf. Die

große Gesellschaft des 18. Jahrhunderts hatte ein Wort geprägt, mit dem sie eine besonders schöne und begabte Frau bezeichnete und ihr huldigte. Und so nannte man Jeanne-Antoinette eine »Virtuosin«. Denn virtuos konversierte sie, und Konversation, gebildet, geistreich und pointiert geführt, stand in den Salons hoch im Kurs. Auch gab es keine andere Frau, die so sicher und zugleich so anmutig zu Pferde gesessen, die so einschmeichelnd hätte singen oder auf dem Instrument spielen können. Man bewunderte ihre Art, auffallend und doch geschmackvolle Kleider aus schwerem, schmuckvollen Stoff zu tragen, die jeweils geltende Mode noch durch eine nur ihr eigene Note zu unterstreichen. Aber sie paßte sich den geistigen und gesellschaftlichen Maßstäben der Zeit nicht bloß an, diese Maßstäbe und ihre angeborenen Begabungen schmolzen zusammen zu einer Ganzheit. In dieser Ganzheit spiegelte sich die Epoche wider, wie wir sie aus den Zeugnissen ihrer Dichter, Künstler, Wissenschaftler und Politiker kennen. Jeanne-Antoinette verkörperte ihre Zeit.

Sie war ehrgeizig. Möglicherweise hatte die Mutter diesen Ehrgeiz noch geschürt, den Blick der Tochter auf die hohe Gesellschaft, auf den Hof gelenkt, der ihr, der Mutter, ihr Leben lang nur ein Traum geblieben war. Ob Madame Poisson ihre Tochter bewußt, zynisch und unverhüllt, wie manchmal behauptet wurde, auf ihre Laufbahn vorbereitet hat, muß dahingestellt bleiben. Sonderbar ist allerdings eine Eintragung in der erhaltenen »Aufstellung der Ausgaben der Mme. von Pompadour«, nach welcher sie einer gewissen Madame Lebon einen Etat von 600 Livre verlieh, weil diese ihr »im Alter von neun Jahren geweissagt hatte, daß sie eines Tages die Mätresse Ludwigs XV. sein werde«. Erinnerte sie sich richtig? Oder hatte die Mutter ihr später von dieser Prophezeiung erzählt? War diese Madame Lebon vielleicht eine berufsmäßige Kartenlegerin – keine Seltenheit in jener Zeit! –, die beim Anblick des schönen Kindes etwas Besonderes weissagen wollte, um eine besondere Belohnung zu erhalten? Oder wollte die große Madame Pompadour, ein bißchen abergläubisch wie sie war, dem Schicksal in der Person dieser Madame Lebon einen Tribut entrichten dafür, daß es sie so hoch erhoben hatte? Wir wissen es nicht. Auf jeden Fall bot sich Jeanne-Antoinette die Chance, sich dem König darzubieten, und sie war ehrgeizig genug, diese Chance wahrzunehmen, und klug genug, einmal gefaßte Pläne in die Tat umzusetzen.

Eine Chance, sich dem König zu zeigen, bot sich im Walde von Sénart, einem Treffpunkt der königlichen Jagden. Mit großem gesellschaftlichem Halali pflegten sich hier Damen und Herren vom Hofe zu versammeln, wenn Seine Majestät zu jagen beliebte. Diese Zusammentreffen waren freilich nicht nur der Jagd gewidmet, sondern sie waren auch Anlässe, die neuesten Modeschöpfungen vorzuführen, einer Dame den frischesten Tratsch – geistreich und überheblich, bedeutungsvoll und spöttisch – ins Ohr zu flüstern, einen bedeutenden Herrn, besser vielleicht: eine einflußreiche Dame durch geschickt verhüllte Schmeicheleien als Verbündeten zu gewinnen, um so den eigenen Aufstieg in eine ersehnte Stellung zu fördern. Auch auf diese Weise amüsierte man sich.

Im Walde von Sénart fuhr eines Tages eine in Himmelblau gekleidete Dame in einer rosafarbenen Kutsche vor. Sie kam auch am nächsten Tag, diesmal war die Kutsche himmelblau und das Kleid rosafarben. Die ganze Aufmachung und ihr ganzes Verhalten waren darauf ausgerichtet, aufzufallen. Sie fiel auch auf, nicht nur ihrer unmittelbaren Umgebung, sondern auch dem König.»La petite d'Étioles« – so sprach man bald von ihr, und Ludwig XV. fand Vergnügen, das er auch nicht verheimlichte, am Treiben der jungen Dame. Und – wie konnte es anders sein? – auch des Königs Interesse fiel auf, man registrierte es, wie man jede Geste, jeden Blick, jedes Mienenspiel des Souveräns mit hungrigen Augen verschlang, denn jedes richtig gedeutete Zeichen der königlichen Stimmung und Laune konnte über die Zukunft einer Dame oder die Stellung eines Herrn entscheiden. Sehr bald war also der ganze Hof vom

Auftritt dieser Dame und von der guten Laune des Herrschers bei ihrem Anblick ausführlich unterrichtet.

Auch die bereits erwähnte Herzogin von Chevreuse, eine Dame im Bekanntenkreis Jeanne-Antoinettes, nahm oft an den königlichen Jagdgesellschaften teil. Es ist anzunehmen, daß sie ihrem Schützling zum Aufstieg in die allerhöchste Gesellschaft verhelfen wollte, es ist aber auch nicht mit aller Gewißheit zu verneinen, daß sie boshafterweise anderen Damen vom Hofe eine kleine Kränkung zuzufügen beabsichtigte – so oder so, eines Tages, als der König sie ansprach, erzählte sie ihm von der »petite d'Étioles«, von jener himmelblau-rosafarbenen Diana, die huldigend durch den Wald von Sénart lief, sooft der König sich dort amüsierte. Das hatte unmittelbare Folgen. Plötzlich verspürte sie stechenden Schmerz: Die Herzogin von Châteauroux trat ihr mit dem Absatz auf den Fuß. Die Herzogin von Chevreuse war danach einige Tage lang unpäßlich. Die mit Recht aufgebrachte und um ihre Stellung so besorgte Herzogin von Châteauroux aber begnügte sich nicht mit diesem kleinen Racheakt, sondern unternahm einen weiteren Schritt. Durch Vermittler ließ sie Madame d'Étioles bedeuten, daß sie bei den Jagdgesellschaften des Königs nicht mehr erscheinen solle. Jeanne-Antoinette dürfte aus der Botschaft dieser ihrer ersten Rivalin eine unterschwellige Drohung herausgehört haben, oder aber das Ansehen der königlichen Mätresse erschien ihr unantastbar – auf jeden Fall zog sie sich zurück und trat erst wieder hervor, als das Tagesthema in den Salons die Nachricht vom plötzlichen Tod der jungen Herzogin von Châteauroux war. Nach ihrer Rückkehr aus Metz nach Versailles erkrankte sie plötzlich und starb am 8. Dezember 1744. Man munkelte, sie sei vergiftet worden . . .

Zwanzig Jahre nach dem so undiplomatisch gescheiterten Heiratsplan zwischen Ludwig XV. und der kleinen spanischen Infantin wurde nun – auch unter dem Druck des verlustreichen Seekrieges gegen England – wieder eine Eheschließung zweier königlicher Kinder vorbereitet, die Frankreich und Spanien enger aneinander binden sollte. Der Dauphin von Frankreich, Ludwig, Sohn der Königin Maria Leszczyńska und Ludwigs XV., heiratete die Infantin Maria Theresia Antoinette, Tochter des Königs Philipp V. von Spanien. Um dieses große Ereignis zu feiern, wurde am 25. Februar 1745 in Versailles ein Ball gegeben und ein weiterer am 28. Februar im Rathaus von Paris. Wir wissen nicht genau, an welchem Madame d'Étioles teilnahm – vielleicht war sie zu beiden geladen –, es ist aber gewiß, daß sie auf einem der Bälle dem König begegnete.

Als Eibe verkleidet, vergnügte sich Ludwig XV. auf dem glänzenden Maskenball. Da tauchte aus dem fröhlich tanzenden, lachenden Gedränge eine weibliche Maske auf, sprach ihn an und verschwand. Doch nach einigen Minuten nahte sich das Domino Ludwig wieder, diesmal von der anderen Seite, neckte ihn mit einem scherzhaften Wort und flüchtete in die undurchdringliche Schar der bunt Verkleideten. Als ihn die reizvolle Unbekannte wieder ansprach, war die Neugier des Königs geweckt. Er drang in sie, ihr Geheimnis preiszugeben, forderte sie auf, sich zu entlarven. Nun lüftete sie einen Augenblick die Maske. Doch kaum sah ihr der König in die Augen, da fiel schon die schöne Maske wieder, und die Unbekannte huschte davon. Als sie sich umdrehte, um dem vielgeliebten Souverän noch eine Kußhand zuzuwerfen, ließ sie das Taschentuch fallen. Die königliche Eibe hob es mit einer schwungvollen Verbeugung auf und warf es seiner Besitzerin zu. Einige Höflinge waren vergnügt-aufgeregte Zeugen dieser Szene, und einer von ihnen hielt sie in einem geistreichen Bonmot für alle Zeiten fest. Sein Name blieb – welch Verlust! – unbekannt. Das Bonmot aber machte im Saal die Runde:

»Das Schnupftuch ist geworfen!«

Bald betrat der Kammerdiener Binet, der bereits erwähnte Verwandte und Vertraute der Madame d'Étioles, die Szene. Er war eine jener sonderbaren Gestalten, von welchen es in historischen Szenen nur so wimmelt – Gestalten, die, bar aller Befugnisse und jeglichen Ämtern fern, es verstehen, die menschlichen Regungen der Mächtigen auszunutzen, um den eigenen Einfluß zu mehren. In seiner größtenteils von der Etikette geprägten Lebensweise mag Ludwig XV. in einsamen Stunden es als befreiend empfunden haben, wenn er mit seinem Kammerdiener vertraulich sprechen konnte über Empfindungen, welche im königlichen Rat gewiß nicht Gegenstand der Erörterungen sein konnten und welche dennoch Entscheidungen, die später historisch genannt wurden, auf eine beinahe schon unterirdische Weise beeinflußten. Beispiele dafür gibt es nicht wenige. Und Binet, intelligent wie er war, bediente sich der gewiß nicht gezielten vertraulichen Mitteilungen des Königs, er bediente sich ihrer im Interesse seiner kleinen Verwandten. Warum tat er das? Aus verwandtschaftlicher Loyalität? Aus Berechnung vielleicht, weil er sich Vergünstigungen erhoffte? Oder gehorchte er ganz einfach den Gepflogenheiten der Zeit oder dem Zwang der Rolle, die in seinem Amt lag? Gewiß ist, daß er ein guter Kammerdiener war.

Ludwig XV. war nicht blind. Es entging ihm nicht, daß der Herzog von Richelieu, der seinem König eine Madame de la Popeliniére verkuppeln wollte, bestimmte politische Ziele zu erreichen suchte. Doch Ludwig XV. mochte die Dame nicht. Und er sagte es seinem Kammerdiener. Auch einige andere Höflinge zettelten eine Intrige an, deren Gegenstand die Herzogin von Rochechouart war. Man wollte dem König auch diese Dame zuspielen. Boshafte Zungen sagten an diesem zu Scherzen stets aufgelegten Hof, sie sei wie die Pferde des kleinen Stalles, die immer nur angeboten, doch nie geritten würden. Ludwig XV. – wie bedauerlich für die intrigierenden Höflinge! – mochte auch diese Dame nicht. Auch darüber unterhielt er sich mit seinem Kammerdiener. All dies geschah einige Tage nach dem Maskenball.

Mit ehrfurchtsvoller Mißbilligung dieser verwegenen Pläne hörte sich Binet die vertraulichen Worte seines Königs an. Beiläufig machte er Bemerkungen über eine junge Dame, die seit ihren frühesten Jahren besonders zärtliche Gefühle für ihren

Souverän hegte . . . Übrigens sei sie Majestät schon begegnet, ja im Walde von Sénart, ja im rosafarbenen Wagen, in Himmelblau gekleidet . . . oder war vielleicht die Kutsche himmelblau und das Kleid rosa . . .? Und auch auf dem Maskenball . . ., ja es sei dieselbe Dame, die das Taschentuch habe fallen lassen . . .

In den ersten Aprilwochen des Jahres 1745 wurde zur Erheiterung des Hofes eine italienische Komödie gespielt. Eine andere Komödie aber, die in einer der Logen neben der Bühne gespielt wurde, fesselte die Aufmerksamkeit des Hofes weit mehr. In dieser Loge saß Madame d'Étioles. Und diese Loge befand sich im unmittelbaren Gesichtskreis jener vergitterten anderen, die bei Theateraufführungen den König zu beherbergen pflegte.

Dann vermerkten jene Höflinge, denen es eine Lebensaufgabe war, alles zu beobachten und über alles Bescheid zu wissen, daß der König an den Abenden, die auf die Theatervorstellung folgten, in seinen Kabinetten speiste, zurückgezogen, ohne jemanden einzuladen – in jenen intimen kleinen Zimmern in der ersten Etage auf der Nordseite, gegen den Marmorhof, in den reizenden Kabinetten, in welche die Künstler, die sie erbaut und ausgestaltet hatten, alle Pracht ihrer Phantasie und alle Feinheit ihres Könnens hineingeträumt hatten. Die Höflinge nickten wissend und verbreiteten die Kunde, der König soupiere Abend für Abend mit Madame d'Étioles. Wahrscheinlich speiste sie dort einmal in der Gesellschaft Ludwigs. Wahrscheinlich an jenem Abend, an dem sie sich ihm zum erstenmal hingab.

Nach diesem Abendessen mied der König weitere Begegnungen mit ihr. Eine sonderbare Hemmung schien den geübten Liebhaber befallen zu haben. Vielleicht überraschte ihn zu erfahren, daß er doch nicht der hartgesottene Mann war, für welchen er in Liebesaffären gehalten wurde. Vielleicht erkannte er, und schrak vor dieser Erkenntnis zurück, daß eine Verbindung mit Madame d'Étioles nicht wie eine der bis zum Überdruß gekannten Liebeleien sein würde. Vielleicht erfuhr er an jenem Abend, daß diese Frau nicht nur seine Sinne, sondern auch seinen Geist, sein Wesen anzusprechen vermochte.

Das jüngste galante Abenteuer des Königs blieb freilich auch jenen Kreisen am Hofe nicht verborgen, die für die Moral und gegen die Mätressenwirtschaft eintraten. Der lauteste unter ihnen war Boyer, der ehemalige Bischof von Mirepoix und Hofmeister des Dauphins. Ihn verfolgte Voltaire mit Spott und pflegte ihn den »Esel von Mirepoix« zu nennen, und alle, die den Bischof kannten, mußten zugeben, daß er wahrhaftig nicht zu den großen Geistern Frankreichs zählte. Es ist also nur zu verständlich, daß er nicht nur gegen die öffentliche Anerkennung einer Mätresse im allgemeinen wetterte, sondern im besonderen gegen diese Madame d'Étioles, die – es war ja bekannt – mit Männern wie Fontenelle und sogar dem gottlosen Voltaire, einem erklärten Feind der Kirche, verkehrte.

Doch der schlaue Binet spielte die Rolle, die seinem Amt und wahrscheinlich auch seinem Charakter nicht fremd war, wieder einmal meisterhaft – den Text, den er vortrug, hätte Molière schreiben können (Monsieur Binet kannte den »Tartuffe« gewiß). Denn er trat betrübt und reuevoll vor den aufgebrachten Bischof und erklärte, die bösartigen Gerüchte, die man über ihn und seine Verwandte in Umlauf gesetzt hatte, seien aus der Luft gegriffen; Madame d'Étioles sei lediglich nach Versailles gekommen, um von Seiner Majestät die Gunst zu erbitten, ihrem Mann die Stellung eines Generalpächters zu verleihen. Offenbar gelang es ihm, den Bischof und andere hohe Herrschaften in der Umgebung des Dauphins zu beruhigen, denn man murrte zwar, unternahm aber nichts.

Äußerst ungehalten zeigte sich allerdings die junge Dauphine Maria Theresia Antoinette, die erzogen war in der strengen höfischen Tradition der katholischen Majestäten von Spanien. Am Hofe von Versailles erblickte man in ihr eine Stütze der kirchlichen Clique. Wahrscheinlich war sie eher deren Spielzeug, das hergezeigt und hochgehalten wurde im Namen der Moral, die kaum noch jemandes Haltung überzeugend prägte – denn greifbar tief war die Kluft zwischen der religiösen Vorstellungswelt, wie die kirchlichen Würdenträger sie predigten, und dem allseits wahrnehmbaren Wirklichkeitsbild. Maria Theresia Antoinette – in diesem Jahr 1745 neunzehn Jahre alt (sie starb ein Jahr später) – ging in ihrer Strenge und der Ablehnung alles Unmoralischen noch einen Schritt weiter: Sie wollte nicht mehr in den kleinen Kabinetten des Königs erscheinen, und sie wurde in dieser ihrer Haltung durch ihren Gemahl bestärkt.

Nun lag es in der Natur der am Versailler Hof so üppig blühenden Cliquenwirtschaft, daß die widersprüchlichsten Gerüchte, welche die eine oder die andere Clique in Umlauf gesetzt hatten, bis in die königlichen Gemächer drangen. So beeilten sich auch die Gegner der kirchlichen Partei, die unfreundlichen Äußerungen der Dauphine und die mürrischen Worte des nicht mit sonderlichen Geistesgaben ausgestatteten Dauphins dem König zu hinterbringen. Sie meinten, man habe den Souverän, der niemandem außer Gott verantwortlich sei, brüskiert, indem man seine Entschlüsse nicht respektierte; sie meinten, der König zeigte eine Schwäche, die seiner nicht würdig sei, sollte er die kurzsichtigen Intrigen des ehemaligen Bischofs und Hofmeisters seines Sohnes widerspruchslos hingehen lassen. Mit all diesem Gerede stachelten sie in Ludwig die Eitelkeit des Herrschers und den Stolz des Mannes an. Warum taten sie das? Noch konnten sie von Madame d'Étioles keine Begünstigungen erwarten, und sie durften auch nicht hoffen, die vermeintliche zukünftige Favoritin würde ihren politischen Zielen dienstbar sein. Wahrscheinlich wollten sie einfach ihren Einfluß stärken. Eifrig am Werk war Binet. Und Ludwig hörte auf ihn und seine anderen Vertrauten lieber als auf den sturen Bischof von Mirepoix und das Moralisieren seiner Schwiegertochter. Also fragte er eines Abends Binet, was denn aus seiner kleinen Verwandten geworden sei.

Binet versicherte seinem König, daß Madame d'Étioles den

Abend, den sie mit Seiner Majestät hatte verbringen dürfen, nicht vergessen könne; daß sie mit hingebungsvoller und grenzenloser Liebe an ihn denke; daß sie nur einen einzigen Mann kenne, dem sie sich, ihre Gedanken wie ihre Gefühle und ihren Körper, bedingungslos darbieten könne, und dieser Mann sei Ludwig der Vielgeliebte. Solche Redensarten dürften Ludwig XV. nicht fremd gewesen sein. Ein ursprünglich wesentliches Element der höfischen Verhaltensweise waren aufrichtig empfundene Ehrerbietung dem anderen gegenüber und die formgerecht ausgeübte Höflichkeit gewesen, die aber nun schon zu inhaltslosen Äußerlichkeiten, zu Schmeicheleien und Unterwürfigkeit verkommen waren. Mit ähnlichen Worten dürften andere Höflinge, Richelieu etwa, andere Damen seiner Aufmerksamkeit empfohlen haben. Doch während ihn die anderen Damen, ihr Äußeres oder ihre Art, nicht rührten, fühlte er sich zu Madame d'Étioles auf eine sonderbare Weise hingezogen. Also sagte er, wahrscheinlich fein lächelnd und eher beiläufig, er würde sich freuen, Madame d'Étioles wiederzusehen. Diese zweite Begegnung fand am Abend des 22. April 1745 statt.

An diesem Abend soupierte der König in seinen Kabinetten, und es sei ein besonderes Abendessen gewesen, schreibt der Herzog von Luynes in seinen Memoiren, denn Madame d'Étioles habe daran teilgenommen. Zugelassen zu diesem besonderen Souper waren auch Monsieur de Luxembourg und der Herzog von Richelieu. Heiter und ausgelassen unterhielt sich die kleine Gesellschaft. Am selben Abend hatte der spanische Gesandte zu einem Ball geladen, und man erwartete dort, wie es bei solchen Anlässen üblich war, auch den König. Doch in den kleinen Kabinetten ging es so fröhlich und so geistreich, so verheißungsvoll zu, daß Ludwig XV. sich nicht trennen konnte von seinen Gästen, und vergeblich hoffte der spanische Gesandte, daß der König von Frankreich seinen Ball besuche. An diesem 22. April 1745 begann eine Verbindung, die fast auf den Tag genau neunzehn Jahre währte – bis zum Todestag der Jeanne-Antoinette. Es war eine Verbindung, die man – wie die schicksalhaften menschlichen Beziehungen überhaupt – nicht in wenigen Worten einfangen und schon gar nicht mit einzelnen Begriffen wie Machtgier, Sinnesfreude, Ehrgeiz, Liebelei, Gefallsucht, Hörigkeit oder auch nur Liebe erklären kann, wenn auch all diese Empfindungen und Charakterzüge Komponenten jener Verbindung gewesen sein mögen.

Nun folgten einige Maßnahmen, die unvermeidlich waren und die man als »administrativ« bezeichnen könnte. Ludwig XV. erlaubte Madame d'Étioles, die frühere Wohnung der Madame de Mailly, der ersten Mätresse des Königs, in Versailles zu beziehen. Der Herzog von Luynes, dem wir so manche Hinweise verdanken, schreibt in seinen Memoiren: »Man weiß nichts Genaues darüber, wo sie wohnt, aber ich vermute, daß es sich um ein kleines Appartement handelt, das ehemals Madame de Mailly beherbergte und das an die kleinen Kabinette anschließt. Sie bleibt keinesfalls ständig dort, sondern kommt und geht und kehrt am selben Abend wieder nach Paris zurück.« Und der Gatte, der »arme« Monsieur d'Étioles – der päpstliche Nuntius nannte ihn so –, mußte von seiner Gemahlin getrennt werden. In den Augen aller, die von Amts wegen oder aus Mitleid für ihn oder seine Ehe, oder die Ehe schlechthin, eine Lanze zu brechen sich verpflichtet fühlten, war diese erzwungene Trennung ein Akt königlicher Willkür. Da aber an diesem Hofe und zu jener Zeit die religiösen Ideale, die in vergangenen Jahrhunderten noch gesellschaftlich wirksam gewesen waren, längst ihre Bedeutung verloren hatten, darf man dem Gejammer der beamteten Moralisten kaum Glauben schenken. Jeanne-Antoinette hatte ihren Mann von Anfang an nicht geliebt. Wenn auch die Leidenschaft des Monsieur d'Étioles aufrichtig gewesen zu sein scheint – er fiel in Ohnmacht, als er von der Untreue seiner Gattin erfuhr, er wollte sich dann umbringen, er schrieb ihr einen flehentlichen Brief –, so war die Geschichte dieser kurzen Ehe kaum anders als die Geschichte unzähliger anderer. Diese aber wurde am Hofe und später, in der einschlägigen Literatur, ausführlich bedacht, weil die handelnden Personen in dem kurzen Abschnitt ihres Lebens in der großen Geschichte eine Rolle gespielt haben. Der Herzog von Luynes sah alles und berichtete über alles: »Gestern habe ich erfahren, daß Monsieur d'Étioles gerade aus der Provinz zurückgekehrt war und damit gerechnet hatte, seine Frau, die er sehr liebt, zu Hause anzutreffen; er war über alles Maß erstaunt, als Monsieur Lenormant, der königliche Generalpächter – er ist sein Verwandter und Freund –, ihm eröffnete, daß er auf seine Frau nicht mehr zählen könne. Sie habe nämlich ein so feuriges Gemüt, daß sie ihm nicht widerstehen könne, und er persönlich sehe keinen anderen Ausweg, als zu überlegen, wie d'Étioles sich von ihr befreien könnte. Monsieur d'Étioles fiel ob dieser Nachricht in Ohnmacht. Er war dann gezwungen, der Trennung von seiner Frau zuzustimmen . . .« Doch die Gebote, in deren Namen man über die beiden Hauptpersonen Ludwig und Jeanne-Antoinette urteilte, gingen ihrer Gültigkeit bald auch »offiziell« verlustig: An ihre Stelle traten die der Moderne, die in Frankreich 1789 verkündet wurden in der »Erklärung der Rechte des Menschen und des Bürgers«.

Also wurde Monsieur d'Étioles vom Hofe verabschiedet, wir werden ihm im Verlauf unserer Geschichte nur noch einmal begegnen. Seine Gemahlin – und das war eine Bestätigung der in ganz Paris umlaufenden Gerüchte – machte der König zur *Maîtresse en titre*. Zu deutsch, boshaft und treffend, etwa: Mätresse vom Dienst.

Ja, Gerüchte liefen um, und sonderbarerweise empörte sich gerade das Volk am heftigsten, als man von der Ernennung der neuen *Maîtresse en titre* erfuhr. Das Volk erachtete die Mätressenwirtschaft seit Jahrhunderten schon als eine Selbstverständlichkeit und nahm staunend und demutsvoll Anteil am Geschehen am Hofe. Es war ihm nicht gleichgültig, wen der König mit seiner Gunst beglückte. In seinem noch unangetasteten Glauben an das Gottesgnadentum meinte es, nur eine Dame von Rang und aus altem Geschlecht sei der Ehre und der Auszeichnung würdig, offizielle Mätresse des Souveräns zu sein. Und es mußte erfahren, daß eine Frau niedrigster Herkunft, eben ein »Kind aus dem Volke«, diesen hohen Posten erobert hatte. Trägerinnen welch glänzender Namen hatten den vielgeliebten König bis dahin verwöhnt! Nachdem die Königin ihre gebotene Pflicht getan, so die »Volksversion«, also mehreren Kindern das Leben geschenkt und auch einen Thronerben geboren hatte, verweigerte sie sich und nahm dem königlichen Eheleben allen sinnlichen Reiz. Und der junge König war ehrlich enttäuscht, er war traurig und begriff nicht recht. Um ihm über diese Enttäuschung hinwegzuhelfen, führte ihm der alte, kluge, auch in weltlichen Angelegenheiten gewandte Kardinal Fleury die Gräfin Mailly zu. Diese Dame war der ihr zugedachten Rolle kaum fähig, und so glänzte sie nur kurze Zeit, doch sie eröffnete den bunten und langen Reigen der Mätressen oder, wie man sie auch nannte, Favoritinnen. Auf sie folgten die Gräfin de Vintimille, die Herzogin de Lauraguais, die Marquise de la Tournelle und schließlich die auch uns bekannte Herzogin de Châteauroux. Es konnte nicht wundernehmen, wenn das Volk murrte, als es das Gerücht bestätigt sah: Eine aus dem Volke, eine gewöhnliche Poisson, hatte den Platz so glanzvoller und ruhmreicher Damen eingenommen! Bald konnte der Polizeigewaltige Marville melden, in Paris gehe folgendes Chanson um:

Que je perde ma vertu,
Que ma faute soit publique,
Que mon mari soit cocu,
Que le peuple me critique,
Eh! qu'est-ce que ça m' fait à moi?
Un certain honneur me pique,
Eh! qu'est-ce que ça m' fait à moi?
Je suis maîtresse du Roi.

(Ob ich meine Tugend verliere,/Ob mein Fehltritt publik wird,/Ob ich meinem Mann Hörner aufsetze,/Ob die Leute

mich kritisieren,/Was kümmert mich all das?/Eine bestimmte
Ehre ist mir sicher,/Was kümmert mich all das?/Ich bin des
Königs Mätresse.)

Am 6. Mai verließ der König Versailles, er reiste zu seinen
Truppen im Felde. Wir dürfen annehmen, daß er – ein weichli-
cher, verbindlichen Entscheidungen gerne ausweichender
Mann, doch offen und nicht ohne gute Charakterzüge – einer
Anregung Jeanne-Antoinettes folgte, die er nun über alles liebte. Sie aber wollte ihn nicht begleiten, sondern zog sich auf das
Gut Étioles zurück, das auch nach der Trennung von ihrem
Mann in ihrem Besitz geblieben war. Denn gerade dieses »Kind
aus dem Volke«, diese »Bürgerliche«, war ehrlich darauf bedacht, die Würde des Königs, sein Ansehen bei der Armee und
im Volk, seinen Ruhm zu wahren und zu mehren. In einem ihrer vielen Briefe schrieb sie einmal: »Ein König soll der erste
Hüter der Macht sein, die er anderen anvertraut . . .« Und weiter: »Wenn ich wagte, Eurer Majestät vorzuschlagen, Ihre Armee selbst zu befehligen, so war ich weit davon entfernt, zu verlangen, Sie mögen Ihr Leben Gefahren aussetzen. Denn es gehört dem Staat, und ein Vater ist seinen Kindern schuldig, es zu
bewahren . . .«

Sie hatte sich zurückgezogen und wartete darauf, daß in Versailles die Wohnung der Herzogin von Châteauroux für sie hergerichtet würde. Sie widmete sich der Lektüre der vielen Briefe, die der König ihr aus Flandern schrieb, und verfaßte mit
Hilfe ihres Freundes, des Abbé Bernis, geistreiche Antworten.
François Joachim de Pierre de Bernis, ein heiter gesinnter
Weltgeistlicher, hatte durch gediegene Verse Eingang in die
Hofgesellschaft gefunden – diese Verse liest heute niemand
mehr, doch seine Memoiren und Briefe sind eine unentbehrliche Geschichtsquelle. Gerne half er, der sechs Jahre ältere, der
alten Freundin, die er um dreißig Jahre überleben sollte. Stolz
und glücklich zeigte Jeanne-Antoinette ihren Freunden das
Siegel jedes königlichen Briefes, mehr als achtzig an der Zahl,
das die Worte, eine galante Devise des verliebten Mannes, auf-

wies: »Discret et fidèle« (verschwiegen und treu). Und einer der letzten Briefe trug die Anrede, unter welcher diese Frau zum Begriff geworden ist, den Titel, der im Bewußtsein nachkommender Generationen für Machtgier und Dirnenhaftigkeit steht, für weibliche Einflußnahme auf unerlaubte und unanständige Weise oder für schlüpfrige Geschichten, vielleicht, wenn man nachsichtig ist, auch für Liebe, bestimmt aber für den Verfall einer strengen Ehemoral und einer Gesellschaftsordnung. Denn jener Brief trug die Überschrift: »An die Marquise de Pompadour« und erhielt den allerhöchsten Erlaß, mit dem ihr dieser Titel verliehen wurde.

Nun sollte sie, gemäß der Tradition und dem Zeremoniell, am Hofe vorgestellt werden. Eine solche Vorstellung war eine langwierige Prozedur, bei der so manche Rücksichten erwogen werden mußten. Nach den geheiligten Regeln der Jahrhunderte mußte die Vorzustellende vom König, dann von der Königin, dem Dauphin und der Dauphine angesprochen werden. Und vorgestellt werden konnte sie nur von jemandem, der bereits selbst hoffähig war. Die Dame Lenormant d'Étioles, geborene Jeanne-Antoinette Poisson, nun schon »la Marquise de Pompadour«, sollte am 14. September 1745 vorgestellt werden. Geführt sollte sie werden von der Prinzessin Conti – ein Name, so vornehm und geschichtsträchtig wie kaum ein anderer. Die Prinzessin selbst zeichnete sich allerdings durch Verschwendungssucht aus, die Schulden wuchsen ihr über den Kopf, somit war sie auf die Gnade des Hofes angewiesen und konnte eine Gefälligkeit, wie sie nun von ihr verlangt wurde, nicht gut abschlagen. Begleitet werden sollte Madame de Pompadour von Madame Lachau-Montauban und ihrer Cousine, Madame d'Estrades.

Der große Tag brach an. Ganz Paris war aufgescheucht, ganz Paris wollte durch das historische Schlüsselloch gucken, um dabei zu sein, wenn die »Schlächterstochter« Poisson die Weihe der höfischen Vornehmheit erhielt. Es war ein Ereignis und ein Spektakel zugleich. Dementsprechend versammelte sich schon vor sechs Uhr nachmittags, dem vorgesehenen Termin, eine ungewöhnlich große Menge Höflinge im Vorzimmer und im Zimmer des Königs, auch solche, die sich sonst nur selten am Hofe zeigten. Die Luft war stickig. Vergessen waren in diesem Augenblick Ursache, Umstände und Folgen des Krieges, den Frankreich schon seit Jahren nicht gerade erfolgreich führte, gegen Britannien zur See, zu Lande gegen Österreich; die Mißstände im Staate waren vergessen in diesen aufregenden Augenblicken; vergessen auch die Notwendigkeit so mancher Reformen, welche durchzuführen der König sich nicht stark genug fühlte. Ganz Paris hockte an diesem Nachmittag vor den Toren Versailles' und sah und lauschte.

Es sah, daß Ludwig XV. verlegen wurde und errötete. Tatsächlich, der König wurde rot. Die Konversation war auf einige knappe Worte beschränkt, und sie verwirrte die Vorzustellende ebenso wie den Mann, dem nun die Frau, die er liebte, in aller gebotenen Form vorgestellt wurde. Und die Höflinge empfanden diebische Freude – sie weideten sich, geborgen hinter der Fassade der Etikette, an der Verlegenheit Ludwigs XV.

Man lauschte gespannt weiter, gespannter noch als zu Beginn des Zeremoniells. Denn nun begab sich Madame de Pompadour in die Gemächer der Königin, und Paris fragte sich, welche Worte wohl die Gemahlin an die Geliebte des Gemahls zu richten gedächte. Man war sich einig darüber, daß Maria Leszczyńska diese Frau von niedriger Herkunft, die ihr nun pflichtgemäß präsentiert wurde und die sie pflichtgemäß zu empfangen hatte, mit einem kurzen, bedeutungslosen Satz über eine alltägliche Nichtigkeit an ihrem Hof aufnehmen würde. Bestimmt würde sie einige eiskalte Worte bloß, etwa über ihr Kleid, sagen, vielleicht eine herablassend klingende Banalität in ätzend beleidigendem Tonfall, um aller Welt kundzutun, daß sie diese Frau, die seit einigen Monaten den Titel einer Marquise führte, nur empfing, weil sie dem König ebenso untertan war wie jeder in Frankreich, daß aber Madame de Pompadour niemals damit rechnen dürfe, als Freundin der Königin zu gelten. Maria Leszczyńska sprach.

48

Um die Wirkung, die ihre Worte hervorriefen, bei der Jeanne-Antoinette ebenso wie bei den Umherstehenden, in ihrer höfisch-gesellschaftlichen und auch staatlichen Tragweite zu begreifen, wollen wir eine andere, eine ähnliche Begebenheit heraufbeschwören: Schon ruht Madame de Pompadour seit gut anderthalb Jahrzehnten in der Gruft der Kapuzinerinnen, schon ist der Enkel Ludwigs XV. der Dauphin, die Dauphine heißt Marie-Antoinette, sie ist die Tochter der Kaiserin Maria Theresia.

Und am Hofe von Versailles regiert Jeanne Gomard de Vaubernier, Gräfin du Barry, die letzte und wahrhaftig niedrigste Mätresse des alternden, in sich verfallenden Königs. Marie-Antoinette haßt sie, sie nennt sie in einem ihrer Briefe an die Mutter eine unverschämte, dumme Person und würdigt sie jahrelang keines Wortes. In stummer Wut steht die mächtige Favoritin jedesmal da, wenn die Dauphine erscheint.

Maria Theresia erfährt, daß ihre Tochter sich am liebsten in der Gesellschaft der weltfremden und altjüngferlichen Schwestern Ludwigs XV. aufhält, die mit Wonne die gottlose Frivolität am Hofe geißeln, daß sie deren Schützling und Spielzeug ist. Die zwar tief religiöse, aber in politischen Fragen unvoreingenommene Kaiserin mißbilligt das Verhalten ihrer Tochter, weil sie darin eine Auflehnung gegen die Regierung des Königs erblickt. In einem langen Brief – Maria Theresia war eine unermüdliche Briefschreiberin – erteilt sie ihrer Tochter Verhaltensmaßregeln: Gerade die Dauphine sollte durch ihr Verhalten dem Hofe zu verstehen geben, daß sie die Entschlüsse des Königs gutheißt. Einige nette Worte, ein zu nichts verpflichtendes Kompliment genügten, denn sie gälten nicht der Gräfin, sondern dem König und Großvater, der dies von der Dauphine mit Recht erwarten dürfe. Nicht jene kleine Clique der ewig Unzufriedenen sei maßgebend, sondern der Souverän. Doch die Siebzehnjährige findet es amüsant, die allmächtige Mätresse zu kränken, und sie spricht sie niemals an. Sie schaut durch sie hindurch, wenn sie einander begegnen, mit zusammengepreßten Lippen, erhobenem Kopf eilt sie jedesmal an ihr

49

vorbei. Ein offener Kampf tobt, der in seiner Kleinlichkeit wie in seinen Konsequenzen typisch ist für die Atmosphäre am Hofe. Marie-Antoinette ist sich der ihr angeborenen Würde bewußt, die ihr das unbestrittene, ja geheiligte Recht gibt, die Gräfin zu mißachten, und die auch der König nicht antasten kann, gerade er nicht, die allerhöchste Verkörperung dieser Würde. Denn nicht ihm persönlich dient man, sondern der Würde, welche die Welt regiert.

Die tödlich beleidigte Gräfin du Barry wagt doch noch den letzten Schritt: Sie beschwert sich bei Ludwig XV., und das haß-erfüllte Gesellschaftsspiel der beiden Damen wächst zu einer Staatsaffäre zwischen Frankreich und Österreich. Denn nur eine einzige Macht gibt es noch, vor welcher die Dauphine von Frankreich Achtung empfindet. Und so beugt sie sich zu gutem Ende dem strengen brieflichen Befehl Maria Theresias: Am Neujahrstag 1772 zeichnet sie die Favoritin aus, indem sie sie in aller Öffentlichkeit anspricht: »Wie viele Menschen sind heute in Versailles . . .!« sagt sie, blickt über den Kopf der du Barry hinweg und wechselt nie mehr auch nur ein Wort mit ihr . . .

Maria Leszczyńska, Königin von Frankreich und geborene Königstochter, schaute die Marquise de Pompadour an, und die Marquise wurde in diesem Augenblick verlegen und unsicher. Sie wußte nicht recht, ob die dieser Begegnung vorausgegange-nen Andeutungen ihrer Freunde die Königin zur Nachsicht be-wogen hatten, sie wußte nur, daß dieser Augenblick, den sie herbeigesehnt hatte, entscheiden würde darüber, auf welche Weise ihr der Zutritt zur Hofhaltung der Königin gewährt wür-de. Und Maria Leszczyńska erwähnte eine Dame aus dem Hof-adel, die auch wir im Bekanntenkreis der Madame d'Étioles flüchtig angetroffen haben. Damit spielte die Königin auf ihre und der Marquise gemeinsame Bekannte an. Sie sagte:

»Geben Sie mir doch Nachricht von Madame de Saissac, ich habe sie gern von Zeit zu Zeit in Paris gesehen.«

Die Höflinge waren verblüfft und erfuhren aus den Worten der Königin, daß die Stellung der Marquise gefestigt war. Die jüngste *Maîtresse en titre* aber war überwältigt von der Güte und der Nachsicht der Königin, deren Worte ihre Hoffnungen offensichtlich übertroffen hatten. Verwirrt flüsterte sie nur: »Madame, ich habe den leidenschaftlichen Wunsch, Ihnen zu gefallen.«

III. Kapitel

Feldzug in Bosheit

Wer, eigentlich, gehörte dem dritten Stand an? Die Antwort ist einfach, wenn sie lautet: jeder, der nicht dem ersten Stand der Geistlichkeit und dem zweiten Stand des Adels angehörte. Vielschichtig wird sie aber, wenn man diesen aufwärtsstrebenden *Tiers État* näher ansieht. Er bestand aus der Mehrheit des Volkes, in Frankreich ebenso wie in anderen Ländern. Diese Mehrheit war sehr unterschiedlich, aus ihr kamen die reichsten Leute des Königreichs, sofern sie noch nicht geadelt waren, aber auch die einfachsten Handwerker, man könnte sagen: Kleinbürger. Doch äußerst schwierig ist es, den Begriff Bürger in seinem vollen sozialen Inhalt zu erfassen. Vielleicht hilft uns das Wort selbst weiter: Ursprünglich war ein Bürger der Bewohner einer befestigten und privilegierten Stadt, einer »Burg« also (»Burger« = Bürger, im Französischen auch: cité = citoyen), für dessen Sicherheit zur Zeit von Gefahren der Grundherr zu sorgen hatte. Der Bürger arbeitete, erzeugte und handelte. Der Adlige trug Waffen. Als adlig galt, wer nicht standeswidrig gehandelt und keine »gemeine Tat« begangen hatte. Unter einer »gemeinen Tat« verstand man aber auch die manuelle Arbeit und den Handel mit gekauften Waren, Beschäftigung und Erwerb des Bürgers also. Und so läßt sich doch eine soziale Rangordnung festhalten, besonders, wenn man einen Erlaß des Kaisers Leopold I. aus dem Jahre 1671 zu Rate zieht. Er ist eine Polizeiordnung, der folgende Stufen aufweist:

An erster Stelle standen der diplomierte Adel, wenn er Landgüter besaß, kaiserliche Kammerdiener und ähnlich gestellte Hofbeamte, dann Doktoren der Rechtswissenschaft und der Medizin (bereits im Mittelalter war ein akademischer Titel ungefähr einem niederen Adelsprädikat gleichgestellt, da es der Doktoren damals noch nicht viele gab);

an zweiter Stelle wurden jene Briefadligen eingestuft, die keinen grundherrschaftlichen Besitz hatten, die kleineren Hofbeamten und die Gutsverwalter von Landgütern Adliger;

an dritter Stelle befanden sich Patrizier und Kaufleute;

ihnen folgten an vierter Stelle die Handwerker;

und am Ende dieser präzisen Rangordnung erschienen die schlichten »Untertanen«, die Bauern also.

Als ergänzendes Gegenstück zu diesem kaiserlichen Erlaß mag der *Traité des Ordres* des französischen Rechtsgelehrten Charles Loyseau dienen. In seiner Hierarchie wies er den ersten Platz den Gelehrten zu, ihnen folgten Räte und Rechtsanwälte, Richter und Finanzbeamte, Schriftführer, Notare, Kaufleute und Handwerker, die in eigenen Werkstätten arbeiteten, dann Vertreter von Berufen, die selbsterzeugte Waren selbst verkauften, und am Ende der Rangliste standen die mittellosen Arbeitskräfte, »die man nicht als Bürger betrachten kann«. Doch zu den Bürgern zählte auch jene kleine Gruppe der Finanzleute und Geldverleiher, die dem Staat, dem König also, Kredite gewährten und somit Kriege finanzieren halfen. Von einem Proletariat, wie es in den Industriestaaten des 19. und des 20. Jahrhunderts entstand, konnte noch nicht die Rede sein.

Im Frankreich Ludwigs XIV. war der Ämterkauf üblich gewesen, im 18. Jahrhundert war er bereits zur Tradition geworden. Der Staat verpachtete öffentliche Dienststellen an private Unternehmer. Man mußte allerdings ein erhebliches Vermögen nachweisen können, wenn man ein Amt kaufen wollte, und äußerst hohe Pachtsummen zahlen. Im Jahr 1739 zum Beispiel wurde das gesamte französische Postwesen verpachtet – für jährlich viereinhalb Millionen Livre. Es ist verständlich, daß der Pächter und seine Gehilfen nicht nur danach trachteten, diese ungeheuer große Summe wieder herauszuwirtschaften, sondern darüber hinaus Gewinne zu machen. Verständlich ist auch, daß diese Pachtwirtschaft der Korruption einen üppigen Nährboden bot. Oft wurden auch Zölle und Steuern verpachtet. Preußen zum Beispiel übergab sein Zollsystem von 1766 bis 1786 französischen Finanzleuten, Österreich das seine von 1756 bis 1766 italienischen. Es war also die einfachste und glaubwürdigste Ausrede, wenn der Kammerdiener Binet dem aufgebrachten Bischof von Mirepoix sagte – wir erinnern uns noch –, daß seine kleine Verwandte Madame d'Étioles nur nach Versailles gekommen sei, um für ihren Gemahl die Stelle eines Generalpächters zu erbitten.

Wieviel war ein Livre wert? Von dem französischen Historiker Pierre de Saint Jacob wissen wir, daß ein durchschnittlicher Boden in Burgund einen Wert von vierzig bis sechzig Livre je Hektar darstellte. Eine fünfköpfige Familie, deren Mitglieder »nicht als Bürger betrachtet werden konnten«, brauchte vor der Revolution, um leben zu können, etwa 1500 Livre im Jahr. Diese beiden Ausgaben trennt ein Jahrhundert vom Ende des 17. bis Ende des 18. Jahrhunderts, doch sie geben eine ungefähre Vorstellung vom Geldwert.

Die Staatsfinanzen waren zerrüttet. Der Sonnenkönig hatte ein ungeheures Defizit hinterlassen – trauriges Ergebnis seiner vielen Kriege. Auch hier ist die Kluft greifbar tief gewesen, die Kluft zwischen der glänzenden Vorherrschaft der französischen Sprache, Literatur und Denkweise und der französischen Finanzkraft. Der erste Regent des unmündigen Königs Ludwig XV., Philipp von Orléans, ein Neffe des Sonnenkönigs und Sohn der Liselotte von der Pfalz, mußte sich mit diesen Schwierigkeiten auseinandersetzen. Unter seiner Ägide betrat ein schottischer Abenteurer und Finanzmann die Pariser Szene, John Law of Lauriston. Er hatte einen verblüffenden Einfall: Warum, fragte er sich, warum muß Geld unbedingt aus Edelmetall, aus Gold und Silber, hergestellt werden? Konnte man nicht Papiergeld in Umlauf bringen? Er übernahm und erweiterte das vor allem in Holland und England blühende Bank- und Kreditwesen, und mit Unterstützung des Regenten gründete er auf Aktienbasis die *Banque générale*. Ziel dieser Unternehmung war die Sanierung der Staatsfinanzen. Zur Grundlage seines Banknotensystems machte Law die Verpfändung des französischen Bodens. Laws Bank wurde 1718 zur Staatsbank erhoben, ihre Banknoten wurden allgemeingültige Zahlungsmittel. Im Jahr 1719 wurde Law Finanzminister. Mit Leichtigkeit erwarb er Monopole und königliche Privilegien, er gründete Kolonialgesellschaften, deren Aktien an der Börse gehandelt wurden. Dieser »Law'sche Actienhandel« war die Finanzsensation der Jahre 1719 und 1720. Nicht nur aus der französischen Provinz, sondern auch aus dem Ausland, so auch aus Deutschland, strömten aufgeweckte Finanzleute und Bevollmächtigte Vermögender nach Paris: Die in Halle erscheinende Zeitung »Wöchentliche Relationen« berichtete um die Jahreswende 1719/1720, daß 530000 Menschen in die französische Hauptstadt gekommen seien, um von dem »welt-berufenen Actien-Handel zu profitieren«.

Doch das System des John Law hatte einen Haken. Seine Banknoten wurden ausschließlich im Interesse des Staatsbedarfs in Umlauf gesetzt, und somit büßte das Geld seine Rolle als Hilfsmittel auf dem Markt ein. Immer mehr und mehr Banknoten wurden der allgemeinen Geldzirkulation zugeführt, und das Resultat war eine zunehmende Kreditaufblähung. »... An einem Abend, nemlich den 20. Dec.«, berichten die »Wöchentlichen Relationen«, »(wurden) allein wieder für 150 Millionen Actien a 1660 distribuiret ..., weil die Tage vorher über 200 Millionen baaren Geldes in Paris eingelauffen gewesen, welche beym Actien-Handel employiret werden sollten.«

Dieses sensationelle und anfangs gewinnbringende Banknotensystem scheiterte letztlich an der Ausweitung des Kredits und an den wilden Börsenspekulationen mit den Aktien. Schuld am Scheitern war nicht die Idee Laws, Papiergeld als Grundlage der Währung zu verwenden, sondern ihre hemmungslose Ausnützung für fiskalische Zwecke. Der Staatsbankrott war unvermeidlich geworden. Er hatte, wie auch in England, die Vernichtung unzähliger Existenzen zur Folge. Schlimmer noch in seinen Konsequenzen war das tiefe Mißtrauen des Volkes gegenüber der staatlichen Wirtschafts- und Finanzpolitik. In den letzten Jahrzehnten des Jahrhunderts taumelte der französische Staat aus einer Krise in die andere, und die Erinnerung im Volke an das abenteuerliche Experiment des Schotten John Law war eine schwere Belastung, als man, einige Jahre nach dem Tode Ludwigs XV., die Frage nach der Daseinsberechtigung der Monarchie stellte. Die Antwort gab die große Revolution.

Die Staatsfinanzen waren zerrüttet, aber der Hof glänzte. Und er kämpfte darum, seine angestammten Rechte gegen die Emporgekommene, gegen die neue Mätresse, zu verteidigen. Eine Bastion war der frömmelnde Dauphin, der bei der Vorstellung der Madame de Pompadour bei Hofe nur einige Worte im Ton eiskalter Verachtung an sie gerichtet hatte, eine witzlose Bemerkung über ihre Toilette, wie es im voraus abgesprochen worden war. Der Hofadel sammelte sich. Der Auftritt der Tochter des Sträflings Poisson in Versailles kam einer Kriegserklärung gleich.

Vier Tage nach ihrer Vorstellung begab sich Madame de Pompadour auf das Schloß Choisy, das gerade neu hergerichtet worden war, und im Oktober nahm sie in Fontainebleau Besitz von den Gemächern, in welchen einst die Herzogin von Châteauroux den König zu empfangen pflegte. Hier führte sie ein zurückgezogenes Leben, sie verließ das Haus nur, um der Königin Besuche abzustatten. Eine in alles eingeweihte Freundin und vornehme Dame, der wir später noch begegnen werden, Madame de Tencin, assistierte ihr bei der Aufgabe, den Ablauf ihrer Tage zu gestalten. Doch die konnte ihr nicht viel helfen in dem Kampf, der nun entbrannte.

Schon bald wurden Flugblätter aufgegriffen, die, ohne einen Autor zu nennen (wenn auch jeder den Initiator zu kennen glaubte), die Wut, die Spottsucht und die Rachegefühle jener

Kreise offenbaren, welche am Hofe an den alten Rechten festhielten. Die Verbindung des Königs mit einer Bürgerlichen war für sie eine Mesalliance, die nicht oder nicht nur die persönlichen Interessen mancher Höflinge berührte, sondern ein Wertgebäude, ja den monarchischen Staat selbst in seinem tief in den Jahrhunderten verwurzelten Gefüge. Man bestritt die Daseinsberechtigung der Mätressen nicht – nicht darüber war man empört, daß der König und Madame de Pompadour sündhaft verstießen gegen ein kirchliches Heiligtum, das Sakrament der Ehe nämlich, sondern darüber, daß eine aus den Tiefen der Gesellschaft Emporgekommene ein Herz usurpierte, das den Damen der Aristokratie vorbehalten sein sollte.

Der Graf von Maurepas, ein intelligenter und einflußreicher Mann, seit 1725 Staatssekretär und Marineminister, ein Förderer der Wissenschaft, seiner Würde hochmütig bewußt, war schon der Herzogin von Châteauroux ein Feind gewesen. Noch mehr verachtete und haßte er die »Schlächterstochter« am ruhmreichen Hofe der Bourbonen. Er war der Initiator der zahlreichen Spottgedichte, der Chansons und Couplets, welche Madame de Pompadour über sich ergehen lassen mußte. Man nannte diese Spottgedichte »Poissonaden«. Hier ein Beispiel:

Si la Cour se ravale,
De quoi s'étonne-t-on?
N'est-ce pas de la halle,
Que nous vient le poisson?

(Wenn der Hof sich herabsetzt,/Weshalb wundert man sich dann?/Ist er nicht die (Markt-)Halle,/Die uns Fisch verkauft? – Den Wortwitz darin kann man nur erklären, aber nicht übersetzen: »Poisson«, ihr Mädchenname also, heißt auf französisch »Fisch«.)

Ein regelrechter Feldzug war im Gange gegen die Marquise de Pompadour, und hämischer Hohn, würdevolle Überheblichkeit, schadenfrohe Verleumdung, immer an der Grenze des kaum Nachweisbaren, waren seine Waffen. Sein Ziel war es, die Bürgerliche vom Hofe zu vertreiben, in ihrer Person auch den dritten Stand zu treffen, der es gewagt hat, die Hand nach dem Allerhöchsten auszustrecken. Die Höflinge verschlossen sich, wenn Madame de Pompadour Unterhaltung mit ihnen suchte, und wenn einer von ihnen, der Etikette notgedrungen gehorchend, sich vor ihr verbeugte, dann legte er in diese Körperbewegung eine Überdosis an Höflichkeit und Unterwürfigkeit, um den Sinn der Verbeugung, die Ehrerbietung, in deren Gegenteil zu verwandeln.

Die Damen am Hofe, neidisch und klatschsüchtig, forschten in den Gesichtszügen der Madame de Pompadour, begutachteten ihre Toiletten und Manieren, belauschten sie. Selbstverständlich war die Herkunft der Pompadour der wunde Punkt, an dem sie ansetzten. Ihr fehlte das, was man »Rasse« nannte, eine Vornehmheit, die man – so meinte der Versailler Hof – weder erlernen noch nachahmen konnte, denn sie war eine Frage des Geblüts.

Und diese »Rasse«, dieser sonderbare und geheimnisvolle Stolz, den man angeblich nur von seinen Ahnen überliefert bekommen konnte, fehle, so meinten die Damen von Versailles, der Marquise de Pompadour.

Die schärfsten Spötter, die um jeden Preis Ironisierenden, die zum eignen und anderer Vergnügen Karikierenden, die meisterhaft Heuchelnden, jene, welche die Gabe besaßen, alles, Bedeutendes ebenso wie Unscheinbares, lächerlich zu machen um der Lächerlichkeit willen, sammelten sich, um die neue Göttin des Hofes zu treffen. Sie wollten in ihrer Aussprache den Tonfall entdecken, der einem Kinde der Pariser Gosse eigen sein mochte und den die frischgebackene Marquise auf dem kurzen und allzu schnellen Weg von dort nach Versailles nicht habe verdrängen können. Dabei vergaßen sie, daß Madame de Pompadour gebildet war wie kaum eine Dame am Hofe und bei gefeierten Dichtern deklamieren gelernt hatte. Ihre Aussprache muß also zumindest korrekt gewesen sein, wahrscheinlich war sie mehr als das: schön, rund, ausdrucksvoll, gesteigert durch ihr natürliches Talent. Sie mag in den ersten Wochen ihres Daseins bei Hofe verwirrt gewesen sein, und ihre Verwirrung machten sich die Höflinge zunutze. Wahrscheinlich verstieß sie hier und da gegen diese oder jene feine Regel höfischen Beisammenseins, wahrscheinlich stellte man ihr Fallen, und die Höflinge waren entsetzt, wenn sie diesen Fallen zum Opfer fiel. Sie übertrieben das Entsetzen, um es noch wirksamer zu zeigen, sie schlugen die Hände zusammen und blickten zum Himmel empor, als fragten sie ihn, wie lange sie noch diese Ungeheuerlichkeiten erdulden müßten? So verhielt man sich am Hof von Versailles.

Der Graf von Maurepas, Initiator vieler Spottgedichte, war der führende Kopf dieser Höflingsclique. Er war ein begabter Mann, nicht bloß würdevoll, stolz und vornehm. Denn er vermochte die Komödie des Entsetzens mit solch untertriebenem Ernst zu spielen, daß seine Gäste, die stets ein begeistertes und zum Huldigen bereites Publikum abgaben, in ihm das Genie einer eigenartigen Kunstgattung: der höfischen Ironie, erblickten. Seine Soupers waren berühmt, man drängte sich zu ihnen. Denn jedes Souper verwandelte sich durch das Feuerwerk geistreicher Worte in ein Tribunal, bei dem man über die Auswüchse am Hofe zu Gericht saß. Die Anstoß erregende Person war zur Zeit die Marquise de Pompadour. Und man verfuhr nicht milde mit ihr. Man wollte sie treffen, tödlich treffen, und schrak vor nichts zurück. Man übergoß sie mit dem Beiz des Spottes, man setzte ihrer Eitelkeit zu, ihren wirklichen oder erfundenen Schwächen, ja man entblößte sogar ihren Körper und begutachtete dessen Reize, man tuschelte über ihre Gesundheit. Man schüttelte sich vor Lachen, als man sich erzählte, bei einer Jagdpartie habe die Pompadour einen Platz im Wagen des Dauphin eingenommen und versucht, eine geistreiche Unterhaltung zu führen. Doch wovon sie auch sprach, Ernstem oder Heitrem, der Dauphin und die königlichen Prinzessinnen, die mit von der Partie waren, erwiderten – wie geistreich und wie vornehm! – keine einzige Silbe.

Und Ludwig der Vielgeliebte? Er merkte wohl, daß man seine Spottsucht anzusprechen suchte, daß man Jeanne-Antoinette lächerlich machen wollte in seinen Augen, damit er sich ihrer schäme und sie, um der Wahrung seiner Majestät willen, vom Hofe entferne. Sein Urgroßvater und Vorgänger, Ludwig der Sonnenkönig – mit dem ihn Madame de Pompadour später so oft und so stolz verglich –, hätte die ganze spöttelnde Meute mit einer einzigen königlichen Handbewegung zum Schweigen gebracht. Ludwig XV. war dazu nicht in der Lage. Er wagte es nicht, sich souverän zu Jeanne-Antoinette zu bekennen, wollte sie aber auch nicht missen. Als man einmal auf die höfischen Unzulänglichkeiten der Marquise de Pompadour anspielte, wurde er verlegen und murmelte ausweichend:»Es gilt hier, eine Erziehungsarbeit zu leisten, ich werde mein Vergnügen daran haben.«

Wer, eigentlich, war ein Aristokrat? Die Antwort ist einfach, denn sie lautet: jeder, der dem Adel angehörte. Vielschichtig wird sie aber, wenn man die Wesenszüge des Aristokratenseins näher ansieht. Sie bildeten die Minderheit, die Aristokraten, auch innerhalb der adligen Kreise und auch außerhalb Frankreichs, in allen Ländern und zu allen Zeiten. In Frankreich wurden sie verdrängt und übertönt von den auffallend lauten Adligen, deren gelebte Hierarchie und Etikette nun schon groteske Formen annahmen. Denn es mangelte diesen Höflingen gerade daran, was das aristokratische Wesen kennzeichnete und woran sie nicht mehr zu glauben vermochten: Sinn für die wahren Proportionen in der Welt, eine ethische Haltung, die Pflichtbewußtsein und Pflichterfüllung als Selbstverständlichkeit voraussetzte – nicht weil Pflicht erfüllt werden *mußte*, sondern weil Pflichterfüllung inneres Verhalten war; es mangelte schon den meisten Adligen an Taktgefühl, an dem Vermögen, Maß zu setzen und Maß zu halten, es mangelte ihnen an Geschmack, einem Ergebnis eben von Maßhalten und Taktgefühl. Und vor allem mangelte es ihnen an dem Wissen darum, daß Verantwortung auf sich zu nehmen und Verantwortung zu tra-

gen soviel heißt wie eine Würde ohne äußere Zeichen veran-
schaulichen – eine Würde, vor der jeder, der ihr begegnet, unwillkürlich sich verneigt. Vor den Höflingen des Hofes von
Versailles verneigte man sich nicht aus Überzeugung.
Die Gesellschaft einer Epoche kann nur daran gemessen
werden, in welchem Maß und auf welche Weise sie die eigenen
Postulate verwirklicht hat. Eine Epoche ist meßbar nur von
dem geistigen Zeitpunkt an, da die Postulate, in Erkenntnis der
schlechten Wirklichkeit, gestellt und ausgesprochen werden,
und an der Zeitspanne, in welcher um die Verwirklichung eben
dieser Postulate gerungen wird. Doch die Vertreter des Hofes
von Versailles stellten gerade aus Mangel an wahren aristokratischen Wesenszügen und Verhaltensweisen keine Postulate
mehr. Die schlechte Wirklichkeit erkannten die bürgerlichen
Schriftsteller Voltaire und Rousseau, Diderot und d'Alembert
und andere. Und sie waren es, die Forderungen stellten, Postulate formulierten und anregten, sie in die Tat umzusetzen. Der
Adel am Hofe von Versailles war nur noch eine Karikatur der
Aristokratie, die einst das Schicksal Frankreichs bestimmt hatte. Und er glaubte auch nicht mehr an aristokratische Ideale,
denn er besaß die Kraft des Glaubens nicht. Seine Verhaltensweise verkam zur bloßen Aufrechterhaltung höfischer Formen
bar jener Substanz, welche diese Formen einst entwickelt und
geprägt hatte.

Aber auch Madame de Pompadour verfügte über die Eigenschaften, die in dieser Atmosphäre gefordert waren. Auch sie
vermochte, spielerisch zu heucheln, liebenswürdig zu intrigieren und überzeugend zu täuschen. Dies waren ihre Waffen im
Dienste ihres Ehrgeizes. Und weil sie ihre Waffen erfolgreicher
einsetzte als ihre Gegner die ihren, haßte man sie und dichtete
ihr manches an, das auch Menschen späterer Zeiten ihre Wesenszüge vorzeichnete. Sie war ein Kind ihrer Zeit, ihre Fähigkeiten und die Möglichkeiten an diesem Hofe kamen einander
entgegen.

Sehr bald schon erkannte sie, wie gefährlich für sie die Kampagne war, die mit dem unverkennbaren Ziel geführt wurde, sie vom Hofe zu verdrängen, dorthin, woher sie gekommen war: in die Unscheinbarkeit bürgerlicher Lebensformen. Sie wußte, daß sie sich bei dem schwachen König behaupten mußte, daß sie ständig ankämpfen mußte gegen seine beinahe krankhafte Neigung, aus Interessenlosigkeit und Mangel an Energie kampflos nachzugeben. Sie wußte, daß sie die Verachtung, die der Adel ihr entgegenbrachte, als verachtenswert darstellen mußte. Sie mußte sich gegen die »Poissonaden«, gegen die Chansons des Grafen von Maurepas zur Wehr setzen, sie mußte die bösartigen Schachzüge ihrer Gegner, die niederträchtigen Fallen erahnen, sie mußte erfahren, Gegenzüge anordnen, Gegenmaßnahmen treffen. Eine erschöpfende Tätigkeit! Eine aufzehrende Beschäftigung!

Die Krankheit, an der sie unmerklich zunächst von Kindheit an litt, gewöhnte sie daran, Schwächeanfälle mit äußerster Disziplin zu überwinden und ihre geistigen Möglichkeiten voll einzusetzen. Und so wollen wir gleich einer weitverbreiteten Ansicht widersprechen: Nicht ihre Talente in der Liebe, nicht ihre erotische Ausstrahlung, so sinnlich sie sicherlich auch gewesen ist, haben Ludwig XV. zwei Jahrzehnte lang in ihrem Bann gehalten, sondern ihr wacher, lebendiger Geist, die vielfältigen Anregungen, die von ihr ausgingen. Denn auch Geist kann Eros ausstrahlen, ja, es gibt nicht echten Geist, schöpferischen, ohne Eros. Oft in späteren Jahren, wenn ihr Körper zu versagen drohte, trieb ihn ihr wacher Geist voran – nur nicht aufgeben, nur nicht Mattigkeit zeigen, nur nicht dem gefährlichsten aller Feinde, der Trägheit Raum bieten, sondern erheitern, aufmuntern, den Ton angeben, Ziele setzen, nachdenklich stimmen, um dann die Besinnlichkeit des Augenblicks in einer kunstvollen, spielerisch-fröhlichen Formulierung aufzulösen. Das immerwährende Wirken der geistigen Präsenz war das Geheimnis dieser Frau. Es war ihr Geist, der ihr zum Sieg verholfen hat, nicht allein der Reiz ihres Körpers. Doch die Höflinge erkannten das nicht.

Sie mußte am Hofe, der ihr feindlich gesinnt war, Verbündete finden, gemäß den Spielregeln der Intrige. Und es ist bezeichnend für die Pompadour, für ihren klaren Blick und ihrem vor nichts zurückschreckenden Ehrgeiz, daß sie dort Verbündete suchte, wo niemand es ahnte: an höchster Stelle und bei einer Person, die für alle Höflinge als unantastbar gelten mußte – bei der Königin.

»Madame, ich habe den leidenschaftlichen Wunsch, Ihnen zu gefallen«, hatte sie bei ihrer Vorstellung, überwältigt von der offensichtlichen Güte der Königin, gestammelt. Und es besteht kein Anlaß, daran zu zweifeln, daß sie es ernst gemeint hatte. Zu diesem Ernst des Gefühls trat nun, typisch für die Pompadour, der durchdachte und entschlossen ausgeführte Plan. Worte, die sie dritten Personen gegenüber oder in Gesellschaft über die Königin scheinbar beiläufig sprach, waren gekennzeichnet durch Ehrfurcht, Anerkennung und Demut, ja vielleicht auch durch die Andeutung verhaltener Liebe. Bald empfand Maria Leszczyńska, daß die Mätresse ehrlich bemüht war, das Verhältnis zwischen der Königin und dem königlichen Gemahl, das hoffnungslos festgefahren, das kühl war, in dem sich Zeichen gegenseitiger Mißachtung häuften, aufzuwärmen, wenigstens bis zu einem Grad allgemeiner Erträglichkeit. Sie ließ der Königin bedeuten, daß sie, die Mätresse, dabei sei, manch unbegründete Voreingenommenheit des Königs zu zerstreuen; daß sie alles boshafte Geflüster über den Lebenswandel der Königin, das man Ludwig XV. hinter vorgehaltener Hand und in ehrfurchtsvoller Verbeugung von Zeit zu Zeit zutrug, dem leicht beeinflußbaren Gemahl fernhalten würde.

Und siehe da – noch in diesem an gesellschaftlichen Ereignissen ohnehin reichen Jahr 1745 geschah etwas, das alle gutunterrichteten Höflinge für unvorstellbar gehalten hätten. Eines Abends setzte sich Ludwig XV. für einige Minuten an den Spieltisch der Königin! Ein Raunen lief durch den Spielsaal, durch ganz Versailles, ein Raunen des Staunens, ein Raunen des Ratens und der Deutelei. Wenig später trug sich wieder etwas vor kurzem noch Undenkbares zu: Ludwig XV. ließ Maria Leszczyńska eines Abends zum Diner nach Choisy kommen! Und am Neujahrstag 1746 überreichte Seine Majestät der Königin sogar ein Geschenk! Seit vielen Jahren schon hatte er ihr keine Geschenke mehr gemacht. Nun bekam Maria Leszczyńska von ihrem Gemahl eine goldene Tabakdose, auf deren einer Seite eine Uhr eingelassen war. (Einige Zeitgenossen wollten wissen, daß die Tabakdose für die Mutter der Madame de Pompadour bestimmt gewesen sei, doch plötzlicher Tod hatte Madame Poisson dahingerafft, und so erhielt die Königin die Dose als Neujahrsgeschenk. Wie dem auch sei – ein Verdienst der Pompadour war es auf jeden Fall.)

Und Maria Leszczyńska zeigte sich empfänglich für die Aufmerksamkeiten, die ihr Madame de Pompadour, zäh und unbeirrt, bezeugte. Offenbar wollte aber die Marquise ein untrügliches Zeichen der Bestätigung dafür erhalten, daß ihre Bemühungen bei der Königin Früchte trugen. Gegenüber der Herzogin von Luynes – wir wissen noch: eine Freundin der Königin – zeigte sie sich einmal betrübt, meinte, sie entdecke keine Wärme mehr im Verhalten der Königin, die ihr gegenüber nicht mehr so gnädig sei wie früher. Dies war eine Aufgabe für die Herzogin, der sie sich in vollem Bewußtsein der eigenen Bedeutung annahm. Bald erhielt Madame de Pompadour ein kleines Billett von ihr, in dem es hieß: Die Königin erkenne die Gefälligkeiten, die ihr die Marquise immer wieder erweise, gerne an, und sie sei ihr zugetan.

Das war nun der erste große Triumph der Pompadour, den sie über ihre Feinde davontrug. Um diesen Triumph noch zu vertiefen, antwortete sie der Herzogin in einem Brief – der viel eher an die Königin gerichtet war. Die Briefe der Madame de Pompadour sind der Nachwelt überliefert worden, und sie offenbaren den Charakter dieser Frau klarer und verläßlicher als die Aussagen so mancher Zeitgenossen. Selbstverständlich heuchelt sie oft in den Briefen, doch das ist nichts Ungewöhnliches in jener Zeit. Die sorgfältig gewählten Stilblüten und die

Schnörkel, die geistigen wie die hingemalten, die man in der Korrespondenz von damals antrifft, sind ein Ausdruck der Verspieltheit und zugleich der ungespielten Unbekümmertheit, ein Ausdruck oft nur vorgetäuschter Tiefe und übertriebener Emotionen als Dekoration – ein Lebensgefühl, das die beiden Stände, den geistlichen wie den adligen, charakterisierte und vom Volk trennte. Dieses Lebensgefühl fand im Rokoko seinen höchsten Ausdruck.

Also schrieb Madame de Pompadour an die Herzogin von Luynes: »Frau Herzogin, Sie geben mir das Leben zurück. Seit drei Tagen empfinde ich einen Schmerz ohnegleichen. Sie werden mir das gewiß glauben, denn Sie kennen, das weiß ich, meine Anhänglichkeit an die Königin. Auf niederträchtige Weise wurde ich beim Herrn Dauphin und bei der Frau Dauphine verunglimpft – doch sie haben mir gütigst erlaubt, ihnen zu beweisen, wie falsch die Abscheulichkeiten sind, derer man mich bezichtigte. Vor einigen Tagen aber hat man mir bedeutet, die Königin sei gegen mich eingenommen – gegen mich, die ich für sie mein Leben hergeben würde, deren Güte, wie sie mir bezeugt wurde, jeden Tag teurer wird. Ermessen Sie meine Verzweiflung! Es ist doch so, je mehr Wohlwollen die Königin mir entgegenbringt, um so mehr beschäftigen sich die Ungeheuren des Landes damit, mir unzählige Schandtaten anzukreiden, wenn sie mir nicht die Gnade erweist, vor jenen auf der Hut zu sein und mir freundlicherweise sagen zu lassen, wessen man mich zeiht. Mir wird nicht schwerfallen, dessen bin ich sicher, mich zu rechtfertigen. Ich bitte Sie, gnädige Frau: Die Freundschaft, die Sie für mich empfinden, und noch eher die Kenntnis meines Charakters mögen Ihnen das, was ich sage, verbürgen. Gewiß habe ich Sie mit diesem ausführlichen Bericht gelangweilt, aber mein Herz ist so bewegt, daß ich Ihnen seine Ergriffenheit nicht habe verbergen können. Sie kennen doch meine Gefühle für Sie, Madame, sie werden nur mit meinem Leben enden.«

Die Königin und die Herzogin – nun waren sie gewiß entwaffnet, vielleicht sogar gewonnen für die in immer strahlenderem Licht glänzende Favoritin. Denn sie glänzte, das mußte auch ein Blinder sehen. Die Gebrüder Pâris, zu dieser Zeit die bedeutendsten Finanzmänner des Staates, waren nicht blind. Sie waren einflußreich. Ihr Einfluß beruhte auf ihrer Finanzmacht, derer der verspielt verschwenderische Hof so oft bedurfte. Und sie erkannten, daß die Marquise de Pompadour ebenfalls reich war an Einfluß. Alle drei, die Marquise und zwei der Gebrüder Pâris, waren klug genug, um einzusehen, daß sie, miteinander verbündet, eine beinahe uneinnehmbare Festung zu bilden vermochten.

Monsieur Janelle war ein unscheinbarer, aber mächtiger Herr. Er leitete das zentrale Postbüro, bei ihm liefen die Briefe der Ministerien ein, er verschickte die Korrespondenz des Hofes in alle Welt. Erkannte Monsieur Janelle in der Marquise de Pompadour den aufgehenden Stern, deren Glanz bald über Versailles strahlen sollte? Meinte er, ihre Freundschaft und ihre Gunst könnten ihm nützlich sein, förderlich für seine Karriere? Oder gewann sich Madame de Pompadour den biederen Beamten durch gezielte Schmeicheleien, durch Liebenswürdigkeiten oder durch vielsagende Versprechungen? Wir wissen es nicht genau. Fest steht aber, daß Janelle ihr sehr bald ergeben war und ihre Befehle befolgte wie ein gutmütiger, pflichtbewußter Hund. Es hatte sich schon eine Clique um die Pompadour herausgebildet, ganz nach den Spielregeln des höfischen Lebens. Janelle schloß sich ihrer Clique an. Seine Ergebenheit der Marquise gegenüber konnte nicht geheim bleiben, wie an diesem tratschsüchtigen Hof eine Verbindung welcher Art immer nicht lange geheimgehalten werden konnte. Die Höflinge horchten auf, sie registrierten, daß der einflußreiche Janelle, Träger großer und kleiner Geheimnisse, in dessen Händen die Korrespondenz der Monarchie zusammenlief, ein Parteigänger der Madame de Pompadour war. Und die Marquise, berechnend und scharfsinnig wie sie war, erkannte, wahrscheinlich eher als Janelle selbst, welche Macht die Korrespondenz des Hofes jemandem bescherte, der deren Inhalt kannte und sie sogar zu beeinflussen imstande war. Denn Janelle ließ zu, daß die Marquise wichtige Briefe zensierte, und zwar so, daß in den Briefen das gesagt wurde, was sie für richtig hielt – was nicht immer das gleiche war, was der König oder seine Minister zu sagen wünschten.

Die Verbindung der Madame de Pompadour mit dem im Hintergrund verbleibenden, aber einflußreichen Janelle wirft ein scharfes Licht auf ihren Charakter und auf ihren Ehrgeiz. Nicht nur glänzen wollte sie, nicht nur geachtet werden als die offizielle Mätresse des Königs von Frankreich, nicht nur reich wollte sie werden, sondern sie wollte mehr: Macht ausüben, und zwar so, daß spätere Generationen an sie erinnert werden sollten. Durch die Freundschaft eines so wichtigen Mannes wie Janelle, Betreuer der geheimen Korrespondenz des Hofes und der Ministerien, schuf Madame de Pompadour eine sachliche Grundlage ihrer Machtstellung. Die Liebe Ludwigs XV. zu ihr war flüchtigen Launen und depressiven Stimmungen des sich langweilenden Mannes unterworfen, sie war ein labiles Fundament. Die Kenntnis der diplomatischen Korrespondenz des Hofes hingegen war ein verläßlicher Pfeiler der Macht. Janelle blieb ihr bis an ihr Lebensende ergeben.

Der Marquis de Saint-Séverin fand auf Umwegen zu Madame de Pompadour, das heißt, er war ein Gegner des Kriegsministers Marquis d'Argenson, der seinerseits ein Feind der königlichen Mätresse war: Also verband sich Saint-Séverin mit der Marquise, die in ihrem neuen Freund einen diplomatischen Leibwächter sah gegenüber den Intrigen d'Argensons. Denn Saint-Séverin war ein geschickter Berufsdiplomat – bei den Friedensverhandlungen nach dem Österreichischen Erbfolgekrieg in Aachen sollte er Frankreich vertreten und den Friedensvertrag im Namen seines Souveräns unterzeichnen. Zu ihnen gesellte sich der Marquis de Puisieux, eine etwas zwielichtige Gestalt, ein geheimer Vertrauensmann der Gebrüder Pâris, der für sie manche dunklen Finanzgeschäfte tätigte und sich seines Einflusses nicht in der Öffentlichkeit rühmte, sondern es vorzog, seine für einen Außenstehenden unüberblickbaren Beziehungen im stillen spielen zu lassen.

Um einen berühmten Soldaten, dem wir noch auf manchen Schlachtfeldern begegnen werden, bemühte sich Madame de Pompadour mit besonderem Eifer: um den Marschall Belle-Isle, den d'Argenson »ein großes Genie des kleinen 18. Jahrhunderts« nannte. Eines Tages trafen sie sich in Versailles, und Madame de Pompadour überschüttete den Marschall mit Vorwürfen. Doch die Vorwürfe waren nicht bitter noch boshaft. Die Marquise sprach die anklagenden Worte im Ton aufrichtiger Liebenswürdigkeit (schließlich hatten ihr die Besten der Zeit die Schauspielkunst beigebracht, und die Marquise war nicht nur talentiert, sondern sie hatte auch mit Eifer gelernt), und so klang ihr Vorwurf wie die süßeste Schmeichelei: Sie klagte, daß sie den Marschall einen ganzen Winter lang nicht gesehen habe, sie warf ihm vor, er habe die Aufführungen im Theater der Kabinette gemieden. Doch sie verzeihe ihm, denn sie wisse, daß der König ihn nicht nur für den größten General halte, sondern auch für den ehrlichsten Mann, für einen Soldaten, der unerschütterlich im Dienste seines Souveräns stehe. Dann fügte sie mit dem schönsten Lächeln, dessen sie nur fähig war, hinzu, sie wisse ja, wie gutmütig der Marschall sei, also werde er ihr die Vorwürfe gewiß nachsehen, denn jeder, der ihn kenne, müsse ihn lieben. Der nicht mehr ganz junge Marschall machte eine tiefe Verbeugung. Von nun an scharte er sich um den unsichtbaren Thron der Marquise de Pompadour.

Wie ein regierender Fürst mit seinen Untertanen, so umgab sich Madame de Pompadour mit einem Heer von Freunden, die sie sich mit List und Tücke, mit kleinen Diensten und großen Versprechungen oder einfach durch Liebenswürdigkeit gewonnen hatte. Bald schon bildete sich ein geschlossener, exklusiver Hof am großen Hofe von Versailles heraus: der Hof der Marquise de Pompadour in ihrer wunderbaren Wohnung im

Schloß Versailles. Hier huldigte man den überfeinen und zugleich strengen Regeln der Etikette, wie sie einst der Sonnenkönig an seinem ruhmreichen Hofe hatte gelten lassen. Madame de Pompadour blätterte eifrig in den Memoiren der Höflinge Ludwigs XIV. und führte an ihrem eigenen erlesenen Hof die großen Gesten und tiefen Verbeugungen, die nun mehr geschwollen tönenden Anreden und die traditionsreichen Formen des gesellschaftlichen Verkehrs ein, welche das höfische Leben unter dem Sonnenkönig unvergeßlich gemacht hatten. Sie machte sogar Auszüge von den entsprechenden Stellen dieser oder jener Memoiren, um Begegnungen und Audienzen in ihren Gemächern so zu gestalten, wie sie damals, zu Zeiten unvergänglicher Gloire, am Hofe Ludwigs XIV. üblich waren. Wenn Bittsteller oder ergebene Freunde, die von ihr etwas erhofften, ihr ihre Aufwartung machten, dann stand nur ein einziger Lehnstuhl im Raum – dies bedeutete, daß alle zu stehen hatten vor oder neben der sitzenden Marquise. Und die entmachteten Adligen, dem nachwirkenden starken Willen des Sonnenkönigs weiterhin kriecherisch ergeben, fügten sich und standen in devoter Haltung vor der hochfahrenden Mätresse ihres Souveräns. Nur einmal wagte ein einziger Höfling von uraltem Adel, ein Mann von Welt und Witz, der Marquis de Souvré, die Regel, die für den großen König gegolten hatte, umzustoßen: Bei einem Besuch bei der Marquise de Pompadour setzte er sich schlicht und liebenswürdig – auf die Lehne des Sessels. Doch sein Beispiel wurde nicht nachgeahmt.

Und so stieg Madame de Pompadour hoch zum Himmel von Versailles, sie wurde zu einem Fixstern, umgeben von einer Schar kleinerer und größerer Sterne. Um in der allegorischen Sprache der Zeit zu sprechen: Der König war die Sonne, die Königin der Mond und die Marquise de Pompadour ein leuchtender Stern zwischen den beiden. Sie begann zu regieren. Sie besaß keine Ämter und keine verbrieften Befugnisse. Doch ganz Versailles wußte – und bald sollten es auch die fremden Höfe erfahren –, daß sie wirkliche Macht besaß. Die Art, wie sie regierte, fanden manche unverschämt, manche großartig. Unverschämt fanden ihre Art jene, die in der von der Tradition und dem Gottesgnadentum des Souveräns getragenen Herrschaft des Adels den tiefen Sinn der monarchischen Staats- und Gesellschaftsordnung erblickten und nun ohnmächtig zusehen mußten, wie die einst dem großen Ludwig XIV. vorbehaltene Art zu herrschen von einer königlichen Mätresse niedriger Herkunft entheiligt und entehrt wurde. Großartig fanden sie jene, die die Willensstärke der Marquise, ihr ungebändigtes Streben nach oben, ihren vor nichts zurückschreckenden Ehrgeiz und ihren geschliffenen Geschmack bewunderten und von ihr Begünstigungen erwarteten und auch erhielten. Gesandte fremder Mächte begegneten ihr bald schon nicht nur mit Schmeicheleien, sondern auch mit aufrichtiger Anerkennung, denn sie erkannten, daß sie sich die Durchführung ihrer Vorhaben eher von der Marquise als von einer offiziellen Stelle zu gewärtigen hatten. Madame de Pompadour war sich ihrer Macht bewußt, und sie trug sie zur Schau. Nicht selten sprach sie in Pluralis majestatis mit den Gesandten: »Wir«, sagte sie, um anzudeuten, daß sie im Namen des Königs das Gespräch führte. »Es gibt einige Dienstage«, sagte sie beiläufig, »an welchen Seine Majestät Sie nicht wird empfangen können, Monsieurs, denn ich nehme nicht an, daß Sie uns aus Compiègne werden holen lassen können.« Die Gesandten lächelten verständnisvoll, verbeugten sich – und verhandelten dann lieber mit ihr als mit einem zuständigen Minister.

Die *Maîtresse en titre* wuchs zu einer Institution empor. Der Glanz, mit dem sie sich umgab, war ein Gemisch vom Widerschein vergangener Tage und der verschwenderischen Prunksucht der Zeit. Sie hatte einen Edelmann aus dem Elend an ihren kleinen Hof berufen, den Sproß einer der ältesten Familien des Königreichs – nun trug er, ehrfurchtsvoll einige Schritte hinter ihr gehend, ihre Mantille, wenn sie ausging, oder er schritt neben ihrer Chaise, der vierrädrigen Kutsche, einher, er hatte im Vorzimmer, neben der Tür stehend, auf sie zu warten, mit einem Wort: Er tat Dienst bei ihr, wie ein Edelmann und Höfling bei dem König Dienst tat. Ihr Hofmeister, Monsieur Collin, der ihr bis ans Ende treu dienen sollte, erhielt die von vielen vergeblich begehrte Auszeichnung des Sankt-Ludwig-Kreuzes – und durfte die Serviette hinter der Marquise stehend halten, wenn Madame de Pompadour tafelte. Das Dach ihrer Karosse war aus Samt und trug das Wappen ihres Marquisats. Sie wollte die Erinnerung an ihre Person und an ihr Wirken auch für die Zeit nach ihrem Tod lebendig erhalten, also kaufte sie von der alten Adelsfamilie Créqui eine Gruft bei den Kapuzinerinnen an der Place de Vendôme – hierher ließ sie den Leichnam ihrer Mutter überführen, hier wollte sie selbst bestattet werden. In der Kapelle des Schlosses Versailles ließ sie über der Sakristei eine Tribüne errichten – bei großen Feierlichkeiten erschien sie hier allein, saß geneigten Hauptes da, ein Gebetbuch in der Hand. Bei den Aufführungen am Hoftheater schloß sie sich mit dem König in einer vergitterten Loge ein – nur die Eingeweihten ahnten, wer die hohen Herrschaften waren, die sich vor der gaffenden Neugier des Hofes hinter das Logengitter flüchteten.

Madame de Pompadour war von der Leidenschaft der Sammler beflügelt. Nicht nur Schmuck und Gold und Silber und Porzellan sammelte sie, sondern auch Schlösser, die sie dann verschwenderisch ausstattete. In manchen ihrer kleinen Lustschlösser wohnte sie nie oder kaum länger als einige Tage. Sie kaufte, um das Gekaufte neu herzurichten, umzugestalten und es aller Welt als ihr eigenes Werk darzubieten. Nachdem sie das schöne Landgut Crécy bei Dreux gekauft hatte, ließ sie den Park neu bepflanzen, die Flügel des alten Schlosses wiederherstellen und die Räume mit edlem Holz täfeln. Bewässerungsanlagen wurden errichtet, um die mit Rasen bedeckten Hänge frisch zu erhalten.

Eines ihrer Lieblingsschlösser war La Celle, eine Meile vor Versailles auf dem Weg nach Marly gelegen. Ein Kanal durchzog den Park, eine Gondel lag vor Anker. In einer Augustnacht

72

des Jahres 1748 ließ sie den Park, den Kanal und die Gondel beleuchten und lud ausgesuchte Gäste zu einer Feier zu Ehren Ludwigs XV. ein. Die Gäste, die Herren d'Argenson, de Maurepas, de Puisieux und einige wenige andere, erhielten Eintrittskarten, auf welchen die Worte geschrieben standen:»Gutschein zum Eintritt.« Gleich nach dem üppigen Abendmahl verschwand die Marquise, doch bald, als der König noch beim Dessert zu Tisch saß, erschien sie wieder als die »Königin der Nacht« verkleidet.»Kommt, folgt mir!« rief sie und entlief ins Dunkel des nahen Waldes. Die fröhliche Gesellschaft brach auf und suchte nach ihr, angelockt von einem fernen, schimmernden Lichtquell. Auf der Waldeslichtung blieb sie verzaubert stehen, denn sie sah Feen: Kleine Kinder tanzten ein Ballett, und ein Chor sang dazu. Dann versteckten die Damen und Herren ihre Gesichter hinter lustigen Masken und zerstreuten sich in der von Glaslaternen erleuchteten Nacht . . .

Crécy und La Celle dienten ihr zum kurzen Aufenthalt auf dem Lande, wenn im Sommer die Hitze in Versailles unerträglich wurde. Abgeschiedenheit suchte sie in einem kleinen Haus, das sie in einem Park von nur sechs Hektar erbauen ließ. Ludwig XV. hatte ihr den Park, der neben dem Versailler Drachentor lag, zum Geschenk gemacht. Madame de Pompadour schmückte das Haus mit persischen Wandbehängen, im Park ließ sie einen Tempel errichten, der einen Adonis aus weißem Marmor beherbergte. Dieses Haus nannte man Eremitage, es war eine Art Einsiedelei. Auch in Fontainebleau und Compiègne errichtete sie Eremitagen, wo sie und der König sich ungestört aufhalten konnten. Doch all das war nur der Anfang. Später, wir werden es sehen, sollte sie größere Palais erwerben und sie noch verschwenderischer ausstatten.

Also sicherte sich Madame de Pompadour ein ganzes Heer von Freunden und Ergebenen und förderte und schützte sie, während die Mächtigen unter ihnen ihr als Pfeiler ihrer Macht dienten. Sie lud sie zu rauschenden Festen ein – nicht nur die Freunde, sondern auch die Feinde, um sie für sich zu gewinnen, sich mit ihnen, wenn sie es für angebracht hielt, auszusöhnen oder, wenn eine Aussöhnung an der Ablehnung und der Hartnäckigkeit der Gegner scheiterte, ihnen ihre Macht vor Augen zu führen. Doch es gab einen Mann, der nie vergessen konnte, daß er einst den König durch die Mätresse, die er dem Souverän zugeführt, beherrscht hatte. Die Mätresse war die unglückliche Herzogin von Châteauroux gewesen – der Mann, der seit ihrem Tod damit beschäftigt war (und es sein Leben lang bleiben sollte), dem König eine neue und dem Vermittler ergebene Mätresse zu verschaffen, hieß Herzog von Richelieu. Auch ihm werden wir noch im Verlauf unserer Geschichte begegnen. Gleich zu Beginn der Laufbahn der Madame de Pompadour stellte sich ihr der Herzog als ein durchtriebener und einfallsreicher, wenn auch galanter Heuchler und Intrigant vor. Er wußte wohl, daß Madame de Pompadour die Kammermusiker des Hofes bei ihrem geplanten privaten Theater beschäftigen wollte, und ließ ihr sagen, sie sei die Herrin und brauche nur zu befehlen. Hinter ihrem Rücken aber verbot er den Musikern, ohne formelle Erlaubnis zu spielen. Als sie es dennoch taten, ließ er den Leiter der Kammermusiker, den vornehmen und gebildeten Monsieur La Valliére, kommen und schimpfte ihn wütend aus, indem er zu ihm sagte: »Sie sind ein Rindvieh!« Selbstverständlich erfuhr Madame de Pompadour im Nu von der Intrige des Herzogs von Richelieu und rächte sich an ihm: Sie ließ das »Rindvieh« La Valliére zum Ritter des Blauen Ordens ernennen.

Die Pompadour konnte liebenswürdig und auf eine charmante Weise sogar devot sein, wenn sie jemanden für sich gewinnen wollte. Und nun wollte sie viele Verbündete um sich scharen, damit sie den Kampf gegen ihre Feinde, die offenen wie die heimlichen, aufnehmen konnte. Mit Liebenswürdigkeit und Geist gewann sie jene alte Prinzessin Conti für sich, die sie bei Hofe vorgestellt hatte. Die Conti waren ein Zweig der königlichen Familie und wetteiferten mit den Condé und den Orléans – ihr Ehrgeiz und ihre Eifersucht waren der Rohstoff, mit dem Madame de Pompadour arbeitete.

Und es gab noch eine andere Autorität – eine geistige –, weit über den Hof zu Versailles hinaus bekannt und verehrt. Sicher war es einer der Triumphe der Marquise de Pompadour, als der Voltaire, der Freund von Fürsten, ihr, der *Maîtresse en titre*, in Versen huldigte:

Quand César, ce héros charmant,
De qui Rome était idolâtre,
Battait le Belge et l'Allemand,
On en faisait son Compliment
A la divine Cléopâtre.

Quand Louis, ce héros charmant,
Dont tout Paris fait son idole,
Gagne quelque combat brillant,
On doit en faire compliment
A la divine d'Étiole.

(Als Cäsar, der reizende Held,/Zum Idol Roms geworden,/Die Belgier und die Deutschen schlug,/Dann machte er ein Kompliment/Der göttlichen Kleopatra. – Als Ludwig, der reizende Held,/Von ganz Paris vergöttert,/Manch Schlachten brillant gewann,/So schulden wir ein Kompliment/Der göttlichen d'Étioles.)

Und diese »göttliche d'Étioles«, die Marquise de Pompadour, in witzlosen Spottgedichten beleidigt, konnte mit Genugtuung einen Brief des Berühmtesten aller Berühmten vorweisen; einen Brief des »Historiographen des Königs« (mit einer jährlichen Pension von 10 000 Livre und dem Titel eines *Gentilhomme ordinaire de la Chambre*):

»Mehr als Sie sich vorstellen können, nehme ich Anteil an Ihrem Glück, und es gibt in Paris wohl niemanden, der gerührter als ich Ihre Interessen vor Augen hielte. Nicht ein alter Schmeichler spricht hier zu Ihnen, sondern ein guter Bürger; und ich darf Sie bitten, mir zu erlauben, Sie im Mai in Étioles oder in Brunoi auf ein paar Worte aufzusuchen.«

Der Fünfzigjährige wurde ihr Schützling, wie er immer Schützling von Fürsten gewesen war. Er beeilte sich auch, die Gunst der Pompadour für sich auszunützen. Ludwig XV. hatte Jeanne-Antoinette einige Bouteillen Tokajer – »Wein der Könige, König der Weine« – geschickt, von dem auch der gewitzte Voltaire gekostet hatte. Und so wollen wir dieses Kapitel der Heuchelei mit einigen Zeilen aus dem *Poème de Fontenoy* des opportunistischen Fuchses Voltaire schließen:

Sincère et tendre Pompadour
(Car je peux vous donner d'avance
Ce nom Qui rime avec l'amour
Et qui sera bientôt le plus beau nom de France),
Ce Tokay dont Votre Excellence
Dans Étiolles me régala
N'a-t-il pas quelque ressamblance
Avec le Roi qui le donna?
Il est, comme lui, sans mélange,
Il unit, comme lui, la force et la douceur,
Plat aux yeux, enchante le cœur,
Fait du bien, et jamais ne change.

(Ernste und reizende Pompadour/Denn im voraus kann ich Ihnen den Namen erteilen,/Der sich auf »Liebe« reimt [»Pompadour – l'amour«]/Und der bald schon Frankreichs schönster Name sein wird/Der Tokajer, den mir Eure Exzellenz/In Étioles kredenzt hat,/Zeigt er denn nicht manche Ähnlichkeit/Mit dem König, der ihn geschenkt?/So ist er ja auch, ungemischt,/Er vereint in sich, wie der König, Kraft und Milde,/Er gefällt dem Auge, erheitert das Herz,/Tut einem gut und ändert sich nie.)

IV. Kapitel

Einladung nach Versailles

Es ist weit geöffnet und lädt zum Besuch ein: das Ehrentor. Welche der drei Avenuen man auch wählt, jede von ihnen führt zum Paradeplatz vor dem Eingangshof des Schlosses, und ehe man durch die *grille d'honneur* schreitet, hebt man den Blick ehrfurchtsvoll zur Krönung des Portals: zum Wappen Frankreichs; dann bewundert man das Gitter, ein Meisterwerk aus Schmiedeeisen und Gold. Man tritt ein und steht vor dem Symbol von Frankreichs Glanz und Geschichte. Man möchte meinen, bloß in Versailles zu sein. Doch ist man im Rokoko angekommen.

Es gab im Leben Europas einige wenige Epochen, die lebensbefreiende Renaissance etwa, da dieser Kontinent – kein geographischer Begriff, denn als solcher nur ein Ausläufer des immensen Asien, sondern ein prägend geistiger – eine Einheit zeigte, die in den zwei Weltkriegen des 20. Jahrhunderts und in deren Folgezeiten verwirkt wurde, eine Einheit, wie sie heute, stotternd und stolpernd, entgegen kaum überwindbar scheinenden nationalen, politischen und wirtschaftlichen Widerständen, für den europäischen Rest erstrebt wird und die einst, obwohl der Kontinent territorial hundertfach zersplittert war – zersplittert, aber nicht zerrissen! –, das vielfältige Bild des Menschen und seiner Welt prägte. Eine dieser Epochen von geistiger Einheit war das Rokoko. Versailles war sein Brennpunkt. Versailles war auch der Schauplatz des Lebens und des Wirkens der Madame de Pompadour, hier wurde sie zur Verkörperung ihrer Epoche, deren Merkmale wir nun aufzeichnen wollen.

Eine imposante Reihe von Räumen im ersten Stock des alten Schlosses Ludwigs XIII. führt auf den Marmorhof zu. Der erste von ihnen ist das Schlafzimmer Ludwigs XV. Als er volljährig wurde, verlegte er seinen Hofstaat nach Versailles. Zeremoniell und Etikette erstrahlten wieder im alten Glanz und, überreif schon, erstarrten in Formen, welche einst der Sonnenkönig bestimmt hatte. In dieser Hofhaltung eines müde gewordenen Glaubens war der Souverän Inbegriff aller irdischen Macht, mehr noch: ein von Gott Gesandter und mit übernatürlichen Gaben ausgestatteter Beauftragter des Himmels. Dieser Glaube an das Gottesgnadentum läßt Ludwig XV. zwei Jahrzehnte vor der großen Revolution, vor dem schicksalhaften, blutigen und unvergeßlichen Experiment, Gott durch die Vernunft zu ersetzen, 1766 vor dem Parlament folgende Worte sprechen:

»Auf meiner Person allein beruht die höchste Autorität, die gesetzgebende Gewalt ist mein, die öffentliche Ordnung geht von mir aus, ich bin ihr oberster Vertreter; nur mir allein verdanken die Parlamente ihre Existenz und die Autorität, die sie besitzen.«

Zwei Jahrzehnte vor dieser Erklärung, 1748, war ein Werk erschienen, Ursprung neuzeitlicher Staats- und Rechtsphilosophie und Verfassungslehre, das Werk *De l'Esprit des Lois* (Vom Geiste der Gesetze) des Barons de Montesquieu. 1748 schon formulierte er jene Forderungen, welche auch die Gedanken der Verfasser der amerikanischen Konstitution anregten – die Forderung nach der Anerkennung gesetzlich geregelter Freiheiten, religiöser Toleranz und allgemeiner Humanität. Mit der Wortgewalt erkannter Wahrheit sprach er vom Prinzip der Teilung der Gewalten. Er blickte auf die konstitutionelle Monarchie Britanniens. Vielleicht zeigen diese beiden Dokumente – die souverän an der geschichtlichen Entwicklung vorbeigehenden Worte Ludwigs XV. und das Werk Montesquieus – am anschaulichsten die schöpferischen Widersprüche dieser Epoche: ihre »These« überlebter Tradition und die »Antithese« entwicklungsbedingter Postulate, die in einer »Synthese« bürgerlicher Weltherrschaft im 19. Jahrhundert zur Ruhe kamen.

Doch nun sind wir schon in den Gemächern des Königs und sehen zu, wie ein feierliches und steifes Zeremoniell ihn von seinen Mitmenschen trennt. Ihm, der die Würde verkörpert, dienen alle. Und weil sie dienen, dürfen sie ihm in dienender Haltung nur nahen. Man hat den König, ein höheres Wesen, der wirklichen Welt entrückt. Eine Wand hat man durch die Etikette, derer sich alle bedienen, zwischen dem Monarchen und seinen Untertanen errichtet und ihn, da ihm jeder Schritt und jede Bewegung vorgeschrieben war, zugleich zum Sklaven des Zeremoniells gemacht. Von der Wiege bis zum Grabe war der König, waren die Prinzen und Prinzessinnen von Geblüt Gefangene der eigenen Würde. Vom Aufstehen bis zum Schlafengehen war der König den strengen Regeln des höfischen Daseins ausgeliefert. Aufstehen und Schlafengehen des Souveräns waren Staatsakte – teilzuhaben an diesen Akten gehörte zu den höchsten Ehren. So durften nur Edelleute ersten Ranges dem König das Nachthemd reichen oder beim Diner eine Serviette. Genauestens festgelegt war die Reihenfolge, in welcher Edle das königliche Schlafzimmer betreten durften, und erster oder zweiter zu sein war von höchster Bedeutung, für den König aber eine Gelegenheit, Gunst oder Unwillen zu zeigen, auszuzeichnen oder zu strafen.

Das Volk, glaubend und devot, schaute gerne wohlwollend belustigt zu, wenn das erhabene Schauspiel des Zeremoniells öffentlich gezeigt wurde. Zu gewissen Staatsakten war das große Publikum zugelassen, das »gemeine Volk« also, der dritte Stand. Sonntage und Feiertage waren ein wahres Fest, denn an diesen Tagen speiste der König vor allem Volk. Und so strömten die Pariser und auch Leute aus der Provinz nach Versailles, um zu sehen, wie der König und die Königin, die Prinzen und Prinzessinnen bei Tisch sich verhielten. Ludwig der Vielgeliebte war ob der Geschicklichkeit berühmt, mit der er ein Ei öffnete – und an Festtagen des Volkes nahm er Eier zu sich.

Auch die Königin pflegte in der Öffentlichkeit des Hofes zu speisen, und auch darüber ist eine Schilderung überliefert worden . . .

79

Zur Mitternachtsstunde am 31. Oktober 1756, mit Hilfe einer Strickleiter und in Gesellschaft eines ausgestoßenen Mönchs, flüchtete aus den todbringenden Bleikammern von Venedig ein Meister der Konversation, ein berüchtigter Abenteurer und verrufener Glücksritter – ein berufsmäßiger Liebhaber und das verachtet-bewunderte Symbol der Untreue, zugleich auch ein gebildeter und mit scharfem Blick beobachtender Schriftsteller: Giacomo Casanova. Alle kannte er, dieser fahrende Berichterstatter des Rokoko: die großen Gauner und die großen Schauspieler, Dichter und Künstler, kleine und große Fürsten, Diplomaten und Militärs, überall hatte er Zugang, überall war er zugegen, in den Salons der tugendhaften Damen ebenso wie in den Boudoirs der teuersten Kurtisanen. Und von ihm haben wir einen Bericht von einem Diner, bei dem er Maria Leszczyńska zusah:

»Ich sah die Königin von Frankreich, die kein Rot aufgelegt hatte, einfach gekleidet, auf dem Kopf eine große Haube, alt und fromm aussehend. Sobald sie an den Tisch kam, dankte sie auf das liebenswürdigste zwei Nonnen, die eine Schüssel mit frischer Butter auf den Tisch stellten. Sie setzte sich, und auf der Stelle nahmen auch die Höflinge, zehn Schritt vor der Tafel, in einem Halbkreis Platz. Ich hielt mich in ihrer Nähe, ebenso schweigsam wie sie. Ihre Majestät begann zu essen, ohne jemanden anzusehen, die Augen immer auf dem Teller. Ein Gericht hatte ihr wohl geschmeckt, so nahm sie nochmals davon und musterte dabei den Halbkreis, der sie umgab, ohne Zweifel, um zu sehen, ob nicht jemand darunter sei, mit dem sie über diesen Leckerbissen sprechen könnte. Sie fand ihn und sagte: ›Herr von Löwendal.‹ Bei Nennung dieses Namens erblickte ich einen prächtigen jungen Mann, der mit gesenktem Kopf vortrat und sagte: ›Madame?‹ – ›Ich glaube, daß dieses Ragout ein Hühnerfrikassee ist.‹ – ›Ich bin ganz Ihrer Meinung, Madame.‹ Nach dieser Antwort, die in ernstestem Ton abgegeben wurde, fuhr die Königin fort zu essen, und der Marschall nahm rückwärtsschreitend seinen Platz wieder ein. Die Königin beendete ihr Diner, ohne weiter ein Wort zu sprechen.«

Eine Hofdame der Königin Marie-Antoinette, Madame Campan, erzählt eine Geschichte, die einprägsam zeigt, auf welche Weise die Etikette, ursprünglich Ausdrucksform disziplinierter Vornehmheit, entwürdigt wurde. Die Hofdame vom Dienst hatte nämlich das Recht, beim Ankleiden oder Auskleiden das Hemd zu reichen. Die Palastdame zog den Unterrock und das Kleid an. Kam aber zufällig eine Prinzessin der königlichen Familie dazu, so stand ihr das Recht zu, der Königin das Hemd überzuziehen. Einmal wurde die Königin von ihren Damen gerade ausgezogen. Madame Campan hielt das Hemd und reichte es soeben der Hofdame, als die Herzogin von Orléans eintrat. Sofort gibt die Hofdame das Hemd der Madame Campan zurück, diese reicht es der Herzogin von Orléans, da tritt die ranghöhere Gräfin von Provence ein. Nun wandert das Hemd wieder an Madame Campan, und erst aus den Händen der Gräfin von Provence erhält es endlich die Königin, die während der ganzen Zeit nackt, wie Gott sie erschaffen, wortlos dabeistand und zusah, wie die Damen ihr Hemd unter Komplimenten herumreichten.

Ja, und das Taburett! Mit diesem Wunderding hatte es eine besondere Bewandtnis. Herzoginnen nur stand das Recht zu, in Gegenwart Ihrer Majestäten zu sitzen – eben auf dem magischen Taburett, das heißt einem Sessel ohne Rücken- und Armlehne. Wurde die neuvermählte Gemahlin eines Herzogs bei Hofe vorgestellt, so forderte sie der König auf: »Madame, wenn es Ihnen beliebt, zu sitzen . . .« – doch die Angesprochene hatte vorerst stehenzubleiben. Nach einer Weile ließ sich der König ein zweites Mal vernehmen: »Madame, ich habe Sie schon gebeten, sich zu setzen.« Nun brachten zwei Lakaien eiligst das Taburett, und die Dame – in einem Augenblick von unnachfühlbarem Glück und höchster Ehre – setzte sich. Sie hatte damit die höchste Stufe der Vornehmheit erklommen. Sieben Jahre war die Marquise de Pompadour bereits *Maîtresse en titre*, ehe ihr diese Auszeichnung 1752 zuteil wurde. (Man stelle sich das Ausmaß an gekränkter Eitelkeit, die fortschwelende Empörung vor, als zwei Jahrzehnte später Marie-Antoinette, schon Königin von Frankreich, in ihrem geliebten Schloß Trianon, im Bestreben, natürlich und liebenswürdig zu sein, ihre Gäste einfach aufforderte, sich zu setzen, und damit eine Gräfin etwa – einer geborenen Herzogin gleichstellte!) Der Haushalt des Königs und der Königin war bis in die geringfügigste Kleinigkeit genauestens reglementiert – und die Hofchargen achteten schärfstens und eifersüchtigst darauf, daß niemandem sein Vorrecht genommen werde. Zweiundzwanzig Ämter umfaßte allein der Haushalt des Monarchen, bestehend aus etwa sechstausend Chargen – hinzu kamen die in Versailles stationierten zehntausend Soldaten. Es gab einen Großkammerherrn, vier Oberkammerherren, sechsundzwanzig Kammerherren, vier Oberkammerdiener, zweiunddreißig Kammerdiener, sechs Kammerlakaien, sechzehn Schweizer, zwölf Mantelträger, zwei Arkebusiere (eine Arkebuse ist eine Hakenbüchse aus dem 16. Jahrhundert), acht Friseure, acht Tapezierer, drei Uhrmacher und so weiter und so fort.

Der Hofstaat Maria Leszczyńskas bestand aus 572 Personen, und doch konnte das Unerhörte geschehen! Unser alter Freund, der Herzog von Luynes, ein fleißiger Tagebuchschreiber in den Jahren von 1735 bis 1758, hält ein Ereignis von höchster historischer Bedeutung fest: Es geschah am 15. Juli 1747, daß Ihre Majestät die Königin der Herzogin von Luynes gegenüber die schlichte und bündige Bemerkung trat, ihr Betthimmel sei ganz staubig, und ihr die betrübliche Entdeckung zeigte. Pflichtschuldig ließ die Herzogin im Nu den Kammerdiener rufen. Ohne zu zögern erschien der Kammerdiener und begutachtete den Staub auf dem Betthimmel der Königin. Ohne mit der Wimper zu zucken, setzte er den Damen ehrerbietig auseinander, das Reinemachen sei Pflicht der Tapezierer. Der Obertapezierer wiederum wies die Zumutung, Saubermachen sei seine und seiner Berufshöflinge Pflicht, entschieden von sich und schob es auf die Lakaien . . . Kurz: Niemand wollte diese Arbeit auf sich nehmen, und der Herzog von

Luynes bleibt uns die Information schuldig, ob nun vom Betthimmel der Königin der Staub entfernt wurde. Denn jeder im
Hofstaat Tätige hatte genau umschriebene Pflichten, über die
er eifersüchtig wachte, die er aber nicht um einen Handgriff zu
überschreiten bereit war.

Im Hofstaat tätig konnte nur jemand sein, der einer Familie
angehörte, welche mindestens seit 1550 ein Adelsprädikat
führte. Die aufrichtige und kluge Hofdame Madame Campan
sieht ihre Zeitgenossen im scharfen Licht der höfischen Wirklichkeit, ihre Berichte zeugen von feinem und bewußt ange-
wandten Einfühlungsvermögen, sie zeichnen die Atmosphäre
und die Charaktere mit größerem Wahrheitsgehalt nach als die
langatmigen Tagebücher des Herzogs von Luynes, der oft nur
Äußeres festhält, ohne Bedeutungen und Hintergründe zu ana-
lysieren.

»Die knechtischen Regeln der Etikette«, schreibt Madame
Campan in ihren Erinnerungen, »bildeten eine Art Gesetzbuch. Sie veranlaßten einen Richelieu, einen La Rochefoucauld, einen Duras in der Ausübung ihrer Funktionen am Hofe
die Gelegenheit zu Annäherungen zu sehen, die ihnen vorteilhaft erschienen. Um ihre Eitelkeit zu schonen, liebten sie Ge-
bräuche, die aus dem Recht, ein Glas Wasser zu reichen, ein
Hemd überzuziehen oder ein Nachtgeschirr wegzustellen, ein
ehrenvolles Vorrecht machten. Prinzen, die gewohnt waren,
wie Gottheiten bedient zu werden, kamen natürlich zu dem
Glauben, daß sie Wesen höherer Gattung seien und von einer
viel reineren Wesensart als die übrigen Menschen.«

Anders als sein gefeierter Zeitgenosse, der Liebling von Fürsten und schlaue Schmeichler Voltaire, nahm Montesquieu auf
niemandes Eitelkeit Rücksicht.

»Der Ehrgeiz im Müßiggang, die Niedrigkeit im Stolz«,
schreibt er, »der Wunsch, sich ohne Arbeit zu bereichern, die
Abneigung gegen die Wahrheit, die Schmeichelei, der Verrat,
die Niedertracht, der Verzicht auf seine Verpflichtungen, die
Verachtung des Bürgers, die Furcht vor der Tugend des Prin-

zen, die Hoffnung auf seine Schwächen und mehr als alles das noch die Lächerlichkeit, die beständig auf die Tugend geworfen wird, bilden, wie ich glaube, den Charakter des größten Teils der Höflinge an allen Orten und zu allen Zeiten.«

Und inmitten der »knechtischen Regeln der Etikette« und des »Ehrgeizes im Müßiggang«, wohl auch der manchmal unbeschreiblich üblen Zustände der Armut und der Demütigung, wurde ein Satz niedergeschrieben, der nicht nur das Bewußtsein der Zeitgenossen erfüllte, sondern herüberhallt in spätere Zeiten, bis in die unseren. Es ist das Wort des Jean-Jaques Rousseau, mit dem er sein Werk *Du Contrat Social* eröffnet: »Der Mensch ist frei geboren.« Das Werk erschien 1762, also vier Jahre bevor Ludwig XV. seine bereits zitierte Überzeugung von der gottgewollten Autorität und unlösbaren Gewalteneinheit dem Parlament feierlich kund und zu wissen tat. Vier Jahre vor der königlichen Erklärung schrieb Rousseau in einer mitreißenden Sprache davon, daß der Mensch die ihm angeborene Freiheit nicht aufgebe, wenn er eine Gesellschaft, einen Staat bilde. Die Gesellschaft allein sei also der Souverän und der Gesamtwille, *volonté générale*, das höchste Gesetz. Zweck aller Gesetze aber sei Freiheit und Gleichheit. Der »Gesellschaftsvertrag« ergebe eine Verfassung, in der der Staat um des einzelnen willen wirke, die Regierung nur im Auftrag des Volkes handle, die Mitglieder der Regierung seien Angestellte des Volkes, nicht seine Herren. Das Werk Montesquieus und Rousseaus *Contrat Social* schufen die ersten Grundlagen der Volkssouveränität und der Gleichheit aller vor dem Gesetz – tragende Elemente der modernen Staatstheorie.

Wenn das golden schimmernde Schloß Versailles im zarten Dämmerlicht des jungen Morgens zur täglichen Betriebsamkeit erwachte, glich es einem bedrohlich summenden Bienenstock. Denn jeder, der dem Hofe angehörte, meinte, sein Ehrgeiz und sein Recht geböten ihm, im Schloß ein Quartier zu besitzen, und wenn es nur aus einigen wenigen Zimmern bestand.

Im Jahr 1744, da die »kleine d'Étioles« ihre ersten Versuche unternahm, dem König aufzufallen, zählte man insgesamt zehntausend Personen, die im Hauptgebäude des Schlosses untergebracht waren. Hinzu kamen solche, die freien Zutritt hatten, und freien Zutritt hatte beinahe jeder, denn das Schloß, die königliche Residenz, stand, so unbegreiflich das heute für uns ist, offen wie ein Gasthof. Auf den Treppen und in den Vorzimmern des Schlosses hielten sogar fliegende Händler ihre Waren feil, und Bettler streckten die dreckigen Hände feinstens gekleideten Herrschaften entgegen, die, mit graziöser Handbewegung, ein duftendes Schnupftüchlein vor Mund und Nase hielten, um nicht den Gestank aus den Bettlerlumpen einatmen zu müssen.

Und es wurde gestohlen – einmal sogar der Hut des Königs mit einem wertvollen Kleinod. Ein andermal stand man kopfschüttelnd vor dem Rätsel, wieso über Nacht alle echten Tressen von den Vorhängen und den Möbeln abgetrennt werden konnten. Der Bruder des berüchtigten Cartouche, der als Häuptling einer Räuber- und Mörderbande lange Zeit die Umgebung von Paris in Schrecken gehalten hatte und 1721 gerädert worden war – sein nicht minder begabter Bruder also stahl dem Prinzen von Soubise einen Degen mit einem goldenen Griff im Wert eines kleineren Landguts.

Dennoch war das Leben am Hofe langweilig, mindestens ebenso langweilig, wie es vornehm und prunkvoll war. Das Attribut langweilig kennzeichnet es vielleicht nicht so stark und treffend wie ein anderes: monoton. Wahrhaftig, es muß ein Leben von alles erstickender Monotonie gewesen sein, wenn wir dem Herzog von Luynes Glauben schenken wollen – und warum sollten wir ihm nicht glauben? An diesem prunkvollen Hofe geschah Morgen für Morgen, Mittag für Mittag, Abend für Abend mit Regelmäßigkeit stets das gleiche. Und Würde, wenn sie mächtiger ist als ihr Träger, birgt Erstarren. In dieser schönen Hofhaltung von Versailles regierte eine leere Würde, die nicht einmal mehr verkörpert wurde, sondern nur noch vertreten. Dennoch ist der Hof nie leer und verlassen gewesen. Das hatte seinen guten Grund.

Nur am Hofe konnte man sich im vollen Glanz blicken lassen, nur dort konnte man sich dem König oder einer einflußreichen Persönlichkeit ins Gedächtnis rufen. Und nur dort konnte man eine Pension oder eine Stelle, eine kleine, sichere Pfründe, eine Auszeichnung oder eine Ernennung, irgendeine Gunst erbetteln, erflehen, nur am Hofe konnte man mit den sonderbarsten Dienstleistungen ein Geschenk erdienen. Wochenlang, monatelang, sogar jahrelang taten Personen, die auch nur im entferntesten das Recht hatten, am Hofe zu erscheinen, nichts anderes als sich einstellen – sie standen herum, sie saßen herum, sie schmeichelten, sie stimmten zu, sie lächelten süßlich und lachten genüßlich, und sie verbeugten sich täglich tausendmal nach allen Seiten: Sie waren da und erinnerten den Monarchen, ohne Worte, doch mit beredter Miene, an ihre Existenz und an ihre Ansprüche. Vierzig bis fünfzig Herren und gelegentlich ebenso viele Damen begleiteten den König auf der Jagd oder bei einem Spaziergang. Wenn der Monarch seine Truppen im Feld aufsuchte, taten sich die Höflinge zu einem bunten Schweif von Gefolge zusammen. Jeder bei Hofe Vorgestellte erhielt das Recht, sich dem Gefolge anzuschließen. Um in die Karosse des Königs steigen zu dürfen, mußte man allerdings nachweisen, aus einer Familie zu stammen, die seit dem Beginn des 15. Jahrhunderts adlig war. Später wurde die Vorschrift verschärft, doch der Andrang durch die Maßnahme nicht geringer.

Kann es verwundern, wenn in diesem Glashaus überzüchteter Würde Cliquen entstanden? Tausende von Menschen lebten jahraus, jahrein eng beieinander – nicht nur räumlich eingeengt, sondern auch in der geistigen Enge des Zeremoniells. Sie hatten nichts zu tun, außer, aufgeputzt, dem Müßiggang zu frönen und auf die erhoffte Beute zu lauern. Und sie belauerten sich gegenseitig. Schon in der ersten Hälfte des Jahrhunderts hatten sich die großen Hofparteien formiert, die das Geschick Frankreichs bestimmten: Als Ludwig XV. noch ein angebetetgeliebtes Kind war, ein glücklicher Jüngling später, gruppierten sich schon die einen um den Herzog von Bourbon und dessen Mutter, eine uneheliche Tochter des Sonnenkönigs – die anderen um den Grafen von Toulouse und seine Gemahlin, eine geborene Noailles. Später scharten sich die Höflinge und die Interessen um die Mätressen des Königs. Zur Zeit unserer Geschichte bekämpfte die Clique des Herzogs von Richelieu die Partei der Marquise de Pompadour aufs heftigste – so heftig, daß Ludwig XV. einmal dem Herzog mit der Bastille drohen mußte, um den verzogenen Höfling zur Raison zu bringen.

Urheber der historischen Entwicklung, welche diese Charakteristika des Hofes zu Versailles herausgebildet hat, war Ludwig XIV. Nie hat er das Amt des Premierministers vergeben. Der Titel allein schien ihm des Königs Allmacht einzuschränken. Er regierte mit Hilfe eines Kanzlers, dem Staatssekretäre beistanden. Diese aber durften ihre Ämter nur auf des Königs Veranlassung kaufen, und die Räte erhielten nur von ihm Aufträge. Er bildete einen *Conseil d'État*, einen Staatsrat, der Aufgaben politischer und verwaltungstechnischer Natur erfüllte. Die Mitglieder seiner Familie entfernte er aus dem Rat und ließ auch keinen Kardinal zu. Später war es der *Conseil d'en haut* – man könnte ihn »Hohen Rat« nennen –, der die allgemeinen Richtlinien der großen Politik bestimmte. Dieser *Conseil d'en haut* bestand aus wenigen Personen, sie alle aber waren des Königs engste Vertraute. Sie führten den Titel eines Staatsministers und hatten Recht auf eine Pension. Doch stets behielt sich Ludwig XIV. die letzte Entscheidung vor. Nur Bericht erstatten ließ er, vortragen, er befragte seine Mitarbeiter und überlegte ihre Vorschläge, ehe er seinen Entschluß bekanntgab, in aller Ruhe. Diese engsten Mitarbeiter stammten alle aus dem Bürgertum, alle waren sie bedeutende Köpfe ihres Fachs, alle verfügten über gründliche Ausbildung und große Erfahrung. Und doch beherrschte keiner von ihnen, auch nicht für nur kurze Zeit, auch vielleicht der Bedeutendste unter ihnen: Colbert nicht, allein die politische Szenerie. Keiner von ihnen wurde des Königs Favorit, Ludwig XIV. blieb zeit seines Lebens ihr Herr und Meister. Seine Entscheidungen waren Gesetz: »Lex Rex.«

So wurde also der hohe Adel ferngehalten von der Ausübung der Macht, so wurde sein Einfluß auf die große Politik eingeschränkt. Er murrte zwar, fand allerhand auszusetzen an der »Regierung der gewöhnlichen Bourgeoisie«, doch er mußte sich schließlich fügen. Er fügte sich auch freiwillig, denn ihm winkte Großartiges: die glanzvolle Rolle des Hofadels als Entschädigung für verlorene Posten der Macht.

Vor dem Regierungsantritt des Sonnenkönigs, zur Zeit Ludwigs XIII. und seines großen Premierministers, des Kardinals Richelieu, war Versailles noch ein bescheidenes Jagdschloß gewesen. Die Schlösser Saint-Germain und Fontainebleau waren schöner, aber Versailles, vor allem die Umgebung des Schlosses, bot sich an als der geeignete Schauplatz für große Feste, für Pferderennen, Reiterspiele und Feuerwerk. Ludwig XIV. gefiel das Schloß, er ließ es erweitern und verschönern, er war besorgt um es wie um eine ferne und teure Geliebte. Nichts war zu kostspielig, nicht die Kunst der Maler und der Bildhauer, nicht das Können der Ebenisten, dieser edlen Tischler der Zeit, und der Goldschmiede, um Versailles zu dem werden zu lassen, was es ein gutes Jahrhundert lang gewesen ist: das Symbol für Frankreichs unübertroffenen Glanz und seine Vorherrschaft auf dem Kontinent.

Schließlich wählte Ludwig XIV. das Schloß von Versailles zu seiner Residenz und lud den Adel ein, hier Hofämter zu bekleiden. Damit entglitt dem Adel die tatsächliche Macht. Seine Vorrechte und Vergünstigungen – die wichtigste unter ihnen: die Steuerfreiheit – rührten aus einer Zeit her, da der Grundbesitzer noch echter Feudalherr gewesen war: Verwalter der eigenen Besitzungen, den ihm Anvertrauten Schirmherr und Gerichtsherr, zur Zeit von Gefahren auch Ritter und Soldat. Doch der Feudalismus war dahingeschwunden, es blieb nur das Beharren des Adels auf sinnentfremdeten Privilegien. Zuletzt war seine Macht im ganzen Land unter der *Fronde* hervorgetreten, einer politischen Bewegung gegen den Absolutismus Ludwigs XIV. um 1648 bis 1653. Am Hofe konnte er nur noch intrigieren. Traurig und verärgert bemerkt der Herzog von Saint-Simon:»Die Sachen sind so weit gediehen, daß der vornehme Herr niemandem mehr nützen kann und in tausend Angelegenheiten von dem gewöhnlichen Bürger abhängig ist.« In der Tat, es blieb dem Adel nichts anderes übrig, als Dienst zu tun im Heer oder sich glänzende Sinekuren zu erintrigieren. Viele solcher Ämter ohne Befugnis gab es, und sie alle wurden hoch, viel zu hoch bezahlt. Den jährlichen Betrag, der als Gehälter für solch rein dekorative Stellungen verausgabt wurde, schätzt man auf etwa zwanzig Millionen Francs.

Ludwig XIV. ist es gewesen, der den ehemaligen Feudalherrn seinem heimatlichen Land entzog und zu inhaltslosem Höflingsdienst um seine Person benötigte. Dadurch machte er ihn von der Krone abhängig, denn nun war der Höfling, der am Hofe meistens über seine Verhältnisse lebte, auf Geschenke und Pensionen angewiesen. Der Großvater hatte noch den Thron des Sonnenkönigs während der *Fronde* ins Wanken gebracht – der Enkel fühlte sich geehrt, wenn er das Nachtgeschirr Ludwigs XV. wegstellen durfte.

Der junge Schriftsteller Marmontel erzählt in seinen Erinnerungen, schmunzelnd, denn er war ein gewiegter Weltmann und klug, wie er einmal das Lever, den Morgenempfang, der Marquise de Pompadour besuchte und eine ganze Meute Vornehmer vorfand, die um den Toilettentisch der Marquise kriecherisch sich drängten. Niemand beachtete ihn, niemand wandte sich ihm auch nur mit einem einzigen freundlichen Wort zu. Doch siehe da – die Marquise erblickt ihn, lächelt ihn an und beginnt mit ihm eine kurze Konversation.»Den Eindruck, den das machte«, schreibt Marmontel, »hätte ich mir nicht träumen lassen. Ich erhielt für mindestens eine Woche Einladungen zum Mittagessen.«

89

Die öffentlichen Gelder wurden an den seiner staatserhaltenden Rolle beraubten Adel in einer Weise vergeudet, die einen Niedergang des Finanzsystems herbeiführen mußte. Der belegten Beispiele gibt es genug, sie sprechen für sich: Der Prinz Conti, Gemahl jener verschwendungssüchtigen Dame, die Madame de Pompadour bei Hofe vorgestellt hat, erhielt, um seine Schulden bezahlen zu können, anderthalb Millionen Francs. Selbst die von Haus aus reiche Herzogin von Chevreuse – wir sind ihr bei einer Jagdpartie in dem Augenblick begegnet, als die Herzogin von Châteauroux ihr auf den Fuß trat –, sogar sie bekam achttausend Livre.

Der Hofadel, der seine Tage und Nächte in Versailles und in Paris zubrachte, vernachlässigte seine Besitzungen, die Felder blieben unbestellt, die Schlösser verfielen. Seine üppige Lebensweise konnte er nicht mehr vom Ertrag seines ererbten Besitzes bestreiten. Und so ging es auch mit der Landwirtschaft bergab. Der Marquis von Mirabeau, ein Edelmann aus dem Süden und revolutionärer Denker, schreibt im Jahr 1756: »Im ganzen Königreich gibt es keinen einzigen einigermaßen bedeutenden Grundbesitz, der nicht von seinem Eigentümer, der in Paris lebt, vernachlässigt würde.« Beinahe schon flehentlich – doch aus dem Flehen hört man einen drohenden Unterton heraus –, rührend hilflos, dennoch mit starken Farben schildert im Jahr 1764 das Parlament von Dijon in einer Beschwerde an den König das schier Unerträgliche: »Früher oder später wird das Volk erfahren, daß die Trümmer unserer Finanzen fortdauernd verschwendet werden, und zwar als unverdiente Geschenke, als übertriebene, für ein und denselben Empfänger vervielfachte Pensionen, als Mitgiften und Leibgedinge, als Bezahlung für unnütze Stellen. Früher oder später wird das Volk diese gierigen Hände zurückstoßen, die sich fortwährend öffnen und nie voll zu werden scheinen. Diese unersättlichen Leute, die ebenso unverschämt wie herzlos sind, scheinen nur geboren zu sein, um alles zu nehmen und nichts zu haben.«

Mehr noch als die Geldverschwendung, von deren Ausmaß

das Volk erst viel später erfahren sollte, mehr als die Vergeudung der Finanzen kennzeichnet das Verhalten des größeren Teils der Adligen die Epoche, die vom Glauben an die grundlegenden Gebote der Ethik spottend sich befreit und vergißt, daß Gesetze nur dann sinnvoll sind, wenn sie nicht nur *verbieten*, sondern auch *Schutz bieten*. Wieder einmal wollen wir den wahrheitsliebenden Montesquieu zu Wort kommen lassen, der zur Zeit, da Madame de Pompadour als der glänzendste Stern am Himmel von Versailles in so manchen Bereichen des Lebens den Ton angab, schon ein älterer Herr gewesen ist. In seinen »Persischen Briefen« findet sich die witzige Charakterisierung: »Der Grandseigneur läßt seine Überlegenheit jeden Augenblick alle empfinden, die ihm nahekommen. Ich sah einen kleinen, furchtbar stolzen Mann, der mit außerordentlicher Hoheit eine Prise Tabak nahm, sich unbarmherzig schnäuzte und mit Seelenruhe ausspuckte. Er liebkoste seine Hunde mit einer für die Menschen so beleidigenden Art, daß ich gar nicht aufhören konnte, ihn zu bewundern.«

Die Menschenverachtung solcher »Überlegenheit« drückte sich auch in Gewaltakten aus. Eine durch nichts sonst als durch die hohe Geburt als Wertbegriff begründete Anmaßung diktierte dieses Verhalten. In der ersten Hälfte des 18. Jahrhunderts werden in Prozeßakten Gewalttaten aufgezeichnet, die charakteristisch sind für diesen Gesinnungsverfall. So wurde im Jahr 1721 ein Herzog von Falari wegen Straßenraubs zum Tode verurteilt. Bei der Überführung ins Gefängnis ließ man ihn entwischen – kein Wunder: Seine Frau war die Mätresse des Regenten Philipp von Orléans. Ein andermal wollte ein Herr von Floyon einen neu gekauften, schönen Karabiner ausprobieren. Er ging damit ans Fenster und suchte nach einem Ziel. Er fand nur eines, auf das zu schießen ihm lohnenswert erschien: einen Dachdecker auf dem Dach eines Hauses, das er gerade ausbesserte. Herr von Floyon schoß ihn ab. Man weiß nicht, ob der Herr bestraft wurde. Ein Herzog de la Meilleraye überfuhr im Jahr 1723 mit seinem Wagen eine Obsthändlerin und – verprügelte sie dafür. Ein Geistlicher kam ihr zu Hilfe – der Herzog verprügelte ihn auch. Für ein paar Wochen steckte man den Herzog in die Bastille, dann kam er frei und erzählte amüsiert von der Geschichte. Auch solcher Beispiele gibt es genug.

Und bald meinte man, es sei überflüssig, Sittlichkeit auch nur vorzutäuschen. Nicht einmal der Schein einer doch noch als gültig anerkannten Moral wurde gewahrt, denn selbst der Schein hatte seinen Sinn verloren. Man trug seine Verachtung der ethischen Gebote, die das menschliche Zusammenleben regeln sollten, lächelnd und mit Wonne zur Schau – sie vor aller Welt zu leugnen, war Mode, und die Mode von zwingender gesellschaftlicher Kraft. Barbier, Notar und Zeitgenosse, den wir schon einmal als Zeugen aufgerufen haben, schreibt zu einer Zeit, da über die Liebesaffären des Königs laut geklatscht wurde: »Von zwanzig Adligen des Hofes leben fünfzehn nicht mit ihren Frauen, sondern halten sich Mätressen. So ist es lächerlich zu verlangen, daß der König, der doch der Herr ist, es schlechter haben soll als seine Untertanen.« Die Frauen suchten nach Entschädigung und fanden sie auch. Um einen Mann rissen sie sich mit besonderem Eifer, um den Herzog von Richelieu, der in den Augen seiner Zeitgenossen den Typus der Epoche verkörperte. Wieder einmal ist es Madame Campan, die den Herzog in richtiger Relation zu seiner Zeit charakterisiert: »Er war das Muster und der Held der ersten Epoche der Regierung Ludwigs XV. Sich lieben ohne Vergnügen, sich hingeben ohne Kampf, sich verlassen ohne Reue, die Pflicht als Schwäche, die Ehre als Vorurteil, das Zartgefühl als Albernheit betrachten – das waren die Sitten der Zeit. Die Verführung hatte ihr Gesetzbuch und die Unmoralität ihre Grundsätze, das Laster war ein Luxus der Eitelkeit.«

Der Herzog von Richelieu war ein erklärter Feind der Madame de Pompadour. Doch nicht etwa aus politischer oder moralischer Überzeugung, sondern aus gekränkter Eitelkeit und unersättlicher Machtlust. Ein anderer Mann war ihr ebenfalls ein erklärter Feind, wenn auch nicht aus den gleichen Gründen wie Richelieu. Es war ein Mann, der den klaren Blick für die wahren Proportionen seiner Welt nicht verloren hatte, einer der bedeutendsten Männer, die Frankreich in dieser Epoche hervorgebracht hatte. Marc Pierre Graf d'Argenson, vordem Intendant von Paris, wurde 1743 Kriegsminister. Nach dem Tod des greisen Kardinals Fleury übernahm Marcs Bruder René die auswärtigen Angelegenheiten. Marc war ein Freund Voltaires, ihm widmeten Diderot und d'Alembert die *Encyclopédie*, er ist Mitbegründer der *École militaire* in Paris. Am Hofe wurde er schlicht und liebenswürdig »das Biest« genannt, weil er – so kicherten die feinen und in übler Nachrede sich übenden Höflinge – ungeschickte Umgangsformen hatte. Voltaire meinte, er sei ein Gerechter, den die Gnade nicht berührt hatte. Der Gerechte prophezeite 1751: »Der Hof ist das Grab der Nation.«

Doch es gab auch noch ein anderes Grab: die Kirche. Der Augenzeuge Barbier notierte 1750: »Der Klerus besitzt gegenwärtig mehr als ein Drittel aller Güter des Königreiches.« Hyppolite Adolphe Taine, der geistreiche Historiker des 19. Jahrhunderts, schätzt den Wert des Besitzes der Geistlichkeit im Zeitalter des Rokoko auf vier Milliarden und zweihundert Millionen Francs. Dieser Besitz soll eine jährliche Einnahme von 80 bis 100 Millionen Francs abgeworfen haben. Einige weitere Zahlen mögen das anschaulich machen: Die Prämonstratenser schätzten den Wert ihrer Besitztümer auf 45 Millionen, mit einem Jahreseinkommen von mehr als einer Million Francs; in der einst von allen Christen gelobten Benediktiner-Abtei von Cluny, von der aus einmal, neunhundert Jahre zuvor, eine Reformbewegung mit tiefem missionarischem Eifer ausgegangen war, die das gesamte katholische Europa erfaßt hatte, lebten nun 298 Mönche – ihr Jahreseinkommen betrug 1 800 000 Francs; der Abt von Clairvaux verschwendete allein für seine Person jährlich 400 000 Francs. Und der Erzbischof von Strasbourg, der letzte Rohan, Träger eines uralten Namens, pflegte auf seiner Residenz Zabern glänzende Feste zu feiern, bei welchen zweihundert Gäste mit ihrer Dienerschaft auf einmal untergebracht werden konnten. Die Karossen, die er als Botschafter Frankreichs nach Wien mitgebracht hatte, kosteten 40000 Francs – in seinem unübersehbaren Gefolge befand sich sogar ein Orchester. Der uns bereits bekannte Abbé Bernis, ein Freund der Madame de Pompadour und eine Zeitlang Vertrauter Ludwigs XV., vertrat, schon als Kardinal und Botschafter in Rom, seinen Souverän auf eine so glanzvolle und verschwenderische Art, daß man ihn mit staunender Anerkennung augenzwinkernd den »König von Rom« nannte – er aber überraschte die Staunenden mit dem geistreichen Sprüchlein: »Ich halte ein Hotel zum französischen Hof auf einem Kreuzweg Europas.« Es gab auch Würdenträger, die ihre Einkünfte nicht gegen ein üppiges Leben eintauschten – sie horteten die Goldstücke. Der gerechte d'Argenson berichtet aus dem Jahr 1756, daß im Nachlaß des verstorbenen Kardinals Soubise bares Geld im Wert von drei Millionen gefunden wurde.

Dem Adel gleich war auch der Klerus von der Steuer befreit. Doch im Unterschied zum Hofadel fanden sich die hohen Herren der französischen Kirche bereit, dem Monarchen eine freiwillige Abgabe zur Verfügung zu stellen, meistens etwa sechzehn Millionen Francs für einen Zeitraum von fünf Jahren. Diese Summe jedoch aus der eigenen Tasche zu bezahlen, sah sich die Geistlichkeit nicht imstande, ihre Einkünfte reichten dazu offensichtlich nicht aus. Also nahm sie Darlehen auf. Doch Darlehen haben die unangenehme Eigenschaft, daß sie zurückgezahlt werden müssen, noch dazu mit Zinseszinsen. Um ihre Schuld abzahlen zu können, erhielt der Klerus zur Zinstilgung einen Zuschuß von zweieinhalb Millionen Francs jährlich. Und woher? Aus den königlichen Kassen! Die »freiwillige Gabe« war also nur eine Komödie.

Und für die Freiwilligkeit, mit der sie ihre großmütige Gabe bereitstellte, forderte der Klerus auch noch Gegenleistungen –

94

etwa die Unterdrückung der *Encyclopédie* und strenge Maßregeln gegen die Protestanten. In einem Schreiben an Madame de Pompadour aus dem Jahre 1752 bat Diderot die Marquise, zum Schutze seines 1751 veröffentlichten Hauptwerkes *Encyclopédie ou Dictionnaire raisonné des sciences, des arts et des métiers*... zu intervenieren. Und wovor sollte dieses Jahrhundertwerk geschützt werden?

Diderot spricht es aus: Klerikale Kreise sahen in der freigeistigen, aufklärenden Enzyklopädie ein Werk des Teufels und drohten ihr das gleiche Schicksal an, das schon die *Pensées philosophiques*, ebenfalls von Diderot, getroffen hatte. Die »Philosophischen Gedanken« waren öffentlich verbrannt worden.

In die hohe Geistlichkeit aufzusteigen, war dem Adel vorbehalten. Er berief sich auf die ruhmreichen Ahnen, die in alten Zeiten die Abteien gestiftet hatten – wie beispielsweise Herzog Wilhelm von Aquitanien um 910 sein burgundisches Jagdhaus Cluny den Mönchen geschenkt hatte. Der Hochadel forderte nun die Einnahmen dieser Stiftungen. Großzügig vergaß er jedoch, sich darauf zu besinnen, daß dieser oder jener gottesfürchtige Ahnherr die eine oder die andere Stiftung mit wahrhaftig edlen Zielen verbunden hatte, über die sich aber der späte, spöttelnde Nachkomme lachend hinwegsetzte. Er zeigte mit dem Finger auf die Stiftung, die seinen Namen verewigte, und machte die Hand auf, um aus den Einkünften seine Standesbedürfnisse am Hofe oder an den prunkvollen Residenzen zu befriedigen. Es war dem Souverän vorbehalten, Abteien und Pfründe zu verleihen. Doch Adlige nur konnten vor das Antlitz des Monarchen treten, und so verlieh der König die reichsten Abteien und Pfründe an die Günstlinge, die nicht selten bereits Bistümer mit hohen Einkommen innehatten. Wohltätigkeit, eines der vornehmsten Ziele früher Stiftungen, wurde achselzuckend verlacht wie Sittlichkeit auch.

Hohe kirchliche Herren brauchten sich nicht einmal in die Lehre vertieft und die Weihe empfangen zu haben. Mit 14 Jahren schon konnte man Domherr werden, Abt mit 25 Jahren, für das Bischofsamt mußte man allerdings 27 Jahre seines Lebens glücklich hinter sich gebracht haben. Ob er an die Lehre, in deren Namen er seine Würde trug und Vorteile beanspruchte, denn auch glaubte – danach wurde nicht gefragt. Selbstverständlich hielten sich auch die geistlichen Herren teure Mätressen. Sie genossen die Schönheiten des Lebens uneingeschränkt. Moralische Zwänge existierten für sie nicht.

Nicht so der niedere Klerus. Der war arm, ebenso arm wie seine Gemeinde. Denn obwohl jeder Inhaber einer Pfründe stiftungsgemäß verpflichtet war, den vierten Teil seines Einkommens den Armen zu spenden, überging die hohe Geistlichkeit diese fromme Verpflichtung. Aus allen Teilen des großen Königreichs wurden Klagen laut. Wie jene, die ein Pfarrer aus dem Berry in diese Worte faßte:»In meinem Sprengel gibt es sechs Pfründe, deren Inhaber stets abwesend sind und zusammen ein Einkommen von 9000 Francs haben. Voriges Jahr habe ich sie schriftlich in den rührendsten Ausdrücken eingeladen, die Not bei uns lindern zu helfen. Ein einziger sandte zwei Louisdors, die meisten antworteten gar nicht.«

Curé hieß der einfache katholische Geistliche in Frankreich. So ein bedeutungsloses Mitglied der untersten Schicht des ersten Standes bezog im Jahre 1768 eine Jahreseinnahme von etwa 500 Francs. Davon konnte man nicht leben. Es war Voltaire, der die Öffentlichkeit auf das Los des leiblich verarmten und geistig verwahrlosten *Curé* aufmerksam machte. In seinem 1764 veröffentlichten *Dictionnaire philosophique* schrieb er: »Ich beklage das Schicksal eines Curé auf dem Lande, der genötigt ist, seinem Gemeindemitglied eine Garbe Getreide streitig zu machen, gegen ihn zu klagen, den Zehnten zu fordern, gehaßt zu werden und zu hassen, sein elendes Leben in fortwährendem Streit hinzubringen, der die Seele verärgert und erniedrigt.«

Nicht nur mittellos war der niedrige Klerus auf dem Lande, sondern auch seinen Oberen, im buchstäblichen Sinne des Wortes, auf Gedeih und Verderb ausgeliefert. Zwei der vielen überlieferten Beispiele seien hier angeführt. Der Pfarrer von Trois-Vallois machte auf die Rechte seiner Gemeinde in einer Weise aufmerksam, die seinem Bischof, dem Bischof von Saint-Dié, ganz besonders mißfiel und lästig war. Er ließ den Pfarrer in seiner Diözese für zwei Jahre einsperren. Doch dem Pfarrer gelang es trotzdem, eine Beschwerde vor den König zu bringen, den Inbegriff aller Gerechtigkeit. Das Ergebnis: Der Pfarrer wurde den Auspeitschern im Strafhaus von Marseille überliefert. Das zweite Beispiel: im Jahre 1763 wurde die Abtei von Clairvaux zu einer Buße von 40000 Talern verurteilt. Die Tatsache der Bestrafung allein ist schon beachtenswert – beachtenswerter noch ist der Grund dieser ungewöhnlichen Strafe: Der Abt hatte einige seiner Frommen jahrelang in den unterirdischen Kerkern des Klosters schmachten lassen.

Einst besaß die Kirche beinahe absolute Macht. Nach dem Tode Ludwigs XIV. hatte sie viel an Einfluß eingebüßt. Eine der Ursachen des Machtverlustes waren die Streitigkeiten, welche die französische Kirche jahrzehntelang bewegten und sie spalteten. Der niederländische Theologe Cornelius Jansen, Bischof von Ypern, hatte in seinem 1640 posthum gedruckten Werk die Gnadenlehre des Kirchenvaters Augustinus vertreten. Die Jesuiten nun entdeckten in den moralischen Betrachtungen des französischen Theologen Paschasius Quesnel, die 1693 veröffentlicht wurden, Grundsätze, die einst Jansen entwickelt hatte. Quesnel aber war ein »Oratorianer«, ein Jünger zweier Kongregationen von Weltgeistlichen ohne Ordensgelübde. Der Arm der französischen Jesuiten reichte weit, reichte bis nach Rom, und Papst Clemens XI. verurteilte am 8. September 1713 in seiner berüchtigten Bulle *Unigenitus* die jansenitischen Thesen des Paschasius Quesnel als häretisch und gotteslästerlich. Zunächst weigerten sich der Erzbischof von Paris, der Kardinal Louis Antoine Noailles, und sieben Prälaten, die päpstliche Bulle anzuerkennen. Erst kurz vor seinem Tod unterwarf sich der Kardinal und gab seine Anerkennung. Aufgestauter Haß, gerichtet vor allem gegen die Jesuiten, die als Urheber der Bulle angesehen wurden, ergoß sich über das ganze Land. 1752 verbot der Erzbischof von Paris, Christophe de Beaumont, den Geistlichen seiner Diözese, Sterbenden die letzten Tröstungen ihrer Religion zu erteilen, wenn sie nicht in einem Beichtzettel nachwiesen, daß sie die Bulle *Unigenitus* anerkannt hatten. Nach langen Auseinandersetzungen und bedrohlichen Demonstrationen – einmal strömten etwa zehntausend Menschen in die Straßen – erklärte das Parlament 1755, die Bulle sei keine Glaubensregel, und verbot den Geistlichen, sie als solche auszulegen. Dieser Streit um den Jansenismus, der die Kirche Frankreichs zerriß und sogar das Sterben entwürdigte, vertiefte nur noch den Unglauben und den Skeptizismus im Lande und ebnete scharfer kirchenfeindlicher Gesinnung die Bahn.

Das Verhalten des Adels, aus dem sich auch die hohe Geistlichkeit rekrutierte, färbte ab auf das Benehmen des aufstrebenden Bürgertums und beeinflußte seine Gesinnung. Die Bourgeoisie blickte empor zum Hofe, zu dem sie den Zugang nur zu oft erkaufen mußte, sie orientierte sich am Beispiel der Hochgeborenen, kritiklos, in devoter Bewunderung. Als dann im 19. Jahrhundert das befreite Bürgertum, bedingungslos an den Fortschritt und die Heilsbotschaft der Wissenschaften glaubend, seine Herrschaft begründete, schlug sein Verhalten in das Gegenteil um. Die engstirnige Prüderie des arrivierten Bürgers erscheint als die historisch logische Entgegnung auf die chaotische Sittenlosigkeit der adligen Kreise im vorangegangenen Jahrhundert.

Schmarotzten denn, so stellt sich die Frage, alle Adligen des großen und schönen Königreichs am Hofe vom lebenspendenden Mark des Staates? Man brauchte nur auf das Land zu fahren, in ferne Provinzen, in vergessen vor sich hindämmernde Städtchen, und hinter den geschichtsträchtigen und zerfallenden Pomp alter Landhäuser zu blicken, um auf die Frage eine Antwort zu bekommen. Denn hier, in den weiten Winkeln, vom knisternden Glanze Versailles' nicht erhellt, lebte eine zahlenmäßig nicht erfaßbare Schar Adliger, die ebenso arm war, leiblich verkommen und geistig verwahrlost, um des Lebens Süße ebenso betrogen und unwissend wie die niedere Schicht des prunkenden hohen Klerus. Es waren die zweitgeborenen Söhne und die Drittgeborenen der Zweitgeborenen, die auf Besitzungen, dem Verfall preisgegeben, ein Dasein ohne Licht und Hoffnung fristeten. Schon Ende des 17. Jahrhunderts meinte der Moralphilosoph Jean de La Bruyère, der Adlige der Provinz sei weder seinem Vaterland noch seiner Familie noch – und das war das Quälende, das Unerträgliche, das Aufreizende, vor dem man fliehen mußte in den maßlosen Stolz – sich selbst etwas nutz. Und ein Jahrhundert später schreibt der Denker und Edelmann Chateaubriand:»Der Erstgeborene erhielt zwei Drittel, während sich die übrigen in das letzte Drittel teilen mußten. Schließlich kam es dazu, daß die jüngsten Söhne der jüngeren Söhne sich in eine Taube, einen Hund, eine Flinte und ein Kaninchen zu teilen hatten. Das ganze Vermögen meines Großvaters belief sich auf etwa 5000 Livre Renten, davon erhielt der älteste Sohn 3334 Livre, so daß für die drei jüngeren nur 1666 Livre blieben.« (Hier eine Eintragung aus dem Tagebuch eines zeitgenössischen englischen Reisenden:»In der Bretagne sind die Zustände der Landeskultur nicht weiter fortgeschritten als bei den Huronen, die Leute sind ebenso wild wie ihr Land, und die Stadt Combourg ist eines der ärgsten Schmutzlöcher, die man sehen kann. Wer ist doch dieser Herr von Chateaubriand, dessen Nerven einen Aufenthalt inmitten von solchem Elend und solchem Schmutz aushalten können?« Dieser verarmte Herr von Chateaubriand war der Vater des berühmten Denkers und Dichters. Er hauste in einem Schloß, das hundert Gästen samt Dienerschaft Platz geboten hätte.) Noch treffender vielleicht, noch anschaulicher schildert unser Chronist der Regierungszeit Ludwigs XV., Barbier, die Lage des armen Landadels um die Mitte des 18. Jahrhunderts:»Die verschiedenen Provinzen des Königreichs sind erfüllt von einer

Unzahl armen, mit Kindern gesegneten Adels, die von Vater und Mutter weder standesgemäß erzogen werden noch in den Dienst eintreten können. Die Kinder des Adels verbringen ihre Jugend mit den Bauern in Unwissenheit und Roheit, oft dienen sie bei der Bewirtschaftung ihrer Güter, und sie unterscheiden sich vom Bauern nur dadurch, daß sie einen Degen tragen und sich Edelleute nennen.«

Aber es gab nicht nur den Glanz von Versailles. Ein großer Teil des Adels vegetierte auf dem Lande armselig dahin. Zweifellos war das System der Erbteilung eine der Ursachen, es war aber nicht der ausschließliche Grund. Denn eine Erwerbstätigkeit auszuüben, Handel oder Manufaktur zu betreiben, verbot ihm sein Stand als eine »gemeine Tat« und eines Edelmannes unwürdig. Übte er dennoch einen Beruf aus, so lief er Gefahr, aus seinem Stand ausgestoßen zu werden. Und wer wollte schon, erniedrigt vor Gott und der Welt, dem gemeinen Volk der Bauern gleichgestellt, als Abtrünniger gelten, auf den man mit dem Finger zeigte und der sich selbst aller Privilegien beraubt hatte? Was also blieb diesem Landadel noch? Nur das Beharren auf den ererbten Vorrechten, nur Armut und Stolz. Denn er war so arm, daß er nicht einmal die Mittel hatte, nach Versailles zu pilgern und sich dort zu zeigen und so wenigstens einen blassen Lichtstrahl zu erhaschen vom blendenden Prunk des glanzsüchtigen Hofes. Diese Adligen waren Gefangene ihrer Stammtafeln und ihrer Vorrechte, die, ihres Inhalts beraubt, ins Gegenteil umschlugen: in die Armut. Sie lebten wie Bauern unter Bauern, trugen jedoch nicht die gleichen Lasten. In einer Disharmonie mit ihrer Umwelt lebten sie, stolz und anmaßend kraft ihrer Geburt, durch die Armut ungebildet und verroht. Doch nicht alle lebten so. An manchen Gegenden herrschte noch eine Lebensart fort, welche die Beziehung zwischen Herrn und Bauern jahrhundertelang bestimmt hatte und immer noch menschlicher und würdevoller erschien als die vorherrschende Verhaltensweise des Adels. Ein Amtsmann des bereits zitierten Marquis de Mirabeau gibt davon im Jahre 1760 einen anschaulichen Bericht:»In der Nähe von Tréguier und Lannion (in der Bretagne) besteht der ganze Stab der Küstenwache aus Standespersonen tausendjähriger Rassen. Noch keinen von ihnen sah ich, der gegen seine bäuerlichen Soldaten heftig geworden wäre, weshalb diese auch voll kindlicher Ehrfurcht sind.« Und an einer anderen Stelle:»Es ist ein irdisches Paradies für die wahre patriarchalische Größe und Einfachheit der Sitten, die Haltung von Bauern gegenüber ihren Herren ist die von Söhnen ihren Vätern gegenüber, und diese sind stets freundlich und sprechen ihre derbe Sprache mit ihnen.« Es waren gerade diese armen Edelleute aus der Provinz, die nach der Revolution für ihren König (den sie nicht kannten), für ihre schmarotzerischen Standesgenossen (die sie manchmal kennenlernten und verfluchten) und für ihr Standesbewußtsein (das sie als ihre Daseinsberechtigung erachteten) auf den Schlachtfeldern verbluteten. Denn für sie, die am Hofe nicht gesehen wurden, gab es, außer der geistlichen Laufbahn, nur ein einziges Betätigungsfeld: die Armee.

1751 folgte Ludwig XV. einer Anregung der Madame de Pompadour und stimmte der Gründung der königlichen Militärschule in Paris zu, in der Jahr für Jahr fünfhundert Edelleute, und nur solche, zu Offizieren erzogen werden sollten.

Zu dieser Zeit bestand das gesamte französische Heer aus 122 Infanterieregimentern, 59 Kavallerieregimentern und 15 Dragonerregimentern, in Versailles selbst lag die Garde in Garnison, die *Maison militaire du Roi*. Es gab auch eine Miliz. In ihr mußte man sechs Jahre lang dienen, höchstens bis zu seinem vierzigsten Lebensjahr – ohne die Möglichkeit, sich loszukaufen oder einen Stellvertreter zu benennen. Jene aber, die höhere Steuern zahlten, wurden vom Dienst in der Miliz befreit, und so waren es die Bauern, die diese zusätzliche Last zu tragen hatten.

Dies ist die Vorgeschichte des königlichen Entschlusses, die besonders bezeichnend ist für den Ehrgeiz, den Einfluß und die Gedankenwelt der Marquise. Begeistert und voller Hingabe beschäftigte sie sich seit ihrem Besuch in der Mädchenschule in Saint-Cyr am 18. September 1750 mit dem Plan, ein akademisches Kollegium für verarmte junge Edelleute zu gründen. Die Institution sollte den Ruhm Ludwigs XV. unsterblich machen, und ein Strahl dieser Unsterblichkeit sollte auch auf sie fallen – wie die feine und aristokratische, bereits ein Jahrhundert alte Lehranstalt für Mädchen in Saint-Cyr den Namen ihrer Stifterin, Madame de Maintenon, der berühmten Mätresse des Sonnenkönigs, verewigte. Monsieur de Tournehem, Freund und Onkel der Marquise, und Monsieur du Verney, einer der Gebrüder Pâris, führten die finanziellen Verhandlungen. Endlich war es so weit, daß der Plan dem König unterbreitet werden konnte. Madame de Pompadour wußte auch den Kriegsminister d'Argenson, der ihr persönlich nicht zugetan war, für die Sache zu gewinnen, indem sie ihm die Schirmherrschaft über die neue *École militaire* anbot, und am 15. Januar 1751 erteilte Ludwig XV. die allerhöchste Genehmigung. »Wir haben beschlossen«, hieß es in der Präambel, »eine Militärschule zu gründen, um dort fünfhundert Edelleute ohne Vermögen zu erziehen, welche wir unter jenen aussuchen, die ihre Väter im Krieg verloren haben und somit Kinder des Staates geworden sind.« Madame de Pompadour wollte für die Ausgaben aufkommen. Man plante ein imposantes Gebäude auf der Ebene von Grenelle, in der Nähe der Invaliden, und übergab Planung und Ausführung dem berühmten Architekten Gabriel. Die Bauarbeiten zogen sich in die Länge, es ergaben sich finanzielle Schwierigkeiten, bis endlich 1755 die Marquise Monsieur du Verney folgende für sie so charakteristische Zeilen zukommen ließ: »Nein, mein liebes Freundchen, ich kann doch nicht eine Institution zugrunde gehen lassen, die den König unsterblich, den Adel glücklich macht und der Nachwelt meine Anhänglichkeit an den Staat und Seine Majestät verkündet . . . Noch habe ich mein diesjähriges Einkommen nicht erhalten. Doch ich werde es gänzlich für die Bezahlung der Handwerker verwenden. Ich weiß noch nicht, welche Sicherheiten ich finden werde, doch ich weiß, daß ich mit Genugtuung hunderttausend Livre riskieren würde für das Glück dieser armen Kinder . . .« In das Heer selbst wurde der Gemeine gepreßt und gezwungen. Auch durch Werbung, durch Lug und Trug also, rekrutierte sich das Heer, und so liefen ihm oft Menschen zu, die keinen anderen Ausweg mehr fanden oder einfach die Arbeit scheuten. Auf den Schlachtfeldern standen schon riesengroße Armeen einander gegenüber, nicht selten hunderttausend Mann an beiden Fronten, umfassende Massenbewegungen mußten durchgeführt werden, die Aufmarschzeiten waren lang. Aber ein Bauernsohn aus der Gascogne, ein Kürschnerlehrling aus der Uckermark, ein Knecht von einer Salzburger Alm wußten ebensowenig wie ein Rinderhirt vom Theißrükken, warum sie kämpften und für wen sie ihr Leben hergeben sollten. Noch verfügten die Staats- und Heerführer nicht über die Mittel der Massenpropaganda, nicht über die technischen und auch nicht über die psychologischen, um die Gefühle und Gedanken der Soldaten für ihre Ziele einzunehmen, ihnen den Sinn eines Feldzugs auseinanderzusetzen – man hätte es aber auch nicht für notwendig gehalten, denn das gemeine Volk hatte zu dienen und zu sterben, wie es auch zu arbeiten hatte. Das war die vorherrschende Denkweise, verankert in der Gesellschaftsstruktur, und sie wurde vom Volk selbst anerkannt und akzeptiert. (Erst die Revolution sollte das Bewußtsein der Citoyen wecken und den Soldaten ein sinnfälliges Ziel geben.) Der Gemeine war ein armer Teufel, in wessen Heer er auch diente. Vom Soldatenlos in den Armeen Ludwigs XV. lesen wir in einem zeitgenössischen Bericht:»Die geringfügige Löhnung, die Art, wie die Soldaten gekleidet, genährt und untergebracht werden, ihre ganze Abhängigkeit würde es zu einer Grausamkeit stempeln, andere Menschen zu diesem Stande zu nehmen als das niedere Volk.«

Während der Regierungszeit des Sonnenkönigs, dann auch unter Ludwig XV. noch, dienten zahlreiche bürgerliche Offiziere, wenn auch der Anteil des Adels überwog. Im letzten Drittel des Jahrhunderts war jedoch die Offizierslaufbahn fast nur noch Adligen vorbehalten, und selbst innerhalb des Adels machte man ziemlich strenge Unterschiede: An erster Stelle stand – wie könnte es anders sein? – der Hofadlige, er befehligte eine Schwadron der Kavallerie, später ein Regiment, doch auch das nur der Form halber, um höhere Dienstgrade beanspruchen zu können.

Ihm folgten solche Adlige aus der Provinz, denen eine jährliche Rente von etwa 10000 bis 15000 Livre zur Verfügung stand und sie befähigte, dem König in der Kavallerie zu dienen, die teurer und angesehener war als die Infanterie, in die der Provinzadlige mit nur 6000 bis 8000 Livre jährlichen Einkommens eintreten konnte.

Die Besoldung der Offiziere war nicht hoch – ein Oberst der Infanterie bezog 4000 Livre, ein Major 3100 Livre –, aber man verbuchte Nebeneinnahmen aus der Verwaltung der Kompanie oder des Regiments (das man kaufen konnte, denn alles war käuflich!), und die Einnahmen aus diesen Quellen waren, wie es die erfolgreiche Lieferantentätigkeit des Herrn Poisson vermuten läßt, recht hoch.

Die hohen Offiziere aus dem Hofadel versahen ihren Dienst in den Prunkräumen des Schlosses zu Versailles oder bei Jagdpartien in den umliegenden Wäldern – denn nur bei Hofe wurde man zum General befördert und erhielt ein Regiment anvertraut, nicht im Felde. Als General und Regimentsinhaber durfte man mit einem standesgemäßen Jahreseinkommen rechnen. Und da es viele Hofadlige gab, mußten ihrer viele auf diese Weise erhalten werden – im Jahr 1775 zählte man nicht weniger als 1062 hochadlige Generale. Eine schillernde Gestalt jener Zeit, rastlos in seinen Gedanken, in der Lebensführung ausschweifend, war der Marschall Maurice de Saxe, ein unehelicher Sohn Augusts des Starken, König von Polen und Kurfürsten von Sachsen. Er war der einzige bedeutende französische Heerführer im Österreichischen Erbfolgekrieg, der mit so manchem Husarenstück nicht nur seine Gegner, sondern auch

seine Verbündeten verwirrt hatte. Über die »Generalität«
Ludwigs XV. schrieb er: »Ein junger Mann von Adel betrachtet es als ein Zeichen der Geringschätzung seitens des Hofes,
wenn man ihm nicht mit 18 oder 20 Jahren ein Regiment überantwortet.« Der kleine Edelmann aus der Provinz hingegen,
ohne Vermögen und ohne Protektoren bei Hofe, trat nicht selten schon mit 14 oder 15 Jahren in die Armee ein und führte in
den fernen Garnisonen ein freudloses Leben. Die hohen
Dienstgrade verschlangen jährlich 15 Millionen – alle übrigen
Offiziere kosteten zehn Millionen Livre. Manchmal gingen sie
auch in den Krieg.

Wie zum Spiel zogen sie, die Marschälle, Generalleutnants
und Brigadiere, von Versailles aus ins Feld. Auf den gewohnten
Luxus wollten sie nicht verzichten, nicht einmal im Feldlager,
also schleppten sie alles mit: Dienstboten, Köche und sonstige
Bedienstete, eigenes Theater und freilich auch die Mätressen.
In seinem Feldtheater pflegte der Marschall Maurice de Saxe
die Befehle für den nächsten Tag auszugeben, und es wird berichtet, daß, hier und da, am Schluß der Vorstellung die gerade
zur Nummer eins avancierte Dame (denn es begleiteten den
Marschall mehrere) die eingeladenen Offiziere schlicht und
liebenswürdig mit der Ankündigung verabschiedete: »Morgen
keine Aufführung wegen der Schlacht. Übermorgen: Der Hahn
im Korb.« Solche Launen eines extravaganten Charakters dürfen freilich nicht als die Regel gelten. Und doch sind sie bezeichnend für die spielerische Unbekümmertheit, für die aus
ihr resultierende anmaßende Verantwortungslosigkeit, für eine
Lebensweise ohne Einsicht und ohne Weitblick, also für die
Charakteristika des höfischen Verhaltens, die alle Bereiche des
Lebens durchdrangen und auch im Felde weiterwirkten. Nicht
als ob die Herren sich nicht tapfer geschlagen hätten. An Mut
fehlte es nicht: Sie lieferten dem Feind harte Kämpfe, wenn es
gerade darauf ankam, und gaben auch heroische Beispiele der
Selbstaufopferung. Doch Beispiele der Selbstdisziplin konnten
sie nicht liefern, nicht dem Feind und auch den Kameraden

nicht. Denn es fehlte ihnen gerade an militärischer Durchbildung, an der Bereitschaft, sich führen zu lassen, Befehle strikt und ohne Zögern auszuführen, und es fehlte ihnen am Gehorchenkönnen. Doch wo hätten sie sich auch diese Tugenden der Kriegskunst aneignen können? Bestimmt nicht am Hofe von Versailles.

»Wissen Sie, daß ich das Hôtel d'Evreux gekauft habe? Denn ich muß natürlich ein Haus in Paris haben . . .« – mit diesen Worten beginnt Madame de Pompadour im Jahr 1748 einen Brief an die Gräfin de Brézé, und die Worte klingen hochtrabend. Doch sie sind es nicht. Sie spiegeln lediglich die Sehnsucht nach Stille, die Flucht vor der allgegenwärtigen Öffentlichkeit, vor der Strenge der Etikette und des Zeremoniells wider. Die »Gloire« des Sonnenkönigs hatte drückend und erstickend auf dem Verhalten, auf dem Gemüt seiner Höflinge gelastet. In unantastbarer Feierlichkeit und vollem Bewußtsein seiner Größe, die fleischgewordene Herrscherwürde göttlichen Ursprungs, war er stets vor die Welt getreten, und seine Diener jeglichen Ranges – denn alle Welt *diente* ihm – erstarben in Ehrfurcht in seiner Gegenwart. Eine hierarchische Ordnung, die kultische Formen angenommen hatte, war die Welt des Sonnenkönigs gewesen, und sie prägte das Fürstenideal der Zeit. Nach dem Tod Ludwigs XIV. führte der Herzog Philipp von Orléans als Regent die Geschäfte und vertrat den Monarchen, den minderjährigen Ludwig XV. Er war ein begabter Mann, er war liebenswürdig und zugleich eine der elegantesten Erscheinungen seines Hofes. Aber er war eben nicht der Souverän – sondern der erste Adlige des Reiches, ausgestattet mit allen Privilegien seines Standes. Er verlegte die Hofhaltung nach Paris, und die Entfernung zwischen dem Hofadel und dem Stadtadel schrumpfte. Die innere Strenge und die äußere Steife von Etikette und Zeremoniell lockerten sich, der Umgang wurde natürlicher und gelassener. In der Hauptstadt bildeten sich kleine, intime Zentren des geselligen Lebens: die Salons in den Stadtpalästen, den *Hôtels*, des Adels. In den Salons traf sich nun die *grande société*. Begabte und aufgeklärte Damen – die Frau bildete den Mittelpunkt der gesellschaftlichen Kreise – gestalteten die Salons zum Treffpunkt jener, die empfänglich waren für Kunst und Literatur und der gebildeten und geistreichen Konversation huldigten. Diese neue Art des Gesellschaftslebens konnte nicht in den pompösen und übermäßig großen Sälen gepflegt werden, es verlangte nach kleineren Räumen mit gedämpfter Atmosphäre. Und so baute man die alten *Hôtels* um oder man baute neue.

Ludwig XV. verlegte dann den Hofstaat wieder nach Versailles. Doch die neue Lebensart war zu der Zeit, als er, großjährig schon, seine Regierung antrat, so ausgeprägt, daß er im Schloß zu Versailles die berühmt-berüchtigten »kleinen Appartements« errichten ließ, in welchen er ungezwungen, nur mit einigen ausgewählten Damen und Herren, sich zu amüsieren suchte. Bald begann er ein Doppelleben zu führen: Bei offiziellen Anlässen regierte nach wie vor das steife Zeremoniell, das ihn, den Höchsten, in die Sphäre der Unantastbarkeit entrückte – aber in den Privatgemächern gab er sich so, wie er in Wirklichkeit gewesen sein mag: verwöhnt, gelassen und noch mehr gelangweilt. Hier endlich entschlüpfte er der Rolle des unnahbaren, fast schon überirdischen Herrschers, die er, im Gegensatz zu seinem Urgroßvater (bei dem es die Trennung von Rolle und Bewußtsein noch nicht gab) nur noch ausfüllte, aber nicht mehr lebte. Und so floh er, wann immer er konnte, vor der kriecherischen Betriebsamkeit des Schlosses von Versailles, gerne residierte er in einem seiner vielen Schlösser oder er zog sich zurück in die genußversprechende Atmosphäre der kleinen Lustschlösser, die mehr und mehr in Mode kamen. An seiner Seite war eine Frau, die gebildet war, die künstlerische Begabung und vollendeten Geschmack besaß und die auf die ganze höfische Kultur einwirkte: die Marquise de Pompadour. Sie war es, nicht Ludwig, die die kleinen Lustschlösser des Königs aufs erlesenste ausstattete, die die Künstler, die an der Ausstattung beteiligt waren, zu Höchst-

107

leistungen anspornte und unvergängliche Denkmäler ihrer Epoche schaffen half. Wie sie auch ihren Pariser Wohnsitz, das *Hôtel d'Evreux*, kunstvoll herrichtete. Also schrieb sie im weiteren der Gräfin de Brézé:

»... Aber ich will es niederreißen und dafür ein anderes bauen lassen, das mehr nach meinem Geschmack ist. Man spottet immer über die Bauwut: Ich für meine Person kann diese angebliche Torheit nur billigen, die so vielen Armen Brot gibt. Mir macht es keinen Spaß, das Geld in meinem Kasten anzuschauen, ich bringe es lieber in Umlauf. Sie denken sicherlich wie ich.«

Die Pariser allerdings meinten, die Bauten der königlichen Mätresse, in der sie immer noch die Schlächterstochter sahen, seien zu teuer. Wo sie nur konnten, suchten sie den Bau des Palais zu stören, besonders, als sie erfuhren, daß ein Teil der anschließenden öffentlichen Parkanlage dazu verwendet werden sollte, den Garten der Madame de Pompadour zu vergrößern. Oft entdeckte man am Morgen Spottverse an den Mauern, und der Pöbel griff die Arbeiter an. Einmal mußte sogar Militär eingesetzt werden, damit der Bau zu Ende geführt werden konnte. Das Palais wurde schließlich »nach dem Geschmack« der Marquise fertiggestellt. Es steht heute noch und ist jedem Zeitungsleser bekannt. Denn heute heißt es Elysee-Palast.

Das Pariser *Hôtel d'Evreux* war nicht die einzige Bleibe der Marquise, nicht einmal die erste. Denn sie hatte bereits zu ihrem Marquisat eine Apanage erhalten in Form eines Schlosses in Limousin. Auch dieses Haus ließ sie restaurieren, sie hat sich dort anscheinend niemals für längere Zeit aufgehalten. Nach ihrem Tod sollte das Schloß wieder in den Besitz der Krone übergehen.

Im Frühjahr 1746 unternahm der König eine ausgedehnte Reise aufs Land. Vorher noch schenkte er der Geliebten nebenbei ein kleines Palais in der Nähe von Dreux, das Schloß *Crécy-Couvé*, in dem wir schon waren. Montmartel, einer der Gebrüder Pâris, wickelte den Kauf ab und zahlte im Auftrag des Königs 650000 Livre. »Am Montagmorgen fuhr Madame de Pompadour zusammen mit Monsieur de Montmartel und Monsieur de Tournehem nach Crécy«, schreibt im Mai 1746 der unermüdliche (und für uns unentbehrliche) Tagebuchverfasser Luynes, »von wo sie erst gestern zurückkehrte. Das Schloß ist sehr schön, es ist wundervoll eingerichtet, hat eine Terrasse ...« Ein anderes Schloß, *la Celle,* das sie bereits besaß, übergab sie einem Verwalter. Es waren dies alles schöne Schlösser, üppig und vornehm eingerichtet, einladend in der Atmosphäre, und doch ... das Richtige waren sie nicht. Der rastlose Geist der Madame de Pompadour trieb sie weiter auf der Suche nach etwas, das der Ausdruck ihrer Persönlichkeit sein sollte, dieser ehrgeizigen, in einem kaum erfaßbaren Sinne aggressiven, sich maßlos verausgabenden und oft in bitterste Verzweiflung versinkenden Persönlichkeit. Sie suchte und suchte nach der endgültigen Residenz (die sie nie gefunden hat), nach einer, die von ihr geplant und für sie allein gebaut werden sollte. Sie suchte nicht nach dem monumentalen Ausdruck des absolutistischen Herrscherideals, das die Schloßbauten in ganz Europa bestimmt hatte. Sie wollte etwas Heimisches und zugleich Erlesenes, das den prunkvollen Auftritt zwar zuließ, zugleich aber auch Stunden der Einsamkeit, das Spielerische, das Vertraute, das Intime erlaubte. Ein Leben lang ist sie auf der Suche nach Geborgenheit gewesen. Ihr Blick fiel auf den Hügel von Meudon.

Der berühmte Garnier d'Isle entwarf eine Parkanlage, die sich wie ein tiefer, weicher Teppich ausbreitete. Das Schloß selbst erhob sich über der Landschaft wie eine Krone. Von ihm aus gelangte man zur Seine und zu einem anderen, kleineren Schlößchen, dem *Brimborion.* Der große Architekt Lassurance hat dieses Schloß *Bellevue* erbaut. Es war nicht groß, denn es sollte ja ein Lustschloß sein, neun Fenster nur zählte man an der Fassade jedes Stockwerks, doch die Statuen hat Falconet geschaffen, Verperckt die Holztäfelung entworfen und d'Oudry die Torverzierungen – Männer, die den Kunstwillen ihrer Epoche verwirklicht haben. Die erste Etage, die »schöne«, war dem König vorbehalten, dort hatte er ein Schlafzimmer, eine Garderobe, ein *Café du Roi*, ein Beratungszimmer, von dem aus der Blick die Seine streifte und in dessen Spiegeln, so raffiniert waren sie angelegt, die umgebende Landschaft eingefangen war. Die oberste Etage diente als Kapelle. Das Erdgeschoß, hinter der Terrasse, beherbergte die Gemächer der Marquise. »Ich war entzückt«, schreibt sie an ihre Freundin Madame de Lutzelbourg, »den König in Bellevue empfangen zu dürfen. Schon dreimal hat Seine Majestät den Weg (hierher) zurückgelegt . . . Es ist ein wundervoller Ort, was die Aussicht betrifft . . .« Das Schloß *Bellevue* verschlang drei Millionen Livre. Sechs Jahre lang hat man an ihm gebaut.

Die Goldschmiedekunst, deren Wunderwerke das Leben in den Hôtels und den Lustschlössern mit warmem, gedämpftem Glanz erfüllten, schuf Geschirrformen, die zum Teil bis in die Gegenwart verbindlich sind, beispielsweise das Service. Es bestand aus zahlreichen Einzelteilen und hatte ein gemeinsames Grundmotiv, in dem Form und Dekor sich spielerisch variierten. Üppig bedeckten Gold und Silber die Tafel, und sogar während der Reise wollte man nicht auf sie verzichten: Man führte einen Koffer mit, in den Toilettegeräte und Tafelsilber schüttelfest eingepaßt waren. Doch bald verblaßte der Glanz dieser edlen Metalle neben einem anderen Stoff, den man das »weiße Gold« nannte.

Das Porzellan war dieser neue Werkstoff. Die aus ihm gebrannten Gegenstände sind eine einzigartige Ausdrucksform der höfischen Kultur dieser Epoche. Jeder Fürst strebte danach, eine Porzellanmanufaktur zu besitzen, denn sie war »ein notwendiges Attribut des Glanzes und der Würde«. Kostbar bemalte, raffiniert zusammengestellte Einzelstücke ergaben große Service, die reizvoll die festliche Tafel schmückten. Aus dem Porzellan konnte man auch Figuren herstellen, Statuetten, die besonders beliebte, modische Themen darstellten wie Liebe und Jagd, Tanz und Komödie, aber auch mythologische und tiefsinnige allegorische Themen. Man schwärmte für das Porzellan, man sammelte es, das Verlangen nach ihm verbreitete sich wie eine Epidemie, der Fürst bewahrte es in eigens dafür errichteten Kabinetten auf. August der Starke ließ in Dresden im Japanischen Palais einen Porzellanpalast errichten, in dessen zahlreichen Sälen die vielen kostbaren Stücke seiner großen Sammlung ausgestellt wurden. Man ging noch einen Schritt weiter: Man vereinte das Porzellan und die Edelmetalle, Porzellanblumen wurden mit Zweigen aus Edelmetall zu Sträußen geformt. In ihrem Schlößchen Bellevue kreierte Madame de Pompadour ein »Gewächshaus«, in dem solche farbenbunten Blumen aus Porzellan und Gold und Silber dem Besucher entgegenprahlten – und jede glitzernde Blüte verbreitete den ihr eigenen Duft, denn jede war mit dem entsprechenden Parfum besprengt. Und unweit vom Bellevue lag Sèvres.

Hier begründete Madame de Pompadour die Manufaktur, die unter demselben Namen auch heute noch Weltgeltung hat. Das neiderregende Vorbild für die Madame de Pompadour war die Meißner Manufaktur, die August der Starke 1710 gegründet hatte. Eigentlich war die 1752 entstandene Manufaktur von Sèvres die Nachfolgerin jener, die seit 1738 in Vincennes eine Gruppe Handwerker aus der Manufaktur von Chantilly betrieb. Man hatte hier versucht, das Meißner Verfahren, das kaolinhaltige Porzellan, nachzuahmen, aber ohne Erfolg. Madame de Pompadour ließ die Manufaktur nach Sèvres verlegen. Dort arbeiteten bald etwa hundert Handwerker in sieben Werkstätten.

Bachelier, der Leiter der Manufaktur, durfte nicht mehr hoffen, die Geheimnisse des Meißner Verfahrens zu enträtseln, und so stellte man das sogenannte *pâte-tendre* her, ein als Surrogatporzellan bekanntes Frittenporzellan – im Gegensatz zum *pâte-dure* genannten und als Hartporzellan bekannten Kaolinporzellan, mit dem in Meißen gearbeitet wurde. Dieses *pâte-tendre* war eine durch häufige Fehlbrände etwas kostspielige Masse, hatte aber den Vorteil, daß in ihr die bei geringen Hitzegraden eingebrannten Emailfarben in ungeahnter Schönheit und Reichhaltigkeit zur Geltung kamen. Sie hatten die Leuchtkraft und Transparenz wie Tempera- oder Ölfarben. 1768 endlich entdeckte man bei Limoges Kaolin, und von da an stellte man auch in Sèvres Hartporzellan her. Das ursprüngliche Weichporzellan war gekennzeichnet durch zwei gekreuzte L, das Initial Ludwigs XV., als Marke und wurde *Porcelaine de France* genannt. Das Hartporzellan führte den Namen *Porcelaine Royale*, sein Gütezeichen war das gekrönte doppelte L. Einige Grüppchen, von Boucher entworfen, fanden 1754 breiten Anklang. Im darauffolgenden Jahr konnte die Marquise Falconet für die Leitung der Arbeitsgruppe gewinnen, welche die Figuren entwarf. Der Bildhauer Falconet, der später, schon nach dem Tode der Madame de Pompadour, auf Einladung Katharinas II. von Rußland das bronzene Reiterdenkmal Peters des Großen schaffen sollte, entwarf eine Allegorie in Porzellan, die man »Freundschaft« nannte. Das Modell zu diesem Porzellankunstwerk war die Marquise selbst. Die Figur strahlte warmes Leben aus, die Zeitgenossen begeisterten sich für sie, und sie wurde ein großer Erfolg. Später stellte die Manufaktur hellblau und golden verzierte Tafel- und Kaffeeservice her. An diesen Farben erkennt man heute noch die Produkte von Sèvres. Im Jahr 1756 wurde ein weiterer Betrieb eröffnet, der etwa eine Million Livre kostete. Als die Marquise starb, stand die Manufaktur auf dem Höhepunkt ihres Ruhmes.

1752 malte François Boucher die Pompadour in feinem Pastell: verträumt schreitet sie im Garten dahin, anmutig und elegant, ihr Blick verliert sich in die Ferne, das rätselvolle Staunen im Gesichtsausdruck überrascht den Beschauer, die Haltung wirkt graziös und dekorativ zugleich. Boucher ist ihr Lieblingsmaler gewesen, dieser glänzende Verkünder der Welt des Rokoko, in der die imperatorische Überlegenheit des Porträtierten, die Ehrfurcht gebietende Distanz, die den Dargestellten von seinem Beschauer trennte, aufgehoben ist. Die Haltung ist nicht mehr pathetisch-steif, sondern nonchalant und ungezwungen, das Feierliche löst sich auf im Zufälligen. Die spielerischleichte Lebensart herrscht vor. Dieses Bild der Pompadour ist zugleich das Bild des Rokoko-Menschen.

Und die Bildniskunst, mit der der Mensch dieser Epoche dargestellt wird, ist einheitlich, wie auch das Lebensgefühl in Europa einheitlich ist. Dieses Lebensgefühl drückt sich in lässiger, aber selbstbewußter Haltung aus, es verlangt vollendete Eleganz und eine blaß-zarte Vornehmheit des Gesichtsausdrucks. Man darf diese Auflockerung aber nicht schon als Tendenz zur modernen individuellen Darstellung verstehen. Der Dargestellte wünscht nicht als einer national oder sogar politisch begrenzten Einheit zugehörig erkannt zu werden, er möchte als Mitglied und Repräsentant einer Ganzheit auf dem Bild erscheinen, zugehörig zu einer Gesellschaft, die sich als eine höhere Einheit versteht, eine Einheit einer durch gleiche Bildung und gleiche Daseinsempfindung geprägten Verhaltensweise.

Schönheit und Empfindsamkeit sind die Ideale des epochalen Lebensgefühls, ihre Verkörperung ist die Frau: Von den gesellschaftlichen Peripherien des härteren, männlicheren Barocks hält sie nun triumphalen Einzug in die Salons des Rokoko, die sie zu Zentren der Kultur gestaltet. Und nicht nur der Kultur. Sie beeinflußt, entscheidend und anregend, auch die Politik, die Wissenschaften und das Geistesleben. Wohin man auch blickt, überall regieren Frauen: Elisabeth und Katharina in Rußland, Maria Theresia in Österreich, Ungarn und Böhmen, die Marquise de Pompadour in Frankreich. (Bald entsteht eine Frauenkoalition gegen den einzigen männlichen Herrscher, der in seinen Zornausbrüchen sie alle mit soldatisch-unflätigen Ausdrücken beschimpft: gegen Friedrich von Preußen.) Rousseau gibt der Empfindsamkeit als Lebensgefühl das literarische Gütezeichen, indem er die Vorherrschaft der Vernunft leugnet und das Gefühl auf den Thron setzt. In England prägt Laurence Sterne das Wort »sentimental«, das später Lessing mit »empfindsam« übersetzt. Dieses Empfindsame spiegelt sich auch in der Bildniskunst. Diese Haltung kommt aus der Bourgeoisie, und mit ihr findet sie Zutritt zu den Salons der Aristokratie. Gesellschaftliche und verwandtschaftliche Bindung zu dem Adel werden angeknüpft. Und so verwischt sich der ständische Unterschied nicht nur in Politik und Wirtschaft, sondern auch in der bildenden Kunst. Die Gattin eines Bankiers wird nicht anders porträtiert als die Gemahlin eines Herzogs. Das Einfache, das Familiäre wird Ausdruck empfindsamer Vornehmheit. Es werden rührende und heitere Kinderbildnisse geschaffen. Auch Madame de Pompadour läßt sich mit ihrer Tochter Alexandrine malen.

Das Spielerische und das Märchenhafte sind einander nahe verwandt. Begierig streckt Europa die Hand aus nach unbekannten Welten, seine Kaufleute und Abenteurer bringen den Duft und die Pracht ferner Welten mit nach Hause. Britanniens *East India Company* beherrscht nicht nur das Meer, sondern auch den gewinnbringenden Handel mit Indien, die *Oostindische Compagnie* der Niederlande erschließt für zweihundert Jahre den Weg nach Java, Ceylon, Formosa und Japan, Frankreichs *Compagnie des Indes et du Levant* ist in Siam beheimatet, dem wichtigsten Land für den Zwischenhandel mit Japan und China. Bis dahin nie gekostete Gewürze, nie betastete Stoffe, bezaubernde Lackarbeiten und Möbel und vor allem unnachahmbares Porzellan sind die begehrtesten Handelsobjekte. Man begeistert sich für die Länder des Fernen Ostens und sucht ihre Märchenhaftigkeit nachzuempfinden, mehr noch: neu zu gestalten. Die Künstler bemächtigen sich des dankbaren Stoffes und stellen dar, was sie nie gesehen haben: chinesisches Familienleben, bürgerliche Tätigkeit und vornehme Lebensweise, Jagd und Krieg, Theater und Götzendienst – alles Themen des Rokoko, verspielt ins Märchenhafte projiziert. Diese Motive der europäischen Chinoiserie sind weit von der Wirklichkeit Chinas entfernt. Doch wen kümmert's? In ihnen ist alles möglich, selbst das Unmögliche, und Unbeschwertheit und Sorglosigkeit der Salons werden mit feinsinnigem Einfallsreichtum wiedergegeben. Nach einem Ölgemälde Bouchers, genannt »Chinesischer Tanz«, werden in der Manufaktur von Beauvais kostbare Bildteppiche für die Marquise de Pompadour angefertigt. In dieser erträumten Welt des Fernen Ostens schlägt die Wirklichkeit Purzelbäume, es bewegen sich phantastisch gekleidete Menschen in bizarren Landschaften, und spielerisch treten Fabeltiere vor den Beschauer. Nur klein ist der Schritt von dieser Traumwelt in eine andere, die wirklich gespielte: ins Theater. Muß man diesen Schritt überhaupt machen? Denn das Wirkliche und das Gespielte fließen ineinander. Man »tritt auf« in den Salons, man bewegt sich eindrucksvoll und spricht wie ein eleganter Schauspieler, und im Schauspiel auf den kleinen Privatbühnen sieht man den Widerschein der eigenen Lebensweise – wird doch diese Lebensweise der höfischen Gesellschaft in Schauspiel und Oper in allegorisch-mythologischer Verklärung aufgezeigt als die Vollendung menschlichen Daseins. Oft sind die Schausteller der Salons und die Künstler der Bühnen ein und dieselben Personen, und selbst die beliebten antiken Stoffe werden in modisch-zeitgenössischem Kostüm gespielt. Diese Salonbesucher sind Dilettanten, im echten Sinne dieses Wortes, es sind Liebhaber also, die, selbstvergessen und in liebevoller Hingabe, spielen, einfach nur spielen, wie sie auch im Leben sich selbst, genauer: den Typus ihrer Epoche spielen. So wird die Bühne zum Salon und der Salon zur Bühne.

So ist es nur logisch, daß der Stand der Schauspieler, der früher verachtete Stand der Gaukler, zum Ansehen gelangt; die ersten »Stars« werden kreiert, bewundert und gefeiert: Charakterdarsteller, Sänger, Tänzer. Das Zusammenwirken vieler Elemente wird entdeckt – aus Dichtung und Musik, aus Sprache und Gesang, aus Mimik, Gestik und Tanz, aus Malerei und Plastik, aus Architektur und dekorativen Künsten entsteht etwas, das man ein Gesamtkunstwerk nennen könnte, wie kein früheres Zeitalter es gekannt hat. Dieses Gesamtkunstwerk ist das höchste Charakteristikum des Rokoko. Später trennen sich die einzelnen Elemente und werden zu selbsttragenden Kunstformen.

Und die ungesalbte Königin dieser lebendigen Kulturepoche ist eine Bürgerliche: Jeanne-Antoinette Poisson, Marquise de Pompadour.

V. Kapitel

Der Hof amüsiert sich

»Gehen Sie, Monsieur de Maurepas, Ihre Gegenwart macht den König wieder gelb. Adieu, Monsieur de Maurepas!« Es ist die Pompadour, die diese Worte spricht, dabei lächelt sie einnehmend und begleitet den Mann, der sie verachtet und daraus kein Hehl macht, zur Tür. Der alternde Graf von Maurepas, geistreicher und boshafter Initiator so mancher »Poissonaden«, beißt die Zähne zusammen, mühsam nötigt er seinen Lippen ein Lächeln ab und verläßt, rückwärtsschreitend, den Raum, in dem er dem Monarchen Vortrag halten wollte. Die Mißgunst der Höflinge gegenüber der Marquise äußert sich sehr unterschiedlich. Der liberale und gebildete d'Argenson zum Beispiel sympathisiert mit ihr gewiß nicht, aber er sagt kein schmähendes Wort. Nicht so Louis Ferdinand Armand du Plessis, Herzog von Richelieu, Marschall von Frankreich, Träger eines uralten Namens und eines geschichtsträchtigen Ruhms. Er machte sich immer schon ein boshaftes Vergnügen daraus, der Marquise offen und rücksichtslos unausstehlich zu werden. Kopfschüttelnd berichtet d'Argenson, daß der Herzog einmal eine ganze Nacht über dem Schlafzimmer der Marquise bei lauter Musik und mit dröhnenden Schritten getanzt habe, gerade in einer Nacht, als Madame de Pompadour krank gewesen sei. Ludwig schritt nicht ein. Er duldete, vielleicht sogar mit heimlicher Genugtuung, die bösartigen Ausfälle und Beleidigungen des Herzogs. Der Fünfzehnte Ludwig, gut gewachsen, nicht unhübsch und, wenn das Zeremoniell es verlangte, in seinem Auftritt jeder Zoll ein König, war in der Tiefe seines Wesens schwach und unausgeglichen, unfähig dazu, ein Ziel zu setzen und es beharrlich zu verfolgen, unfähig, Entscheidungen zu treffen und für sie einzustehen. Er kannte diese Schwäche und litt darunter. Madame de Pompadour erkannte die Wesenszüge dieses Mannes sehr bald. Er war ihr charakterliches Gegenteil. Sie war ehrgeizig, unruhig, zielbewußt und willensstark. Darum vermochte sie auch geduldig zu sein, wenn es galt, ein Ziel beharrlich zu verfolgen. Der König war zugleich Mittel und Ziel ihres Ehrgeizes. Mit unsagbarer Geduld – und ungeachtet seiner zeitweiligen Untreue und der boshaften Sticheleien – suchte sie, den angeborenen Trübsinn Ludwigs durch geistvolle Einfälle zu lindern, durch ausgeklügelte Amüsements und die rasche Abwechslung sein Interesse wachzuhalten. Sie war bemüht, und oft mit Erfolg, ihm den Geschmack am Leben wiederzugeben.

Sie spielte das Klavizimbel und sang dazu sehr gekonnt, brach ab, ehe Ludwig der Musik überdrüssig werden konnte und fing mit tiefernster Miene an, einer modernen Scheherezade gleich, komische höfische Histörchen zu erzählen, bis der König endlich lachte. Dann hielt sie mitten in der Erzählung inne und schlug vor, gleichsam einer augenblicklichen Eingebung folgend, nach Bellevue zu fahren. Oder in die Eremitage von Compiègne, diese luxuriöse Einsiedelei mitten in einer herrlichen Parkanlage. Oder nach Crécy oder nach Fontainebleau oder . . . Unermüdlich war sie in der Erfindung immer neuer, immer andersartiger Zerstreuungen. Ein duftender, singender, lachender Wirbelsturm riß Ludwig mit, der sich dem fremden Willen gerne hingab, wenn er nur vermeiden konnte, sich selbst zu begegnen. Und er sah nicht, daß das Lachen, das ihn aus seiner Depression riß, oft erkauft wurde mit beinahe übermenschlicher Anstrengung.

Seit langem schon hat man in Versailles oft und gerne musiziert. Maria Leszczyńska war bemüht, musikalische Unterhaltungen zu veranstalten. Diese fanden im »Salon des Friedens« statt, der an die Spiegelgalerie anstieß. Die Königin bevorzugte geistliche Musik (nicht ohne den König an seine religiösen Pflichten erinnern zu wollen), aber auch Opern wurden aufgeführt, meistens Werke des längst toten Jean-Baptiste Lully, dem noch Ludwig XIV. den Titel eines *Maître de la musique de la famille royale* verliehen hatte. Als Lullys Nachfolger fühlte sich Jean-Philippe Rameau, und so war es für ihn wie auch für den Hof eine Selbstverständlichkeit, daß er die Musik zu einem Opéra-ballet komponierte, dessen Text Voltaire geschrieben hatte. *Le Temple de Gloire* hieß dieses Stück. Es war die Verherrlichung des Sieges, den das französische Heer am 11. Mai 1745 unter der phantasievollen Führung des Marschalls Maurice de Saxe bei Fontenoy über die »pragmatische Armee« der Österreicher, Holländer und Engländer errungen hatte – und wir erinnern uns noch, daß Voltaire in seinem gleichnamigen Poem auch der »ernsten und reizenden Pompadour« huldigte. Dieses Festspiel wurde am 27. November 1745 in Versailles uraufgeführt. Es war wahrhaftig nicht mehr als eine höfische Gelegenheitskomposition, und der Textdichter geizte nicht mit verherrlichenden Attributen: Der römische Trajan, der stellvertretend für Ludwig XV. agierte, erhält für seine Standhaftigkeit und Rechtschaffenheit einen Ehrenplatz im Tempel des Ruhms. In den einzelnen Akten traten große, bunte Tanzgruppen auf: Krieger, Priesterinnen, Hirten und Dämonen. Ludwig XV. fühlte sich geschmeichelt, der Hof amüsierte sich, doch als das Stück ein halbes Jahr später in Paris wieder aufgeführt wurde, fand man die Schmeicheleien übertrieben und verspottete sogar den König. Niemand mehr war ergriffen, als Trajan-Ludwig in der letzten Arie schwungvoll die Vögel aufforderte: »Répétez avec moi: ma gloire est immortelle« (Wiederholt mit mir: mein Ruhm ist unsterblich). Doch die Erinnerung daran regte die Phantasie der Madame de Pompadour an, und sie suchte unermüdlich nach neuen Zerstreuungen, um Ludwigs Gefühl der Langeweile in Grenzen zu halten. Das Theater schien ihr das geeignete Mittel.

Zunächst ließ sie in der Karwoche in ihren Gemächern geistliche Musik ausführen. Ihr standen die ersten Kräfte der Oper zur Verfügung, voran ihr einstiger Lehrer Jélyotte. Schon früher, als sie noch Madame d'Étioles hieß, stritten sich die Salons um ihren Auftritt bei gesellschaftlichen Veranstaltungen, denn sie hatte eine strahlend schöne Stimme. Und so trat sie auch bei den Osterveranstaltungen am Hofe auf, etwa in dem Miserere von Delalande, dem ehemaligen Surintendant der königlichen Kapelle, oder im Magnus Dominus von Mondonville, diesem bemerkenswerten Komponisten des Rokoko, und anderen Kompositionen, und sie erntete aufrichtigen Beifall. Doch nicht nur sie allein. Andere hohe Mitglieder der Hofgesellschaft spielten oft mit, und auf der Bühne standen bürgerliche Sänger neben adligen Dilettanten. Das aber war nur der Anfang.

Die Pompadour wollte ein richtiges Theater. Angehörige ihrer Clique waren eifrig bemüht, die Neugierde des Königs zu wecken. Bald schon sprach man von einer Komödie, die in einer der Galerien aufgeführt werden sollte. Man schmeichelte Ludwig, indem man die unübertrefflichen Reize seiner Geliebten lobte, ihre wohltönende Stimme, ihre schauspielerische Begabung, ihre Sprechkunst, die sich mit der Kunst der Professionellen messen könne. Seine Majestät habe nicht das Recht, meinten sie, diese Talente vor der Welt zu verbergen. Das war eine sehr gründliche Vorbereitung, und als die Pompadour endlich mit dem Plan, ein Theater zu gründen, an Ludwig herantrat, lächelte der König zustimmend und zeigte sich erwartungsvoll. Mit Eifer und Begeisterung nahm die Pompadour die organisatorische Arbeit in die Hand.

»Theater der kleinen Appartements« hieß es. Zum Direktor bestellte die Marquise den Herzog de la Valliére und zum Souffleur ihren Sekretär und Bibliothekar, den Abbé de la Garde. Mitglieder dieses Gelegenheitsensembles waren die Höchsten der hohen Gesellschaft, Herzöge und Herzoginnen, Herren und Damen der besten Kreise am Hofe. Die erste Vorstellung fand am 6. Januar 1747 statt. Man gab Molières »Tartuffe«. Die Atmosphäre dieses Theaters war sehr intim. Die Etikette trat zurück, es herrschte die spontane Bereitschaft, sich zwanglos zu amüsieren, und die Lust am Spielerischen. Denn obwohl der König anwesend war, durften die geladenen Gäste ihre Meinung frei äußern, und selbst der Beifall war erlaubt. Bei der ersten Aufführung saß Ludwig XV. auf einem einfachen Lehnstuhl, umgeben von vierzehn Personen – von ihnen sind uns bekannt der Marschall Maurice de Saxe und Monsieur de Tournehem. Viele hohe Herrschaften, die gebeten hatten, bei der ersten Darbietung dieses Hof- und Dilettantentheaters anwesend sein zu dürfen, waren abgewiesen worden, sogar Persönlichkeiten wie der Prinz Conti und der Marschall de Noailles. Selbst der Königin wurde die Gunst, einer Aufführung beizuwohnen, erst im Winter zuteil.

Der »Star« unter den Schauspielern war selbstverständlich die Pompadour. Bald schon besuchte Ludwig XV. die Aufführungen des kleinen Theaters mit der gleichen Begeisterung, beinahe schon Besessenheit, mit welcher er auf die Jagd ging. Nach einer besonders gelungenen Aufführung trat er, herausgerissen aus seiner üblichen quälenden Teilnahmslosigkeit, bei Schluß der Vorstellung vor Jeanne-Antoinette und sagte ihr in aller Öffentlichkeit: »Sie sind die reizendste Frau, die es in Frankreich gibt.«

Die reizendste Frau Frankreichs organisierte auch das Orchester aufs vortrefflichste. Ihm gehörten Kammermusiker des Königs an und die berühmtesten Amateure des Königreichs. An diesen Aufführungen als Schauspieler oder als Musikant teilzunehmen, wurde bald Gegenstand verbissener Intrigen. Die Marquise verstand es sehr wohl, daraus ein politisches Machtinstrument zu machen. Ihre Kammerfrau, Madame du Hausset, erzählt in ihren Memoiren eine bezeichnende Geschichte – bezeichnend sowohl für die unterschwellige Macht der Pompadour als auch für die vorherrschende Cliquenwirtschaft. Madame du Hausset wollte einem Verwandten die Stelle eines königlichen Leutnants verschaffen und bat im Gespräch den Kriegsminister d'Argenson darum. Dieser schlug die Bitte – die Bitte der Kammerfrau der verhaßten Mätresse! – rundweg ab. Schon glaubte Madame du Hausset, die Karriere ihres Verwandten in der Armee würde ein unerfüllter Traum bleiben. Doch als sie eines Morgens, geschäftig wie immer, in das Vorzimmer der Marquise kam, traf sie dort den Sohn des Ministers an: Monsieur de Voyer hatte ein Anliegen, dessen Erfolg ausschließlich von Madame de Pompadour abhing. Der junge Mann bat nämlich um die Ehre, in »Tartuffe« den Polizisten spielen zu dürfen. Madame du Hausset sah ihre Chance gekommen, und das Tauschgeschäft wurde getätigt. »Ich erhielt mein Kommando«, sagte sie später, »und Monsieur de Voyer dankte Madame, als hätte sie ihn zum Herzog ernannt.«

Diese unbeschwerte, verspielte, leichtfertige Epoche verlangte nach der ihr eigenen Ausdrucksform auch auf der Bühne. Nicht mehr die schwermütige Tragödie mit ihren historischen Stoffen, mit der pathetischen Sprechart und melodramatischen Gestik des barocken Hoftheaters zog die Zuschauer an, sondern etwas anderes, wie es bis dahin meistens nur von Wandertruppen auf den Märkten und Messen vor dem gaffenden Volk gespielt wurde. Auch auf der Bühne erschien nun das Intimere, das Lebensnähere, das Lockere: die Komödie. Sie hatte schon eine gewisse Tradition, die im vorausgegangenen Jahrhundert wurzelte, in dem Molière – Stückeschreiber, Komödiant, Theaterdirektor und Regisseur in einer Person – die Auswüchse seiner Gesellschaft in der neuen Gattung, dem Lustspiel, der kunstvollen Lächerlichkeit preisgab. Mit seinem Namen bleibt die Gründung der *Comédie Française* für immer verbunden. Er machte die Komödie, ihre gezielte Ironie gesellschaftsfähig und verschaffte ihr die Anerkennung durch den Hof. Im Rokoko feierte das Lustspiel wahre Triumphe. Alle Züge, welche die Menschen dieser Epoche kennzeichneten, fanden in ihm Ausdruck und Bestätigung: der wachsame Sinn für die Aktualität, auch wenn sie bloß eine Nichtigkeit war, witzige Schlagfertigkeit, die ausgeübt werden wollte in den Salons und beim Lever ebenso wie am Hofe oder bei den Jagdpartien, der aufmerksame Sinn für die Zeitsatire, für Intrigen, ohne die das höfische und das gesellschaftliche Leben unvorstellbar geworden war, Verwechslungen durch Verkleidung, Situationskomik, dieses wirkungsvollste Gewürz des Alltagslebens – alles das zusammengefaßt in geistreichem Dialog und in der Dauer von zwei bis drei Stunden, während derer die Gesetze von Zeit und Raum außer Kraft gesetzt waren.

Angefangen hatte es mit der *commedia dell'arte*, diesem possenhaften Stegreifspiel, in dem die Spieler, spöttelnd und herausfordernd, herunterplauderten zum Publikum und die Zuschauer, verzaubert-unbewußt, hinaufriefen auf den Stegreif. Und den Höhepunkt erlebte es in dem Lustspiel mit aufklärerischer Tendenz, wie Beaumarchais in Frankreich, Goldoni in Italien und Lessing in Deutschland es darboten und wie es in ganz Europa die gefeierte Bühnengattung der Zeit war und den Anstoß gab zur Entwicklung nationaler Formen der Komödie. Die Karikatur, die ein Merkmal des höfischen Lebens geworden, erschien auf der Theaterbühne. Das Feierliche, das Erhabene, das dröhnende Pathos übermenschlicher Helden, wie es noch im *Théatre Français* des Sonnenkönigs gezeigt wurde, mußte weichen – das Menschlich-Derbe, das Ironisch-Komische ließ alle bis dahin verpönten Interpretationsmöglichkeiten zu. Die Späße wurden anzüglicher, die Gebärden komisch, die Masken grotesk. Und das Ganze, eben weil komisch in seiner bewußten und gewollten Übertriebenheit, genoß sehr bald Narrenfreiheit, nicht nur die Typen der herrschenden Gesellschaft zu karikieren, sondern auch den Hof. Man durfte lachen in Gegenwart des Königs. Und manchmal lachte der König auch.

Das Pompadoursche Liebhabertheater war seit vielen Jahren der größte Erfolg am Hofe von Versailles, und Ludwig XV. verlebte eine Zeit, in der er, von den abendlichen Amüsements des Theaters zu den Tagesamüsements der Jagden eilend, beinahe glücklich war.

Bald überlegte man, wie ein größerer räumlicher Rahmen für die Aufführungen geschaffen werden könnte. Man sah sich um.

Die marmorne Feststiege, dieses große Treppenhaus für die Gesandtschaften, bot sich mit ihren überwältigenden Maßen geradezu an. Hier nun errichtete man das neue Theater, in dem etwa hundert Personen Platz fanden. Doch bei Staatsakten mußte das Theater entfernt werden, um den Gesandten fremder Mächte den feierlichen Empfang zu ermöglichen. Also konstruierte man ein bewegliches Theater, ein wahres maschinelles Wunderwerk. Um es aufzustellen, brauchte man ganze 24 Stunden, vierzehn zum Abrüsten. Wieder ist es der genaue Tagebuchschreiber, der Herzog von Luynes, der uns verrät, daß die erste Aufführung in diesem sonderbaren Theater am 27. November 1748 stattfand. Vierzig Zuschauer und vierzig Musikanten faßte der Raum, hinzu kamen die Sitze der königlichen Familie, sie waren unter der Galerie in der Mitte des stufenförmig ansteigenden Raums angeordnet, und zwei Balkons hatte man für begünstigte Höflinge reserviert. Hier intrigierte man, in diesem in Blau und Silber glitzernden Raum, hier knüpfte man Liebschaften an für eine Nacht oder einen Monat, hier erwarb man sich eine Gunst oder verspielte sie, hier herrschte ein Theater, das eins war mit dem Leben.

Wie schön muß dieser Raum gewesen sein! Ein Berichterstatter von heute hat es leicht, wenn er die Worte der Beschreibung mit den Formen, den Farben und den Bewegungen eines Bildes zu einer bühnenhaften Ganzheit gestalten will – er greift zu einem Foto oder läßt den Projektor mit dem Farbfilm surren. Auf alles das müssen wir verzichten. Dennoch sind wir nicht arm an optischen Eindrücken. Denn uns stehen die Maler und Bildhauer, die Goldschmiede und Architekten des Rokoko zur Verfügung. Und so holen wir nun ein Gemälde von Cochin dem Jüngeren, diesem Geförderten der Marquise de Pompadour, der als Zeichner, Kupferstecher, Buchillustrator und auch Schriftsteller tätig war. Wir nehmen ein Gemälde dieses geehrten Mitglieds und späteren *Conseiller* der *Académie Royale*, dem die Marquise sogar die Erziehung ihres geliebten kleinen Bruders anvertraute. Cochin malte das Theater so:

Mit freundlichen, duftigen Wolken leicht überzogen ist der Sommerhimmel, und dieser fröhliche Himmel ist die Decke des Raums. Von ihm hebt sich eine Brüstung mit kleinen Säulen ab, eine Balustrade italienischer Art, ihre Geländer sind golden und werden von pausbäckigen Kinderpaaren überragt, die selbstvergessen um eine ausgekehlte Vase spielen. In vollendeter, leichter Harmonie tragen Konsolen und Pfeiler das Gesims, durch sie wird die Wand in breitere und engere Füllungen unterteilt. Ein blauer Stoffbehang mit silbernen Arabesken vermittelt dem Beschauer unterschwellig den endgültigen, bleibenden Farbeindruck, von diesem silbern-blauen Stoff heben sich große vergoldete Amoretten ab. Die Galerie ist mit Masken und Köpfen in Relief verziert, und sie schweift vor dem König in einem bauchigen Balkon aus. Parterre und Orchester wirken durch farbigen Marmor besonders lebensfroh, und die Glücklichen, die gerade anwesend sein dürfen, tragen schwarze Anzüge, und dieses Schwarz wird noch betont durch darein gemengte rote Röcke. Eine lächelnd zuhörende kleine Gesellschaft hat sich im Parterre versammelt: gepuderte Köpfe, dicht aneinandergedrängt, schauen dem Spiel zu.

Dieses Theater war das Werk der Pompadour, ein Werk, das ihr niemand streitig machen konnte. In ihm glänzte sie, wie nur sie zu glänzen verstand, denn hier entfachte sie den Zauber ihres Temperaments, hier ließ sie ihre Raffinesse mit der ganzen Virtuosität einer zielstrebigen Frau spielen. Sie sprach pointiert und unterstrich die Pointen mit einem schelmischen Blick oder einem verdeckten Lächeln. Vielleicht war das Dilettantentheater der Pompadour der vollendete Ausdruck dessen, was dieses begnadete Kind des 18. Jahrhunderts in seinem Wirken gewesen ist – die Porzellanfabrik von Sèvres, die *École militaire* von Paris, das Schloß Bellevue mögen bedeutungsvoller nachwirken, doch keines von ihnen ist so durchdrungen gewesen von ihrer Persönlichkeit wie dieses Theater in Blau und Silber.

Und was für Wunder erfand sie, um auf der Bühne noch schöner, noch wirkungsvoller zu erscheinen! Wunder aus Stoff,

Farben und Schnitt: ein Domino aus weißem Taft mit Blumen, Silbernetz und gestickten Fransen auf der Gürtelschärpe; einen Dolman aus kirschrotem Atlas, bemalt mit Gold, bestreut mit Goldflitter und mit einem goldenen Kettenkranz bestickt; ein Kleid nach asiatischem Schnitt, aus dessen Taftrock aufgestickte Silberarabesken tausendfach aufblitzten; einen Mantel aus goldener Rohseide, mit wassergrünem Taft gefüttert; ein Kleid aus Silbermosaik, geschmückt mit bemaltem Taft, verschnürt mit Silber und Blau, befranst mit Silber, dazu eine Schleppe aus blauem Stoff, auf der Silbermosaik funkelte – sie war die Urania, sie war die Olympia, sie war die Venus.

Lustspiele, Opern, Ballette standen auf dem Programm, und nach zwei Jahren seines Bestehens besaß dieses kleine, anspruchsvolle Liebhabertheater 153 Damenkostüme und 202 Herrenkostüme, angefertigt aus den edelsten Stoffen. Das Kostüm, das die Pompadour in der Titelrolle des Balletts Almasis trug, hatte 664 Livre (ungefähr 2000 Francs) gekostet. Der Fonds, der für das Theater zur Verfügung stand, betrug jährlich 400 000 Francs. Doch bereits im Winter 1749 war der Betrag um ein Vielfaches überschritten: um 2 700 000 Francs.

Es scheint, daß selbst Ludwig XV. diese Kosten als zu hoch empfand, denn am 3. Januar 1751 schrieb Madame de Pompadour an die Gräfin Lutzelbourg diese traurigen Zeilen:»Die Aufführungen in Versailles werden nicht wieder beginnen, der König will die Ausgaben einschränken, und wenn diese auch nicht sehr bedeutend sind, so hält sie das Publikum doch dafür, und ich habe geglaubt, die Meinungen schonen zu müssen und ein gutes Beispiel zu geben.«

Das bedeutete freilich nicht das Ende des Pompadourschen Theaters, es wurde bloß auf andere Schauplätze verlegt, in die kleinen Lustschlösser, vor allem aber in das unvergleichliche Juwel moderner Schloßbauten: ins Bellevue. Hier lebte es weiter in seiner vielfachen Bedeutung. Denn nicht die Bühne allein war maßgebend im Theaterwesen jener Zeit, nicht das Stück nur, das gegeben wurde, die Oper oder das Ballett, nicht allein

126

die Mitwirkenden wurden beachtet, sondern in mindestens ebensolchem Maß das Publikum. Denn der Zuschauerraum war Festraum und Treffpunkt der Gesellschaft, bei besonderen Anlässen sogar Ballsaal. Nicht nur sehen wollte man, wenn man ins Theater ging, sondern – und vor allem – gesehen werden. Dieser Forderung entsprach auch die Grundrißform des Theaters der Rokokozeit, deshalb auch blieben die Lichter brennen. Das Publikum konnte und durfte sich unterhalten, man kam und ging, wann man wollte, und nahm keine Rücksicht auf das Spiel. Das galt freilich nicht, wenn die Pompadour in ihrem Theater auftrat und der König anwesend war. Denn einer solchen Aufführung beiwohnen zu dürfen, war die höchste Gunstbezeugung, die ein ambitionierter Höfling sich erwirken konnte. Auf der Eintrittsliste zu stehen, an einem Abend in den privaten Gemächern der Marquise zu erscheinen, in ihrem Theater, und ihr Beifall zu klatschen und ihre Kunst mit überschwenglichen Worten zu preisen – das bedeutete mehr als nur kraft seiner Geburt oder seines Geldes zugelassen zu sein zu einem Akt der Zeremonie, der am Hof offiziell und ohne jegliche persönliche Bedeutung vollzogen wurde. Das Gesehenwerden bei einer Theateraufführung im Schloß Bellevue war gleichbedeutend damit, daß man mit dem König vertrauten gesellschaftlichen Umgang pflegte. Und der Weg zu diesem heißersehnten, auszeichnenden Beisammensein mit dem Souverän führte über den Salon der Marquise de Pompadour. Sie war es, die die Eintrittsliste zusammenstellte, sie war es, die einen Bewerber zuließ oder, manchmal grimmig, manchmal spöttisch, abwies. Ihr Einfluß war unbeschränkt. Dieser Einfluß hatte keinen Namen und keinen Titel und keine Rechtsgrundlage. Aber er war mächtig. Klein, erlesen und ihr ergeben war das Publikum ihrer Theateraufführungen. Es bestand aus den Mitgliedern ihrer Familie, aus ihren Freunden, ja aus ihren Höflingen – wir kennen von ihnen den legendären Heerführer, den Marschall Maurice de Saxe, auch den liebenswürdigen und feinen Herrn, den sie ihren Onkel nannte: Monsieur de

Tournehem, und ihren Bruder werden wir auch noch kennenlernen.

Die ständigen Schauspieler ihrer Theatergruppe hatten freien Zutritt, ob sie gerade spielten oder nicht, sie durften jederzeit in einer Loge Platz nehmen, die an die Kulissen anstieß. In dieser Loge ließ sich die Marquise stets zwei Plätze reservieren. Auch den Autoren wurde die Gunst zuteil, bei der Aufführung ihrer Stücke erscheinen zu dürfen, und die Komponisten ehrte man damit, daß man ihnen die Leitung des Orchesters übertrug. Um eine Einladung intrigierten Träger der höchsten und ehrwürdigsten Namen des Königreichs. Der Einfluß der Marquise wurde immer vielschichtiger. Zu Beginn war sie eine weibliche Macht. Dann eine gesellschaftliche. Schließlich eine politische. Sie machte von ihrer Macht Gebrauch.

VI. Kapitel

Der Schatten der Macht

Der persönliche Einfluß der Pompadour wuchs. Aber die Staatsgewalt war brüchig. Der Glaube an das Gottesgnadentum, das den König zum unumschränkten Herrscher erhob, besaß seit einiger Zeit schon keine gestaltende Kraft mehr. Es äußerte sich nur noch als Herrschaftsform, nicht mehr als Herrschergewalt. Manche Provinzen, die durch Erbschaft, durch militärische Eroberung oder durch geschicktes Handeln der Krone Frankreichs einverleibt worden waren – wie zum Beispiel Lothringen, das Frankreich 1735 als Preis für die Anerkennung der Pragmatischen Sanktion erhalten hatte –, behielten ihre überlieferten politischen Rechte, die sie von den anderen Provinzen trennten. Eine Verschmelzung der Provinzen zu einem einheitlichen Reichskörper fand, trotz zentralisierender Tendenzen, nicht statt.

Neben der Monarchie als Herrschaftsform standen die Geistlichkeit und der Adel mit ihren hundertfachen verbrieften und überlieferten Vorrechten und dem Anspruch, an der Staatsgewalt teilzuhaben; und empor zu staatlichen und gesellschaftlichen Gipfeln strebte finanzkräftig die Bourgeoisie. In keinem Bereich – weder in der Politik noch in der Verwaltung, auch nicht in der Rechtsgebung und erst recht nicht in der Rechtsprechung – waren die Grenzen der gesetzlichen Gewalten sichtbar gezogen. Das Königreich lebte im Zustand eines schwebenden, sehr empfindlichen Gleichgewichts.

Mannigfaltige Kräfte taten sich zusammen in der Verwaltung, und sie dienten den Zielen des Staates als Eigentümer des Staatsvermögens, des Fiskus also, eher denn Zielen der eigentlichen Verwaltung. Auch hier waren die Gebiete nicht voneinander getrennt, die eine Behörde griff über auf das Gebiet der anderen, und keine wußte genau, wo ihre Zuständigkeit begann und wo sie aufhörte. Dies ist dadurch belegt, daß in verschiedenen Provinzen ein anderes Recht galt. Die monarchische Herrschaftsform blieb unangetastet, doch die Herrschergewalt war eingeengt. Das jedoch bedeutete nicht, daß sich eine konstitutionelle Monarchie entwickelte, wie sie in Britannien bereits dauerhafte Formen annahm. Es hieß aber, daß der König von Frankreich seinen Willen weder in der Innenpolitik noch in der Außenpolitik uneingeschränkt durchsetzen konnte. Die zuständigen Minister intrigierten gegeneinander, der eine suchte die Maßnahmen des anderen zu durchkreuzen. Charakteristisch ist ein Seufzer Ludwigs XV.: »Wenn ich Polizeileutnant wäre«, sagte er einmal, »ich würde das Kabriolett verbieten.« Noch bezeichnender ist ein Bericht des österreichischen Gesandten Mercy an den Staatskanzler Kaunitz vom 6. November 1784. Dieser Bericht bezog sich allerdings auf Ludwig XVI., den zwar wohlmeinenden, aber unköniglich schwachen Nachfolger Ludwigs XV., doch er besagt etwas, dessen Gültigkeit in der Regierungszeit des Fünfzehnten Ludwig wurzelt. Also schrieb Mercy: »Es klingt absurd, aber es ist nichtsdestotrotz nur zu wahr, daß der König wenig Einfluß auf die Staatsgeschäfte hat.«

Die Minister stellten sich häufig gegen den König. Und dem Kabinett opponierten die Provinzbehörden. Sie dachten und handelten gemäß den Eigeninteressen ihrer Provinzen, und in den unkontrollierbaren Kanälen von Versailles bis hin zu den Parlamenten der entlegenen Provinzen versickerten die besten Gesetze. Männer wie Turgot und der Genfer Bankier Jacques Necker, Finanzminister unter Ludwig XVI., sahen wohl, woran das Staatswesen krankte, doch der Hof und seine Beamten vereitelten die Durchführung ihrer Reformen, die bereits in der Regierungszeit Ludwigs XV. in die Wege geleitet worden waren. Krampfhaft hielten Provinzinstanzen fest an kleinlichen

Vorrechten der Nachbarprovinz ebenso wie der Zentralgewalt gegenüber. Nicht weniger als 360 Gewohnheitsrechte hatten im Königreich unantastbare Geltung. Hoch oben, im königlichen Kabinett, waltete der Generalkontrolleur der Finanzen, in seiner Hand liefen alle Fäden zusammen. Ihn vertrat in jeder Provinz ein Intendant, der wiederum in allen Ortschaften einen Delegierten hatte. Und zwischen ihnen saßen Beamte, Beamte, Beamte. Sie waren unwissend und anmaßend, aber auch machtvoll.

»Frankreich wird von den Büros aus regiert«, schrieb Nekker, »die von ihrer Macht berauschten Beamten reden dem Minister ein, daß er über jedes Detail zu befinden habe.« Doch über jedes Detail wußte nur die Beamtenschaft Bescheid. Dies ergab eine Schreiberei solchen Ausmaßes, daß einfache Angelegenheiten erst in zwei bis drei Jahren erledigt werden konnten, wenn sie überhaupt abgeschlossen wurden. Ein besonders krasser Fall war der einer Dorfgemeinde, die ein ganzes Jahr lang auf die Erlaubnis warten mußte, ihren baufälligen Kirchturm ausbessern zu dürfen. Man widerrief heute, was man gestern erlassen hatte, und morgen setzte man dasselbe wieder ein. Man hatte die Übersicht über die Bedürfnisse wie auch über die Durchführung der geltenden Gesetze verloren. Dies hatte zur Folge, daß viele Gesetze einfach unbekannt blieben oder nicht durchgeführt wurden. Mit genauen Worten schildert der Zeitgenosse Barbier diesen mißlichen Zustand: »In Frankreich gibt es ausgezeichnete Gesetze für alles«, schreibt er im Mai 1745, »aber sie werden nicht angewandt, und man greift nur auf sie zurück, wenn der Mißbrauch zu groß wird.«

Die tatsächliche Entscheidungsgewalt lag bei den Beamten, meistens bei solchen, die in der Hauptstadt saßen. Und so wurde in den Regierungsbüros über Angelegenheiten entschieden, die ferne Städte oder Gemeinden betrafen. Oft verkaufte die Regierung den Städten das Recht, eigene Beamte einzusetzen. Doch sobald die Städte dieses Verfahren erfolgreich zu praktizieren begannen, widerrief die Regierung die Erlaubnis. Innerhalb von achtzig Jahren geschah dies siebenmal. Die Beamtenschaft riß alles an sich, alle Geschäfte und alle Entscheidungen, und machte jeden Versuch einer Selbstverwaltung zunichte. Der Bevölkerung mußte die Verwaltung, ihre Technik und ihr Mechanismus, wie ein geheimnisvolles Ungeheuer erscheinen, der Bürger hatte keine Möglichkeit, auf die Entscheidung in eigener Sache Einfluß zu nehmen, geschweige denn an den Beamten und deren Tätigkeit Kritik zu üben. Dem Volk waren die öffentlichen Angelegenheiten fremd geworden. Der Bauer trug alle Lasten des Klerus und des Adels, diese lebten dahin am Hofe und in den Salons, die Finanzbourgeoisie mischte tatkräftig mit – und allmächtig verwalteten die Beamten. Ein bezeichnendes Wort für die Staatsgewalt im 18. Jahrhundert, für das Mißverhältnis zwischen Verwaltern und Verwalteten, Regierenden und Regierten spricht der Graf von Tocqueville, Geschichtsschreiber und Politiker des Vormärz, für den das *Ancien régime*, die alte Regierungsform also in der Zeit des Rokoko, und die Revolution bereits Geschichte waren: Als die Revolution ausbrach, meint er, hätte man kaum auch nur zehn Menschen gefunden, die imstande gewesen wären, gemeinsam zu handeln und irgendwelche öffentlichen Geschäfte zu erledigen.

Ohnmächtig war die königliche Gewalt, obwohl nicht selten wohlwollende und weitblickende Männer die Geschäfte führten. So kam es, daß diese Mißstände, die häufig zu lokalen Hungerkatastrophen führten, sogar Aufstände auslösten. Jahrzehntelang bemühten sich diese Regierungen, Ordnung in den Getreidehandel zu bringen und den Brotpreis unter einer gewissen Grenze zu halten. Doch welche Handhabe hatten sie schon dazu? Die einzelnen Provinzen waren – innerhalb des Königreichs! – durch Zollgrenzen gegeneinander abgesperrt. Wege und Beförderungsmittel – ob Karren oder Kähne – waren in so schlechtem Zustand, daß der Transport von Getreide nur mühsam und langsam vor sich ging. Diese Zustände boten der Spekulation reichen Nährboden. Endlich, 1749, besann sich der Minister Machault auf eine Maßnahme: Er verordnete, daß der Getreidehandel von allen Zöllen zu befreien sei. Und was war die Antwort darauf? Ein leidenschaftliches Geschrei tiefster Entrüstung – als hätte man den braven Bürgern ein unsagbares Opfer aufgebürdet – erhob sich im ganzen weiten Königreich, und der einmütige Widerstand der Provinzen machte es der Regierung unmöglich, diese vernünftige Maßnahme durchzuführen. Der Staat war nicht nur ohnmächtig, er war auch verschuldet.

Viele Jahre lang hatte der sparsame Kardinal Fleury die Geschäfte in den Händen, nachdem die Staatsfinanzen durch den Aktienhandel des John Law beinahe in den totalen Bankrott gestolpert waren. »Gold und Silber fallen nicht von den Bäumen«, lautete des Kardinals Devise. Und tatsächlich, er führte einen so knausrigen Haushalt, daß spätere Generationen ihn beschuldigten, die Marine und den Handel Frankreichs sündhaft vernachlässigt zu haben. Nach seinem Tode wuchs die Schuldenlast unaufhaltsam. 1726 noch konnte der Staat Einnahmen in Höhe von 160 Millionen Francs verbuchen, und sie deckten die Ausgaben. Auf 300 Millionen Francs beliefen sich die Einkünfte im Jahr 1750, doch sie reichten nicht aus, und es entstand ein Defizit, das von Jahr zu Jahr wuchs. 1757 betrug es 160 Millionen Francs. Bis zur Konsolidierung der Staatsgewalt durch Napoleon konnte Frankreich keinen geordneten Haushalt mehr aufweisen.

Die Regierungen ergriffen betrügerische und schäbige Maßnahmen: Sie verschacherten Adelsbriefe, erklärten sie nachher für ungültig und forderten das Geld aufs neue – 1702, noch unter Ludwig XIV., kostete ein Adelsbrief 3000 Francs, 6000 Francs schon 1706, und später, unter Ludwig XV., wurden alle Adelsbriefe, die in den letzten 92 Jahren ausgestellt waren, für ungültig erklärt, und die frischgebackenen Adligen mußten ihren Adel noch einmal kaufen. Nicht nur den Städten verkauften die Regierungen Rechte und nahmen sie wieder zurück, sondern es wurden auch Staatsgüter veräußert und später für unverkäuflich erklärt, dann konfisziert – und wieder verkauft. Die Gläubiger des Staates wurden schamlos übervorteilt. Der Glaube an die Rechtschaffenheit des Staates schwand. Erbarmungslos wurden die Steuern eingetrieben. Doch Steuern und Fronarbeit reichten nicht aus, um auch nur die einfachste Ordnung in öffentlichen Angelegenheiten herzustellen. Das Transportwesen war katastrophal, entsetzlich der Zustand der Straßen, und der Schmutz in den Gassen von Paris überraschte den englischen Reisenden Arthur Young. »Es ist unglaublich, wie schmutzig die Pariser Straßen sind«, schreibt er (gegen Ende des Jahrhunderts bekleidet er in seiner Heimat den bedeutenden Posten eines Sekretärs des zur Förderung der Landwirtschaft geschaffenen *Board of Agriculture*),»die meisten Straßen haben keine Trottoirs, und so ist es gefährlich, sie zu betreten.« Und an einer anderen Stelle:»Der Dreck liegt einen Fuß hoch, und an gewissen Orten ist kein Licht.«

Als Maria Leszczyńska 1725 die Brautreise nach Fontainebleau antrat, mußten dreißig Pferde vor ihren Wagen gespannt werden, um ihn fortzubewegen. Die Verkehrsverbindungen zwischen der Hauptstadt und den Provinzen waren spärlich. Dreimal in der Woche gab es einen regelmäßigen Verkehr mit Brest, Lyon und Bordeaux, zweimal nur mit Bourges und höchstens einmal mit anderen größeren Städten. Kleinere Ortschaften blieben abseits der Verkehrsrouten liegen, das bedeutete auch, daß sie abseits der Entwicklung verkümmerten. Im ganzen weiten Königreich gab es eine regelmäßige tägliche Verkehrsverbindung nur mit Rouen, Orléans, Brüssel, und zwar wegen der Post aus England, und der deutschen Post wegen mit Strasbourg. Der öffentliche Verkehr funktionierte lediglich auf der Route Paris–Versailles: Ein zweirädriges Fuhrwerk für fünf Personen (doch man pferchte auch zehn hinein) nannten die Pariser *Pot de chambre* (Nachttopf), später auch *Coucou* (Kukkuck); der *Carabas* auf vier bis sechs Rädern war ein Ungetüm, es beförderte 20 bis 24 Personen. Im Jahr 1739 brauchte man 50 Stunden, um mit dem Schiff von Lyon nach Avignon zu kommen, und in der Mitte des Jahrhunderts reiste man von Paris nach Lyon mit der Diligence im Sommer fünf, im Winter sechs Tage lang. Nicht weniger als hundert Livre kostete eine solche Reise mit Verpflegung.

An der Pariser Porte St. Antoine stand ein befestigtes königliches Schloß, das im Bewußtsein nachkommender Generationen, spätestens seit dem 14. Juli 1789, als steinernes Symbol grausamer Staatsgewalt und tyrannischer Willkür fortlebt: die Bastille. Ihren Symbolwert erhielt sie allerdings höchst unverdient. Der schreckeneinjagende Ruf dieses zweifellos nicht gerade erfreulich anmutenden Bauwerks, das Heinrich IV. schon als Gefängnis benützt hatte, beruhte auf märchenhaften Greuelgeschichten, die hinter vorgehaltener Hand jahrzehntelang weitergesponnen wurden. Das Volk blickte mit Furcht und Abscheu auf die düstere Befestigungsanlage aus vergangenen Jahrhunderten, und als der aufgestaute Haß gegen alles Gewesene nach einem Gegenstand suchte, an dem er sich entladen konnte, da fand er das vermeintliche Symbol fürstlicher Unterdrückung in der Festung Bastille. Doch nur ein einziges Mal beherbergte dieses königliche Gefängnis einen Mann, der jahrzehntelang in ihm schmachtete und der ein angebliches Opfer der Marquise de Pompadour war.

Denn sonst ist die Festung eher ein harmloser Aufenthaltsort gewesen, war doch der Insasse eigentlich Gast des Königs, wenn auch ein unfreiwilliger. (Darum wohl konnte Ludwig XV. dem arroganten Herzog von Richelieu kaum Angst einjagen mit der Drohung, er werde ihn in die Bastille werfen lassen.) Ein vornehmer Gefangener, der außerdem auch noch reich war, konnte in den Räumlichkeiten des traurigen Schlosses leben wie zu Hause. Er durfte seine Dienerschaft mit ins Gefängnis nehmen, er durfte den Raum, in dem er seine Freiheitsstrafe zu verbüßen gedachte, selbst aussuchen und ihn nach Geschmack ausstatten mit Bildern, Möbeln, Teppichen und Büchern aus dem eignen Hause. Der berüchtigte Marquis de Sade, Offizier im Siebenjährigen Krieg und Entdecker der zweifel-

135

haften Lust am Quälen des Liebespartners, fand die Wände seiner Gefängniszelle kahl und trüb, also ließ er sie mit teuren Gobelins verkleiden, der Graf Belle-Isle (diesem Namen werden wir noch auf manchen Schlachtfeldern begegnen) ließ ein Himmelbett mit Vorhängen aus rotem Seidendamast holen, Gobelins auch und Polstermöbel, und, damit er sich nicht langweile, eine Bibliothek, die aus 333 Büchern bestand. Man durfte sich auch kleiden, wie man wollte.

Doch nicht nur hohe und reiche Herrschaften hatten ein leichtes Leben in der Bastille. Minderbemittelte wurden aus der königlichen Kasse verköstigt und eingekleidet – alte Rechnungen zeigen, daß wattierte und gefütterte Röcke sehr gefragt waren. Dem königlichen Gefängnis stand ein Gouverneur vor, der für die Verpflegung der Gefangenen bestimmte Summen erhielt: für einen Marschall von Frankreich 36 Livre, für ein Parlamentsmitglied, etwa aus dem *Parlament de Paris*, 15 Livre, nur zehn für einen Richter oder einen Literaten, fünf bloß für einen einfachen Bürger, und drei Livre pro Tag war ein Mann aus dem Volke wert. Die Verpflegung war ausgezeichnet. Im allgemeinen verzehrte ein Gefangener des Königs mittags fünf Gänge und abends drei. Der Kardinal Rohan war ein genießerischer Herr, er gab für sein tägliches Essen 120 Francs aus der eigenen Tasche aus, der Prinz von Kurland speiste in fünf Monaten für nicht weniger als 22 000 Francs. Die unfreiwilligen Gäste des Königs durften auch Hunde, Katzen und Singvögel halten, sie durften Instrumente spielen, sie durften sogar ihre Freunde empfangen, Diners geben und innerhalb der Mauern, im Garten, sich frei bewegen. Und so manche erhielten die Erlaubnis, tagsüber in die Stadt zu fahren, wenn sie ihr Ehrenwort dafür verpfändeten, daß sie am Abend zurückkehrten.

Weswegen, stellt sich die Frage, weswegen denn wurde man in dieses großzügige Gefängnis eingewiesen: in die Bastille? Die Gründe dafür sind verschiedenster Art: Verbrechen gegen den Staat wurden oft mit einer Freiheitsstrafe in der Bastille geahndet ebenso wie Pressevergehen, ein Verstoß, den man heute Kavaliersdelikt nennen würde, aber auch reine Willkür konnte Unvorsichtige dorthin verschlagen. So zum Beispiel den Herzog von Richelieu, weil er nicht bereit war (warum, weiß man nicht), seine junge hübsche Frau zu lieben. Als der Prinz von Rohan-Léon, verliebt und geblendet, im Begriff stand, auf eine recht unbedachte Weise gegen die Gebote der Gesellschaft zu sündigen, indem er eine zwar schöne, aber gewöhnliche und nichtadlige Tänzerin zu ehelichen gedachte, ließ man ihn in die Bastille werfen, auf daß er lerne, sich wie ein Prinz zu verhalten. Ein Chevalier de Rohan hatte einmal Voltaire im Theater beleidigt. Der Dichter forderte ihn zum Duell, doch der Chevalier würdigte sich nicht dazu herab, seine Klinge mit der eines Schreiberlings zu messen, sondern ließ ihn bei einer Gesellschaft im Hause des Herzogs von Sully – verprügeln (der Herzog nahm den Gast seines Hauses nicht in Schutz). Voltaire schwor, er werde sich an dem edlen Chevalier zu rächen wissen – und kam in die Bastille. Nicht zum ersten Mal: Vor einiger Zeit, 1717, hatte er auf den Regenten Philipp von Orléans einen Spottvers gemacht, und der Regent hatte diese literarische Tätigkeit mit einer angemessenen Freiheitsstrafe honoriert. Voltaire blieb nicht untätig: In der Bastille schrieb er die Tragödie *Oedipe*. Nach seiner Entlassung erhielt er als Entschädigung eine jährliche Pension von 1200 Livre. (Klatsch aus einer klatschsüchtigen Epoche, möchte man meinen, wenn man diese Berichte liest. Klatsch, gewiß, wie er heute Tag für Tag in jeder Boulevardzeitung abgedruckt wird. Doch solcher Klatsch, Rohmaterial für den Historiker und den Soziologen, sagt Bezeichnendes über die Menschen der Epoche aus.) Als dann an jenem Julitag, der in die Geschichte eingehen sollte, die Bastillestürmer die gar nicht verteidigte Festung einnahmen, befreiten sie sämtliche Insassen – sieben an der Zahl: vier Fälscher, zwei Verrückte und einen Grafen de Solages, der wegen Blutschande mit der eigenen Schwester in der Bastille schmachtete. Grausam hingegen war das Schicksal der Galeerensträflinge und der Zuchthäusler in den Bagnos in Toulon, Brest und Rochefort, jedes menschlichen Empfindens unwürdig ihre Behandlung. Es gab gar nicht mehr so viele Galeeren wie Sträflinge, Hugenotten waren die meisten von ihnen, die nach der Aufhebung des Edikts von Nantes, 1685, ihre Religion nicht mehr frei ausüben durften und verfolgt wurden (viele wanderten nach Deutschland, nach Preußen aus). Man verurteilte sie zu dieser grausamsten aller lebenslänglichen Strafen: Das Los des Galeerensträflings ist tatsächlich das gewesen, was die menschliche Phantasie die Hölle auf Erden nennt. Es gab nichts zu tun, auch zu essen kaum etwas, und so starben sie in Massen. In den Gefängnissen auf dem Mont Saint-Michel konnten sich die aneinandergeketteten Sträflinge nicht einmal rühren, das Tageslicht erblickten sie nie. Vor der Inhaftierung wurden sie ausgepeitscht und auf der rechten Schulter für immer mit den Buchstaben G.A.L. gebrandmarkt.

Doch zurück zur Bastille, die ihren Symbolwert offenbar durch das allgemeine grausame Gefängniswesen erhielt, und zurück zur glänzenden Heldin des schrecklich-schönen Rokoko, derentwegen wir in der Bastille Station gemacht haben. Die Geschichte ist so: Es gab einmal in einer fernen Provinz ein armes und unwissendes Mädchen, das im Jahre 1725 einen unehelichen Sohn zur Welt brachte. Jean Henri Aubrespy hieß er, getrieben wurde er von dem krankhaften Wunsch, aufzufallen, auszubrechen aus der Unscheinbarkeit und der gesellschaftlichen Verachtung. Also wanderte er nach Paris, hier trat er als Chirurg bei der Armee ein und nannte sich fortan Danry. Doch etwas stimmte nicht mit dem angeblichen Chirurgen – vielleicht war es das unglückliche Zusammenwirken von schlechten Charaktereigenschaften und mißlichen Umständen, das ihn daran hinderte, vorwärtszukommen. Er dachte sich einen abenteuerlichen Plan aus. Schon war der Name Pompadour in aller Munde – die einen huldigten ihr wie der Königin nicht, die anderen nannten sie die Königsdirne –, und Danry wollte sein Glück dem Schicksal abtrotzen, indem er versuchte, die Marquise zum Werkzeug seiner verworrenen Vorstellungen zu machen. Er nahm Schwefel und Pulver, füllte mit diesem Gemisch eine Schachtel und sandte sie der Marquise de Pompadour. Dann fuhr er nach Versailles und gab vor, von einem Komplott gegen das Leben der Marquise zu wissen. Doch der Polizeileutnant Berrier schöpfte Verdacht und ließ Danry einstweilen in die Bastille stecken. Der Mann entkam, wurde gefaßt und wieder eingekerkert. In einer trüben Februarnacht des Jahres 1756 gelang es ihm wiederum auszubrechen, er floh nach Amsterdam, dort wurde er abermals aufgegriffen und nun zum dritten Mal in die Bastille geworfen. Als Rückfälliger, der zweimal schon entkommen war, wurde er nun härter als die anderen behandelt: in Ketten gelegt und in eine feuchte Zelle gesperrt. Nach dem Tode der Marquise brachte man ihn nach Vincennes. Hier nun spielte er die große Komödie seines verpfuschten Lebens vor. Er enthüllte sein so viele Jahre lang heldenhaft gehütetes Geheimnis. Ein Sproß altadliger Familie sei er, sein richtiger Name laute: Henri Masers de Latude, und man habe ihn schuldlos so lange Zeit in den entsetzlichsten Gefängnissen des Königreichs schmachten lassen. Dann forderte er Entschädigung, zunächst 60 000 Livre, dann schon 150 000 – und brach wieder aus. Nach einigen Tagen aber faßte man den Unglücksraben wieder und hielt ihn zehn Jahre lang fest. Dann lieferte man ihn in das Irrenhaus von Charenton ein (das eine Zeitlang auch den Marquis de Sade beherbergte). 1777 endlich entließ man ihn. Doch auch seine nun rechtmäßige Freiheit währte nicht lange: Kaum auf freien Fuß gesetzt, erschwindelte er von einer alten Dame deren ganzes Vermögen und landete wieder im Gefängnis. Nun nahm sich eine kleine, gutherzige Krämersfrau namens Madame Legros seiner an. Sie beweinte das Schicksal des Opfers von soviel Tyrannei. Mit der ganzen Verbissenheit, derer ihre einfache Seele fähig war, kämpfte sie jahrelang um das Recht des Henri Masers de Latude und erwirkte, daß der Minister Breteuil ihn am 24. März 1784 in die Freiheit entließ.

Schon war er Gesprächsthema in Paris, der Sonderling, von königlicher Willkür beinahe ein Leben lang bestraft; schon kannte man seinen Namen, und so wurde er für kurze Zeit eine Art Sehenswürdigkeit wie ein tanzender Bär oder ein orientalischer Feuerschlucker. Er trat großsprecherisch und klagend auf. 1787 veröffentlichte er seine Erinnerungen, in denen er die schreckenerregenden Zustände schilderte, unter welchen in den Gefängnissen – besonders in der Bastille – schuldlose Gefangene böswilliger Fürsten ein hoffnungsloses Dasein fristeten. Seine Erinnerungen waren nichts anderes als ein gut dosiertes Gemisch von phantasievoller Lüge, kluger Fälschung und rachsüchtiger Verleumdung. Dennoch bewilligte ihm die Nationalversammlung eine jährliche Pension von 2000 Livre – schließlich ruhten seine beiden großen Widersacher, Ludwig XV. und die Marquise de Pompadour, die jedoch kaum etwas von ihm gewußt hatten, schon seit vielen Jahren in ihren Särgen. Gegen die Erben der Marquise strengte er sogar einen Prozeß auf Zahlung einer Entschädigung von 60 000 Livre an, den er auch gewann. Er ist achtzig Jahre alt geworden und starb am 1. Januar 1805. Nicht zuletzt ihm verdankte die Bastille jenen Ruf des Schreckens, der eine aufgebrachte Schar Pariser gegen die alte Festung führte – ein Unternehmen mit geschichtlichen Folgen.

Die Marquise war sich ihrer Macht bewußt, sie bangte um sie, und sie hütete sie verbissen, gelegentlich machte sie unbarmherzig Gebrauch von ihr. Die Art, wie sie ihre Macht über den König im Alltag zu nutzen wußte, hat zu Mißverständnissen geführt, zu dem oberflächlichen Bild der Pompadour, mit dem wir uns immer wieder auseinanderzusetzen haben. Urheber dieses Bildes sind die Geschichtsschreiber des bürgerlichen Zeitalters. Wahllos und gleichermaßen verdammen sie die Marquise de Pompadour und die Gräfin du Barry, obwohl die beiden Damen nicht in einem Atemzug genannt werden dürften. Sie sehen in ihnen die Ursache des Staatsbankrotts, den Anlaß zur

Ausbeutung der Volksmassen, die Urheberinnen verlustreicher Kriege. Das war die Betrachtungsweise der bürgerlichen Epoche, die von ihren Grundlagen her mätressenfeindlich sein mußte. Sie war es im Dienste eines Moralprinzips, das eine geschichtliche Entgegnung gewesen ist auf den »sittlichen Verfall« des Rokoko. Der wortgewaltige Verkünder des bürgerlichen Liberalismus als Weltanschauung, Thomas Macaulay zum Beispiel, ein selbstbewußter Bürger Britanniens, der die Eroberung Indiens in brillanten Essays feiert, auch er ist philisterhaft voreingenommen bei der Beurteilung der Person und der Rolle der Tochter jenes »Schlächters« Poisson. Eine Beischläferin niedriger Herkunft und niederer Denkungsart sei sie gewesen, sie habe durch die eigene Prostituierung Einfluß erlangt und ihn durch die Prostituierung anderer bewahrt. Und in einem Nachwort zum Werk »Die Mätressen Ludwigs XV.« von Edmond und Jules Goncourt heißt es: »Nach Madame de Pompadour riß nur noch eine einzige Frau die Herrschaft an sich, die jener vom Tode entwunden war: Jeanne Gomard de Vaubernier, Gräfin du Barry. Sie vollendete das Werk der Zerstörung in Frankreich, das andere begonnen hatten, durch die Tyrannis ihrer Launen und ihrer Verschwendung . . .« Trifft ein solches Urteil zu? Dieses Urteil, das einer Verdammung der Frau gleichkommt, die die Phantasie der Nachwelt auf so eindringliche Weise, so anhaltend beunruhigt hat? Man wird der Pompadour nur gerecht, wenn man sie in den Zwängen ihrer Zeit sieht. Sie handelte keineswegs bösartiger (in manchen Fällen sogar besser und großherziger), als es ihr die politischen und gesellschaftlichen Einrichtungen, die Verhaltensweisen und die Form der Machtausübung der Epoche aufzwangen. War sie verschwenderisch? Ja, aber der Hof und seine Höflinge waren es auch! War sie ehrgeizig? Ja, aber ihr Stand, der Stand der Finanzbourgeoisie, dem sie entstammte und eigentlich bis zuletzt angehörte, war es auch! Setzte sie ihre körperlichen und geistigen Begabungen rücksichtslos ein, um eine Stellung zu erobern und sie zu behaupten? Ja, aber wer, der begabt gewesen, tat es nicht? Nein: Sie als ein kleinlich-böswilliges Scheusal, als eine niedrige Beischläferin abtun, sie verantwortlich machen für den politischen, finanziellen und moralischen Bankrott eines bis in seine Wurzeln schon moderndem Staatsapparates, ihr die Schuld zuschieben für eine wegen der allgemeinen Unfähigkeit der politischen und militärischen Führung fehlgeschlagenen Politik – das ist, in Kenntnis der nachzeichenbaren Charakteristika und des nachempfindbaren Denkens ihrer Zeit, unangemessen, wird ihrer Rolle nicht gerecht.

Es ist eine ahistorische Übertreibung, anzunehmen, sie habe die unaufhaltsame Verschuldung des Staates verantwortet und sogar gewollt – nicht einmal die Mittel einer mit dem Attribut »allmächtig« ausgestatteten *Maîtresse en titre* hätten ausgereicht, um beispielsweise die beträchtlichen staatlichen Einnahmen ausschließlich auf den Bau von Schlössern und deren kunstvolle Ausstattung zu verschwenden, abgesehen davon, daß die Baukosten die Einnahmen gar nicht aufgezehrt hätten; nicht einmal die »grenzenlosen« Machtmittel der Favoritin hätten ausgereicht, um zu unterbinden, daß die in Nordamerika gegen die Engländer kämpfenden französischen Armeen rechtzeitig und in notwendigem Ausmaß Nachschub erhielten (dazu bedurfte es der jahrzehntelangen Kurzsichtigkeit und der unglaublichen Leichtfertigkeit einer Reihe von Regierungen und Beamten); nicht einmal die geheimnisvollen Reize der gefürchteten und verachteten »Königsdirne« hätten ausgereicht, um beispielsweise die Höflinge, die Minister, die hohen Geistlichen und Heerführer, die Beamtenschaft zu korrumpieren, sie zu animieren zu jener ausschweifenden Lebensführung, welche in Versailles, als sie die Bühne betrat, längst vorherrschte.

Die Motive dieses verdammenden Urteils, welches das Bild der Madame de Pompadour so lange und so nachhaltend geprägt hat, liegen in der Betrachtungsweise der Urteilenden selbst. Nachdem die Bourgeoisie in die morsche feudalistische Hierarchie eingedrungen und zum staatstragenden Großbürgertum emporgewachsen war, schien dem Einzelmenschen alles möglich zu sein. Der starke und rücksichtslose Tatmensch wurde gefeiert, der sich hinwegsetzt über die gesellschaftlichen Begrenzungen, um kühn das Erträumte zu verwirklichen. War denn nicht aus der massenbewegenden Apokalypse der großen Revolution ein Mirabeau, ein Danton, ein Talleyrand und, der Größte unter allen, ein Napoleon auf die Weltbühne getreten? Hatten sie denn nicht ihren Zeitgenossen, zahlreichen Völkern und Millionen Menschen ihren Willen aufgezwungen? Die große Persönlichkeit, der Held schien tatsächlich die Geschicke der Völker in machtvollem Alleingang zu bestimmen. Ein Schotte, Thomas Carlyle, Zeitgenosse des Macaulay und der Goncourt, gab diesem Empfinden den historisch-literarischen Ausdruck in seinem monumentalen Werk *Hero and Heroworship* (Held und Heldenverehrung). Man vergaß, daß zwar der Einzelmensch imstande ist, schöpferisch zu handeln, Geschichte zu machen, Verantwortung zu tragen, niemals die Masse, daß aber der individuelle Schaffenswille getragen werden muß vom Zeitempfinden, um wirksam zu werden. (Napoleon verkörperte die Revolution – aber nur, indem er ihre Ideale durch Paragraphen in Alltag und Lebensweise umsetzte, welche die Massen bejahten.)

Im Sinne dieses Geniekults verdammte die Nachwelt die Marquise de Pompadour als eine allgewaltige Antiheldin. Man nahm nicht wahr, daß sie die steile Karriere am Versailler Hof nur durchlaufen konnte, weil ihr Charakter und ihre Begabungen sich den Gegebenheiten der Epoche einfügten. Ihr, der Willensstarken und Ehrgeizigen, stand ein willensschwacher und gelangweilter Mann gegenüber, den sie ganz in ihren Bann zog. Ihr Ehrgeiz, der sie beherrschte, war beflügelt, aber auch in Grenzen gehalten durch ihre überdurchschnittliche Bildung und ihren vollendeten Geschmack. Was war sie also? Keine Heilige, gewiß. Aber auch keine dämonische Macht. Eine Frau, die manche Tugenden und viele Fehler der Zeit, in der sie gelebt hat, verkörperte.

»Tun Sie, was Madame wünscht«, sagte Ludwig XV. und wandte sich ab. Es war ein königlicher Befehl, und Monsieur de Maurepas konnte darauf nichts mehr erwidern.

Die Marquise hatte ihn aufgefordert, eine Anordnung zu widerrufen, hatte gesagt: »Es muß veranlaßt werden, daß M. zurückkehrt«, und der Minister hatte, an den König sich wendend, untertänigst bemerkt: »Es ist notwendig, daß Seine Majestät es befiehlt.« Seine Majestät hatte nun befohlen.

Ein besonderes Werkzeug solcher königlichen Befehle, der geheimen Machtausübung, war der *Lettre de cachet*, zu deutsch: Siegelbrief. Er mußte vom König unterzeichnet sein und war so etwas wie ein heutiger Haftbefehl. Ein französischer Untertan wurde nicht auf Grund eines Gerichtsbeschlusses festgenommen, seine Verhaftung war einfach eine polizeiliche Maßnahme, angeordnet mit einem *Lettre de cachet*. In diesem gab der König auch den Ort an, an den der zu Verhaftende sich begeben sollte, beispielsweise die Bastille oder ein anderes Gefängnis. – Es lag in der Natur dieser Einrichtung, daß damit Mißbrauch getrieben wurde, daß der königliche Siegelbrief als Werkzeug der Willkür und oft der persönlichen Rache verhaßt und gefürchtet war. Manche Provinzbehörden ließen unbequeme Mahner oder Männer, die ihre Amtsführung beanstandeten, mittels solcher *Lettres de cachet* ohne jegliche Gerichtsverhandlung in den Gefängnissen verschwinden, und vergeblich suchten dann Angehörige nach dem Verhafteten. Nicht selten wurden Familienzwistigkeiten auf diese Weise erledigt. Kein Wunder, denn man konnte einen Siegelbrief für etwa 25 Louisdor kaufen, wenn man wußte, wo. Eine Quelle war Madame Sabatin, die Mätresse des Herzogs de la Vrillière, der ihr Blankoformulare gab. Erst 1784 wurde dem Mißbrauch von *Lettres de cachet* ein Ende gesetzt, indem man die Einrichtung aufhob.

Madame de Pompadour wußte, denn alle Welt wußte, daß der Graf von Maurepas es war, der die am Hofe und in den Straßen von Paris nur zu gut bekannten Spottgedichte auf die Marquise erfand und unter das Volk brachte. Und Maurepas wußte, daß die Marquise es wußte. Ein versteckter Kampf zwischen den beiden Gegnern nahm seinen Lauf, eine Auseinandersetzung voller Intrigen, die damit enden mußte, daß der eine oder der andere schließlich vom Hofe entfernt wurde. Denn eine Versöhnung, auch nur eine scheinbare, eine befristete bloß, war nicht mehr möglich. Es war eine schwelende Feindschaft, die der Vernunft nicht mehr erreichbar war. Sonderbarerweise war es nicht die seit Jahren unterschwellig immerfort Beleidigte, die die Selbstbeherrschung verlor und somit ihrem Gegner sich auslieferte, sondern der Beleidigende. Maurepas ließ sich zu Äußerungen hinreißen, die auf ihn selbst zurückschlugen.

Er hielt sich für unersetzbar. Klarer Verstand, ein untrügliches Gedächtnis und eine zielstrebige Höflichkeit, ja Liebenswürdigkeit, befähigten ihn, sein Amt des Marineministers schon seit vielen Jahren erfolgreich auszuüben. Er war ein amüsanter Mann, der es verstand, seine Vorträge beim Souverän zu einer geistreichen Konversation zu gestalten, denn er wußte, wie desinteressiert Ludwig XV. sein konnte, und er wußte auch, daß man den König nicht langweilen durfte, daß Stunden königlicher Langeweile Gefahren in sich bargen. Doch nun verdunkelten Haß und Wut seine Urteilskraft. Gereizt haben muß ihn die überhebliche Art der Mätresse, gleichsam im Namen des Königs Anordnungen zu treffen, die hoheitsvolle Art, in der sie ihm, dem langjährigen, bewährten und scheinbar unentbehrlichen Minister, Befehle erteilte.

Der Pompadour ging es um ihre Stellung am Hof. Im zeitgenössischen Schrifttum fehlt der überzeugende Hinweis darauf, daß sie jemandem übelgewollt hätte nur aus purer Freude am Kampf. Doch jeden traf ihr Haß, der – gleichgültig, ob aus Staatsraison oder aus persönlichen Motiven – ihre Stellung anzutasten wagte, eine Stellung, die sie mit dem Einsatz all ihrer Fähigkeiten erobert hatte, jene glitzernde Stellung, von der aus, einmal verstoßen, der Weg nur in ein unscheinbares, tatenloses Dahinvegetieren führen konnte. Denn ihre Gegner, auch wenn sie verjagt wurden aus dem Blickfeld des Königs, ja aus Versailles, dem Paradies also – sie blieben, was sie gewesen. Sie blieben es kraft ihrer Geburt. Die Ahnen und die altverbrieften Titel konnte ihnen nicht einmal der König absprechen. Doch was war sie gewesen? Eine Mademoiselle Poisson, der der König einen wohlklingenden Titel verliehen hatte. Dieser Titel jedoch besaß nur dann Sinn und Wert, wenn er immer wieder aufs neue bestätigt wurde durch die sichtbare königliche Gunst. Und Maurepas griff sie in ihrer Stellung als *Maîtresse en titre* an.

Eines Abends speiste man in den kleinen Kabinetten. An der Tafel saßen Ludwig XV., Madame de Pompadour, Monsieur de Maurepas und die Gräfin d'Estrades (dieser Dame sind wir schon einmal begegnet, und zwar bei der Vorstellung der Marquise bei Hofe). Weiße Hyazinthen schmückten die Tafel, die Madame de Pompadour, blaß, in Gedanken vertieft, eine nach der anderen langsam zerpflückte und vor sich hinstreute. Nur die Phantasie könnte die Gefühle des Monsieur de Maurepas nachzeichnen, die ihn dazu verleiteten, mit einer Brutalität loszuschlagen, die eine Frau wie die Pompadour tief treffen und beleidigen mußte. Vielleicht war es die lässige Art der Marquise, die ihn herausforderte, ihr eigenartiges Sich-Abschirmen und das zugleich betonte, allen unübersehbare Dennoch-Dabeisein. Maurepas lauerte auf eine Pointe in der Konversation, und als sie kam, griff er sie auf und erlaubte sich, ein witziges Epigramm vorzutragen. Das Epigramm war alles andere als geistreich, es war hart und geschmacklos. In ihm spielte Maurepas auf das geheimgehaltene Leiden der Marquise an:

La Marquise a bien des appas,
Ses traits sont fins, ses grâces franches,
Et les fleurs naissent sous ses pas:
Mais, hélas! ce sont des fleurs blanches!

(Die Marquise stellt viele Fallen,/Ihre Züge sind fein, aufrichtig ihre Reize,/Blumen erblühn unter ihren Schritten:/Doch leider! Diese Blumen sind weiß!)

146

Scheinbar verfehlte das Epigramm sein Zeil. Madame de Pompadour verharrte weiterhin in ihrer Haltung vornehmer Abgeschirmtheit, und guter Dinge ging man auseinander. An einem der nächsten Tage trug sich etwas Außergewöhnliches zu. Man meldete dem Minister Maurepas, daß die Marquise de Pompadour ihn zu sprechen wünsche. Und sie kam. Es war wie immer, wenn sie irgendwo erschien, ein großer Auftritt. Sie wußte sich zu kleiden, wie es ihr am vortrefflichsten stand, und ihre geschulte Stimme, die sie stets in Gewalt hatte, ihre Gestik und Mimik verliehen ihr – das spricht noch aus den Porträts, die wir von ihr haben – einen Hauch von Hoheit und Unantastbarkeit. Sie wolle endlich erfahren, sagte sie geradeheraus, wann denn Monsieur de Maurepas endlich wissen werde, wer der Urheber der Spottgedichte sei, jener beleidigenden »Poissonaden«, die über sie im ganzen Lande verbreitet würden. Die Situation war voller komplizierter Komik, und Maurepas mußte der Marquise, zumindest dieses eine Mal, Anerkennung zollen. Denn sie schauten einander in die Karten. Und sie wußten, daß sie es taten. Und beide spielten ihre Rollen weiter.

»Sobald ich es erfahre«, antwortete Maurepas, »werde ich seinen Namen dem König nennen.«

»Monsieur«, sagte die Marquise, wahrscheinlich mit gesenkter Stimme, betont beiläufig, »es will scheinen, daß Sie die Mätressen des Königs nicht sonderlich schätzen.«

Die Erwiderung des Grafen von Maurepas war höflich im Ton, aber dreist im Inhalt. Maurepas war herausfordernd wie ein Mensch, der angelockt von einer Gefahr, der er nicht mehr widerstehen kann und auch nicht will, eine Lösung um jeden Preis herbeiwünscht.

»Ich habe sie immer geachtet, von welcher Sorte sie auch waren.«

Nun mußte die Kraftprobe entschieden werden. Maurepas waren der Dauphin und die Königin zugetan, er war sich ihrer sicher. Aber er verkannte den Einfluß der Marquise auf den

König, die Macht der Frau über den Mann, auch ihre Ausdauer und ihre Fähigkeit, heimlich auf ein Ziel hinzuarbeiten. Und gerade das tat sie. Sie amüsierte und langweilte zugleich Ludwig, indem sie unermüdlich davon sprach, bei jeder passenden und unpassenden Gelegenheit, bald kapriziös, bald traurig, dann wieder höhnisch und beleidigt, wie unwürdig es sei, daß Maurepas sie, immerhin die offizielle Mätresse des Königs, Schritt für Schritt in ihrer Ehre verletze; daß jede ihr zugefügte Beleidigung indirekt auch den Souverän treffe; daß Maurepas sogar davor nicht zurückschrecke, Zwistigkeiten zu säen innerhalb der königlichen Familie und sie gegen ihr Oberhaupt aufzubringen. Ludwig XV. aber, wie jeder zur Unentschlossenheit neigende Mensch, hielt an eingefleischten Gewohnheiten gerne fest, auch an Personen, wenn sie ihm erstmal vertraut waren, und so wäre der unterirdische Kampf zwischen der Favoritin und dem Minister vielleicht unentschieden geblieben, wäre nicht die Marquise dem Einfall eines verzweifelten Augenblicks gefolgt. Wir erinnern uns noch, daß ihre Vorgängerin, die junge Herzogin von Châteauroux, nach der unrühmlichen Flucht vom Krankenlager des Königs unerwartet und unter nie ganz aufgeklärten Umständen starb. Auch ihr war Maurepas ein Feind gewesen. Also täuschte Jeanne-Antoinette Ludwig lähmende Angst vor, daß sie vergiftet werden könnte, und spielte auf den frühen Tod der armen Herzogin an. Wahrscheinlich langweilte sie Ludwig mit diesen Schauermärchen – wahrscheinlich tat sie es mit Absicht, denn sie kannte ihn und wußte, daß sie am Ende die Langeweile des Königs in die ihr genehme Bahn lenken konnte. Sie überredete ihn zu einem Aufenthalt auf Schloß La Celle. Hier nun, und unerreichbar für jeden fremden Einfluß, brachte sie Ludwig soweit, daß er die bohrenden Geschichten von ihrem möglichen Gifttod, der ihr durch die Feindschaft des Grafen von Maurepas drohte, nicht mehr anhören konnte und nachgab. Er unterschrieb den königlichen Geheimbrief. Die Marquise sorgte dafür, daß Maurepas noch in derselben Nacht, um ein Uhr morgens, geweckt wurde. Der kurze Brief lautete:

»Ich habe Ihnen versprochen, daß ich Sie benachrichtigen werde und halte mein Wort. Ihre Dienste sagen mir nicht mehr zu. Sie werden Monsieur de Saint-Florentin Ihre Entlassung mitteilen. Sie gehen nach Bourges, Pontchartrin ist zu nahe. Ich gebe Ihnen für den Rest der Woche Zeit, um abzureisen. Sie werden nur noch Ihre Familie sehen. Antworten Sie mir nicht.« Würdevoll verschwand Maurepas im April 1749. Viele Jahre lang hörte man nichts von ihm. Erst Ludwig XVI. berief ihn wieder an den Hof.

Der Sturz des Grafen Maurepas stimmte die Feinde der Marquise nachdenklich. Nun war offenkundig geworden, daß man ihr, ihrer Macht, nicht mit brutaler Gewalt, auch nicht mit Argumenten aus dem Bereich der Politik begegnen konnte und schon gar nicht mit den blanken Waffen des Spottes. Ihr unermüdlicher Geist fand stets einen Ausweg, ihr fiebernder Wille, das Erreichte zu behaupten und die Hand auszustrecken nach neuen Zielen, blieb ungebrochen. Also meinte man, es würde den größten Erfolg verheißen, wenn man die Marquise gerade an jenem Punkt ihrer Beziehungen zum König und zum Hof träfe, der ihr einst zum Aufstieg in die höchsten Sphären verholfen hatte. Man beschloß, Ludwig XV. eine Frau zuzuführen, die ihm neue Sinneslust schenken und ihn der Pompadour abtrünnig machen sollte. Man – das waren d'Argenson und die liebenswürdige und diensteifrige Freundin Madame d'Estrades.

Die Gräfin d'Estrades war nicht schön, sie war klein und hatte dicke Wangen. Vermögend war sie auch nicht, und so hatte sie sich dem hellsten Stern am Himmel von Versailles demutsvoll angeschlossen. Eine Freundin wollte sie der Marquise de Pompadour sein, eine Ratgeberin, beinahe Dienerin schon, eine jener unscheinbaren, aber mächtigen Personen, wie sie im Schatten schillernder Persönlichkeiten sooft anzutreffen sind. Die Marquise vertraute ihr. Es ist sonderbar, daß sie Menschen in ihrer nächsten Umgebung selten durchschaute, meistens erst dann, wenn ihr schon greifbare Beweise des Verrats in die

Hände gefallen waren. Jahrelang vertraute sie sich der Gräfin d'Estrades an, sie besprach ihre Angelegenheiten mit ihr, nahm von ihr Vorschläge und Hinweise dankend an, ließ sich überallhin von ihr begleiten, ins Theater und in die Gesellschaft, sogar zu den Sitzungen, denen sie manchmal beiwohnte. Und die Gräfin begleitete sie, blickte empor zu ihr wie zu einer Herrin, der sie ergeben und freudevoll diente. Sie ließ sich in den kleinsten Landhäusern ihrer Freundin unterbringen, sie wurde nicht müde, ihr schöne Beweise der aufrichtigen Freundschaft entgegenzubringen. Aber sie wurde aufgezehrt vom Gefühl tiefen, ja schon krankhaften Neides. Wie denn auch nicht? Diese Emporgekletterte hatte alles erreicht, besaß die höchste Gunst und ein Vermögen, das man nicht einmal genau beziffern konnte, während sie, eine Gräfin d'Estrades, sich das herablassende Wohlwollen dieser »Marquise von vorgestern« mit Demut erdienen mußte. Auch ein Erfolg anderer Art blieb ihr versagt: Schadenfroh schmunzelten aufmerksame Höflinge darüber, daß die Gräfin d'Estrades – wahrhaftig ein anmaßender Einfall von ihr! – sich eines Abends dem König genähert habe. Ja, Ludwig sei angeheitert gewesen, und die Gräfin habe sich ihm mit unzweideutigen Anspielungen angeboten. Doch Ludwig habe, als er die Absicht der Madame d'Estrades begriffen, sie mit einem äußerst nüchternen, kalten Blick angesehen. Zum Neid gesellte sich von diesem Augenblick an das Gefühl, gedemütigt worden zu sein – nur noch Haß empfand sie für die Person, die alles besaß, wonach sie sich sehnte, und die der Grund dafür zu sein schien, daß sie das Ersehnte nicht bekam. Von nun an diente sie ihr noch demutsvoller.

Der Einfluß d'Argensons beruhte, außer seinen großen Fähigkeiten, auch auf einem reibungslos funktionierenden Zuträgersystem. Zukünftige Geschehnisse, welcher Art auch immer, im voraus zu erfahren, königliche Beschlüsse oder auch nur beiläufig geäußerte Wünsche in sein Kalkül einbeziehen zu können, den Plänen anderer, die den eigenen zuwiderliefen, rechtzeitig entgegenwirken zu können oder auf gleiche Ziele gerichtete Vorstellungen gemeinsam zu verwirklichen suchen – das waren die Bedingungen höfischer und ministerieller Existenz. D'Argenson mochte die Marquise de Pompadour nicht. Seine Abneigung gegen sie muß nicht unbedingt persönlicher Natur gewesen sein, eher hatte er grundsätzliche Bedenken gegen ihren Einfluß auf den König und auf die Führung der Staatsgeschäfte, wenn er auch, ebenso wie andere Zeitgenossen, diesen Einfluß, geblendet von den nicht selten herrischen Auftritten der Marquise, überschätzte. D'Argenson bekämpfte die Pompadour, aber so impulsive Handlungen, wie sie Maurepas unternommen hatte, waren seinem kälteren, zu bedachtsamer Überlegung neigenden Naturell fremd.

Auch ihn durchschaute die Marquise zunächst nicht. Die Zusammenarbeit der beiden verlief lange Zeit reibungslos. Wir wissen noch, daß Madame de Pompadour ihn in die Gründung der *École militaire* von Paris einbezogen hatte, und auch sonst ist ihre gesellschaftliche Beziehung einwandfrei gewesen. Die Marquise hatte ihm während ihrer gemeinsamen Jahre am Hof etliche Briefe geschrieben, in welchen sie den Kriegsminister, liebenswürdig und ausdauernd, um Begünstigungen für ihre Schützlinge bat, und alle diese Episteln schloß sie mit der freundlichen Floskel: »Zweifeln Sie nicht, Graf, an meiner Freundschaft zu Ihnen, niemand mag Sie aufrichtiger als ich.« Solche Schlußwendungen in der Korrespondenz der Zeit darf man freilich nicht ganz ernst nehmen, aber auch nicht als bloße Heuchelei abtun. Doch d'Argenson wolle die Marquise vom Hofe entfernen. Und als er vom fehlgeschlagenen Annäherungsversuch der Madame d'Estrades erfuhr, suchte er die ergebene Freundin der Marquise für seine Pläne zu gewinnen. Eine sorgfältig eingefädelte Intrige begann, welche die Atmosphäre und die Denkweise der Zeit anschaulich aufzeigt. Diese Atmosphäre wurde auch zum Stoff einer breitgestreuten Roman- und Bühnenliteratur, die allerdings eher unterhalten als deuten und werten wollte und deren amüsantester Autor wohl der Eugéne Scribe gewesen ist. (Er brauchte ja nur in alten Tagebüchern zu blättern, und schon fand er Situationen und Handlungen beinahe bühnenreif vor, aus welchen er witzig konversierende Figuren schuf.) Aus solchem Stoff ist auch die Intrige des Grafen d'Argenson und der Gräfin d'Estrades gegen die Marquise de Pompadour, nur daß dies Geschichte ist:

Im Schloß Versailles gab es eine hübsche, kindlich leichtfertige Kammerfrau, die junge Madame de Choiseul-Romanet. Sie konnte verheißungsvoll lächeln und schmachtend in die Ferne blicken. Den König reizte sie. Madame de Pompadour sah (auch das ist sonderbar an dieser klugen Frau) nur das Kind in ihr, in ihrem Verhalten nur harmlose Spielerei, die dem König vergnügliche Abwechslung bereitete. Sie lud die anmutige Madame de Choiseul oft zu den Abendessen in den Kabinetten ein und zu den Ausfahrten in die umliegenden Wälder. Die junge Dame kam, lachte und plauderte. Ganze acht Tage lang wich der König nicht von ihrer Seite. Dann kam die ereignisreiche Nacht, in der Ludwig Madame de Choiseul in seinem Schlafgemach empfing.

Die junge Dame lächelte freilich im Auftrag d'Argensons und der Madame d'Estrades. In jener Nacht versammelten sich diese im Zimmer des Ministers, zu ihnen gesellten sich François Quesnay, Arzt und Volkswirtschaftler, und d'Argensons Sekretär Dubois. Es verstrichen lange Stunden voller Spannung, und die Verschwörer gegen die Tugend der Madame de Choiseul warteten in qualvoller Ungewißheit, doch hoffend. Und nicht vergebens. Montmartel de Pâris, einer unserer Spione am Hofe Ludwigs XV., dem wir so manche Hinweise verdanken und dem Dubois berichtet hatte, gab später die spannungsgeladene Szene wieder: Endlich öffnete sich die Tür, und in das Zimmer trat, das üppige Haar offen und aufgelöst, höchst spärlich wie in Eile nur gekleidet, mit glänzenden Augen, um die Lippen ein spielerisches Lächeln, Madame de Choiseul und blieb tiefatmend im Kreuzfeuer der Blicke aller stehen. Unwillkürlich hob Madame d'Estrades die Arme wie zum Gruß und lief ihr entgegen. Sie fragte sie. Alle hörten sie antworten:

152

»Ja, es ist soweit, er liebt mich und ist glücklich. *Sie* wird fortgeschickt, er hat es mir versprochen.« Die hohen Herrschaften konnten sich nicht beherrschen. Sie jubelten laut.

Bald lief das Gerücht um, daß Madame de Pompadour in Ungnade gefallen sei, und mancher Höfling flüsterte es weiter. Bald schon durchlief das Geflüster ganz Versailles. Nur die Marquise blieb ahnungslos.

Ludwig XV. konnte galant sein, großzügig und aufmerksam. Er hatte seiner jüngsten Geliebten nach der ersten Liebesnacht einen Brief geschrieben. Schon sah sich die Dame Choiseul in die goldenen Fußstapfen der Marquise de Pompadour treten (wir wollen ihrer Anmaßung Gerechtigkeit widerfahren lassen und festhalten, daß ihre Freunde das auch so sahen), nur wußte sie in ihrer liebenswürdigen Einfalt nicht, was sie dem König antworten sollte. Denn sie wollte für ihre Hingabe alles auf einmal haben, alle Ehren und Vorteile, die der Marquise de Pompadour während langer Jahre zuteil geworden waren. Also bat sie einen Verwandten, den Grafen Stainville, um Rat. So hieß der spätere Herzog von Choiseul, Ministerpräsident in den schwierigen Zeiten des Siebenjährigen Krieges. Er nahm den königlichen Brief an sich und versprach, über eine Antwort bis zum nächsten Morgen nachzudenken.

Das Ergebnis seiner nächtlichen Gedanken ist das Sonderbarste gewesen, das man in dieser an unerwarteten Wendungen reichen Zeit verzeichnen kann. Er war nämlich ein ebenso unerbittlicher Feind der *Maîtresse en titre* wie der verbannte Maurepas. Er lehnte sie aus Überzeugung ab, aus Prinzipientreue und vielleicht auch aus einem tief verwurzelten moralischen Empfinden, wie es Männer zu jener Zeit und an jenem Hof nur noch selten auszeichnete. Doch ebenso tief verwurzelt muß sein Stolz gewesen sein. In dieser Nacht prallten die beiden Empfindungen, seine moralische Überzeugung und sein Stolz, aufeinander. Er war ein Feind der Institution der königlichen Mätressen, und so galt seine Abneigung nicht so sehr der Person der Marquise, sondern in ihr der Vertreterin jener Einrichtung.

Und der aristokratische Stolz in ihm bäumte sich auf gegen den Gedanken, daß eine Choiseul zur Mätresse herabgewürdigt werden sollte. In dieser Nacht trug er einen schweren Kampf mit sich aus.

Am nächsten Morgen meldete er sich bei der Marquise an. Schlicht und geradeheraus sprach er zu ihr. Er bekannte, daß er keine Zuneigung für die Marquise empfinde, fügte aber hinzu, daß er sie als Frau hoch achte, daß sie einen guten Einfluß auf den Souverän ausübe, dem alle dienten. Er bemerkte noch, daß die Marquise ihm für diesen Dienst keinen Dank schulde, denn er erweise ihn im Interesse des Hofes und des Staates. Dann übergab er ihr den Brief Ludwigs XV. an seine Verwandte.

Der Komödie dritter Akt spielt im Kabinett des Königs. Anwesend sind der Souverän, Madame de Pompadour und der Graf von Stainville. Die Marquise spricht kalt und handelt überlegen, sie gibt ihre Gefühle nicht preis. Ludwig ist verlegen und sagt kaum etwas, er läßt Madame agieren und ist mit jedem Vorschlag einverstanden. Der Graf von Stainville spricht ebenfalls kaum ein Wort, er verharrt in würdevoller Bescheidenheit, aber er spürt, daß er ganz hoch gestiegen ist auf den unsichtbaren Stufen einer protokollarisch nicht greifbaren Hierarchie. Madame de Pompadour meinte, daß die freche Madame de Choiseul-Romanet entfernt werden müsse aus Versailles. Ludwig XV. stimmte zu. Es wurde ihr befohlen, jedesmal, sobald sie im Schloß ihren Dienst getan, nach Paris zurückzukehren. Wehmutsvoll bemerkte später d'Argenson, daß die anmaßende Dame verjagt wurde »wie eine kleine Hure, die sich schlecht benommen und ein Auge auf den König geworfen hat«. All dies trug sich im Januar 1753 zu.

Das Nachspiel folgte zwei Jahre später. Nach und nach rekonstruierte Madame de Pompadour das Geschehene. Es wurde ihr klar, daß nur ihre treue und unterwürfige Freundin es gewesen sein konnte, die dem Grafen d'Argenson Hinweise und Ratschläge gegeben hatte. Aber es war ihr ebenso klar, daß die Stellung d'Argensons und der Gräfin d'Estrades innerhalb der königlichen Familie zu dieser Zeit nicht anzutasten war. Denn geschickt hatte d'Argenson alle Höflinge, die der Marquise feindlich gesinnt waren, um sich geschart, es war jene Clique, welche die Frivolität am Hofe frömmelnd verurteilte. Ihr geistiger Führer war der Dauphin, der nach dem frühen Tode seiner spanischen Gemahlin die Tochter Friedrich Augusts II. von Sachsen, Maria Josepha, geheiratet hatte. Es waren dies Kräfte, die nicht einmal der König übersehen konnte. Er war auch nicht geneigt, aus der flüchtigen Affäre irgendwelche ernsthaften personellen Konsequenzen zu ziehen. D'Argenson hatte überdies das Verdienst, das widerspenstige Pariser Parlament zum Zusammenwirken mit der Regierung bewogen zu haben, und sonnte sich nun in der Gunst Ludwigs XV. Madame de Pompadour mußte warten.

Sie wartete geduldig. Die kleine Choiseul war längst vergessen. D'Argenson führte sein Amt geschickt weiter, und die Gräfin d'Estrades gab sich liebenswürdiger denn je. Zu dieser Zeit mußte Madame de Pompadour einige Tage lang das Bett hüten und wurde von der Gräfin hingebungsvoll gepflegt. Ludwig XV. mochte die oft spitzen, geistreichen Bemerkungen der Marquise zu den täglichen politischen und höfischen Angelegenheiten nicht missen (wenn er ihrem Rat auch nicht immer folgte) und setzte ihr in einem Brief eine verworrene Angelegenheit, die das Parlament von Paris betraf, auseinander. Madame de Pompadour las den Brief und legte ihn auf einen kleinen Tisch neben ihrem Bett. Die Gräfin d'Estrades kam, die Damen plauderten miteinander. Als sich die Gräfin verabschiedet hatte und gegangen war, stellte Madame de Pompadour fest, daß der Brief verschwunden war. Madame de Pompadour ließ das ganze Zimmer auf den Kopf stellen, doch der königliche Brief wurde nicht wiedergefunden. Die Gräfin d'Estrades muß ihn mitgenommen, ja gestohlen haben! So, zumindest, erzählte später die Marquise Ludwig XV. die Geschichte. Sie wußte, der Augenblick der Rache war gekommen. Denn die Gräfin hatte nicht nur ein allerhöchstes Schreiben mitgehen lassen – obwohl das allein schon schlimm genug war –, sie hatte sogar Staatsgeheimnisse ausspioniert! Und sie hatte die heilige Person des Souveräns auf eine schändliche Weise mißachtet, ja in Mißkredit gebracht. Sie müsse endlich – endlich! – vom Hofe entfernt, an einen Ort verbannt werden, wo sie ihrem König und dem Staat keinen Schaden mehr zufügen könne. Tagelang argumentierte die Marquise, feurig und überzeugend. Sie war die schuldlos Gekränkte, und sie sprach im Interesse des Königs, und dies so unermüdlich, daß Ludwig XV. wieder einmal nachgab. Er unterschrieb den *Lettre de cachet*, mit dem die Gräfin d'Estrades endgültig verbannt wurde aus Versailles. Dieses Nachspiel einer Rokoko-Komödie trug sich am 7. August 1755 zu.

Die offizielle Mätresse des Königs von Frankreich und Inhaberin eines Marquisats zu sein, reichte der Pompadour, so scheint es, nicht aus. Ihre Stellung am Hofe sollte über alle Zweifel und ihre Person über alle Kritik erhaben sein, sie suchte die Bestätigung durch ein Amt, das höchste, das der Hof an eine Dame zu vergeben hatte. Sie bewarb sich um die Stelle einer Palastdame der Königin.

Allerdings gab es bei der Verwirklichung dieses ehrgeizigen Vorhabens einige wenige Hindernisse. Eine Palastdame sollte – die Würde des Amtes und die Tradition verlangten es – eine Verkörperung weiblicher Ehrenhaftigkeit und Makellosigkeit sein, und die Marquise de Pompadour konnte diese Tugenden kaum nachweisen, wußte doch alle Welt, daß sie getrennt von ihrem Mann lebte. Selbst die gutmütige Maria Leszczyńska, die einmal gemeint hatte, wenn schon der König Mätressen halten müsse, dann sei die Pompadour doch noch die akzeptabelste, die alternde Königin also (schon war sie eine Frau von über fünfzig Jahren) lehnte sich gegen dieses Ansinnen auf. Sie ließ Ludwig XV. bedeuten, daß sie zwar stets seine gehorsamste Dienerin bleiben wolle, dennoch hoffe sie, daß der Souverän der königlichen Familie und ihr nicht die Schmach antun wolle, eine Frau, die in so skandalöser Trennung von ihrem Mann lebe, mit der ehrenvollen Stellung einer Palastdame zu betrauen.

Es galt also, nachzuweisen, daß die damalige Madame d'Étioles nicht aus freien Stücken und schon gar nicht böswillig ihren Mann verlassen hatte. Ihr Beichtvater, Pater de Sacy, mit dem sie lange Gespräche führte und der sie aufrichtig zu bekehren hoffte, setzte für sie einen Brief an ihren Gemahl auf. Darin bekannte sich Madame de Pompadour schuldig, ja sie demütigte sich, sie bat ihren Mann um Verzeihung und darum, sie wieder als Gattin anzunehmen. Man übergab den Brief einem Diener.

Ehe die tugendhaften Zeilen ihren Adressaten jedoch erreichten, suchte Monsieur de Soubise, ein ergebener Höfling im Dienste der Marquise, Monsieur d'Étioles auf. Er bedeutete ihm, daß er in Kürze einen Brief von seiner Frau empfangen werde, warnte ihn aber davor, das Angebot der Marquise anzunehmen, denn er würde damit dem Willen des Souveräns zuwiderhandeln. Und als hätte man befürchtet, daß die eindeutigen Andeutungen des Monsieur de Soubise den Monsieur d'Étioles nicht hinreichend beeindrucken würden, setzte Madame de Pompadour den ihr ebenfalls ergebenen Minister Machault von Versailles nach Paris in Marsch. Auch Machault sagte ihm noch einmal nachdrücklich, es wäre höchst unklug von Monsieur d'Étioles, den Brief der Marquise anders als ablehnend zu beantworten, und alle Beteiligten atmeten auf, als d'Étioles mit der größten Selbstverständlichkeit erklärte, er habe nicht die Absicht, sein abwechslungsreiches Junggesellenleben gegen die Verpflichtungen eines Ehemannes einzutauschen. Also antwortete er auf den Brief, respektvoll und entschlossen, er habe seiner Gemahlin verziehen, dennoch sei es ihm nicht mehr möglich, wieder mit ihr eine Ehe zu führen.

Der enttäuschte und verstoßene Ehemann hatte also der sündhaft untreuen Gattin den letzten edlen Dienst erwiesen (wir wollen diesen Satz stehenlassen, um der Komödie etwas Rührseligkeit beizumengen), und wehklagend zeigte Madame de Pompadour den Brief, der sie so hart getroffen, jedem, der, bewußt oder ahnungslos, in ihre spektakuläre Intrige eingeweiht war. Wie denn – so fragte sie, fragten ihre Freunde – könne man ihr immer noch vorwerfen, sie lebe in böswilliger Trennung von ihrem Gemahl, wenn dieser selbe Gemahl, den sie demutsvoll um Verzeihung ihres Fehltritts gebeten, sie nun endgültig verstieß!

Am 7. Februar 1756 empfing Ludwig XV. seine Gemahlin zu einer Unterredung. Doch von der Ernennung der Marquise de Pompadour zur Palastdame war – wie bezeichnend für den Charakter dieses Mannes! – nicht die Rede. Erst nach dem Zusammentreffen mit dem König übergab Madame de Villars Maria Leszczyńska einen Brief Ludwigs, den ihr Madame de Pompadour in die Hand gedrückt hatte. In diesem Brief teilte Ludwig XV. seiner Gemahlin die Tatsache mit, daß Madame de Pompadour Palastdame geworden sei. Im Französischen nennt man das *Fait accompli*.

Noch am selben Tag suchte die Marquise Madame de Villars und die Herzogin von Luynes auf und setzte ihnen, bescheiden und mit schlichter Liebenswürdigkeit, auseinander, daß sie gar nicht nach dieser auszeichnenden Stellung gestrebt habe, vielmehr sei es ihr Beichtvater gewesen, der ihr mit Argumenten, die nicht zu widerlegen gewesen, nahegelegt habe, das ehrenvolle Amt anzunehmen. Die Königin aber ließ ihrem Gemahl diese einfachen Zeilen zukommen: »Sire, ich habe einen König im Himmel, der mir die Kraft gibt, meine Schmerzen zu ertragen, und einen König auf Erden, dem ich immer gehorchen werde.«

Der nächste Tag, der 8. Februar, war ein Sonntag. Nach der Vesper wurde die Marquise de Pompadour von der Herzogin von Luynes der Königin vorgeführt. Am Montag tat sie, sechs Stunden lang, zum ersten Mal Dienst als Palastdame: Sie begleitete die Königin zur Messe und wohnte ihrem Diner bei.

Dies festigte die Macht der Pompadour am Hofe. Aber ihr Einfluß beruhte nicht nur auf ihrer Rolle als Mätresse des Königs und auf ihrem neuen Amt, sondern in gleichem Maße auf ihrer Finanzkraft, auf den Einnahmen, die ihr zur Verfügung standen. Eine ihrer Einnahmequellen sei nun näher untersucht:

Die Ämter waren käuflich (wir haben schon davon gesprochen), und nicht minder waren die Männer käuflich, die diese Ämter an die Pächter vergaben. Unter anderem verpachtete der Staat auch die indirekten Steuern, und zwar an eine Unternehmergesellschaft, die man *Fermiers généraux*, Generalpächter, nannte. Auch hier galt das gleiche Prinzip wie bei anderen Ämterkäufen: Man zahlte eine gewisse Summe an den Staat und trachtete danach, soviel wie irgend möglich und mit welchen Mitteln immer aus dem Amt herauszuwirtschaften. Erbarmungslos trieben die Generalpächter die Steuern ein, und sie preßten sie aus jener Bevölkerungsschicht, auf der die Steuern am schwersten lasteten: aus den Bauern. Diebe nannte das Volk in ohnmächtiger Wut die *Fermiers généraux*, die es mit Genehmigung des Königs ausplünderten. Und da die Gewalten nicht genau festgelegt waren, konnte sich auch ein mutiger Mann nicht gegen die Allmacht der Steuereinnehmer stellen. Diese aber dachten, so versichert uns d'Argenson, daß der Bauer von den Steuern niedergehalten werden müsse, damit er untertänig bleibe, und der Adel müsse verarmen, auf daß er gehorsam sei. In der Mitte des Jahrhunderts hatten die Generalpächter in ihren dreißig Departements tausend Hauptverwaltungsbüros und etwa 4000 untergeordnete Amtsstuben, die Zahl ihrer Angestellten wuchs im Jahr 1781 auf 250 000. Alle sechs Jahre wurde der Vertrag zwischen dem Staat und den Generalpächtern erneuert, und jedesmal stieg die Summe, die sie für die einzutreibenden Steuern zahlen mußten: 1721 betrug sie 55 Millionen Francs, 94 Millionen schon 1737, und den höchsten Punkt erreichte sie im Jahr 1756 mit 120 Millionen. Kapital und Gewinn wurden folgendermaßen verwaltet: Die Einlage jedes Teilnehmers wurde ihm von der Gesellschaft mit zehn Prozent verzinst, außerdem erhielt er jährlich etwa 150 000 Francs an Gebühren, und der Reingewinn wurde nach

Größe der Einlage aufgeteilt. Während der Blütezeit ihrer Tätigkeit, von 1726 bis 1754, nahmen die Generalpächter schätzungsweise eine Milliarde und 132 Millionen Francs ein.

Diese ungeheuren Summen aber mußten sie sich teilen mit verschiedenen hochmögenden Herrschaften, so mit den Staatssekretären, die jährlich 210 000 Livre bekamen, auch mit dem *Controlleur général*, dem Finanzminister also, der jährlich 300 000 einstecken konnte (nur Turgot lehnte es ab, aus Steuergeldern bestochen zu werden), und mit vielen anderen Damen und Herren, die bei ihren Pensionen auf Anteile aus dem Gewinn angewiesen waren.

Dennoch war der Gewinn der Generalpächter so unermeßlich groß, daß man ihnen nicht die ganzen Einnahmen ungezählt überlassen konnte. Das sahen, ehrenhaft wie sie waren, auch die *Fermiers généraux* ein. Also lieferten sie dem Dauphin und den königlichen Prinzessinnen je 30 000 Livre jährlich ab. Den vollen Anteil eines Generalpächters erhielt Ludwig XV. Und die Hälfte eines solchen Anteils die Marquise de Pompadour.

Diese reich strömende Finanzquelle ermöglichte es ihr, Höflinge an sich zu binden und so ihre Macht zu konsolidieren.

VII. Kapitel

Intimes und Familiäres

»Es gehört zur Reinlichkeit«, erfuhr der neugierige Zeitgenosse aus einem Buch über Anstand und Körperpflege, »sich jeden Morgen das Gesicht mit einem weißen Linnen abzureiben.« Dann las er weiter und wurde sogar verlegen: »Der Anstand verlangt, daß man nicht zu viel Schmutz in den Ohren ansammeln läßt, sondern sie von Zeit zu Zeit mit einem Werkzeug reinigt, das eigens zu diesem Zweck erfunden ist. Es empfiehlt sich, die Nägel nicht voll Schmutz zu halten, und häßlich ist es sehr, sich mit der bloßen Hand zu schneuzen oder die Nase am Ärmel abzuwischen.« Den solchermaßen Wißbegierigen lehrt ein anderes Buch: »Man sollte manchmal in eine Badeanstalt gehen, um den Körper sauberzuhalten. Auch sollte man sich jeden Tag Mühe geben, sich die Hände zu waschen. Übrigens sollte man sich ebensooft das Gesicht waschen, die Haare von den Wangen rasieren und sich ab und zu auch den Kopf waschen.«

Allerdings gingen die Ansichten über die Nützlichkeit, den Körper sauberzuhalten, auseinander. Eine Anstandslehre, in der im Rokoko gerne geblättert wurde, gebietet dem Leser, sich gelegentlich auch die Füße zu waschen. Zwei berühmte Ärzte hingegen, die Gebrüder Bordeu, veröffentlichten im Jahre 1775 ein bedeutendes Werk über die häufigsten chronischen Krankheiten. In ihm warnten sie vor übertriebener Reinlichkeit, denn sie schade der Gesundheit und – fügten sie vieldeutig hinzu – dem Vergnügen. Welchem, sagten sie nicht.

Zu Beginn des 18. Jahrhunderts gab es in Paris zwei öffentliche Badeanstalten, in denen dem Besucher Wannen- und Dampfbäder angeboten wurden. Gegen Ende des Jahrhunderts stieg die Zahl der Badeanstalten schon auf zehn, jede von ihnen verfügte über zehn bis fünfzehn Wannen. Allerdings litten diese Anstalten unter einem schlechten Ruf, denn man hielt die Besitzer für gewöhnliche Kuppler. Also ließ ein Herr oder eine Dame von Welt, wenn sie den Wunsch hatten, zu baden, eine Wanne leihweise ins Haus bringen. Nach Gebrauch wurde die Wanne wieder an die Anstalt zurückgegeben. Ein Raum zum Zwecke körperlicher Reinigung, ein Badezimmer also, war eine höchst seltene Einrichtung. In einigen Schlössern gab es Badewannen, die so groß waren, daß sie mehrere Personen faßten. Beim Umbau der Gemächer der Marquise de Pompadour entdeckte man in Versailles eine Wanne, die jahrzehntelang vermauert gewesen war. Sie hatte solche Dimensionen, daß man in ihr schwimmen konnte. Später wurde sie als Schale in einen Springbrunnen eingebaut. Sie scheint also zumindest gelegentlich gebadet zu haben.

Um ihre Gesundheit aber stand es nicht gut. Doch die Schwäche ihres Körpers bloßzustellen, erlaubte sie sich nicht. Im Gegenteil, es war ihre Pflicht, eine sich selbst auferlegte, aber auch von ihrer Rolle am Hof geforderte Pflicht, immerfort jener schöne und geistreiche Wirbelsturm zu sein, der den König mitriß in die heiße Sphäre der Lebensfreude. Und niemand war körperlich ungeeigneter dazu als sie.

Sie hatte Angst vor dem Alter (schon zählte sie über dreißig Jahre) und griff zu Gegenmitteln. Sie hatte Angst vor den wiederkehrenden Übelkeiten und nahm zweifelhafte Heilmittel. Sie hatte Angst vor dem Erlahmen der eigenen Sehnsucht, die wiederum Ludwigs Begierde anfachen sollte, und probierte es mit Liebestränken. Sie hatte Angst vor der heimtückischen Ermüdung, die sie so oft unvermittelt überfiel, und griff zu aufpeitschenden Medikamenten, welche die unwissende Medizin empfahl und der allwissende Aberglaube zubereitete. Feurige Medikamente nahm sie, welche angeblich aus dem geheimnisvoll-weisen Orient nach Frankreich gelangten, Kräuter trank sie, die wer weiß wer zusammenpantschte, sie nahm nach Ambra duftende und mit Vanille schon bis zur Ungenießbarkeit gewürzte Schokolade zu sich, sie aß Selleriesuppe und Trüffel. Mit aller Macht ihres harten Willens wollte sie die Schwäche ihres Körpers bekämpfen, überwinden wollte sie jene – sie selbst hatte dieses Wort geprägt – »trauerentenhafte« Kälte, die sie immer wieder lähmte. Eines Nachts, gestand sie unter Tränen, sei Ludwig aus ihrem Bett gestiegen und habe sich auf ein Kanapee gelegt, dort habe er die halbe Nacht zugebracht. Der Vorwand, den er ihr zugeflüstert hatte, sei galant und doch scheinheilig gewesen: Es sei ihm in ihrem Bett viel zu warm, habe er gesagt, doch sie wisse, daß gerade das Gegenteil die Wahrheit sei. Und so quälte sie sich dahin, um in sich die Glut zu entfachen, die ihrem Blut nicht angeboren, und der Natur die Gesundheit abzutrotzen, die sie ihr schuldig geblieben war.

Ihre Kammerfrau, Madame du Hausset, sah verzweifelt und hilflos zu, wie ihre Herrin sich zugrunde richtete. Dann nahm sie sich ein Herz und berichtete der Herzogin von Brancas von der widernatürlichen und wohl gefährlichen Kur, der sich Madame de Pompadour unterzog. Die wohlmeinende und kluge Herzogin kam und sprach beschwichtigend. Entrüstet begutachtete sie die »Medikamente« und die geheimen Mittel, packte sie mit einem einzigen Griff und warf sie in den Kamin. Dann setzte sie sich zu ihr und tröstete sie. Die Zeit und die Gewohnheit, meinte sie, seien ihr verläßlichere Verbündete als zweifelhafte Aufputschmittel, die außerdem noch schädlich seien. Denn der König vermöge sie gar nicht mehr zu missen, er habe sich so sehr schon an ihre anregende Gegenwart gewöhnt. Es gelang ihr, die Marquise zu beruhigen. Sie brachte sie sogar dazu, sich dem Arzt Quesnay anzuvertrauen, und dieser für seine Zeit ungewöhnlich klare Kopf empfahl ihr, ausgedehnte Spaziergänge zu unternehmen, viel Zeit an der frischen Luft zu verbringen und für eine regelmäßige, gute Verdauung zu sorgen. In ihrem verzweifelten Kampf um körperliche Frische und Gesundheit befolgte sie diese Ratschläge sogar. Bald schon fühlte sie sich besser. So frisch sah sie aus, daß Ludwig ihr Komplimente machte.

Das morgendliche Ankleiden in der Zeit des Rokoko füllte Stunden aus. Schon einmal sahen wir die Marquise verträumt dahinschreiten, anmutig und elegant im Kleid einer Rokokodame, wie Boucher, ihr Lieblingsmaler, sie auf einem Pastell festhielt. Das hervorstechendste Merkmal der Kleidung war der Reifrock. Dieser Rock, der mindestens ebensoviel Ärgernis weckte wie Freude und Bewunderung, hat eine lange Geschichte. Aus schwerer Seide oder farbdurchwirktem Brokat waren die Damenkleider angefertigt, man sparte nicht mit dem Stoff, doch die bunten und üppigen Röcke hätten ohne Reifen keinen Halt und nicht die Fasson gehabt, wie sie auf zeitgenössischen Stichen und Gemälden gezeigt wird. Woher kam der Reifrock? Vielleicht aus England, wo die Damen ihn unter dem Namen *hoop petticoat* schon zu Beginn des Jahrhunderts getragen haben. Vielleicht aber kam er mit der italienischen Komödie nach Paris. Wie dem auch sei, er war da und wurde getragen, mit einer Begeisterung, die häufig in enormen, alle Maße sprengenden Putz ausartete. Etwa dreieinhalb Meter maß ein solcher Rock, gespannt über fünf, in England über acht Reifen, die aus Fischbein angefertigt waren. Die Geistlichkeit erregte sich freilich über das Aufreizende an diesem Moderock und erreichte, daß der König 1730 den Damen verbot, in der Kirche solche Kleidung zu tragen. Dennoch trug man sie einige Jahre lang beharrlich, in den Salons ebenso wie auf der Bühne. Erst 1755, bei der Aufführung von Voltaires Tragödie »Die chinesische Waise«, traten die Schauspielerinnen zum ersten Mal ohne Reifrock auf. Langsam sank er in der Gunst der Mode, er wurde kürzer, nur als Staatsrobe hielt er sich noch, als Festkleidung in Gesellschaft und bei Hofe, solange die Monarchie währte.

Doch einige Jahrzehnte lang gab er den Damen die nie wiederkehrende Gelegenheit, sich so bunt zu kleiden, daß alle Welt sie bewundern mußte. Der Kunst dreier Meister bedurfte es, damit eine solche Robe entstand: Taille und Reifrock waren das Werk des Schneiders, die Schneiderin fertigte das Kleid an, und die Verzierung oblag der Putzmacherin. Alles Farbenprächtige diente dem Putz, den die Damen auf den Kleidern trugen: Gold und Silber, Perlen und Blumen waren eine Selbstverständlichkeit, doch sie reichten nicht aus; auch kunstvoll nachgebildete Früchte wie Erdbeeren, Kirschen, Weintrauben zierten die Kleidung, ebenso Edelsteine und Seidenbänder. Vom Gesamteindruck dieser wuchtigen Pracht kann man sich nur einen Begriff machen, wenn man zeitgenössische Darstellungen beschaut. Gewiß verstrichen bei solcher Aufmachung einige Stunden, ehe die Dame, aufgeputzt und in voller Kriegsausstattung, wie ein Flaggschiff in das grelle Licht einer boshaft-neugierigen Öffentlichkeit segelte, um sie zu erobern oder von ihr beneidet zu werden.

Doch vorher noch kam Dagé, der berühmte Friseur der Pariserinnen, und frisierte Madame. Die Frisur der Damen war, im Vergleich zur Kleidung, weniger wuchtig und einfacher. Das Haar lag gelockt um den Kopf – so tritt Maria Leszczyńska vor uns, so auch die Marquise de Pompadour –, so daß der kostbare Kopfschmuck etwas abstand. Die Mode der hochgetürmten Frisuren eroberte erst später die Damenwelt, zur Zeit der Königin Marie-Antoinette. Als kleine Köpfe und breite Röcke in Versailles herrschten, trug man auch Hauben gerne, die Gelegenheit boten, eignen Geschmack zu zeigen. Anfang der sechziger Jahre zählte man 28 verschiedene Arten der Frisuren, von ihnen waren fünfzehn für Hof und Stadtbesuch bestimmt, für Theater und Bälle dreizehn. Die Wangen schminkte man rot, so fleckig rot, daß ausländische Besucher erschraken und meinten, Fiebernde vor sich zu haben. Die Königin konnte sich diese Art Gesichtsbemalung nie angewöhnen, und Casanova vermerkt, er habe sie einmal beobachtet, wie sie ungeschminkt an einer Tafel in aller Öffentlichkeit sich niederließ. Und der biedere Musiker aus Salzburg, Leopold Mozart, schrieb 1763 aus Paris an seine Frau: »Ob die Frauen in Paris schön sind, ist unmöglich zu sagen, denn sie sind gemalt wie die Nürnberger Puppen und durch diese widerwärtigen Kunstgriffe derartig entstellt, daß eine von Natur schöne Frau in den Augen eines ehrlichen Deutschen völlig unkenntlich wird.«

So angekleidet, frisiert, geschminkt – zubereitet also, wie die Mode es verlangte, und vorbereitet auf den Tag (jeder ist ein Kampf gewesen ohne Rast) –, verläßt die Marquise de Pompadour ihre Gemächer. Sie ist zu einem Souper des Königs in kleinem Kreis auf Schloß Choisy geladen. Sogar Ludwig ist in heiterer Stimmung bei dem Gedanken, daß er seine Gäste mit seiner vielgerühmten Tafelkunst überraschen wird. Man setzt sich zum Souper, und im Verlauf der nächsten Stunden werden, ohne sonderliches Zeremoniell, doch um so sorgfältiger, diese Gerichte gereicht:

Dormant
(eine große Schüssel, die in der Mitte der Tafel stehenblieb und nicht herumgereicht wurde):
Hammelbrühe
potage financière
Hors d'œuvres:
Poulardenfilets à la Monglas
Gurkenklein
Tauben mit ganzen Trüffeln
Pute à la Villeroy
Hirnwürstchen von Kaninchen
Pastetchen à l'Espagnolle
Hühnchen auf polnische Art
Rebhuhnfilets in Saft
Turteltauben auf italienische Art
Kalbsfilet auf Wildart
Salmi (»salmis« = eine Art Ragout) von Rebhuhn
Fasanenfilet à la Chirac
Hühnerflügel en surprise
Relevés:
Ochsenlendenbraten in Saft
Hammelrücken
Kalbsviertel
Fasanenpastete

Entremets:
Pastetchen
Kuchen von Compiègne
Braten:
Enten aus Rouen
Rebhühner
Regenpfeifer
junge Hühner
Fasanen
Wachteln
Entremets:
Schinken
Gebackenes mit Pfirsich
Creme à la Genest
Trüffeln in der Serviette
Eier in Kalbsbrühe
Blumenkohl mit Parmesan
Truthahnfüße à la St. Ménéhould
kleine Zungen
Appetitbissen
geschlagene Creme
gebackenes Kalbshirn
Ragout à la Provençale
Artischockenboden
Artischocken in Singara

Es werden keine Gänge mehr serviert. Der König verschwindet. Bald wird Kaffee aufgetragen, ein königlicher Kaffee im wahrsten Sinne des Wortes, denn er ist von Ludwig des XV. eigener Hand. Niemand, wahrhaftig kein anderer Edelmann im ganzen Königreich, versichern die dankbaren Geladenen laut, könne Kaffee so vorzüglich brühen wie der Souverän. Ludwig lächelt, sein Ehrgeiz ist befriedigt.

Er ist jedoch nicht der einzige, der sein Vergnügen darin sucht, die sonderbarsten Speisen zu erfinden und sie eigenhändig zuzubereiten. Der Geist des Rokoko ist verspielt – ins Spielerische verirrt sich auch die Kochkunst. Die Art der Zubereitung wird bald wichtiger als die gewöhnliche bloße Gaumenfreude, als die natürliche Freude am Kauen eines wohlschmekkenden Bissens. Die einfachen, üblichen Gewürze werden verdrängt – man parfümiert die Gerichte, mit Ambraduft und Veilchenwurzel und Rosenwasser werden die verschiedensten Ragouts getränkt. Edle Damen und große Herren wetteifern in der Erfindung nie zuvor gekosteter Saucen, Omeletten, Frikassees, Filets und Ragouts, die nach ihnen benannt werden. Noch heute ist eine Sauce weltbekannt, deren Name eigentlich einen französischen Sieg über die Engländer im Siebenjährigen Krieg verewigen sollte. Ihr Schöpfer ist ein Höfling und Feldherr, der Herzog Louis François de Richelieu, der Puerto Mahon auf der Baleareninsel gegen den Widerstand der britischen Flotte (deren Admiral man wegen dieser Schlappe auf dem eigenen Flaggschiff enthauptete) genommen und seine pikante Sauce nach der Stadt *Mahonnaise* genannt hat – als Mayonnaise kennen wir sie. Man huldigt dem Appetit, man schmeichelt ihm zwischen den großen Mahlzeiten mit kleinen Appetitbissen, die Maria Leszczyńska kreiert hat und die man *bouchées à la reine* nennt. Geflügelfilets *à la Bellevue* und junge Lämmer *à la Pompadour* heißen die kostbaren Beiträge unserer Heldin zur Kochkunst des Rokoko.

»Es ist nicht nett von Ihnen, lieber Vater, daß Sie mir seit einem Jahrhundert kein Lebenszeichen mehr gegeben haben. Ich hatte zehn Tage lang das Fieber, der König hat mir die Würde einer Herzogin verliehen, doch diese Ereignisse haben Sie nicht bewogen. Der Aderlaß am Bein und starker Kopfschmerz haben mich im übrigen nicht davon abgehalten, meinen Bruder zu bitten, er möge Ihnen von der Gnade des Souveräns berichten, da ich es selber nicht tun konnte. Ich sehe ja, daß die kleine Alexandrine ›Reinette‹ aus Ihrem Herzen verdrängt hat – das ist nicht recht, und ich muß sie wirklich innig lieben, um ihr verzeihen zu können.
Oktober 1752.«

Drei Menschen gab es im Leben der Jeanne-Antoinette Poisson, Marquise de Pompadour, die sie bedingungslos liebte: ihren Vater, ihre Tochter und ihren jüngeren Bruder. Ihnen wollte sie den höchsten Wohlstand, die höchsten Ämter, die höchsten Titel und Ehren verschaffen, diese wollte sie auf den höchsten Gipfeln des Lebens sehen. In der warmen und einfachen Beziehung zu diesen drei Wesen suchte sie krampfhaft danach, was sie in den Beziehungen zu anderen Menschen am Hof – in Beziehungen, auf welche Interesse und Eifersucht, Eitelkeit und Sinnesfreude, Heuchelei und Bosheit schmerzhaft abfärbten – nie gefunden hat: Geborgenheit und Sicherheit. Nur ihr Vater blieb ihr bis zuletzt: Siebzigjährig, geadelt und vermögend, starb er, wahrscheinlich an den Folgen übermäßigen Alkoholgenusses, im selben Jahr wie sie. Die zarte Alexandrine ging mit zehn Jahren dahin. Ihr »kleiner Bruder« enttäuschte sie bitter.

Hatte sie den zweifelhaften Lebenswandel ihrer Mutter wissend erlebt? Wußte sie, daß sie vielleicht nicht des Monsieur Poisson leibliche Tochter war? Wahrscheinlich sind ihr die Verhältnisse der Familie Poisson nicht verborgen geblieben. In ihren Gefühlen jedoch verkörperte der hochstaplerisch veranlagte, in seiner Rauhheit zynisch offene, in seiner Offenheit aber nicht unsympathische Mann eben den Vater. Und auch der trunksüchtige und lebenslustige Geselle, dem sonst nichts heilig war, der den Staat betrog und seine Freunde mit seiner rücksichtslosen Aufrichtigkeit gerne vor den Kopf stieß, auch François Poisson liebte seine Tochter innig. Er nannte sie *Reinette* – Königinchen. Sie schrieben einander zärtliche Briefe. Der alte Monsieur Poisson bewunderte das gebildete, schöne, lebhafte, am Königshofe glänzende Wesen, das er seine Tochter nennen durfte, und verehrte sie. Ebenso maßlos liebte er auch seine Enkelin.

Im Kloster Assomption, Mariä Himmelfahrt, wurde Alexandrine, einer Prinzessin gleich, erzogen. Höher noch als ihre Mutter sollte sie steigen. Den eigenen unbändigen Ehrgeiz projizierte Madame de Pompadour auf die kleine Alexandrine, durch sie wollte sie das erreichen, was ihr weder der königliche Adelsbrief noch die Verbindung mit Ludwig XV. zu geben vermocht hatten. Eines Tages sah man unter den Spielkameraden Alexandrines einen schönen Knaben. In seinen Zügen, in seiner Haltung, in seiner Bewegung glaubte man beim ersten Anblick schon Bekanntes zu entdecken, und dann, urplötzlich, wußte man es: Der Knabe sah Ludwig XV. ähnlich wie aus dem Gesicht geschnitten. Er hieß Comte de Luc und war der uneheliche Sohn der Marquise de Vintimille (aus dem Hause Nesle), der zweiten Mätresse Ludwigs XV. Diesen königlichen Knaben hatte nun Madame de Pompadour für ihre Tochter auserkoren. Ihr Blut und Ludwigs XV. Blut sollte durch die Vermählung ihrer Kinder unauflösbar vermengt werden. Eine durch das kirchliche Sakrament geheiligte Verbindung sollte endlich die uneingeschränkte Anerkennung erzwingen, die man ihr in Adelskreisen immer verwehrt hatte.

Ludwig XV. lehnte den Heiratsplan ab. Seine Gründe hat er anscheinend nie ausgesprochen, man kann nur auf sie schließen. Er verschloß sich, kalt und unnahbar schwieg er sich aus und mied die Marquise. Jedenfalls ließ er sich nicht dazu bewegen, bourbonisches Blut mit gemeinem zu mischen. Verzweifelt, müde, geschlagen zog sich Madame de Pompadour zurück. Ihrer Freundin, Madame du Hausset, sagte sie aufrichtige Worte, die ihren bohrenden Ehrgeiz enthüllen.»Ist denn nicht«, schluchzte sie, »ist denn diesen beiden jungen Menschen nicht anzusehen, daß sie füreinander geschaffen sind? Ludwig XIV. – er hätte den Knaben gewiß zum Herzog von Maine gemacht! Ich verlange nicht einmal so viel, nur einen Herzogstitel und ein Amt für seinen Sohn – das ist doch wenig genug. Es ist ja sein Sohn, und nur darum, meine Liebe, ziehe ich ihn all den kleinen Herzögen des Hofes vor. Unsere Enkelkinder würden in sich die Ähnlichkeit mit dem Großvater und der Großmutter vereinen, und diese Mischung, auf die man ja hoffen darf, würde mir einst das Glück bedeuten.«

Dieses Glück sollte sie nicht erleben. Auf der quälenden Suche danach ging sie immer den Weg des Ehrgeizes, aber der strahlende Prunk, die Titel, die Würden, der Einfluß, alles dies blendete nur, es wärmte nicht. Sie wußte das nicht, oder sie wollte es nicht wissen.

Sie suchte weiter nach dem Fürsten, der ihrer Tochter würdig wäre, der imstande wäre, den Ehrgeiz, den sie auf ihre Tochter übertragen hatte, umzusetzen in gesellschaftliche Wirklichkeit. Einer ihrer Feinde am Hofe, den sie gerne versöhnt und für sich gewonnen hätte, war der Vater eines im Alter zu Alexandrine passenden Sohnes, des Herzogs von Fronsac. Der Vater besaß einen Namen, den alle Welt ehrfurchtsvoll aussprach, und führte einen Titel, ohne dessen Erwähnung eine Geschichte Frankreichs nicht zu schreiben gewesen wäre. Es war der Marschall Richelieu. Über Dritte trug sie den Heiratsplan an den Marschall heran. Aber auch in diesem Fall hatte sie den Adelsstolz vollkommen unterschätzt. Der Herzog von Richelieu war tief empört. Er empfand es als eine Zumutung, ihm auch nur vorzuschlagen, seinen Sohn mit der Enkelin eines trunksüchtigen Steuerpächters und Lieferanten niederster Herkunft zu vermählen. Selbstverständlich sagte er das nicht. Er wies nur darauf hin, daß sein Sohn mütterlicherseits den Prinzen von Lothringen verwandt sei, und so sei eine Zustimmung des Hauses Lothringen unerläßlich zur Vermählung. Madame de Pompadour mußte erkennen, verwundert, daß hier ihrem Ehrgeiz Grenzen gesetzt wurden, die nicht einmal ihr Wille zu überwinden vermochte. Ihre Absichten verstießen gegen die Rollenverteilung der feudalistischen Gesellschaft, die der Glaube des Volkes an das Gottesgnadentum aufrechterhielt. Also war das Geheimnis der Herrschenden mehr als Herkunft nur und bloße Titel, mehr auch und komplizierter als ererbte Würde. Es war das Geheimnis einer Rolle, und das blieb es, solange Menschen an die Rolle glaubten. Ihre Suche nahm ein unerwartetes, sie tief erschütterndes Ende. Am 10. August 1744 war Alexandrine-Jeanne geboren worden. An einem kühlen Morgen des Jahres 1754, bei einer Andacht im Kloster Mariä Himmelfahrt, erkältete sie sich. Bald darauf trat hohes Fieber ein, und einige Wochen später starb sie an einer Lungenentzündung.

Der Bruder der Marquise, der 1727 geborene François-Abel, war sechs Jahre jünger als seine Schwester, und wie sie war auch er Vater Poisson höchst unähnlich, sowohl im Charakter als auch im Äußeren. Hübsch wie sie war er, er hatte eine lächelnd-einnehmende Wesensart, er bewegte sich leicht und elegant und eignete sich mühelos höfische Umgangsformen an. Er gefiel den Menschen, und in seinen frühen Jahren brachte ihm die Welt nachsichtige Bewunderung und kopfnickend-wohlwollendes Verständnis entgegen, man lächelte ihn unwillkürlich an, wie man schöne junge Menschen, die einem ungewollt den Eindruck der Unschuld vermitteln, anlächelt. Auch Ludwig XV. mochte ihn gut leiden, er lud ihn zu seinen Soupers und sonstigen Vergnügungen und nannte ihn manchmal den »kleinen Bruder«. François-Abel dankte, lächelte, kam und gefiel. Er blickte zu seiner Schwester in stummer Bewunderung empor, er verehrte sie und war ihr ergeben. Er schien ihres Ehrgeizes hoffnungsvollster Gegenstand zu sein.

Doch François-Abel ließ sich nur schwer formen. Nicht als ob er zu hart gewesen wäre, im Gegenteil, eher war er zu nachgiebig, zu diffus, zu charakterschwach. François-Abel war bescheiden. Aber nicht wie jemand, der eine Tugend besitzt, die ihn auszeichnet, oder ein Talent, das ihn hoch erhebt über die Menschen, und er aus Überlegenheit bescheiden ist, nein. Er war bescheiden, eben weil er sich tatsächlich als unbedeutend empfand. Er besaß nicht, wie seine Schwester, die Fähigkeit, aufzutreten und die Blicke aller auf sich zu ziehen, er lebte in einer naiv-staunenden Schüchternheit, und er war – Jeanne-Antoinette erschrak, als ihr dies, erst viel später, bewußt wurde – ohne Ehrgeiz.

Nacheinander wurde der »kleine Bruder« Marquis de Vandières, de Marigny und de Ménars, aber er nahm diese wunderschönen Titel und Ehren gar nicht ernst. Er war sogar gerne bereit, über sich selbst zu lächeln, mehr noch: Er lieferte oft den Spöttelnden auch noch den Stoff zum Spott. Jeanne-Antoinette setzte bei Ludwig XV. ihre ganze Überredungskunst dafür ein, aus François-Abel einen Ritter des ehrwürdigen Ordens vom Blauen Band zu machen. Bald schon erfuhr ganz Versailles von ihrem Vorhaben, und ganz Versailles schmunzelte. Denn ein Höfling, selbst Ordensritter und von altem, nicht erst »vorgestrigem« Adel, meinte, und der Wind trug sein Wort in alle Himmelsrichtungen: Noch sei der Fisch (poisson) nicht dick genug, als daß er blau werden könnte. François-Abel zuckte nur mit den Achseln, als er das Bonmot vernahm, das ihn beim König, der nichts so scheute wie den Spott, um die erstrebte Würde brachte. Nur Jeanne-Antoinette litt unter dem Schmerz, wie sie immer litt, wenn Spottsucht sie traf, sie und ihre Stellung oder eine geliebte Person, die unter ihrem Schutz stand. Dieser Frau, die selbst gerne lachte und geistreich zu konversieren wußte, die geschliffene Witze und einen tiefen Sinn für Kunst und wahre Größe besaß und zu einer Symbolfigur einer ganzen Epoche geworden war, fehlte die Fähigkeit, über sich selbst zu lächeln, sie besaß keine Selbstironie.

Der liebenswürdige Monsieur Lenormant de Tournehem, großzügiger Erzieher der Kinder Poisson und ihnen beiden stets ein guter Onkel und Freund, war Generalinspekteur des Bauwesens, und man kam überein, daß nach seinem Ausscheiden François-Abel dieses Amt übernehmen sollte. Dies war nun eine Tätigkeit, die auch dem »kleinen Bruder« zusagte, der, lässig träumend und genügsam in seiner Unscheinbarkeit, so manchen Ministerposten schon ausgeschlagen hatte. Er war empfänglich für alles Künstlerische, ohne selbst das Talent und die Kraft eines Schaffenden zu besitzen. Ein Dilettant war er, ein wahrer, das heißt demutsvoller Liebhaber der schönen Künste. Seine Erziehung sollte durch eine Reise nach Italien vollendet werden, und Madame de Pompadour, die er gelassen und verständnisvoll lächelnd gewähren ließ, plante für ihn die Reiseroute bis ins kleinste und organisierte das teure und ver-

gnügliche Unternehmen. Sie überhäufte ihn mit klugen Instruktionen und gab ihm kostbare Empfehlungsschreiben an
bedeutende Persönlichkeiten mit auf den Weg. Denn im Ausland kannte man die Rolle der *Maîtresse en titre* am Hofe des
französischen Königs, schon meldeten die Gesandten fremder
Mächte ihren Fürsten, welche nicht zu vernachlässigende
Macht sie in den geheimen Kabinetten darstellte. Auch die Rei-
segefährten suchte die Marquise für François-Abel aus, und so
begleiteten ihn auf der beinahe vier Jahre, 1748–1751, währenden Bildungsreise der Architekt Soufflot, der Abbé Leblanc
und, der Bedeutendste unter ihnen, Charles Nicolas Cochin,
genannt der Jüngere, ein Schützling der Marquise und Chronist
seiner Zeit, der vermerkte: »Die entscheidende Zeitspanne
war die Rückkehr des Monsieur Marigny und seiner Begleiter
aus Italien. Wir hatten gesehen und mit Nachdenken gesehen . . .«

Von den zahlreichen Briefen der Madame de Pompadour an
ihren Bruder sind einunddreißig erhalten geblieben. Es sei hier
aus zweien zitiert, aus dem einen, weil er erkennen läßt, wie die
Marquise selbst ihre Stellung bei Hofe einschätzte, dem anderen, weil er zeigt, wie feinfühlig sie sein konnte bei allem Wirklichkeitssinn, der sie nie verließ und den nur ihr Ehrgeiz zuzei-
ten trübte. Als sie die Nachricht erhielt, daß der Marquis de
Marigny vom Papst Benedikt XIV. wohlwollend empfangen
worden war, schrieb sie ihm:

»Ich bin sehr zufrieden mit der Aufnahme, die Ihnen der
Heilige Vater bereitet hat. Es wundert mich nicht, daß man hier
bei uns Rücksicht auf mich nimmt, da in diesem Land alle Welt
meiner Dienste bedarf oder bedürfen könnte. Wohl aber erstaunt mich, daß man es auch in Rom tut. Diese Annehmlich-
keiten soll man genießen, da es sie nun einmal gibt, aber sie
verdrehen mir nicht den Kopf. Abgesehen von dem Glück, das
es einem bereitet, wenn man geliebt wird von dem, den man
selbst liebt, was ja allen Ständen gemeinsam ist, wäre ein ein-
sames und weniger glänzendes Leben eher vorzuziehen. Ich

hoffe, Sie denken ebenso und halten sich wegen der vergänglichen Ehren, die der Stellung und nicht der Person gezollt wird, nicht für größer. Doch genug des Philosophierens! Um aber von den Menschen zu sprechen, den früheren wie den heutigen, muß ich sagen, daß alles, was ich von Rom gelesen und gehört habe, mich auf die Bewunderung vorbereitet hat, die Sie angesichts dieser Stadt empfinden, und ich glaube, Sie werden mir erkenntlich dafür sein, daß ich Sie zu dieser Reise aufgefordert habe.«

Wir dürfen annehmen, daß dies aufrichtige Zeilen sind, wahre Empfindungen der Frau, die so oft Ehrgeiz mit Glück verwechselt und sie nur in seltenen klaren Augenblicken voneinander getrennt zu sehen vermocht hat. Doch sie verwechselte Ehrgeiz nicht nur deswegen mit Glück, weil sie berechnend und kalt war. Sie konnte herrisch sein und heuchlerisch, sie konnte Liebe vortäuschen, um etwas zu erreichen, sie konnte schmeicheln und witzeln, sie konnte ihre besten Eigenschaften für ein Ziel einsetzen, nur eines konnte sie nicht: Glück empfinden. Sie war geschlagen mit dieser Unfähigkeit. Und sie wußte darum.

Vom 12. Januar 1751 ist der Brief datiert, der, so will es scheinen, viel von der wahren Denkungsart der Marquise enthüllt:

»Monsieur de Tournehem erwartet Ihre Rückkehr, damit er seinen Abschied nehmen kann. Ich hoffe nur, daß nichts daraus wird, doch sollte er es dennoch versuchen, dann würde ich es mit aller Macht verhindern, zum einen seinetwegen, weil er daran zugrunde ginge, zum anderen Ihretwegen. Obgleich Sie einige Kenntnisse gewonnen haben, sind Sie doch noch nicht fünfundzwanzig Jahre alt. Es wäre besser, wenn Sie erst mit achtundzwanzig oder dreißig an seine Stelle treten könnten.«

Doch Monsieur de Tournehem verstarb noch im selben Jahr, im November, und mit ihm ging der einzige Mensch dahin, der Jeanne-Antoinette uneigennützig zugetan war.

Dem jungen, viel zu jungen Monsieur de Marigny (sein

Landsitz dieses Namens wurde 1754 zum Marquisat erhoben) stand der Weg offen zu einem Amt, das einträglich war und seinem Inhaber eine beachtliche Stellung verlieh: das Amt des Generalinspekteurs des Bauwesens, der Gärten, Künste und Werkstätten. Ein *arbiter elegantiarum* ist damit der »kleine Bruder« geworden, und die Künstler, die staatliche Aufträge zu bekommen hofften, umflatterten ihn wie bunte Schmetterlinge eine schöne Blume. Und doch konnte er niemals seine Schüchternheit überwinden. Schüchternheit und mangelndes Selbstvertrauen beherrschten ihn, und er war unfähig, jenen Weg des Ehrgeizes und des Erfolges zu gehen, den seine Schwester für ihn so beharrlich und so hingebungsvoll, so hoffend viele Jahre lang geebnet hatte. Die tiefen Unterschiede in den Charakteren der Geschwister waren unüberbrückbar. François-Abel war gutmütig, schwach und scheu, Jeanne-Antoinette aber willensstark und herrisch. Sie begriff nicht, daß François-Abel gerade diese Stärke des Willens fehlte, sie begriff nicht, daß er von seinem Wesen aus außerstande war, in der Welt seiner Schwester zu leben. Er war glücklich und träge, wo sie selbst, auf Kosten von Glück und innerem Frieden, erfolgreich ihrem allesbeherrschenden Ehrgeiz lebte.

Immer wieder mußte sie ihn aufrütteln, ihm zureden, immer wieder mühte sie sich ab, um seinen Ehrgeiz anzusprechen, und wollte nicht sehen, daß er keinen Ehrgeiz besaß. Sie wollte ihn nach dem Abschied von Machault d'Arnouville (davon wird noch die Rede sein) mit der Leitung eines Ministeriums betrauen lassen, aber François-Abel weigerte sich. Sie wollte ihn verheiraten, glanzvoll und (zumindest nach ihrer Ansicht) standesgemäß, einmal mit der Tochter des Herzogs de la Vallière, ein andermal mit der Tochter der Fürstin Chimay, sie lockte ihn mit dem Versprechen, ihn zum Herzog, ja zum Erbherzog ernennen zu lassen, doch François-Abel blieb unerschütterlich in seiner Ehrgeizlosigkeit. Gelassen lehnte er all die hochfahrenden Pläne ab, und Jeanne-Antoinette fühlte sich selbst abgelehnt von ihm, in ihrer schwesterlichen Liebe in

Stich gelassen, und begriff nicht recht. Immer wieder kam es zu Auseinandersetzungen zwischen den Geschwistern, bei welchen Jeanne-Antoinette wortreich und eindringlich ihre Argumente vortrug und François-Abel gutmütig blinzelnd und mit einem Lächeln, das stumm um Entschuldigung bat, die Worte seiner Schwester wie einen Wolkenbruch über sich ergehen ließ. Nein, meinte er, seine Unabhängigkeit lasse er sich nicht nehmen, nicht einmal um aller Vorteile einer glanzvollen Heirat willen. Lieber wollte er, vermögend schon und ohne Sorgen, ein Leben führen, das ausgefüllt war mit betrachtungsreichem Nichtstun in Gesellschaft fröhlicher Künstler, ein Leben, dem Hofe fern, an dem er, seiner Schwester so ungleich, nicht glänzen und nichts erreichen wollte. Und als die Beharrlichkeit Jeanne-Antoinettes ihm die Ruhe, die ihm die Ausgeglichenheit des Ehrgeizlosen und die Zufriedenheit des Unscheinbaren bescherten, zu nehmen drohte, hörte er sie nicht mehr an. Er scheute den offenen Konflikt, fühlte sich nicht stark genug, sich den niederprasselnden Worten seiner Schwester zu stellen, und schrieb ihr. Vielleicht begriff die Marquise beim Lesen dieses Briefes endlich das Wesen ihres Bruders. Madame du Hausset war zugegen, als die schiere Verzweiflung der um ihre Hoffnungen gebrachten Schwester diese Worte entriß: »Das nun sieht meinem Herrn Bruder ähnlich! Er hat es nicht gewagt, mir so etwas ins Gesicht zu sagen, also schreibt er es mir! Ich hatte für ihn die Ehe mit der Tochter eines Mannes von Familie eingeleitet, er war auch bereit, zuzustimmen, und ich hatte mich verpflichtet. Jetzt schreibt er, er habe Informationen eingebracht, nach welchen Vater und Mutter von unerträglicher Hochnäsigkeit seien, darüber hinaus sei die Tochter selbst sehr schlecht erzogen und habe, als sie von der geplanten Eheschließung erfuhr, höchst verachtungsvoll über uns gesprochen. Mich habe man dabei noch viel weniger geschont als ihn. Also bittet er mich, die Heiratspläne rückgängig zu machen. Aber ich bin schon zu weit gegangen. Und jetzt macht er mir unversöhnliche Feinde.«

Und dennoch verführte ihn, den im Nichtstun genießenden Junggesellen, eines Tages eine plötzlich aufflackernde Liebe dazu, sich zu verheiraten. Gebildet, schön, geistreich und von vornehmer Geburt war Julie, die Schwester der Comtesse de Seran. Doch die Ehe wurde sehr bald zu quälendem Unglück für beide. Denn mit fortschreitendem Alter wurden gewisse Eigenschaften des Marquis de Marigny offenkundig, welche liebliches Äußeres der Jugend, Eleganz, künstlerische Gelassenheit und feine Manieren bis dahin überdeckt hatten. Er verfiel in Narzißmus und Melancholie, immer mißtrauischer beobachtete er die Umwelt, ob sie ihm auch ausreichend huldige. Er gab sich wegen Nichtigkeiten dem bohrenden Gefühl des Unglücklichseins hin, und er tat es mit selbstquälerischer Freude. Solche Anfälle von Unglücksgefühlen suchten ihn immer häufiger heim, und in Stunden einer schon krankhaften Abkehr von der Wirklichkeit flüchtete er in Äußerungen, die für seine Umgebung beleidigend und verletzend waren. Er empfand das Unangemessene seiner Haltung auch selber, war aber nicht mehr in der Lage, seine Ausbrüche zu kontrollieren. Bitterkeit beherrschte nun das Leben dieses Mannes, und sein Mißtrauen vergiftete die Beziehung zu seiner Frau. Eines Tages verabschiedete er sich von Montmartel de Pâris mit den schwermütigen Worten: »Leben Sie wohl, mon ami, und beklagen Sie den unglücklichsten aller Menschen. Adieu!«

Von diesem Tag an blieb die Marquise de Pompadour einsam. Es war ein Leben ohne Geborgenheit, ohne Freunde, ein Leben ohne Wärme. Was ihr blieb, war der Kampf um ihre Stellung am Hofe, war ihr nie ermüdender Ehrgeiz.

VIII. Kapitel

Weltgeschehen in zwei Akten

Des Weltgeschehens erster Akt

Im Oktober des Jahres 1740 hatte sich Kaiser Karl VI. in ungarischen Gefilden auf die Jagd begeben. Das Wetter war unwirtlich, dennoch watete der Kaiser stundenlang durch morastiges Gestrüpp, pirschte unter triefenden Bäumen. Als der Abend kam, nieste er, der Kopf tat ihm weh, ihn quälte Schüttelfrost. Am nächsten Morgen fuhr er nach Wien. Dort angekommen, war er nicht mehr bei Bewußtsein, er mußte aus der Kutsche gehoben und ins Bett getragen werden. Tagelang kämpfte er mit dem Fieber. Mit glühenden Wangen und schon stotternder Zunge, mit letzter Kraft und letzter Verantwortung beriet er sich mit seinem Staatssekretär Bartenstein, dann, am 20. Oktober, erst fünfundfünfzig Jahre alt, starb er, der letzte Habsburger auf dem Thron. Er starb im festen Glauben daran, die Rechte seiner Erbtochter Maria Theresia und die Zukunft der habsburgischen Besitztümer durch die von den Großmächten garantierte Pragmatische Sanktion, die weibliche Erbfolge im Hause Habsburg, dieses naive Meisterstück juristischer Spitzfindigkeit, gegen alle nur erdenklichen Gefahren gesichert zu haben. Aber die außenpolitische Konstellation war für Österreich ungünstig, als der Kaiser verschied.

Der erst kurz zuvor beendete glücklose Türkenkrieg und der demütigende Friede von Belgrad (Prinz Eugen, der edle Ritter und Türkenbezwinger von 1717, war schon seit fünf Jahren tot) hatten einen Machtverfall des Habsburgerreiches aufgezeigt, den niemand hätte voraussagen können. Bayern und Sachsen, Piemont-Sardinien und Spanien erhoben nun Ansprüche auf

Teile des österreichischen Erbes, und Kardinal Fleury, der die Pragmatische Sanktion im Namen Frankreichs garantiert hatte, sah sich in die Maschen der eigenen zweideutigen Politik verstrickt. Er war friedfertig, doch überschätzte er die eigene Schläue. Bald sollte er von der politischen Bühne verschwinden. Doch noch zu seinen Lebzeiten entstand eine schreierische Kriegspartei unter der Führung des Marschalls Herzog von Belle-Isle, die durch die königlichen Mätressen aus dem Hause Nesle auch Ludwig XV. beeinflußte. Es war jedoch ein anderer, der zur Tat schritt.

Von seinem Vater, der nur einige Monate vor Kaiser Karl VI. gestorben war, hatte Friedrich II. von Preußen eine zur Schlagkraft gedrillte Armee und eine volle Kriegskasse geerbt. Ihm wie allen anderen Fürsten im deutschen Raum, aber auch Frankreich und Britannien, dessen König zugleich Kurfürst von Hannover war, stellte sich eine Frage von sonderbarer Tragweite: Wer sollte die Krone des Heiligen Römischen Reichs Deutscher Nation erben? Eine Krone, die ihrem Träger zwar kaum noch militärische Macht verlieh, doch, geschichtsträchtig, eine wirkungsvolle Würde von nicht genau abgrenzbarem Einfluß ausstrahlte. Sollte der Kurfürst von Bayern sie auf das Haupt setzten? Er war sich der Unterstützung durch Frankreich gewiß. Oder sollte der Lothringer, nun schon Großherzog von Toskana, Maria Theresias Gemahl, zum Kaiser gewählt werden?

Friedrich wollte die Macht, die seine Armee darstellte, in der Auseinandersetzung, die er herbeisehnte, dem Meistbietenden zur Verfügung stellen – für eine entsprechende Gegenleistung, versteht sich. Während die anderen Höfe über die äußerst verworrene Situation noch beratschlagten und das nach dem Tode des Kaisers entstandene Machtvakuum (das die Verfasser der Pragmatischen Sanktion vorausgesehen hatten) analysierten, stand er schon sprungbereit. Schlesien sollte das Faustpfand und zugleich der Preis für Preußens Hilfeleistung sein, das habsburgische Schlesien, auf das er mit nicht ganz einwandfrei-

180

en, aber juristisch diskutablen Argumenten Anspruch anzumelden gedachte. Er stellte die folgende Gleichung auf: Für Schlesien würde er der von allen Seiten bedrängten Maria Theresia seine Hilfe anbieten; nimmt sie das Angebot an, so hat Friedrich sein Ziel, die Einverleibung Schlesiens nämlich, erreicht; lehnt sie es ab, dann würde er sich mit ihren Feinden verbünden. Eine klare Gleichung war das, mit – beinahe! – keiner Unbekannten. Es war eine machiavellistische Gleichung, obwohl Friedrich hingebungsvoll über moralphilosophische Fragen meditierte. Überzeugend widerlegte er in einer Streitschrift die Thesen über die von jeglichem Gefühl, Moral und Religion befreite Fürstenvernunft, wie der Florentiner Renaissance-Mensch Niccolò Machiavelli sie dargelegt hatte. Voltaire betreute sein *Antimachiavel* – und kaum war es erschienen, da ließ Friedrich seine machiavellistische Gleichung aufgehen: Am 16. Dezember 1740 setzte er seine Truppen gegen Schlesien ohne Kriegserklärung in Marsch.

Zu diesem Zeitpunkt lenkte noch Kardinal Fleury die Geschicke Frankreichs, er bestimmte, zumindest in der ersten folgenschweren Zeit, die Zukunft Europas. In diesen Monaten standen zwei ganz widersprüchliche Charaktere einander gegenüber: Tatendrang und Ruhmesdurst, geschichtstüchtig gemacht durch ein gutes Maß an Wirklichkeitssinn, beflügelten den jungen Preußenkönig – diplomatische Leidenschaftslosigkeit und kühler Rationalismus beherrschten die Gedanken des weisen und greisen André Hercule de Fleury, der das Aufeinanderprallen der beiden Mächte verhindern wollte. Solche Überlegungen aber waren dem gefühlsbedingten Tatendrang der Jugend (wie auch dem leidenschaftlichen Trotz einer tödlich beleidigten Fürstin) nicht gewachsen.

Fleury hatte die Pragmatische Sanktion anerkannt und für die Anerkennung und die Garantie der habsburgischen Erbrechte Lothringen erhalten. Doch er hatte auch dem bayrischen Kurfürsten das Wort seines Königs verpfändet, ihn bei der Kaiserwahl zu unterstützen – die beiden Verpflichtungen widersprachen einander und brachten Fleury nun in eine äußerst schwierige Lage. Offen den Kurfürsten unterstützen durfte er nicht. Und doch war er entschlossen, den Habsburgern die Kaiserkrone zu entreißen, denn er mußte mit der Möglichkeit rechnen, daß Franz Stefan von Lothringen, einmal zum Kaiser erwählt, alles daransetzen würde, mit der Macht des Reiches sein unfreiwillig abgetretenes Erbland zurückzuerobern. Friedrichs urplötzlicher Griff nach Schlesien zwang Fleury zu einer eindeutigen Stellungnahme.

Nichts scheute er mehr als das. Doch er mußte auch folgendes bedenken: Wandte er sich gegen Friedrich, so konnte sich der Preußenkönig mit Österreich und Britannien verbünden, man würde dann Franz Stefan zum Kaiser krönen und mit geeinten Kräften Frankreich in die Knie zwingen. Solche Gedanken mögen den Greis beunruhigt haben, als der österreichische Gesandte Wasner bei ihm vorsprach und auf die Anerkennung des Thronwechsels drang. Das Antwortschreiben sei erstellt, sagte der Kardinal und fügte wehmutsvoll hinzu: »Sum in medio pravae et perversae nationis« (ich befinde mich in der Mitte einer schlechten und verderbten Nation).

Es waren trübe und traurige Worte, seine wahren Gedanken verbarg der Kardinal hinter ihnen. Denn er und der preußische König hatten vereinbart, die Kaiserkrone dem bayrischen Kurfürsten zuzuspielen, das hieß: Frankreich würde hinnehmen (in flagranter Verletzung der Bestimmungen der garantierten Pragmatischen Sanktion), daß Friedrich Schlesien besetzte, und Friedrich würde nichts einwenden, wenn Bayern bei der Verteilung des habsburgischen Erbes alte Ansprüche geltend machen wollte. Und langsam, zögernd, ungläubig und verwundert erst und nur unter dem Druck bruchstückweise einlaufender Berichte und schließlich militärischer Niederlagen, begriffen Maria Theresia und ihre vergreisten Minister, daß die schlecht gerüstete österreichische Armee bald schon dem konzentrierten Angriff dreier Mächte, Preußens, Bayerns und Frankreichs, würde trotzen müssen.

Wie beinahe jedesmal vor schwerwiegenden Entschlüssen war Maria Theresia auch dieses Mal in anderen Umständen: »Soferne nicht allezeit gesegneten Leibes gewesen, hätte mich gewiß Niemand aufgehalten, selbsten diesem so meineydigen Feinde entgegenzusetzen.« Und doch: Sie setzte kühn dem Meineidigen, Friedrich von Preußen, entgegen. »In diesen Umständen fande ich mich ohne Geld, ohne Credit, ohne Armée, ohne eigene Experienz und Wissenschaft und endlich auch ohne Rath . . .« Und weiter: »Gesamte Meine Ministri, anstat Muth Mir zuzusprechen, liessen solchen gänzlich sinken, und liessen nicht undeutlich sich verlauten, als ob sie alles für nicht viel weniger als für desparat anseheten, ja es sucheten so gar einige Sich zu ritiriren . . .« Und doch: Sie blieb nicht ohne Armee, nicht ohne Kredit, nicht ohne Rat. Denn in Friedrichs machiavellistische Gleichung schlich sich bald eine Unbekannte, mit der kaum jemand gerechnet hatte: Ungarn. Bei blendender Prunkentfaltung, deren Glanz weit über die Landesgrenzen hinausstrahlte, wurde Maria Theresia am 25. Juni 1741 mit der uralten Krone des heiligen Stefan zur Königin von Ungarn gekrönt.

Aber im April hatten die noch von weiland König Friedrich Wilhelm I. gedrillten preußischen Grenadiere bei Mollwitz, nachdem die österreichische Kavallerie die feindliche mitsamt ihrem König in die Flucht geschlagen, doch noch einen Sieg errungen. Und einige Tage nach ihrer »glücklich vor sich gegangenen Krönung« bat Sir Thomas Robinson, der britische Gesandte, Maria Theresia um Audienz und brachte ihr gewisse Informationen seiner Regierung unerbittlich zur Kenntnis: Frankreich würde sehr bald schon dem bayrischen Kurfürsten zwei Armeen zur Verfügung stellen, die ohne Kriegserklärung, unter bayrischen Fahnen, gegen Österreich marschieren würden. Dann forderte er die Königin im Namen der Regierung Seiner Britannischen Majestät auf, Frieden mit dem Preußenkönig zu schließen, damit er die antihabsburgische Koalition verlasse – Frieden um den Preis Schlesien. Doch diese kluge

Frau, die in so vielen mißlichen Lebenslagen so große Seelenkraft beweisen sollte, vermochte nicht auf Schlesien, auf dieses Sinnbild eines Opfers brutaler Gewalt, zu verzichten. Mit würgendem Haß verabscheute sie Friedrich (der bloß kühl gerechnet hatte) und hoffte, er würde ihr Angebot, das sie in der Not sich selbst abgepreßt, ablehnen. Das tat er auch, da er ja de facto bereits alles besaß, was er hatte haben wollen. Der Krieg ging weiter, und es wollte scheinen, als ob die Lage der Königin aussichtslos war.

Alle Verbündeten hatten sie verlassen, selbst Großbritannien, nachdem der Friede mit Preußen nicht zustande gekommen war, denn König Georg II. mußte als Kurfürst von Hannover seine Stimme bei der Kaiserwahl dem bayrischen Kurfürsten verpfänden, um nicht die territoriale Sicherheit Hannovers zu gefährden. Und der Wittelsbacher lagerte schon in Oberösterreich. Die feindlichen Heere bedrohten allmählich Wien, wenn auch Karl Albert eher nach Prag schielte, wo er sich zum König von Böhmen ausrufen lassen wollte, um als Ranghöchster unter den Kurfürsten (Britanniens König sollte nicht gewählt werden) die Hand mit um so größerer Gewißheit nach der Krone der römischen Kaiser auszustrecken.

Panik brach aus in Wien. Linz an der Donau liegt nur zweihundert Kilometer von der Hauptstadt entfernt. Archive wurden in aller Eile verpackt und nach Preßburg geschafft, wo während der Besatzung der Residenzstadt und Festung Buda durch die Türken, 1541–1686, und auch noch nachher die ungarischen Könige gekrönt wurden und wo nun Maria Theresia sich aufhielt.

In der allgemeinen Kopflosigkeit faßte die Königin, einsam und von niemandem beraten, den rettenden Entschluß: »Ich allein, ohne eitlen Ruhm zu melden, ware etwa diejenige (so doch keineswegs Meiner Tugend, sondern lediglich der Gnad Gottes zuschreibe), die unter allen diesen Drangsallen den meisten Muth annoch beibehielte . . .« Wäre sie nicht der Eingebung gefolgt oder hätte nur gezaudert und wäre untätig geblieben, das Chaos – das erst zweihundert Jahre später, 1919/1920, die Friedensstifter von Paris sanktionierten: die Auflösung Mitteleuropas nämlich – wäre jetzt schon, in der Mitte des 18. Jahrhunderts, entfesselt worden. Maria Theresia faßte den Entschluß, auf dem Landtag den Ständen Ungarns die bedrohliche Lage schonungslos darzulegen, deren Hilfe zu erbitten und die Nation zu den Waffen zu rufen. Den nicht ganz wohlmeinenden Warnungen ihrer *Ministri* zum Trotz wollte sie ihre heilige Person, ihre Krone, ihre Länder und ihre Kinder in den Schutz der ehrenwerten *status et ordines* Ungarns begeben.

Am 11. September 1741 gelobten die *status et ordines* im Thronsaal der Burg zu Preßburg ihrer Königin, *vitam et sanguinem*, Leben und Blut, für sie zu opfern. Ihr Treueeid und der Waffenlärm, der darauf unmittelbar folgte, versetzten die europäischen Höfe in Erregung. Niemand hatte mit dieser Wendung gerechnet. Die ausländischen Gesandten hatten in ihren Berichten die Chancen der Königin, mit ihren Untertanen erfolgreich sich zu verständigen, als aussichtslos bewertet. Und nun war es völlig überraschend doch geschehen. Niemand, kein Diplomat und kein Feldherr, vermochte zu sagen, welchen Kraftzuwachs im Lager Maria Theresias die in Gang gesetzte Aufstellung ungarischer Armeen bedeutete: zwanzigtausend Mann, vierzigtausend, vielleicht sogar hunderttausend? Und was für eine Armee würde das sein? Ein gnadenloses Heer von wilden Freischärlern, die, gotteslästerlich fluchend und jegliche Kriegsregeln mißachtend, jung und alt über die Klingen springen lassen und erbarmungslos plündern würden, oder war das Land in der Lage, eine in alter Kriegskunst geschulte, disziplinierte Armee aufzustellen? Niemand wußte die Antwort. Die Kunde von der Offenherzigkeit, die wirksamer gewesen war als alle List (die List der Offenherzigkeit, meinte Friedrich nicht ohne Respekt), mit welcher Maria Theresia der Nation sich gestellt hatte, erwirkte in ganz Europa Sympathie. Die mit grellen Farben der Rührseligkeit geschilderte erhebende Szene konnte man bald auf Stichen und Gobelins bewundern, und es wurde

Mode in den Salons von London, sich aufgeregt zu begeistern für die schöne, junge, von allen verlassene Königin. Die hochgestellten Damen sammelten Geld. Als erste Spenderin trug sich die greise Herzogin von Marlborough in die Liste ein: Vierzigtausend Pfund stiftete sie, auf daß die ungarische Königin ihre Völker aufrüsten könne.

Die wogende Welle von Bewunderung und Mitgefühl erfüllte die Streiter für Habsburgs Sache mit Zuversicht und stimmte die Feinde nachdenklich, Friedrich voran. Ihn ließen die Ansprüche des bayrischen Kurfürsten kalt, kein Interesse seines Landes vermochte er darin zu erblicken, daß der Wittelsbacher zum Kaiser erwählt würde. Nur auf Schlesien hatte er gezielt und wollte es nun, nachdem er es zu großem Teil erobert, auch behalten. Man kann mit Gewißheit sagen, daß er das Angebot, um den Preis Schlesiens Maria Theresia zur Seite zu stehen, ernst gemeint hatte. Aber die Königin stellte sich blind und taub, sie war nicht dazu zu bewegen, auf diese schöne Provinz, eben weil man sie ihr gewaltsam entrissen hatte, zu verzichten, und so mußte Friedrich die Folgen seiner militärischen Bedenkenlosigkeit auf sich nehmen. Als er Schlesien besetzte, erwartete er, daß Maria Theresia, von den Bayern und den Franzosen hart bedrängt, verzichten würde, um die größere Gefahr abzuwenden. Nun sah er sich getäuscht. Auch konnte er keinen Vorteil für sein Land sehen, wenn der französische Einfluß im deutschen Raum stärker würde. Und doch mußte er sich mit den Franzosen und den Bayern verbünden, sie zu weiterer Aktionen ermuntern, er mußte die Zögernden aufrütteln und die Vorsichtigen ermahnen, die ja ihren Krieg nicht ums staatliche Fortbestehen wie Maria Theresia führten, sondern nur um der Beute willen, er mußte die Erlahmenden stärken – er, der nichts mehr zu gewinnen, nur noch zu verlieren hatte. Nun mußte er alles daransetzen, Schlesien zu behaupten, denn die über seinen Wortbruch empörte Königin scheute sich nicht, sogar ihre niederländischen und italienischen Besitztümer zu opfern, um mit aller Macht der Donaustaaten ihre Erbländer zu behaupten.

186

Friedrich sah nur einen Weg zum Erfolg: Die geeinte Kraft der Alliierten sollte gegen den empfindlichsten Punkt des Habsburgerreiches eingesetzt werden, gegen Wien. Würde die Hauptstadt belagert, so müßte Maria Theresia die Armee des Reinhard Wilhelm Graf von Neipperg aus Schlesien abziehen, um Wien zu entsetzen. Doch der bayrische Kurfürst hatte erfahren, daß die Königin ihre Truppen aus Italien gegen Norden marschieren ließ – sie mußten bald bayrisches Gebiet erreichen. Um nicht zwischen zwei Feuer zu geraten, wagte er nicht, aus Oberösterreich weiter nach Osten zu ziehen. Inzwischen wurde Wien schnellstens befestigt, und der geeignete Augenblick, nicht nur der militärisch geeignete, sondern auch der psychologisch wirksame, war verstrichen. Karl Albert wandte sich Prag zu, um sich zum König von Böhmen krönen zu lassen.

Zu diesem Zeitpunkt erhielt die bayrisch-französisch-preußische Koalition unerwartete Verstärkung: Friedrich August II. (Sohn des Starken), Kurfürst von Sachsen und als August III. König von Polen, zog mit einer Armee von zwanzigtausend Mann gegen Maria Theresia ins Feld – auch er konnte Anspruch auf habsburgischen Besitz erheben, denn wer war Habsburg nicht verwandt, mit wem war Habsburg nicht verschwägert? Nun mußte die Königin, nachdem Schlesien verlorengegangen, auch noch Böhmen und Mähren verteidigen. Ihre Lage schien wiederum hoffnungslos. Da, in diesem Augenblick der Verzweiflung, entschied sie sich zum zweiten Mal zu einem überraschenden Schritt. Sie schrieb Fleury. Nicht dem Minister, sondern dem Kirchenfürst. Um Christi Liebe willen flehte sie ihn an, Frieden zwischen ihr und ihren Feinden zu stiften. Der gefühlsarme Greis und schlaue Politiker aber ließ sich nicht erweichen. Er schien im Gegenteil die stolze Habsburgerin demütigen zu wollen, indem er sie zwei lange Wochen auf die Antwort warten ließ. Und diese Antwort fiel kühl und abweisend aus. Ebenso kühl wies der Marschall Belle-Isle, der Oberbefehlshaber der französischen Invasionsarmee, den Beauftragten Maria Theresias zurück. Nun blieb ihr wahrhaftig nichts anderes übrig als das zu tun, wozu London sie von jeher gedrängt hatte: verhandeln mit dem Meineidigen, Friedrich von Preußen.

Es konnte nicht in seinem Interesse liegen, sich auf einen langen Krieg einzulassen. Hätte Karl Albert in einem raschen Feldzug Wien belagert und eingenommen, so hätte auch Friedrich in der Koalition ausgeharrt. Aber Karl Albert hatte den Augenblick, den ihm die Geschichte geboten, versäumt. Die Belagerung Prags drohte ein langwieriges und mühsames, verlustreiches Unterfangen zu werden, von seiner Einnahme durch Franzosen und Bayern versprach sich Friedrich keinen Vorteil. Der englische Beauftragte Lord Hyndford schlichtete zwischen Wien und Berlin, und man vereinbarte am 9. Oktober 1741 in Kleinschellendorf folgendes: Die preußische Armee belagert Neiße, die letzte Festung in Schlesien, die noch Widerstand leistete, Neipperg verteidigt sie, aber nur zum Schein, und nach etwa zwei Wochen nehmen die Preußen sie ein; nach diesem »Schicksalsschlag« zieht die österreichische Armee aus Schlesien ab, um in Böhmen frei operieren zu können. Es war offenkundig: Friedrich wollte das Abkommen mit den Österreichern geheimhalten und nicht eindeutig Stellung beziehen. Man konnte seine Gedanken erraten: Besiegen die vereinten Armeen Franz Stefans und Neippergs die Alliierten, so verbündet er sich mit Maria Theresia; verlieren sie Prag und Böhmen, dann verbleibt er in der Koalition.

Planmäßig wurde die Vereinbarung durchgeführt. Doch mochten Preußen wie Österreicher ihre Pläne noch so geheimhalten, den Alliierten kamen die Vorgänge in Schlesien dennoch verdächtig vor. Bald schon war ihnen klar, daß sie auf den preußischen König, zumindest vorübergehend, nicht rechnen konnten. Nun hing das Schicksal ihrer Invasionsarmee davon ab, ob sie imstande war, die böhmische Hauptstadt binnen weniger Wochen zu nehmen – denn im Besitz Prags durften sie hoffen, daß sie Friedrich dazu bewegen könnten, in ihr Lager zurückzukehren. Schlug aber der Feldzug fehl, dann würden die Österreicher der französisch-bayrischen Armee rund um Prag in den Rücken fallen. Im Gewaltmarsch näherte sich Neipperg Prag.

In Mainz hatte der Marschall Herzog Belle-Isle den vorsichtigen, zögernden Bischof zu überreden gesucht, die Kurprinzen einzuladen, auf daß sie Karl Albert zum Kaiser wählten. Nun, da er Nachricht von Neippergs Truppenbewegungen erhielt, machte er sich auf den Weg nach Prag. Doch der betagte Feldherr war den Strapazen des Krieges nicht gewachsen. In Dresden wurde er krank und mußte die Reise abbrechen. Die Sorge um seine Armee nagte an ihm, sein Zustand verschlechterte sich, als er Post von seinem Bruder, der vor Prag im Felde lag, erhielt, in der dieser den Marschall anflehte, sich um jeden Preis dem Heer anzuschließen, denn seine Anwesenheit sei unentbehrlich.

Der unglückliche Feldherr konnte sich vor Schmerzen kaum rühren. Er könne sich nicht auf den langen und gefährlichen Weg begeben, ließ er seinen Bruder im Lager wissen, obgleich er begreife, daß er bei der Armee sein müßte; selbst auf einer Bahre würde er sich dorthin tragen lassen, aber er befinde sich in einem so erbarmungswürdigen Zustand, daß er unterwegs gewiß zugrunde ginge. Seine Schmerzen wuchsen ins Unerträgliche, noch mehr quälte ihn aber die Vorstellung, daß die frisch eingezogene und sehr bewegliche ungarische Kavallerie die ermüdete und frierende französische Infanterie niederreiten könnte, während er, ans Bett gefesselt, der nahenden Katastrophe tatenlos zusehen mußte. Ihn quälten Schreckgesichte im rastlosen Schlummern. Er wurde geweckt, und man übergab ihm ein Billet. Mit wachsendem Staunen, das ihn die Schmerzen vergessen ließ, las der kranke Marschall die Botschaft:

»Monsieur, Sie haben gewünscht, daß wir Prag einnehmen. Der Stadtkommandant hat sich ergeben, in seinem Zimmer schreibe ich diesen Brief. Ich kann den Heldenmut unserer Truppen nur loben, besonders Oberst Chever hatte sich ausgezeichnet. Zur Zeit bin ich mit der Sicherung der öffentlichen

Ordnung beschäftigt, was schwer ist in einer Stadt, die man mit Gewalt erobert hat. Maurice de Saxe.«

Was hatte sich in Prag zugetragen? Held und Urheber des Husarenstücks war der fürstliche Bastard, dem wir in Versailles schon begegnet sind: Marschall Maurice de Saxe. Alle Welt kannte seinen Namen, denn so manches Mal schon hatte er die Welt mit seinen Abenteuern verblüfft. Einige Jahre zuvor hatte er sich zum König von Litauen krönen lassen wollen – und Adrienne Lecouvrer, die gefeierte Diva der Pariser, mußte ihren gesamten Schmuck verpfänden, damit Maurice heil zurück nach Paris gelangen konnte. Von Grammatik hielt er wenig (wie hohe Herren überhaupt, die meinten, richtig zu schreiben sei Sache der Sekretäre), doch diese Unkenntnis hinderte ihn nicht daran, unter dem Titel *Rêveries* (Träumereien) ein ideenreiches Buch über zukünftige Kriege herauszugeben.

Im Lager vor Prag hatte er von einem gefangengenommenen böhmischen Soldaten durch schlaues Befragen erfahren, welche Punkte der Befestigungsanlage am schwächsten waren, und kam zu dem Schluß, daß man die Stadt überfallartig nehmen konnte. Für eine Wahnsinnsidee hielt man im Stab seinen Plan. Doch von Stunde zu Stunde wuchs die Gefahr, die Armeen Franz Stefans und Neippergs, die nun aufeinanderstoßen mußten, konnten bald gesichtet werden, so daß man nicht mehr an eine regelrechte Belagerung denken durfte. Also beschloß man, die Befestigung an drei Punkten anzugreifen, dadurch die Verteidiger abzulenken und so das Bravourstück des Maurice de Saxe zu decken.

Einzeln wählte Maurice jeden Mitstreiter aus – die meisten von ihnen kamen nicht von Versailles, sondern aus fernen Provinzen. Abenteuerlustige Edelleute waren sie mit viel persönlichem Mut. Zur Mitternachtsstunde versammelten sie sich außerhalb des Lagers. Um ein Uhr brach die kleine Schar auf zur vorgesehenen Bastei. Unter ihr gähnte tiefer Abgrund, nur über eine angelehnte Leiter konnte man auf die Bastei gelangen. Der im Brief erwähnte Oberst Chever sollte den Angriff eröffnen. Er fragte seine Grenadiere, ob einer sich freiwillig meldete, als erster hinaufzuklettern. Ein Elsässer Bursche namens Muller trat vor.

»Bangst du denn nicht um dein Leben?«

»Nein, mon colonel.«

»Der Wachtposten ruft dich an: Stuj! Kdo je tam?« (Halt! Wer dort?)

»Jawohl, mon colonel.«

»Du bleibst mucksmäuschenstill.«

»Jawohl, mon colonel.«

»Der Wachtposten nimmt dich aufs Korn.«

»Jawohl, mon colonel.«

»Schießt und verfehlt dich.«

»Jawohl, mon colonel.«

»Du wirfst dich auf ihn und erwürgst ihn mit bloßen Händen.«

»Jawohl, mon colonel.«

Doch es kam anders. Als die unförmige Gestalt des französischen Grenadiers aus der Dunkelheit vor dem Wachtposten auftauchte, erschrak dieser zu Tode und schoß in die Luft, dann ergriff er die Flucht, und seine Kameraden folgten ihm. In diesem Augenblick brach ohrenbetäubendes Musketenfeuer los. Aus drei Richtungen stürmten die Franzosen gegen die Festung. Die Garnison verteidigte sich verzweifelt, doch inzwischen hatten schon Oberst Chever und seine Grenadiere die Bastei genommen. Der Oberst ließ die Zugbrücke niederprasseln, knisternd tat sich das Tor auf, und hoch zu Roß ritten Maurice de Saxe und seine schmucken Mannen in die Stadt. Aus einem größeren Gebäude strömte Musik in die Straße, Kerzenlicht erhellte die Fenster, ein Vorstadtball war gerade zu Ende gegangen. Heraus strömten, schwitzend und schwatzend, die Schönen, und galant boten ihnen die französischen Kavaliere Arm und Geleit an. Maurice de Saxe eilte in den Palast des Gouverneurs und forderte den Stadtkommandanten zur Übergabe der Festung auf. All dies trug sich in der Nacht vom 25. auf den 26. November 1741 zu.

Franz Stefan hatte Prag nicht rechtzeitig erreicht. Als sie die Botschaft vom Fall der Stadt erhielten, meinten seine Heerführer, es sei klüger, die Armee zusammenzuhalten, weil der Feind nach dem geglückten Überfall sich nicht mehr auf eine offene Feldschlacht einlassen würde. Sie wollten lieber Oberösterreich gegen etwaige Angriffe sichern.

Schluchzend vor Verzweiflung vernahm Maria Theresia die Hiobsbotschaft vom Fall Prags. Friedrich aber gratulierte dem Marschall Belle-Isle in einem Brief mit warmen Worten zum Sieg und sprach unverblümte Worte zu Lord Hyndford, dem britischen Gesandten, der eine endgültige Fassung des geheimen Abkommens von Kleinschellendorf vorschlug. Die Österreicher hätten die Dummheit begangen, meinte Friedrich, Prag auf den ersten Überfall hin aufzugeben; es stünden hundertfünfzigtausend Mann der Alliierten siebzigtausend der »Pragmatischen« gegenüber; dieser Umstand mache jegliches Abkommen ungültig.

Nun zauderte auch der Bischof von Mainz nicht länger, sondern berief die Kurfürsten ein. Karl Albert hatte sich in Prag von den böhmischen Ständen als neuer König huldigen lassen, und am 14. Januar 1742 wurde der Wittelsbacher zum Kaiser gekürt – gekrönt am 12. Februar in Frankfurt von seinem Bruder, dem Kurfürsten Clemens August von Köln.

Groß war die Genugtuung in Paris, größer noch als die Bitterkeit in Wien. Denn endlich war der französischen Diplomatie nach jahrhundertelangen Kämpfen und Intrigen gelungen, den Habsburgern die Kaiserkrone zu entwinden – ein wohl fragwürdiger Erfolg, wenn man das Opfer, das Frankreich dafür erbracht, und die tatsächliche Macht, welche der Kaiserwürde noch innewohnte, einbezieht.

Die Kaiserwahl hatte freilich keinen Einfluß auf die Ereignisse im Felde. Die schwangere Maria Theresia, standhaft und geistesgegenwärtig, beschwor ihren zaudernden Gemahl und Neipperg, anzugreifen. Eine großangelegte Truppenbewegung wurde eingeleitet. Die Österreicher trieben einen Keil zwischen die französisch-bayrische Hauptarmee rund um und in Prag und die französischen Truppen in Oberösterreich. Auch in Wien war man nicht untätig: Aus Einheiten, die aus Italien endlich eingetroffen waren, und aus frischen ungarischen Truppen stellte man ein neues Heer auf die Beine. Feldmarschall Graf Khevenhüller griff Ségurs Truppen an und trieb die Franzosen über die Enns. Nur eine Verstärkung aus Prag konnte Ségurs Armee vor einer Katastrophe bewahren, doch es war sehr fraglich, ob der bayrische General Torring, der in Richtung Linz marschierte, die starke Front der Armee Franz Stefans durchbrechen konnte und, wenn er es doch vermochte, Oberösterreich rechtzeitig erreichen würde. Ein risikoreiches Unterfangen war das, und man brauchte dazu die Hilfe Friedrichs. Doch der preußische König zeigte keine Kriegslust mehr. Nach dem Fall Prags hatte er zwar, schnell und kühl berechnend, Olmütz und Glatz eingenommen, doch dann begab er sich nach Berlin und widmete sich der kommunalen Verwaltung, und zwar mit solch tiefem Ernst, als gäbe es keine Armeen und keinen Krieg mehr in der Welt. Mitten in dieser friedlichen Beschäftigung wurde ihm ein Hilferuf des Kaisers überbracht. Er möge verhindern, daß die Franzosen aus Oberösterreich vertrieben würden, flehte ihn Karl VII. an, denn, so schrieb er, geschähe dies, so stünde Khevenhüller der Weg frei nach Bayern, nach München. Einige Stunden später erreichte ihn ein Schreiben ähnlichen Inhalts von dem Marschall Belle-Isle. Friedrichs Antwort verwirrte die Verbündeten.

Er sei bereit, auf ihre Vorschläge einzugehen, ließ er den Kaiser und den Marschall wissen, und zwar wolle er die Operationen höchstpersönlich leiten. Man müsse ihm jedoch die sächsische Armee zur Verfügung stellen, weil die eigene nicht ausreiche, um den großangelegten Plan auszuführen. Die Alliierten trafen sich in Dresden.

Friedrich wollte nicht die befestigte Front der Armeen Franz Stefans durchbrechen, um so den Weg für das Entsatzheer freizuschießen, er wollte mehr. Einen Flankenangriff gegen die österreichische Armee wollte er führen, um sie aus ihren Stellungen herauszuwerfen, und gleichzeitig – das war nun das Verwirrende in Friedrichs Kriegsplan – durch Mähren und gegen Wien marschieren. In diesem Falle wäre die Königin gezwungen, argumentierte Friedrich, ihre gesamte Streitmacht um die Hauptstadt zu konzentrieren, und die in Oberösterreich so hart bedrängte französische Armee würde automatisch entsetzt werden. Zur Durchführung dieser weit ausholenden Operationen brauche er die gesamte sächsische Armee und eine französische Division.

Zweifellos war dies ein großer Entwurf. Aber er weckte bei den Verbündeten einen beunruhigenden Gedanken. Konnte man Friedrich nach dem jüngsten Streich, den er seinen Verbündeten bei Neiße in Schlesien gespielt hatte, noch trauen? Wenn man ihm eine so große nichtpreußische Streitmacht unterstellte und dadurch die eigene abschwächte – wie konnte man dann noch verhindern, daß er, listig und unberechenbar, wie er nun einmal war, den Alliierten wieder in den Rücken fiel? Nicht offen äußerte man diese Bedenken. Man schob taktische Erwägungen in den Vordergrund. Friedrich, überlegen und überzeugend, widerlegte sie. Schließlich stimmte man gezwungenermaßen Friedrichs Plan zu.

Die geplanten Operationen waren noch nicht einmal eingeleitet, da kamen schon verheerende Nachrichten aus Oberösterreich. Die unter dem Befehl des bayrischen Generals Torring gegen Linz in Marsch gesetzten Truppen seien unterwegs aufgerieben worden, hieß es. Ségur hatte sich nicht länger halten können. Khevenhüller ließ ihn in allen Ehren abziehen, aber er mußte sein Wort verpfänden, daß er nie wieder auf deutschem Boden kämpfen würde. Bald darauf zog Franz Stefan in Linz ein. Feldmarschall Khevenhüller konnte frei über seine Armee verfügen. Zum Beispiel konnte er gerade das unternehmen, was Kaiser Karl VII. am meisten fürchtete: Er konnte seine Armee gegen Bayern führen.

Das tat er denn auch. Friedrich hatte zwar Iglau besetzt, doch

er wurde durch Überfälle der aus Ungarn herangeführten Einheiten so hart bedrängt, daß ihn die Kriegslust bald verließ. Inzwischen besetzte Khevenhüller Bayern und in Bayern die Hauptstadt München. Kaiser Karl VII., seine Familie und sein Hof flohen und blieben ohne Land.

Als Maria Theresia von der Eroberung Münchens erfuhr, ließ sie eine Gedenkmedaille prägen. Die eine Seite zierten das Profil des Großherzogs Franz Stefan von Toskana und die stolze Inschrift *Aut Caesar aut nihil* (entweder Kaiser oder nichts) – auf der anderen Seite erschienen das Profil des Kaisers Karl VII. und die naiv-herausfordernde, doch vernichtende Inschrift: *Et Caesar et nihil* (sowohl Kaiser als auch nichts).

Der Kampf aber war noch nicht zu Ende.

Geführt wurde er bei den Österreichern von Maria Theresia persönlich. Ihren Gemahl, den liebenswürdigen, wohlwollenden und friedfertigen Franz Stefan von Lothringen, der schon so manches Mal bewiesen hatte, daß er nicht zum Feldherrn geboren war, beorderte sie zurück und übergab aus dynastischen Erwägungen ihrem Schwager, Karl von Lothringen, den Oberbefehl. Die in Mähren kämpfenden Truppen wurden ermutigt durch die Erfolge der Armeen in Oberösterreich und Bayern und hinderten Friedrichs Divisionen an freier Bewegung. Er konnte nicht mehr damit rechnen, in absehbarer Zeit gegen Wien marschieren zu können.

Wir haben Großbritannien bisher nur kurz gestreift. Wie verhielten sich die Engländer zu der großen kontinentalen Auseinandersetzung? Es war das vorrangige Interesse Englands, Frankreichs Handlungsfähigkeit in Europa einzudämmen. Die kurze Friedenszeit zwischen den beiden Seemächten, die Fleury und Sir Robert Walpole, der von 1721 bis 1742 Premierminister war, erwirkt hatten, war zu Ende gegangen, der offene Kampf um die Herrschaft über die Meere und die fernen, reichen Landstriche anderer Kontinente war wieder entflammt. Die Gegner Walpoles riefen nach tatkräftiger Außenpolitik, und John Carteret, der Earl von Granville, der nun

die auswärtigen Angelegenheiten Britanniens lenkte, erneu-
erte die Hilfszahlungen an Maria Theresia und näherte sich
Friedrich, denn er wollte Frankreich auf dem Kontinent isolie-
ren und glaubte dies am besten dadurch zu erreichen, daß er
Friedrich bewog, die Koalition zu verlassen. Friedrich selbst
neigte dieser Lösung eher zu als der Fortsetzung eines Krieges,
der nun, nach der Besetzung Schlesiens, für ihn kein sinnvoller
Krieg mehr war. Also ließen ihn die britischen Angebote nicht
unbeeindruckt.

Die Zweifel, die ihn beunruhigten, und die Fragen, die sich
ihm stellten, hielt er, dieser literarisch veranlagte und mit der
Moralphilosophie kokettierende Fürst, in einer kleinen Medi-
tationsschrift fest. Er stellte Argumente auf gegen Argumente
und kam zu dem Schluß, er würde nur die Macht des Kaisers
und des sächsischen Kurfürsten festigen, aber auch den fremden Einfluß im Reich mehren, wenn er den Krieg gegen Maria
Theresia fortsetzte. Langwierige und schleppende Verhandlungen folgten, Lord Hyndford setzte sein ganzes diplomati-
sches Geschick ein, um die beiden Gegner, Maria Theresia und
Friedrich, miteinander zu versöhnen, aber er scheiterte an der
Unnachgiebigkeit Maria Theresias. Nach dem Abbruch der geheimen Verhandlungen ließ Friedrich den französischen Gesandten zu sich bitten. Dieser meldete nach Versailles, der
preußische König sei bei der Audienz sehr aufgebracht gewesen, er habe das anmaßende Friedensangebot der ungarischen
Königin abgelehnt; er, der Gesandte, wage nicht einmal, die
soldatischen Kraftausdrücke des Königs zu wiederholen, der
versprach, bis zum äußersten in der Koalition auszuharren, und
schwor, die in Mähren liegende Armee Karls von Lothringen zu
zerschlagen. Und Friedrich handelte. Bei Chotusitz versperrte
er den Weg nach Prag, indem er seine Hauptarmee dort auf-
stellte, die linke Flanke bis Chrudim und die rechte bis nach
Küstenberg vorrücken ließ. Karl von Lothringen mußte, wollte
er nicht umzingelt werden, den Durchbruch wagen. Drei Stunden lang wütete die Schlacht. Auf österreichischer Seite fanden

Marquise de Pompadour.
Gemälde von François Boucher.
(Archiv für Kunst und Geschichte, Berlin).

Das Schloß von Versailles.
Gemälde von P. de Martin, 1722.
(Archiv für Kunst und Geschichte, Berlin).

Die junge Marquise de Pompadour.
Gemälde von François Boucher.
(Archiv für Kunst und Geschichte, Berlin).

Ludwig XV., König von Frankreich.
Gemälde von Hyacinthe Rigaud. Zeitgenössisch.
(Archiv für Kunst und Geschichte, Berlin).

Marie Françoise de Pologne
Reine de France & de Navarre

1 Paris chez G. Duchange, graveur du Roy rüe S.ᵗ Jacques

Maria Leszczyńska, Königin von Frankreich.
Stich von Gaspard Duchange, 1737.
(Bildarchiv der Österreichischen Nationalbibliothek).

Wolfgang Amadeus Mozart bei der Marquise de Pompadour.
Nach dem Gemälde von Vincente de Paredes.
(Archiv für Kunst und Geschichte, Berlin).

Grille d'Honneur. Großes Eingangstor zum Schloß von Versailles.

Das Zimmer der Marquise de Pompadour.
Chateau de Champs.
(Archiv für Kunst und Geschichte, Berlin).

Voltaire.
Französischer Philosoph und Schriftsteller.
(Archiv für Kunst und Geschichte, Berlin).

Graf Wenzel Anton Kaunitz-Rittberg.
Kupferstich von J. Schmutzer nach J. Steiner, 1765.
(Archiv für Kunst und Geschichte, Berlin).

Friedrich II., König von Preußen.
Stich von Johann Martin Will nach dem Gemälde von Antoine Pesne.
(Bildarchiv der Österreichischen Nationalbibliothek).

Maria Theresia, Königin von Ungarn und Böhmen,
Erzherzogin von Österreich.
Gemälde von Martin Meytens d. J., um 1745.
(Archiv für Kunst und Geschichte, Berlin).

Porzellanmanufaktur von Sèvres.
Suppentasse. Dekor mit Blumen und Früchten.
(Archiv für Kunst und Geschichte, Berlin).

Ludwig XV., König von Frankreich.
Pastell von Latour.
(Archiv für Kunst und Geschichte, Berlin).

Letztes Bildnis der Marquise de Pompadour.
Gemälde von F. H. Drouais.
(Archiv für Kunst und Geschichte, Berlin).

Je viens de demander au roy pour mr de choiseul
monsieur les 48000 # que mr rouillé avoir
sur les portes. S. M. est disposé a les luy
accorder, mais elle desire Sçavoir quand, et
a quel titre mr rouillé les a eu s'ils doivent
retourner aux fermiers ou Sçavoir, enfin tous
les eclaircissements necessaires, quelque soir
le mauvais etat des affaires, de mr de choiseul.
je desire que les graces du roy ne luy soient
point onereuses. je retourne demain a 6 h. a
Choisy, je vous demande ce petit detail
pour pouvoir le faire voir a sa majesté
je crains d'ailleurs moins de vous faire cette
Confidence, que vous connoissés mieux que
personne l'economie extreme que mr de
choiseul met dans les depences de son
Departement, et les services important
qu'il rend au roy. en touts genres.
bonjour monsieur

lundy a paris   R.C. 8668   9

Brief der Madame Pompadour an den Generalkontrolleur Berlin, 1761.
(Archiv für Kunst und Geschichte, Berlin).

siebentausend Mann den Tod, viertausend Preußen starben. Friedrich siegte, aber es gelang ihm nicht, die österreichische Armee zu zerschlagen. Nicht einmal die Verfolgung der sich zurückziehenden österreichischen Einheiten nahm er auf, sondern verschanzte sich. Bis auf weiteres konnte Karl von Lothringen Prag nicht bedrohen – das war das einzige Ergebnis der Schlacht.

Manches läßt vermuten, daß Friedrich erschüttert war von diesem wilden, blutigen Kampf und seinen Sieg nicht zu nutzen vermochte. Später begründete er seine Unentschlossenheit mit der Überlegung, er habe Maria Theresia nicht bis zur äußersten Verzweiflung treiben wollen. Wie dem auch sei, eines hatte er auf jeden Fall erreicht, er hatte seine Macht demonstriert. Die Verhandlungen wurden mit britischer Vermittlung wiederaufgenommen, und Friedrich verlangte auch diesmal nicht mehr als vor der Schlacht. Er kannte seine standhafte, reizbare Gegnerin, wußte, wie empfindlich sie war, und bemühte sich, dieser Erkenntnis Rechnung zu tragen. Dennoch mußte Hyndford die schlichtende, fast schon erpresserische Macht Britanniens in die Waagschale werfen, um Maria Theresia zu überzeugen, wie notwendig ein Friedensschluß war, denn die Alliierten könnten ohne die preußische Unterstützung nichts ausrichten, hingegen sei Friedrich allein bereits ein furchtbarer Gegner.

Einen schweren, wohl den seit ihrer Thronbesteigung schwersten Kampf trug Maria Theresia mit sich aus. Vielleicht hätte sie bei ihrer Ablehnung der Bedingungen, die sie als demütigend empfand, ausgeharrt, wäre sie nicht wieder einmal in anderen Umständen gewesen. Doch sie wurde von allen Seiten gedrängt, auch von ihrem Gemahl. Und so willigte sie schweren Herzens ein, auf Schlesien vertraglich zu verzichten. Dies geschah am 28. Juli 1742.

Zwei Monate später schloß auch Sachsen einen separaten Frieden mit Österreich. Die französisch-bayrische Armee geriet in eine aussichtslose Lage, denn Karl von Lothringen besetzte Pilsen und versperrte den Rückweg. Franzosen und Bayern, abgeschnitten von ihren Verbindungswegen, zogen sich hinter die Befestigungen Prags zurück. Zwar hatte die französische Regierung unter dem Befehl des Marschalls Maillebois eine starke Armee in Richtung Prag in Marsch gesetzt, doch man nahm, unausgesprochen, an, daß die Prager Armee unter dem Marschall Broglie kapitulieren würde, ehe die Entsatzarmee den Rhein überquerte, durch das Reich marschierte und nach Prag gelangte, wenn sie überhaupt jemals dort ankam. Denn Marschall Maillebois mußte auch noch Khevenhüller bekämpfen, der Bayern besetzt hielt. Dieser Marsch einer Armee von Frankreich nach Prag war ein langer Marsch ins Ungewisse. Der österreichische Kriegsrat hielt die Einnahme Prags für so sicher, daß Maria Theresia, verliebt in ihren Mann und auf sein Ansehen beim Volk bedacht, den Oberbefehl doch noch Franz Stefan übertrug, um ihm die Gelegenheit zu geben, den Ruhm der Einnahme Prags mit seinem Namen zu verbinden.

Was mag Fleury empfunden haben, als er die Schreckensbotschaft von Prag erhielt? Vielleicht dachte er mit Gewissensbissen an die Briefe Maria Theresias, auf die er so gemessen, so kühl geantwortet hatte. Wer hätte gedacht, daß er je die Königin um Frieden würde anflehen müssen? Jetzt aber blieb ihm keine Wahl.

Er schrieb, der Schein spreche gegen ihn. Er berief sich auf seine bekannt friedfertige Politik, darauf, daß andere – böswillige – Kräfte am Versailler Hof den König in diesen Krieg gehetzt hätten, in einen Krieg, der seiner ganzen politischen Konzeption zuwiderlaufe. Zweifellos sprach der Kardinal aufrichtig. Es seien die Gräfin Mailly (aus dem Hause Nesle), Ludwigs XV. erste Mätresse, und ihr Schützling Belle-Isle, die den König überredet hätten, diesen nicht erklärten Krieg zu führen. Nun bat Fleury Maria Theresia, sie möge die französischen Einheiten aus Prag frei ziehen lassen, ja er versprach auch, die gesamte französische Armee hinter den Rhein zurückzunehmen, wenn die Königin Khevenhüller aus Bayern zurückbeorderte.

Und was mag Maria Theresia empfunden haben? Religiös, wie sie war, erblickte sie gewiß die göttliche Gerechtigkeit im flehentlichen Brief des Kardinals. Sie rief sich ins Gedächtnis, wie sie ein Jahr zuvor, ihren Stolz vergessend, um Frieden gebeten hatte und erbarmungslos abgewiesen worden war. Und sie schrieb, nun selbst stolz und erbarmungslos, sie verfüge über Beweise, daß der französische König Aufruhr in ihrem Reiche gestiftet und dessen Ordnung umzustürzen gesucht habe; sie würde diese Dokumente für die Nachwelt aufbewahren, auf daß niemand mehr von den Machenschaften einer fremden Macht sich täuschen lasse. Sie wies das Friedensangebot des Kardinals ab. Um ihn noch mehr zu demütigen, ließ sie den Wortlaut des Briefes publik machen.

Eine noch niederschmetterndere Antwort wäre die Nachricht von der Einnahme Prags durch die Österreicher gewesen. Aber der geliebte Franz Stefan erwies sich wieder einmal als ein Mann, der nicht zu handeln vermochte. Er zögerte, er verschob die Belagerung der Stadt, er besprach mit seinem Stab unnütze taktische Fragen. Und das zu einem Zeitpunkt, da Prag einer Belagerung kaum noch standgehalten hätte: Es mangelte bereits an Lebensmitteln in der Stadt, eine Seuche wütete unter der Bevölkerung, und selbst die Soldaten litten Hunger und froren. Es hätte nur einer entschlossen geführten kurzen Belagerung bedurft, um Prag einzunehmen. Aber der Großherzog blieb untätig. Die umzingelte Garnison wagte sogar einen Ausfall, und beinahe hätten sie den Ring der Belagerer durchbrochen. Maria Theresia war außer sich. Schon nahte Maillebois mit dem Entsatzheer, und der Großherzog taktierte. Streng und ohne Erbarmen klangen die Worte – Worte der Fürstin und nicht der liebenden Gemahlin –, mit welchen sie Franz Stefan aufforderte, endlich die Initiative zu ergreifen. Doch beinahe hysterische Scheu empfand der Großherzog, Franzose von Geburt, bei dem Gedanken, sich mit Franzosen zu schlagen. Lieber suchte er Verständigung mit ihnen. Aber der nun gleichfalls tödlich beleidigte Kardinal wollte auch nichts mehr von einem Frieden wissen. Also beschlossen Franz Stefan und sein Stab, Prag seinem Schicksal zu überlassen, denn, so argumentierten sie, es könne sich ohnehin nicht mehr lange halten. Lieber wollten sie doch noch Maillebois angreifen, vor allem aber verhindern, daß er seine Armee mit den in Bayern operierenden Einheiten des Marschalls Maurice de Saxe vereine. Khevenhüller konnte sich nicht halten, er zog ab aus Bayern in Richtung Böhmen, um sich dem Großherzog anzuschließen. Nur ein kleines Heer von fünftausend Mann verblieb in Bayern, und Schritt für Schritt überließ es das Terrain der Übermacht. Am 6. Oktober mußte es sogar München aufgeben.

Von Tag zu Tag verschlechterte sich die Lage. Prag war immer noch in den Händen der Franzosen, Maillebois beherrschte Bayern, der Großherzog aber zauderte immer noch. Maria Theresia verbot ihm, sich mit den Franzosen in Verhandlungen einzulassen.

Ende September 1743 droht das französische Entsatzheer in Böhmen einzufallen. Wüßte Maillebois um die Unentschlossenheit, um die heillose Kopflosigkeit, die im österreichischen Lager herrscht – er würde gewiß die in Prag liegenden Einheiten in einem raschen Feldzug entsetzen. Doch auch der französische Marschall bleibt vorsichtig. Als er hört, daß der Großherzog seine Armee doch noch zum Angriff konzentriert, zieht sich Maillebois zurück. Gekommen ist, so scheint es manchem österreichischen General, der Augenblick des allgemeinen Angriffs. Aber der Großherzog überlegt. Tage verstreichen, ehe er den Befehl zum Angriff gegen Maillebois' Armee erteilt. Zwölftausend Mann läßt Franz Stefan bei Prag zurück, sie bilden einen so lockeren Ring um die Stadt, daß die Garnison ihn ohne größeres Opfer durchbrechen könnte. Schließlich geschieht das auch: Marschall Broglie wagt den Ausfall, er kommt durch und eilt nach Bayern, um den Oberbefehl zu übernehmen, denn der vorsichtige Maillebois ist zurückbeordert worden. Der tatkräftige Belle-Isle kommandiert jetzt in Prag. Die zur Untätigkeit verdammten Belagerer werden durch Abkommandierung und Nachlässigkeit weiter geschwächt, so daß schließlich nur noch drei Husarenregimenter vor Prag stehen. Belle-Isle nimmt seine Chance wahr: In einer sternenlosen Nacht verlassen, ohne daß die Belagerer es merken, elftausend Mann Infanterie und dreitausend Reiter Prag, sie führen dreißig Kanonen mit, dreihundert Wagen, sechshundert Zugpferde, Geiseln und Schätze. Schon sind sie außer Sichtweite, als den Österreichern die Kunde von dem Husarenstück zu Ohren gelangt.

Sechstausend Franzosen bleiben unter dem Befehl des Haudegens Chever in Prag zurück. Die Aufforderung, sich zu ergeben, beantwortet er mit der Drohung: Lieber läßt er die gesamte Befestigungsanlage in die Luft jagen und sich unter den Trümmern begraben, als daß er die Stadt aufgäbe. Also wird ihm freies Geleit gewährt. Am Neujahrstag verläßt die mutige Schar unter wehenden Flaggen und mit Pauken und Trompeten Prag. Sie treten einen Marsch ins Verderben an, denn sie wissen nicht, ob sie, wie auch die große Armee von Belle-Isle, den Rhein je erreichen werden. Auf dem langen Marsch dorthin werden sie von streunenden, nach Beute gierenden Husaren angegriffen, Frost und Hunger dezimieren sie. Vierzigtausend Franzosen gingen zugrunde bei diesem abenteuerlichen Feldzug.

Maria Theresia läßt sich am 12. Mai 1743 zur Königin von Böhmen krönen. Fleury stirbt im Januar. Zwar hält Friedrich Schlesien besetzt, doch augenblicklich bedroht er keine anderen habsburgischen Besitztümer. Kaiser Karl VII. wird am 9. Juni aus seiner Residenzstadt München vertrieben. Nur die Rechnung mit seinem Patron, dem französischen König, ist noch zu begleichen. Eine Armee aus hannoveranischen und holländischen Söldnern unter britischem Befehl, denn Großbritannien ist Österreichs Verbündeter, schließt sich den in Flandern operierenden österreichischen Truppen an. König Georg II. überquert den Kanal, um den Oberbefehl über seine Truppen persönlich auszuüben, und nach einigen Vorgefechten mit den Franzosen wird am 26. Juni bei Dettingen eine große Schlacht ausgetragen. Glücklos für die Briten verläuft sie anfänglich, so glücklos, daß König Georg II. beinahe in die Hände des Feindes fällt. Und es löst dieses Abenteuer in England ein solches Entsetzen aus, daß niemals mehr ein englischer König ins Feld zieht – Georg II. war der letzte, der noch hoch zu Roß kämpfte. Schließlich gewinnt die österreichisch-britische Armee die Schlacht. Doch der Kampf geht weiter.

Zu diesem Zeitpunkt betritt die Madame de Pompadour die Bühne der französischen Politik.

Eine großangelegte französische Offensive wird wegen Ludwigs XV. plötzlicher Erkrankung abgebrochen, Frankreich betet um das Leben seines Königs, und – wir erinnern uns noch! – die Herzogin von Châteauroux verläßt das Krankenlager des Königs in Metz, der sich bald wieder erholt. Einige Monate später stirbt die junge Herzogin, und kaum ist ein halbes Jahr verstrichen, da berichten die Gesandten am Versailler Hof an ihre Herrscher, daß Ludwig XV. eine gewisse Madame d'Étioles mit seiner Gunst auszeichne.

Inzwischen schreitet Friedrich II. wieder einmal – und wieder einmal für alle unerwartet – zur Tat. Im August 1744 überfällt er Böhmen – nicht aus Habgier, verkündet er, sondern um die Ruhe in Europa wiederherzustellen. In Wirklichkeit beunruhigt ihn der Verlauf der kriegerischen Auseinandersetzungen zwischen Österreich und Frankreich. Sollte Maria Theresia es doch noch gelingen, Frankreich Lothringen abzuringen (das dürfte der Gedankengang Friedrichs gewesen sein), so müßte er befürchten, daß die Königin die gesamte Macht ihrer Länder gegen ihn und für die Zurückeroberung Schlesiens einsetzen könnte. Und da er um den Besitz Schlesiens bangt, erhebt er Anspruch auf einen Teil Böhmens. Nun müssen die österreichischen Armeen aus dem Elsaß und aus Bayern abgezogen werden, um Böhmen zu verteidigen. Friedrich kommt ihnen zuvor, im September besetzt er Prag, Böhmen geht verloren. Im Oktober darf der arme, gehetzte Schattenkaiser noch einen letzten

Triumph erleben: Feierlich zieht er in seine Hauptstadt München ein. Wieder einmal scheint die Sache Maria Theresias schwer erschüttert zu sein. Aber es ist nur ein scheinbarer Rückschlag.

Friedrich hat mit einer großen französischen Offensive gerechnet, die aber wegen der Erkrankung Ludwigs XV. steckengeblieben ist, und marschiert der französischen Armee entgegen. Hinter seinem Rücken besetzt der österreichische Feldmarschall Graf Traun mit frisch rekrutierten Truppen Prag, Karl von Lothringen schneidet Friedrichs Nachschublinien ab, so daß die preußische Armee kaum noch Munition und Lebensmittel erhält. Es droht ihr eine vernichtende Umzingelung. Verzweifelt wendet sich Friedrich bald nach dieser, bald nach jener Himmelsrichtung, und nur seinem militärischen Erfindungsreichtum verdankt er, daß es ihm gelingt, schlesisches Gebiet zu erreichen. Doch er muß den Verlust von zwanzigtausend Mann hinnehmen. In seinen Memoiren gibt er unumwunden zu, daß er sich diesmal auf ein leichtfertiges Abenteuer eingelassen habe, und zollt dem Feldmarschall Traun größte Anerkennung.

Am 20. Januar 1745 stirbt Kaiser Karl VII. Österreich und Bayern schließen in Füssen einen Friedensvertrag, in dem des Kaisers Sohn Maximilian notgedrungen auf seine Erbansprüche verzichtet und Bayern zurückerstattet bekommt. Prunkvoll wird wieder einmal ein Kaiser gekrönt, diesmal der Großherzog von Toskana. Doch der Kampf geht weiter. Vordergründig ist es ein Kampf Maria Theresias mit Friedrich, aber im Hintergrund ist er über diesen kontinentalen Streit längst hinausgewachsen: Großbritannien und Frankreich kämpfen um Kolonien, um die Weltherrschaft.

Friedrich ist nur noch darum besorgt, den Besitz Schlesiens zu sichern. In diesem Sommer 1745, in dem am Hofe von Versailles die neue *Maîtresse en titre*, Madame de Pompadour, ihre Macht begründet, zeichnet sich die Lage so ab: Eine kleinere österreichische Armee wird zwar von den Franzosen niedergehalten, doch Bayern ist neutral, und Sachsen tritt mit einer Armee von zwanzigtausend Mann an die Seite Österreichs. Friedrich II. wartet nicht ab, bis die beiden Heere sich vereinen, sondern greift das schwächere sächsische Heer an. Karl von Lothringen eilt dem Verbündeten zu Hilfe, aber die preußische Kavallerie reitet seine Batterien nieder, seine Infanterie wird von den preußischen Dragonern in die Flucht geschlagen, und ehe er des blutigen Durcheinanders Herr werden kann, ist die Schlacht verloren. Er zieht sich in Richtung Reichenau zurück.

Unter dem Namen Hohenfriedberg ist diese Schlacht, Friedrichs genialste Waffentat, in die Militärgeschichte eingegangen. Verheerend ist ihre Auswirkung auf Wien. Der britische Gesandte fordert Maria Theresia im Namen seiner Regierung energisch auf, unverzüglich Frieden mit Preußen zu schließen. Er legt ihr schonungslos dar, daß ihr Streit mit Friedrich Britannien bis jetzt 1 078 753 Pfund Sterling gekostet hat – ein äußerst handfestes Argument. Hinzu kommt eine andere Schreckensnachricht: Maurice de Saxe hat die englisch-holländisch-österreichische Armee bei Fontenoy geschlagen. Also drängen die Seemächte, Britannien und Holland, darauf, daß Österreich und Preußen endlich Frieden miteinander schließen. Und wie schon einmal drei Jahre zuvor, vermitteln wieder britische Gesandte und bringen in Dresden am Weihnachtstag 1745 den Friedensvertrag zustande. Friedrich II. erkennt Franz I. als Kaiser an und behält den schlesischen Besitz. Er scheidet aus dem Kampf um das habsburgische Erbe durch einen Separatfrieden mit Österreich aus.

Aber der Kampf geht weiter.

Denn entlastet ist nun die österreichische Streitmacht, der Kriegsrat in Wien atmet hörbar auf: Endlich, endlich ist er nicht mehr gezwungen, ständig mit dem preußischen Alptraum zu rechnen, den Schachzügen und Truppenbewegungen des preußischen Königs, die nie auch nur zu erahnen gewesen sind. Endlich kann Maria Theresia daran denken, ihre italienischen Besitztümer, denen sie alle Kraft entzogen hat für den Kampf in

Bayern und Böhmen und die hungrigen Wölfen zum Opfer gefallen sind, wieder der Oberhoheit ihres Hauses zuzuführen. Die Lombardei wird zurückerobert, der neue Oberbefehlshaber, Fürst Joseph Wenzel Liechtenstein, erringt im Juni 1746 bei Piacenza den entscheidenden Sieg über die französischspanische Hauptmacht. Im deutschen Raum und in Norditalien ruhen die Waffen, nur auf dem niederländischen Kriegsschauplatz ist noch Bewegung: Der unruhige und phantasievolle Feldherr, Marschall Maurice de Saxe, schlägt noch einmal, im Oktober 1746, bei Raucoux eine aus österreichischen, bayrischen, hessischen, niederländischen, hannoveranischen und englischen Truppen bestehende »pragmatische Armee« unter Karl von Lothringen. Niederschmetternd ist die Nachricht von der Niederlage, niederschmetternder noch die Einsicht, daß auch Karl von Lothringen kein Feldherr vom Range eines Friedrich oder auch nur eines Maurice de Saxe ist – die Dynastie ist mehrfach kompromittiert. An seiner Stelle übernimmt der Herzog von Cumberland den Oberbefehl, doch auch er ist dem Marschall Maurice de Saxe kein ebenbürtiger Gegner.

Der langen Kämpfe überdrüssig sind die Staatslenker ebenso wie die Feldherrn. Hinter den Kulissen der Kriegsschauplätze sprechen die Diplomaten vom Frieden. Die alte Kaiserstadt Aachen wird dazu auserkoren, die Gesandten Großbritanniens, Österreichs, Hollands und Sardiniens, dann Frankreichs, Spaniens, Modenas und Genuas zu beherbergen. Im Rathaus von Aachen wird am 18. Oktober 1748, fast auf den Tag genau acht Jahre nach dem Tode Kaiser Karls VI., ein Friedensvertrag feierlich unterzeichnet. Österreich und Sardinien verzichten auf Parma, Piacenza und Guastalla zugunsten der spanischen Bourbonen, international garantiert wird der preußische Besitz Schlesiens und, wie schon Jahrzehnte zuvor, die Pragmatische Sanktion; Frankreich gibt die niederländischen Besitzungen Österreichs wieder heraus. Doch das sind nur Artikel in einem mühsam ausgehandelten Vertragswerk. Sein eigentlicher Sinn ist ein zweifacher: Die habsburgische Erbmasse bleibt, abgesehen vom mehr oder minder schmerzhaften Verlust einzelner Landstriche, unangetastet. Und der Status quo in Europa wird durch den Frieden von Aachen wiederhergestellt im Zeichen eines Gleichgewichts. Doch ein wahrer Friede konnte nicht einkehren, und das ist der andere, der unausgesprochene Sinn des Vertragswerkes. Denn nicht eines dynastischen Streites wegen starben auf den Schlachtfeldern Schlesiens, Böhmens, Bayerns, Flanderns, Italiens Zehntausende, sondern es wurde auf ihnen auch der große Kampf ausgetragen zwischen Großbritannien und Frankreich. Weitere Schlachtfelder dieses Kampfes lagen in Indien, in Mittel- und Nordamerika, wo eine Entscheidung nicht herbeigeführt werden konnte. Also kam der Aachener Friede zwischen den beiden großen Seemächten nur einem Waffenstillstand gleich. Doch Europa erlebte eine wohltuende Atempause.

Auf der Aachener Konferenz begegneten so kluge und erfahrene Diplomaten wie Lord Sandwich und der Marquis Saint-Séverin, der Graf Chavannel und der Marquis Sotomayor einem Sonderling. Er vertrat Österreich. Die österreichischen Niederlande hatte er verwaltet, als in den ersten Tagen des Februars 1746 Maurice de Saxe Brüssel belagerte. Mit dem Entsatz der Stadt war nicht zu rechnen, und so unterzeichnete der Österreicher die Kapitulation. Er ging nach Antwerpen. Doch auch dorthin folgte ihm Marschall Maurice de Saxe. Der Österreicher mußte sich nach Aachen absetzen. Dort erhielt er den Auftrag seiner Herrscherin, ihre Interessen auf der Konferenz, die sich im März 1748 versammelte, wahrzunehmen. Dies tat er auch, und zwar mit einer Zähigkeit, die man dem Weichling nicht zugemutet hätte, mit bewunderungswürdigem Scharfsinn und einem Takt, der ihn in überraschend krassem Gegensatz zeigte zu der sanften Unhöflichkeit, der schmunzelnden Überheblichkeit, mit der er manchmal seine Gesprächsgegner zu überrumpeln pflegte. Der erst siebenunddreißig Jahre alte Sonderling und wehklagende Hypochonder hieß: Wenzel Anton Graf Kaunitz.

Man kehrte heim aus Aachen, das Vertragswerk in der Tasche, und widmete sich friedlichen Geschäften. Auch der Sonderling und Hypochonder, der außerdem auch noch weibisch eitel war, kehrte heim – nicht mehr nach Brüssel, wo er sich nicht besonders gut gefühlt hatte, sondern – endlich! – nach Wien. Und hier wurde er zum Mitglied des Staatsrates ernannt. Man zog die Brauen hoch in peinlicher Überraschung, als man von seiner Ernennung erfuhr – wie denn auch nicht? Ein so junger Mann neben so altbewährten Schlachtrossen wie Bartenstein und Uhlfeld? Und was für diplomatische Erfolge konnte er aufzeigen? So gut wie keine! War denn vielleicht der Aachener Vertrag, so fragte man sich boshaft, ein großer diplomatischer Erfolg? Gewiß nicht. Und doch schenkte ihm die Kaiserin volles Vertrauen, ja sie beauftragte ihn sogar, eine Studie zusammenzustellen über die zukünftige auswärtige Politik ihres Reiches. Und was für ein Mensch ist denn überhaupt dieser Graf Kaunitz? Selbstgefällig und unmanierlich ist er, er wird unausstehlich, sobald er auf Widerrede stößt, und faul ist er außerdem noch. Man weiß doch, daß er tagelang auf der Chaiselongue faulenzt und sich bemitleiden läßt, und selbst dann, wenn er sich endlich zu einer Arbeit aufrafft, bleibt er unverläßlich und unberechenbar. Und, nun ja, man muß es doch aussprechen, wenn auch hinter vorgehaltener Hand, er ist, dieser Kaunitz, ein untreuer Ehegatte – ein unverzeihlicher moralischer Defekt in den Augen seiner prüden gnädigen Frau. Und doch, nörgeln die Herren von der Hofburg, doch ist er ein gerngesehener Gast bei der Kaiserin. Warum?

Die Antwort ist im Charakter Kaunitz' zu suchen. Nicht nur scharfsinnig ist er, nicht nur besitzt er die Begabung, komplizierte, verworrene Angelegenheiten mit einem Blick zu enträtseln – noch haben seine Referenten einen bestimmten diplomatischen Vorgang gar nicht in allen Einzelheiten geschildert, schon weiß er, wie der Vorgang zu bewerten sei –, sondern er ist auch im Besitz einer besonderen Befähigung: Er weiß die nicht offenbaren Charakterzüge seines Gegenübers richtig einzuschätzen, die Vorstellungen und Sehnsüchte, die in den Gedanken des anderen dämmern; er versteht es, in den gehörten Worten den Wahrheitsgehalt der Gedanken zu erraten; und er verhält sich einschmeichelnd und wirkt doch nicht servil. Er identifiziert sich mit den Vorstellungen seiner Herrscherin, indem er sie erahnt, und sucht sie in die Tat umzusetzen. Maria Theresias nicht ausgesprochene Empfindungen reifen in seiner Gedankenwelt zu einer politischen Überzeugung: Die Außenpolitik des Reiches müsse anders ausgerichtet werden, die Bündnissysteme in Europa müssen umgestaltet werden. Doch zu welchem Zweck? Und in der gerade mit dem Aachener Vertrag angebrochenen Friedenszeit?

Im Januar 1749 hat Kaunitz Aachen verlassen, nun sitzt er in Wien, ist Mitglied der Staatskonferenz und bereitet im Auftrag der Kaiserin eine Studie vor über die Lage des Reiches. Er kommt zu dem Schluß, daß das Bündnis mit England als Gegengewicht zu den französischen Machtansprüchen unzeitgemäß geworden sei, vor allem deswegen, weil England niemals bereit sein würde, gegen den verbissensten Feind Österreichs, Preußen, vorzugehen. Denn will Österreich den Verlust Schlesiens nicht hinnehmen, dann müssen Österreichs außenpolitische Aktionen darauf gerichtet sein, den König von Preußen zu schwächen, ihn in die Ecke zu treiben und ihm Schlesien zu entreißen.

Der Staatsrat bringt für den Vortrag Kaunitz' kein Verständnis auf. Niemand will die Gefahren eines neuen Waffengangs auf sich nehmen. Aber die Kaiserin ist entzückt vom Vortrag des jungen Diplomaten. Den ganzen Tag lang habe sie ihn wieder und wieder gelesen, vertraut sie ihrem Kanzleichef Koch an, obwohl sie Fieber und Kopfschmerzen gehabt habe, doch seine Argumente seien unwiderstehlich . . .

Maria Theresia trägt Kaunitz an, selbst in Paris die notwendigen Schritte einzuleiten. Kaunitz wehrt ab: Er habe Familie, sechs Kinder, er könne nicht sein ganzes Vermögen für die Repräsentation verschwenden ... Die Kaiserin räumt alle Hindernisse aus dem Weg, sie bezahlt die Schulden Kaunitz' und stellt ihm große Summen zur Verfügung. Im Oktober 1750 bricht Kaunitz mit seinen Sekretären, Attachés und dem ganzen Personal auf.

In Paris kommt es zur Begegnung Kaunitz' und der Madame de Pompadour, zweier ganz unterschiedlicher Menschen. Kaunitz, der sehr schnell die Lage am Versailler Hof erfaßt, gibt sich vom ersten Augenblick an als der Marquise de Pompadour ergebenster Diener. Er umwirbt sie und schmeichelt ihr, nach und nach trägt er ihr seine Vorstellungen von einer Umgestaltung der Bündnissysteme vor. Wahrscheinlich bedeutet er der Marquise – denn er hat erkannt, wie ehrgeizig, ja ehrsüchtig sie ist –, daß die Kaiserin ihr gewiß gefällig sein würde, wenn es gelänge, mit ihrer, der Marquise, Hilfe eine Annäherung zwischen Wien und Versailles anzubahnen. Sehr wohl erkennt Kaunitz, daß Madame de Pompadour eine Rolle anstrebt, welche über die zwar glanzvolle, aber inhaltslose Stellung einer *Maîtresse en titre* hinausgeht. Er unterstützt ihr unausgesprochenes Streben nach dieser Rolle. Denn vergessen wir nicht, daß zu dieser Zeit noch, zu Beginn der fünfziger Jahre, auch Madame de Pompadour um die Festigung ihrer Stellung, ihres Einflusses zu kämpfen hat – noch ist die *École militaire* nicht gegründet, noch schafft man in Sèvres keine unsterblichen Porzellanfiguren, noch huldigt ihr nicht alle Welt, eher spottet sie über die frischgebackene Marquise. Kaunitz dient ihrer Sehnsucht, wie nur er es vermag: schmeichelnd und doch nicht dienerisch – einer Sehnsucht, die die Marquise antreibt, mehr zu bedeuten, herauszubrechen aus der Enge der Hofintrigen in den kleinen Kabinetten, aufzutreten auf der Weltbühne; den Feinden wie den Freunden, Ludwig XV. voran, jene Anerkennung abzutrotzen, welche ihr kraft ihrer Geburt nicht zuteil geworden.

Madame de Pompadour war nicht minder hellhörig, als Kaunitz scharfsinnig war. Zwei starke Charaktere begegneten einander in einem historischen Augenblick und in einer Situation, welche ihre Begegnung begünstigte und die Entwicklung, die in dieser Begegnung keimte, vorantrieb. Als Madame de Pompadour begriff, und sie begriff sehr bald schon, welches Ziel Kaunitz verfolgte, stellte sie sich sofort hinter ihn. Sie nannte ihn in aller Öffentlichkeit einen begabten Kopf, sie war ihm behilflich, sich auf dem Boden von Versailles zu behaupten, einem Boden, der, niemand wußte es besser als sie, sehr glatt war. (Kaunitz' Vorgänger, Mareschall, war in Versailles gerade noch geduldet. Als Botschafter durfte er bei den zahlreichen Festivitäten bei Hofe erscheinen, doch man schaute an ihm vorbei, kein einziges Mal haben ihn der König und die Königin angesprochen.) Außer der Sehnsucht nach einer Rolle von Bedeutung dürften zwei weitere Motive Madame de Pompadour beflügelt haben. Sie wußte, wie abfällig Friedrich über sie und ihre Stellung zu äußern sich pflegte, ja nicht nur abfällig und respektlos, sondern auch unflätig und beleidigend (diesen politischen Fehler beging Friedrich auch Maria Theresia und der Zarin Elisabeth gegenüber), und Madame de Pompadour hatte am Hofe von Versailles so manche Beleidigungen, Respektlosigkeit und viel beißenden Spott erdulden müssen. Mit seinen zügellosen und unbedachten Äußerungen entfachte Friedrich in ihr Haß, einen Haß, wie er sich stets dann ihrer bemächtigte, wenn sie sich in ihrer Stellung, in der Bedeutung, die der Stellung innewohnte, und in der erstrebten Rolle angegriffen fühlte. Sie haßte Friedrich, und allein dieses Haßgefühl scheint bereits ein ausreichendes Motiv gewesen zu sein, an einer gegen Friedrich gerichteten Politik mitzuwirken. Ein anderes Motiv war zweifellos ihr rastloser Ehrgeiz: Habsburgs Würde, der Zauber der Kaiserkrone und wohl auch die Persönlichkeit einer Maria Theresia müssen lockend auf eine Frau gewirkt haben, die aus der Unscheinbarkeit aufgestiegen war und die Begabung besaß, Macht auszuüben über Menschen, die Macht besaßen.

Wie muß die Aussicht sie gelockt haben, der Kaiserin und Königin zu dienen und so mit dieser außergewöhnlichen Frau vielleicht in Kontakt zu kommen! Vergessen wir nicht, daß die Menschen des 18. Jahrhunderts an das Gottesgnadentum noch glaubten, noch war die Vorstellung der angeborenen Würde eines Herrschers nicht inhaltslos geworden. All diese Beweggründe und Kaunitz' Geschick gewannen Madame de Pompadour für eine Allianz Frankreichs mit Österreich.

Selbstverständlich war diese Allianz, die erst im Laufe von sechs Jahren Gestalt annehmen sollte, nicht das alleinige Werk einer Madame de Pompadour, auch nicht ausschließlich ein Verdienst Kaunitz'. Viele politische und historische Komponenten, von welchen so manche außerhalb Frankreichs und Österreichs lagen, wirkten zusammen, ehe der verblüffende Wechsel der Allianzen, dieses *renversement des alliances*, zu einer gestaltenden historischen Kraft wurde. Doch er war überraschend, denn er barg ungeahnte Möglichkeiten in sich, vielen Staatslenkern war er einfach unvorstellbar gewesen. Dies wird verständlich, wenn man nur den vorangegangenen Österreichischen Erbfolgekrieg wenigstens in groben Zügen, wie wir ihn geschildert haben, überblickt. Und es bedurfte mühevoller und intrigenreicher Anstrengungen, ehe die beiden europäischen Großmächte zueinanderfanden.

Doch vorläufig konnten weder Kaunitz' Scharfsinn noch der Einfluß und die Überredungskunst der Marquise das durch den Aachener Frieden gefestigte Gebäude der alten Bündnissysteme zum Einsturz bringen. Mag den Franzosen der preußische Verbündete im Erbfolgekrieg noch so viele unangenehme, ja verhängnisvolle Überraschungen bereitet haben, er wurde dennoch bewundert, nicht nur von seinen Freunden, sondern auch von seinen Feinden. Im Staatsrat in Versailles stieß Madame de Pompadour auf den entschiedenen Widerstand der Minister. Kaunitz begriff, daß er warten mußte. Und er war geschickt genug, um warten zu können und nicht dringend zu werden. Doch dann, als auch das Warten und die Freundschaft der Marquise nichts fruchteten, kam der Augenblick, da dieser scharf beobachtende und rationell denkende Diplomat die Hoffnung verlor. Er bedeutete der Kaiserin, daß man nichts tun könne, daß man sich fügen müsse ins Unabänderliche: »Was bleibt bei solchen Umständen für ein anderes vernünftiges Mittel zur Befestigung der eigenen Sicherheit übrig, als endlich den Verlust Schlesiens ganz zu vergessen, dem Könige von Preußen alle Sorge hierüber zu benehmen und ihn auf diesem Wege dereinst in die Allianz Österreichs mit den Seemächten zu ziehen?«

Wieder ist es Maria Theresia, die standhaft bleibt und nicht aufgibt. Sie glaubt an Kaunitz, an seine Fähigkeiten, an seinen Scharfblick, an seine Treue. Sie bietet ihm die Leitung der auswärtigen Angelegenheiten an. Und Kaunitz zaudert: Ein schwacher, kränkelnder Mann sei er, die Aufgabe übertreffe seine Leistungsfähigkeit, ganz abgesehen davon, daß er wahrhaftig außerstande sei, sich anderen unterzuordnen ... Die Weigerung erhöht noch seine Geltung am Hofe. Maria Theresia begreift den Wunsch Kaunitz' und erfüllt ihn. Sie entläßt den Reichskanzler Graf Uhlfeld, sie entläßt Baron von Bartenstein, das unverwüstliche Faktotum ihres Vaters, auf daß Kaunitz frei agieren könne. Nach dreijährigem Aufenthalt in Paris kehrt Kaunitz nach Wien zurück und übernimmt die Leitung der neuen Hof- und Staatskanzlei für die Außenpolitik. Der österreichische Botschafter in Paris heißt von nun an Graf Starhemberg.

Er enthält die Instruktion, alles daranzusetzen, die ohnehin nicht befriedigenden Beziehungen zwischen Versailles und Wien nicht noch weiter verfallen zu lassen. Mehr ist in diesen kurzen Jahren nach dem Aachener Frieden nicht zu erreichen. Die Fronten scheinen erstarrt zu sein. Doch jene Ereignisse außerhalb des österreichischen und des kontinentaleuropäischen Machtbereichs, auf die weder Wien noch Berlin Einfluß nehmen können, schaffen auch in Europa eine Lage, die ein bündnispolitisches Umdenken fordert. Diese Ereignisse sind, wie schon angedeutet, die Kämpfe auf nichteuropäischen Schauplätzen: der trotz des Friedens von Aachen fortdauernde Kampf Großbritanniens und Frankreichs. Die britische Kriegsflotte ist der französischen überlegen, sie beherrscht die Meere. Aber Frankreich ist nach wie vor eine europäisch-kontinentale Großmacht, und Hannover, ein Besitz des britischen Königs, ist nicht wie die Insel durch den Kanal vor dem Zugriff einer Landstreitmacht sicher. In der ersten Hälfte der fünfziger Jahre zeichnet sich die Weltlage, die Kaunitz wie Friedrich aufmerksam verfolgen, so ab:

In Nordamerika versperrt ein langgezogenes französisches Einflußgebiet von Louisiana im Süden über das Mississippital bis nach Kanada den englischen Kolonialisten den Weg nach dem verlockenden Westen. Der Marquis Louis-Joseph de Montcalm, Gouverneur von Kanada (jeder Leser der Lederstrumpf-Geschichten von James F. Cooper kennt seinen Namen und die Indianerkämpfe), hat hier eine Kette von Forts angelegt, deren stärkster Stützpunkt das Fort Duquesne ist. Ein junger Oberstleutnant der Miliz von Virginia eröffnet 1754 die Feindseligkeiten gegen die Franzosen und wird von ihnen zur Kapitulation gezwungen – sein Name ist George Washington. Mit den Franzosen verbündete Indianer überfallen britische Truppen und töten deren Heerführer. Auch in Indien kommt es immer wieder zu Streitereien zwischen der britischen und der französischen Handelsgesellschaft. Auch hier verfolgt man die gleiche Politik wie in Nordamerika: Man verbündet sich mit den Eingeborenen gegen den Feind aus Europa. Die immensen Entfernungen zwischen Mutterland und Kolonien machen es fast unmöglich, eine einheitliche Politik von einem zentralen Sitz, London beziehungsweise Paris, aus zu betreiben, also gehen die lokalen Feindseligkeiten sehr bald in einen regelrechten Krieg über. 1755 schon ist der britisch-französische See- und Kolonialkrieg auf dem indischen Subkontinent und in Nordamerika in vollem Gange. Wir sahen, daß Frankreich und Britannien auf den Schlachtfeldern des Österreichischen Erbfolgekrieges in Wirklichkeit ihren Kampf um die Beherrschung der Meere und der Kolonien ausgetragen haben. So ist es auch jetzt nur noch eine Frage der Zeit, wann der ferne Krieg auf den Meeren und um die Kolonien wieder auf den europäischen Schauplatz übergreift.

Wegen des hannoverschen Besitzes liegt es in vornehmstem Interesse Britanniens, seine kontinentale Politik darauf auszurichten, daß die bedeutendste militärische Macht im Norden des Reiches, Preußen, in einem kommenden Kontinentalkrieg, wenn es schon nicht gegen Frankreich ins Feld zieht, so wenigstens doch neutral bleibt – darum hat London im Erbfolgekrieg immer wieder, und mit Erfolg, versucht, zwischen Wien und Berlin Frieden zu stiften und so Preußen von den Kämpfen fernzuhalten; darum hat auch London Wien unterstützt, damit die österreichischen Niederlande bei einem französischen Angriff auf Hannover als Puffer erhalten blieben. Und nun – wir sind im Jahr 1755 – erkennt Friedrich, daß der erdumfassende Kampf Britanniens und Frankreichs auf den europäischen Kontinent überzugreifen droht. Er sieht es mit Besorgnis. Denn er weiß auch um die Bemühungen des österreichischen Staatskanzlers Kaunitz, eine Koalition gegen Preußen zu schmieden, und zwar unter Einbeziehung Rußlands. Maria Theresia und Kaunitz wollen Schlesien zurückerobern – in einem erweiterten Sinn geht es auch in Europa um mehr als bloß um den Besitz einer Provinz: Es geht um die Vorherrschaft im deutschen Raum, um dessen Einigung unter Habsburg oder Hohenzollern, und so geht es um den Kampf zwischen dem Haus Österreich und dem Haus Brandenburg, es geht trotz mancher Erfahrungen im Erbfolgekrieg auch darum, den Machtdualismus im Reich, der durch den Machtanspruch Friedrichs entstanden ist, zu beseitigen und die althergebrachte Einheit unter der Autorität der kaiserlichen Würde wiederherzustellen.

London wirbt um Preußen, wie es das auch in den Kriegsjahren getan hat. Eine preußische Garantie für die Sicherheit Hannovers mag den Londoner Politikern als unerläßlich erscheinen für den Fall eines neuen kontinentalen Krieges. London zahlt Subsidien auch an die Zarin Elisabeth von Rußland, eine Verbündete Maria Theresias und Taufpatin des dritten Sohns der Kaiserin, des späteren Kaisers Leopold II. Die Lage Preußens wird lebensgefährlich, wenn es außer Österreich auch noch Rußland und England zu Feinden hat. Also meint Friedrich, durch die Annahme der britischen Vorschläge nicht nur Britannien als Verbündeten zu gewinnen, sondern auch die zahlenmäßig schwer einschätzbare Macht Rußlands zu neutralisieren. Daß die Erzfeinde Bourbon und Habsburg sich miteinander verbünden könnten, gehört zu diesem Zeitpunkt in den Bereich des Undenkbaren. Und so schließen Preußen und Britannien am 16. Januar 1756 die Konvention von Westminster zur gemeinsamen Abwehr jedes Angriffs einer fremden Macht in Deutschland.

Doch es hat sich im Sommer 1755 so manches ereignet. Denn in Indien stehen Duplaix und Clive, Fort Saint George und Pondichéry einander gegenüber. Eifersüchtig beobachten einander an den Küsten Guineas französische und englische Sklavenhändler, und in Nordamerika hindern die französischen Garnisonen die englischen Kolonialisten daran, neue, unerschlossene Gebiete zu erobern. An den Grenzen Kanadas und Acadias, der späteren Nova Scotia, und am Mississippi liefern einander Engländer und Franzosen bittere Kämpfe. Die Engländer locken den Kommandanten des französischen Forts Duquesne in einen Hinterhalt, sie führen die mit ihnen verbündeten Indianer gegen die Franzosen, diese aber nehmen Rache, woraufhin die englische Presse nach Vergeltung schreit. König Georg II. fühlt sich verpflichtet, dem Parlament zu versprechen, er werde die kolonialen Interessen Britanniens mit allen Mitteln verteidigen. Nun sticht eine französische Flotte, siebenundzwanzig Einheiten, in See. Auch Britannien entsendet eine kampferprobte Kriegsflotte in Richtung Nordamerika. Bald erreicht Paris die Nachricht, daß die britische Flotte die französische angegriffen und zwei Schiffe, die *Lys* und die *Alcide*, gekapert hat. Ganz Paris ist aufgebracht.

In diesem Augenblick von weltpolitischer Tragweite, am 21. August 1755, verläßt ein Kurier die Hofburg zu Wien. Er hastet nach Paris. Noch hat er sich von der anstrengenden Reise nicht erholt, da sucht schon Graf Starhemberg Madame de Pompadour auf und teilt ihr mit, seine Herrscherin habe an den König von Frankreich eine Botschaft gerichtet.

Ludwig XV. ist vorsichtig und empfängt Starhemberg nicht, sondern beauftragt Madame de Pompadour, ein Treffen zwischen seinem Vertrauten, dem Abbé de Bernis, und dem österreichischen Gesandten zu arrangieren. Endlich kann Starhemberg die Gedanken Maria Theresias und Kaunitz' einem Beauftragten des französischen Königs vortragen: Die Interessen Frankreichs und Österreichs seien nicht gegensätzlich. Ihre Feindseligkeit sei eine historische Tradition, mit der man Schluß machen sollte. Die Früchte dieser Feindseligkeiten seien zweit- und drittrangigen Staaten zugefallen, indem sie die beiden katholischen Großmächte gegeneinanderhetzten. Im Dreißigjährigen Krieg hätten nicht Frankreich oder Österreich etwas gewonnen, sondern Schweden. Vom Erbfolgekrieg ziehe einstweilen nur der Preußenkönig Nutzen, indem er Schlesien besetzt halte. Habe deswegen die Blüte des französischen Adels in Böhmen zugrunde gehen müssen? Habe Maurice de Saxe deswegen in Flandern so heldenhaft gekämpft? Der Preußenkönig verhehle nicht einmal, daß er die Feindseligkeiten der beiden Großmächte als ein Mittel für seine Zwecke erachte, denn welche auch verliere, er gewinne . . .

Die französischen Minister müssen sich in Anbetracht des unausweichlichen Krieges mit Großbritannien nun endlich entscheiden. Ihnen stellt sich die Frage: Entweder behalten sie das alte Bündnissystem bei (das Bündnis mit Preußen läuft im nächsten Jahr aus und müßte erneuert werden) oder sie überdenken das gesamte Bündnissystem. Die Meinungen sind geteilt. D'Argenson plädiert für einen Landkrieg und also für das Bündnis mit Preußen. Machault hingegen blickt über die Grenzen des Kontinents und drängt auf einen Seekrieg mit Britannien. Der Abbé de Bernis ist zwar nicht Mitglied des Staatsrates, aber Madame de Pompadour informiert ihn über die endlosen Diskussionen, die – wir sind in Versailles – durch Indiskretionen von Beichtvätern und Mätressen, Freunden und Zuträgern bald schon ein offenes Geheimnis werden in den Salons von Paris.

Die Memoirenliteratur weiß von einem kennzeichnenden Zwischenspiel zu berichten, das sich in Versailles während der langwierigen Beratungen und Verhandlungen zugetragen hat. Der Prinz von Conti, ebenfalls den Interessen Maria Theresias dienend (denn Kaunitz warb um jeden, der ihm behilflich sein konnte), hatte Ludwig XV. eine Marquise de Coislin zugeführt. Dem König gefiel sie, und es wollte scheinen, als ob Ludwig XV. Madame de Pompadour die Gunst entziehen wollte. Ihr erwuchs also eine Rivalin, die derselben Sache verpflichtet war. Schon munkelte man am Hofe schadenfreudig Boshaftes, und die Marquise, in ohnmächtiger Verzweiflung, wie sie in manchen Augenblicken der Niederlage gerade starke Persönlichkeiten erfaßt, beschloß, sich vom Hofe zurückzuziehen. Sie habe den König bereits um die Erlaubnis gebeten, vertraute sie sich ihrem alten Freund, dem Abbé de Bernis, an. Bernis berichtet in seinen Memoiren: »Ich vermag nicht die Gefühlsbewegung, die mich erfaßte, zu beschreiben. Dennoch beherrschte ich mich zunächst und sagte lediglich: ›Madame, ein Diener des Staates darf nicht auf diese Weise seine Gefühle offenbaren.‹ Ich war aufgestanden und wollte das Kabinett verlassen, doch sie hielt mich zurück und zwang mich, ihr zu sagen, was ich zu tun gedächte. Ich gab zu, daß ich dem König schreiben und ihm vortragen wollte, wie sehr eine neue *Maîtresse en titre* seinem Ruf, seinen Angelegenheiten schaden und beim Wiener Hof Ärgernis hervorrufen würde. Die Marquise erschrak, als sie meinen Entschluß vernahm. Sie gab mir zu bedenken, daß ich mich der Ungunst des Königs aussetzen würde, wenn ich ihm so freimütig schriebe, sie meinte, ich würde noch größere Gefahr laufen, wenn der König nur schwach genug wäre, meinen Brief der neuen Mätresse zu zeigen. Ich erwiderte, ich hätte das alles bedacht, und ging daran, meinen Entschluß in die Tat umzusetzen. Nie hat noch ein Untertan seinem Souverän mit mehr Ehrfurcht, aber auch mit mehr Offenherzigkeit die Wahrheit dargetan als ich. Sollte Seine Majestät allen Ernstes beabsichtigen, erklärte ich zum Schluß, eine neue Mätresse zu deklarieren, so müßte ich ihn anflehen, mir zu erlauben, daß ich mich zurückziehe. Ich zeigte den Brief der Marquise, die in Tränen ausbrach vor Anerkennung und Dankbarkeit, in mir einen so mutigen Freund gefunden zu haben. Doch sie meinte, sich damit abfinden zu müssen, daß er mein Geheimnis nun kannte, und wollte nicht zulassen, daß ich diesen Brief dem König übergebe. Aber ich versiegelte das Schreiben. Einen Moment später trat der König ins Kabinett der Marquise ein, und ich wartete, bis Seine Majestät es wieder verließ. Dann folgte ich ihm und überreichte ihm das Schreiben. Ich beschwor ihn, es mit größter Aufmerksamkeit zu lesen und sehr bald eine Antwort darauf zu geben. Die Antwort ließ auch nicht auf sich warten. Seine Majestät selbst übergab sie mir am nächsten Tag, und ich brachte sie ungeöffnet der Marquise. Dann sprach der König gütig und freimütig zu mir, er bedachte alle guten Eigenschaften und auch die Fehler der Marquise und versprach mir, auf die Neigung, die er für die Rivalin empfand, zu verzichten, weil er die Gefahren sah, die deswegen seine Angelegenheiten und seinen Ruf bedrohten.«

Die Kunde von der jüngsten Liebesaffäre Ludwigs XV. stiftete sogar in Wien eine gewisse Verwirrung. Man wußte nicht recht, ob man die geheime Vertretung der österreichischen Interessen dem Prinzen Conti oder der Marquise de Pompadour anvertrauen sollte. Doch Starhemberg gelang es, Kaunitz zu überzeugen, daß des Königs Liebschaft mit der Marquise de Coislin, dem Schützling des Prinzen Conti, nicht von Dauer und Bedeutung sei. Kaunitz dürfte von Anfang an der Madame de Pompadour den Vorrang gegeben haben, denn er kannte sie, er wußte ihre Klugheit, ihre Zähigkeit und ihren starken Willen richtig einzuschätzen, und er wußte auch, wie ehrgeizig die Marquise war, und so verstand er – das war das große diplomatische Talent des sonst »unmanierlichen« Grafen Kaunitz –, diese ihre Eigenheiten in seinen Dienst zu stellen. Hier ein charakteristisches Schreiben Kaunitz' an die Marquise de Pompadour:

»Madame, es war mir oft ein Wunsch, mich in Ihr Gedächtnis zurückzurufen. Heute bietet sich dazu eine Gelegenheit, die um der Empfindungen willen, welche ich bei Ihnen zu kennen meine, Ihnen nicht unangenehm sein dürfte. Graf Starhemberg hat dem König Dinge von höchster Bedeutung vorzutragen, und sie sind von solcher Beschaffenheit, daß sie nur von einer Persönlichkeit vermittelt werden dürfen, die Ihre sehr gütige Majestät (gemeint ist Maria Theresia) mit ihrem ganzen Vertrauen beehrt und dem Grafen Starhemberg anweist. Sie werden, Madame, die Mühe gewiß nicht bereuen, die Sie sich damit geben, daß Sie den König bitten, jemanden zu benennen, der über unsere Vorschläge mit uns verhandeln soll, au contraire, ich schmeichle mir, daß Sie mir manchen Dank wissen werden, Ihnen durch diese Angelegenheit ein Zeichen der Treue und der Anerkennung zu geben, mit dem ich die Ehre habe zu sein . . .«

Selbstverständlich wäre es töricht, zu behaupten, daß die Marquise de Pompadour oder auch der Abbé de Bernis es gewesen seien, die einen Bündnisvertrag von solcher Tragweite wie die Allianz Frankreichs mit Österreich, ja die Aussöhnung Bourbons und Habsburgs als ihr persönliches politisches Werk zustande gebracht hätten – nein. Wir haben ja gesehen, wie viele weltpolitische Komponenten in den Überlegungen britischer Politiker sich manifestierten und welche historischen Strömungen die Absichten Kaunitz' und Maria Theresias beeinflußten. Das Zusammenwirken all dieser Überlegungen und Erkenntnisse schuf jene Lage, in der eine Madame de Pompadour und ihr Freund und Schützling, der Abbé de Bernis, im Interesse des österreichischen Vorhabens, dessen Vorteile für Frankreich erkennend, tätig werden konnten. Außerdem befand sich Frankreich nach dem Bekanntwerden der Konvention von Westminster zwischen Großbritannien und Preußen in einer äußerst heiklen Situation, es galt also zu handeln, und das Bündnis mit Österreich schien da, wenn nicht der einzig mögliche, so doch der logische Weg.

Der Abbé de Bernis war ein gebildeter, bescheiden sich gebender Mann, er besaß gesunden Menschenverstand und auch die Fähigkeit, seine Gegner zu täuschen, eine Begabung, die am Hofe von Versailles von unschätzbarem Wert war. Und er war der Madame de Pompadour von Kindheit an ergeben. Vielleicht dürfen wir ein kräftigeres Wort anwenden, um die Beziehung der beiden zueinander zu charakterisieren, und sagen, er war ihr hörig – doch nicht auf die Weise, wie man landläufig Hörigkeit versteht. Denn eine Liebesbeziehung bestand zwischen dem Abbé und der Marquise nicht. Er, der zweifelte und grübelte, war dem überwältigenden Willen der Frau hörig, jenem Willen, der des Abbés Skrupel und Bedenken mit einem einzigen Lachen oder einem einzigen Wort, das nicht gesteuert sein mußte von überzeugender Logik, fortzufegen verstand. Und weil er zweifelte und grübelte, war er schüchtern und vermochte seine Argumente nicht mit jener stechenden Überzeugung vorzutragen, welche den Willen einer Pompadour gebrochen hätte. Der Abbé de Bernis, erzogen in der großen Tradition französischer Geschichte und ihr verpflichtet, erkannte zunächst nicht die Notwendigkeit des geplanten *renversement des alliances*. Ihn quälten Zweifel, die von historischen Vorurteilen bestimmt waren. In seinen Gedanken war Frankreich Hüter jener Verpflichtungen, die ihm im Westfälischen Frieden 1648 zugefallen waren. Frankreich dürfe nicht, meinte der Abbé de Bernis, seine früheren Verbündeten verraten, jene kleinen deutschen Fürsten und jene Stände außerhalb Deutschlands, die sich ihm in ihrem Kampf gegen Habsburg anvertraut hatten. In seinem gesamten Denken war Bernis ein treuer Bewahrer jener französischen außenpolitischen Konzeption, die seit dem Sieg des Kaisers Karl V. über Franz I. von

Frankreich bei Pavia, 1525, Gültigkeit besessen und in den ruhmreichen Tagen des großen Richelieu unter Ludwig XIII. triumphal vollendet wurde. Es war das Konzept, um es in einer simplen Formel auszudrücken, sich mit den Gegnern Habsburgs in dessen Rücken zu verbünden, mit den protestantischen Fürsten und Ständen, mit den Türken auch, und so Frankreich aus der habsburgischen Umklammerung herauszuführen und Habsburgs Machtbereich in Europa auf das Maß des Gleichgewichts zu beschränken. Die Perspektiven, die sich dem Abbé de Bernis bei der Erwägung einer Allianz mit Österreich auftaten, erfüllten ihn mit Schrecken. Schon sah er Frankreich in einen Krieg hineingezwungen, dessen Hauptlast es zu tragen haben würde. Und er gab der Marquise alles, was ihn beunruhigte, zu bedenken, er malte ihr aus, welche folgenschweren Vorwürfe sie zu gewärtigen haben würde, nicht nur von der Nation, sondern auch seitens des Königs, wenn die an die neue Allianz geknüpften Hoffnungen nicht in Erfüllung gingen.

Doch diese Bedenken waren nicht neu. Sie waren auch in der Argumentation enthalten, welche manche Minister, ebenfalls Bewahrer der traditionellen französischen Außenpolitik und außerstande, in von ihr abweichenden Kategorien zu denken, so oft schon, so langatmig und wortreich dem König vorgetragen hatten. Madame de Pompadour dachte nicht in den Kategorien einer Tradition, deren Nützlichkeit sie nicht einsah. Sie ging auf ihre Weise ans Werk, indem sie Ludwig XV. mit praktischen Argumenten überredete, der Allianz mit Maria Theresia zuzustimmen. Österreich sei ja zu weitgehenden Konzessionen bereit, durch welche Frankreich Einfluß gewinnen könne auf die Niederlande, die niederländischen Häfen benutzen und von Mons Besitz ergreifen könne. Außerdem kündige ja die Kaiserin ihr Bündnis mit Großbritannien. Madame de Pompadour erinnerte Ludwig XV. an die nicht gerade schmeichelhaften Scherze Friedrichs II. über die Liebesaffären des Königs von Frankreich; sie schürte Ludwigs Abneigung gegen den ketzerischen Preußenkönig, indem sie ein grandioses Bild entwarf von einer großen katholischen Allianz in Europa als Gegengewicht zu den protestantischen Mächten, die in der ganzen Welt an Einfluß zunähmen. Zweifellos bediente sie sich mancher Argumente, die ihr Kaunitz durch den sehr geschickten Grafen Starhemberg eingeben ließ. Zu guter Letzt weckte die Marquise in Ludwig XV. die Hoffnung auf eine dauerhafte und für Frankreich günstige Friedensordnung, die des Königs Regierungszeit überdauern und die Menschen aller Nationen in Europa beglücken würde.

Wie der Abbé de Bernis und so viele andere Männer vermochte auch Ludwig XV. nicht, sich dem Willen der Madame de Pompadour zu entziehen. Dieser Wille trieb ihn nun in eine Richtung, die durch die historischen Strömungen der Zeit und durch weltpolitische Komponenten vorgezeichnet war. Ludwig XV. beschloß also, den Abbé de Bernis mit der heiklen Aufgabe zu betrauen, die geheimen Verhandlungen mit dem österreichischen Gesandten Graf Starhemberg zu führen. Madame de Pompadour widersprach zum Schein und gab zu bedenken, daß der Abbé kein Minister und also weniger geeignet sei als ein anderer höheren Ranges. (Der Abbé war vier Jahre lang Botschafter in Venedig gewesen und im April 1755 zurückgekehrt.) Doch der König bestand auf seiner Wahl, denn er vertraute Bernis und mochte ihn. Madame de Pompadour – sie konnte auch sanft sein, wenn sie wollte – gab nach. Aber die Gelegenheiten, zu denen sie nachgab, waren immer genau kalkuliert. Sie wollte ja ohnehin keinen anderen als Starhembergs französischen Verhandlungspartner sehen als eben den Abbé de Bernis, dessen Charakter und Fähigkeiten sie kannte und von dem sie wußte, wie bedingungslos er ihr ergeben war.

Die vorbereitende Besprechung zwischen dem österreichischen und dem französischen Bevollmächtigten fand in einem Haus der Marquise, dem kleinen Landsitz Babiole, ein stimmungsvolles Anwesen unterhalb des Schlosses Bellevue, am 22. September 1755 statt. Dann folgten einige Unterredungen im Palais de Luxembourg, und endlich war der Vertrag ausgearbeitet und unterschriftsreif. Der Entwurf wich nur unwesentlich ab von den ursprünglichen österreichischen Vorschlägen und war für Frankreich so vorteilhaft, als hätte es einen langen und schweren Krieg gewonnen. Denn Frankreich konnte nun seinen Einfluß auf die Niederlande ausdehnen, welche Habsburg jahrhundertelang, einschließlich der Gebiete, die man heute als Belgien kennt, verwaltet hatte; außerdem verlor Großbritannien, der eigentliche Gegner Frankreichs in Übersee, den zähesten kontinentalen Verbündeten. In Wien aber hatten die Erfahrungen des Erbfolgekrieges zu der Erkenntnis geführt, der Schwerpunkt des habsburgischen Machtbereichs sei im Donauraum zu sehen.

Am 1. Mai 1756 wurde in Versailles das Neutralitäts- und Verteidigungsbündnis zwischen Frankreich und Österreich unterzeichnet. Das französische Volk jubelte. Maria Theresia war voller Zuversicht. Und auch diesmal, wie immer vor großen Ereignissen, war sie in anderen Umständen. Sollte sie einen Sohn zur Welt bringen, so wollte sie Ludwig XV. die Patenschaft antragen. Doch sie schenkte, während der Verhandlungen noch, im Jahr 1755, einer Tochter das Leben. Diese bekam den Namen Marie-Antoinette und sollte später Königin von Frankreich werden.

Nicht nur das französische Volk jubelte, nicht nur Maria Theresia und Kaunitz, nicht nur manche französischen Minister freuten sich über diesen alle Welt verblüffenden »Wechsel der Allianzen«, sondern und vor allem auch Madame de Pompadour. Sie betrachtete sich als die Baumeisterin dieses diplomatischen Bravourstücks, und es schmeichelte ihrem rastlosen Ehrgeiz, der kaum jemals auf so greifbare, auf so unbestreitbare Weise befriedigt worden war wie in diesen Maitagen des Jahres 1756, diplomatische Korrespondentin der Kaiserin Maria Theresia zu sein. Graf Starhemberg meldet einige Tage nach der Ratifizierung nach Wien, Madame de Pompadour sei hochbefriedigt über den Abschluß des Vertrags, denn sie erachte dieses Ereignis als ihr persönliches Werk; sie habe ihm versichert, auch in Zukunft ihr Bestes zu tun, damit die beiden Mächte auf dem eingeschlagenen Weg weitergingen. Und kaum zwei Wochen nach dem Vertragsabschluß, am 13. Mai 1756, richtet der Gesandte Starhemberg an den Staatskanzler Kaunitz einen Brief, der, zusammen mit Kaunitz' Adresse an Madame de Pompadour, äußerst bezeichnend ist nicht nur für die Denkweise der handelnden Personen, sondern auch für die Art jener Zeit, Diplomatie zu betreiben: »Ich meine, daß es angebracht wäre, wenn Eure Exzellenz im nächsten Brief, den Sie an mich zu richten mir die Ehre geben werden, geruhten, einige offenkundige Zeilen für Madame de Pompadour einzufügen. Wir brauchen sie im jetzigen Augenblick mehr denn je, und ich wäre glücklich, wenn es außer den persönlichen Komplimenten Eurer Exzellenz auch noch etwas anderes gäbe, was die Dankbarkeit und die Achtung des Hofes und des Ministeriums für sie kundtäte. Es steht fest, daß sie es ist, der wir alles verdanken, und auch, daß sie es ist, von der wir in Zukunft alles erwarten können. Sie will geachtet werden, und sie verdient es tatsächlich. Ich werde sie öfter und ausgedehnter treffen, sobald unsere Allianz kein Geheimnis mehr sein wird, und ich möchte ihr dann Dinge sagen können, die ihr persönlich schmeicheln.«

Kaunitz kam dem Wunsch seines Gesandten gerne nach. Am 9. Juni 1756 schrieb er der Marquise: »Es ist Ihrem Eifer und Ihrer Weisheit, Madame, zuzuschreiben, was bisher zwischen den beiden Höfen vereinbart wurde. Ich empfinde so und kann mir die Genugtuung nicht versagen, es Ihnen zu bekennen und danken dafür, daß Sie so gütig waren, bis zu dieser Stunde mein Führer sein zu wollen. Ich darf Sie auch nicht in Unkenntnis lassen darüber, daß Ihre Kaiserliche Majestät Ihnen alle Gerechtigkeit hat widerfahren lassen, die Ihnen zukommt, und für Sie Gefühle hegt, die Sie sich nur wünschen können. Was geschehen ist, muß, so scheint es mir, die Zustimmung der unparteiischen Öffentlichkeit und der kommenden Generationen finden. Aber was noch getan werden muß, ist sehr viel und zu sehr Ihrer würdig, als daß Sie verzichten könnten darauf, den Versuch jener Leistung zu unternehmen, die Sie dem Vaterland für immer teuer machen muß. Ich bin auch überzeugt, daß Sie nicht aufhören werden, Ihre Sorgfalt einem so wichtigen Gegenstand zu widmen. Dann aber scheint mir der Erfolg sicher zu sein. Im voraus schon teile ich den Ruhm und die Genugtuung, die Ihnen daraus erwachsen müssen, da gewiß niemand Ihnen aufrichtiger oder ehrfurchtsvoller zugetan sein kann als Ihr sehr demütiger und gehorsamer Diener

Graf von Kaunitz.«

Dieser Brief war zweifellos eine Bestätigung für die bedeutende Rolle, die Madame de Pompadour im »Wechsel der Allianzen« gespielt hatte. Die Pompadour und Kaunitz führten eine langjährige diplomatische Korrespondenz. Einen Brief hat die Marquise an die Kaiserin und Königin Maria Theresia gerichtet. Sie dankt darin für ein Geschenk, das ihr die Kaiserin hatte überreichen lassen. Entgegen vielen Gerüchten hat es nie einen Briefwechsel zwischen der großen Mätresse und der großen Kaiserin gegeben. Maria Theresia hat zwar etwa dreitausend Briefe geschrieben, sie hat an ihre Familienmitglieder, an ihre Freunde, an ihre Beamten und Generale Briefe und Adressen gerichtet, aber nicht an die Marquise de Pompadour – aus protokollarischen Gründen und wohl auch aus moralischen Überlegungen. Sie faßte zwar zu Ludwig XV., der ihr nie begegnet ist, eine großzügige Neigung, eine gütig verzeihende, aber sie dachte nicht daran, einer königlichen Mätresse persönliche Briefe zu schreiben. Denn ein Brief von der Hand der Kaiserin war eine Auszeichnung, die nicht selten einer Erhebung in einen höheren Stand gleichkam. Das bedeutet aber nicht, daß sie die Verdienste der Madame de Pompadour nicht gewürdigt hat. Aus den Berichten Starhembergs und Kaunitz' wußte sie sehr genau, welche Rolle die Marquise beim Zustandekommen des Vertrags mit Frankreich gespielt hatte, und sie wollte sich auch, ihrem aufrichtigen und offenen Naturell gemäß, erkenntlich zeigen. Ihr Staatskanzler und ihr Gesandter arbeiteten mit der Pompadour eng zusammen, selbstverständlich mit ihrer Kenntnis. Aber die Legende von intimeren Beziehungen zwischen ihr und der *Maîtresse en titre* dementierte sie selbst in einem Brief an die sächsische Kurfürstin vom 10. Oktober 1763: »Sie irren, wenn Sie meinen, Wir hätten jemals Verbindung mit der Pompadour gehabt, niemals gab es einen Brief, noch hat Unser Minister oder Unser Ministerium je diesen Weg gewählt. Man hat ihr wie allen anderen auch den Hof machen müssen, aber es kam nie zu irgendeiner Intimität. Diese Methode hätte mir nicht zugesagt. Ich habe ihr lediglich im Jahr 1756 mit Erlaubnis des Königs (Ludwigs XV.) ein eher galantes als prächtiges Geschenk gemacht.«

Das galante Geschenk, das die Kaiserin in diesem Brief erwähnt, war ihr Porträt, in ein Lackschreibzeug gefaßt und mit wertvollen Steinen geschmückt, es besaß einen Wert von 77 000 Livre oder 35 000 Gulden und wurde der Marquise nach einigem Hin und Her endlich im Jahr 1759 überreicht. Dafür bedankte sich Madame de Pompadour im folgenden Brief:

»An Ihre Kaiserliche, Königliche und apostolische Majestät die Kaiserin-Königin von Ungarn und Böhmen

Madame,
   ist mir erlaubt zu hoffen, Ihre Kaiserliche Majestät werde gütigst meinen ergebensten Dank und den Ausdruck der respektvollen Erkenntlichkeit anzunehmen geruhen, welche mich angesichts des unschätzbaren Porträts erfüllt, das sie mir überbringen ließ?
Müßte man, Madame, um diese kostbare Gabe zu verdienen, nur bis zum Grund seiner Seele von der enthusiastischen Bewunderung durchdrungen sein, welche die verführerischen Reize und heroischen Tugenden Ihrer Kaiserlichen Majestät einflößen, dann wäre niemand ihrer würdiger als ich. Ich wage hinzuzufügen, daß unter den Untertanen Ihrer Kaiserlichen Majestät niemand ist, der diesen seltenen und erhabenen Vorzügen eine aufrichtigere Reverenz erweist.

Sie sind es gewohnt, Madame, in all jenen, die das Glück Ihrer Nähe genießen, eben die Empfindungen zu erkennen, die Ihnen auszudrücken ich die Ehre habe. Doch ich hoffe, Ihre Kaiserliche Majestät werde die meinen davon zu unterscheiden geruhen und sie als Ausfluß des tiefen Respekts betrachten, mit dem ich bin

Ihrer Kaiserlichen Majestät
sehr ergebene und sehr
gehorsame Dienerin
Madame de Pompadour

23. (oder 28.?) Januar 1759.«

Madame de Pompadour war offensichtlich so glücklich über die kaiserliche Gunst, daß sie einige Tage später, am 9. Februar 1759, an Kaunitz folgenden Brief richtete:

»Vereinen Sie, Herr Graf, all die Gefühle, welche die Großherzigkeit und Empfindungsfähigkeit Ihrer Seele Ihnen einzugeben vermöchte, Sie würden doch noch weit davon entfernt sein zu fühlen, was in der meinen vorging, als ich das Porträt Ihrer Kaiserlichen Majestät erhielt. Dies Zeichen unendlicher Güte macht mich überglücklich; mein Herz – daran gewöhnt, die über Natürliches hinausreichenden Vorzüge der Kaiserin hochachtungsvoll zu zählen und zu bewundern – wagte nicht zu hoffen, daß sie auch mich des Vorzugs Ihrer Gnade teilhaftig zu machen geruhen werde! Es übersteigt meine Fähigkeiten, meinen Empfindungen gegenüber der größten Fürstin der Welt Ausdruck zu verleihen. Ich beschwöre Sie, Herr Graf, meiner Verzagtheit zu Hilfe zu kommen und zu sagen, was Sie in Compiègne über meine Art zu denken erfahren haben, und sagen Sie das, was Sie selbst für Ihre verehrungswürdige Herrin empfinden, es wird nichts Übertriebenes daran sein.«

Auch über den anderen Baumeister des österreichisch-französischen Vertrags wollen wir ein Wort sagen, über den Abbé de Bernis. Starhemberg meldete am 18. Juli 1756 aus Compiègne an Kaunitz, Bernis und die Pompadour hätten auch den König so gut wie überzeugt (ihm, Bernis, einen Platz im *Conseil* zuzuweisen), aber plötzlich habe dieser sich anders entschlossen und den Abbé zum Gesandten in Wien ernannt. Starhemberg vermutet, auf Veranlassung Machaults. Doch Bernis war eine größere Karriere beschieden.

Klar zeichneten sich nun die Fronten in Europa ab, und sie waren nicht günstig für Preußen. Durch das Bündnis Österreichs mit Frankreich und dadurch, daß die Zarin Elisabeth in Anbetracht des *renversement des alliances* das angebahnte, aber noch nicht unterzeichnete Bündnis mit Großbritannien platzen ließ und sich für das alte mit Österreich entschied, war gerade jene Koalition entstanden, die Friedrich II. durch die Konvention von Westminster zu vereiteln gesucht hatte. Eine Frauenkoalition war entstanden gegen den Soldatenkönig, der alle drei, das »lüsterne Weib« im Norden, die »Königsdirne« im Westen und in der Mitte die ewig nach Windeln riechende Maria Theresia, gleichermaßen beschimpft hatte. Selbstverständlich waren nicht Friedrichs Schimpfworte und soldatische Kraftausdrücke ausschlaggebend dafür, daß die drei kontinentalen Großmächte sich in einer Angriffsfront gegen ihn zusammenfanden, aber es ist doch eine zum Schmunzeln anregende Ironie des damaligen politischen Geschehens, daß Frauen das Geschick der beiden mächtigsten Staaten, Österreichs und Rußlands, lenkten und daß auf die politischen Entscheidungen der dritten Großmacht ebenfalls eine Frau starken Einfluß hatte. Gewiß, objektive historische Zwänge hatten in den Kabinetten der drei Hauptstädte zu dieser Koalition geführt, und es ist nicht mehr abzuwägen, in welchem Maße die persönlichen Empfindungen dem Preußenkönig gegenüber eine Rolle spielten. Doch es ist mit ebensolcher Gewißheit anzunehmen, daß die Abneigung der drei Damen gegen Friedrich II. eine der vielen Komponenten, wenn auch von unterschiedlicher Wirkungskraft, gewesen ist, die sie veranlaßt hat, die Verwirklichung der Koalition gegen Preußen voranzutreiben. Auch

Empfindungen, persönliche oder nationale, und auch die Lüge können historische Kraft sein – die traurigsten Beispiele dafür haben wir gerade in unserem Jahrhundert erlebt und erleben es immer noch. Und so sind auch im 18. Jahrhundert, dieser bewegten Epoche der Vernunft und der Staatsräson, die persönlichen Gefühle der Herrschenden eine historisch mitgestaltende Kraft gewesen.

Preußens neuer Verbündeter Britannien hatte gegenüber dem alten, Frankreich, geringeren militärischen Wert – zumindest traf dies auf seine Streitmacht auf dem Festland zu, und zu Beginn des Siebenjährigen Krieges erwies sich diese Tatsache für Preußen beinahe als schicksalhaft. Doch im Verlauf der langen Kriegsjahre kamen die überlegene Finanzkraft des Inselreichs wie auch seine unbesiegbare Kriegsflotte, der die französische unterlegen war, doch noch zum Tragen. Im Sommer 1756 jedoch befand sich Britannien noch am Rande der Ereignisse, und die drei Großmächte rüsteten gegen Preußen. Friedrich II. sah sich eingekreist. Seine Reaktion auf die unmittelbar drohende Gefahr, die »Flucht nach vorn«, der vorbeugende Angriff auf Sachsen nämlich, zeigt seine besten Charakterzüge: überlegen logisches Denkvermögen, rasche Entschlußkraft und Härte nicht nur seinen Soldaten, sondern auch sich selbst gegenüber. Dieser Mann, der seinen Untergebenen (und auch sich selbst) so viel abverlangte, muß in der Tiefe seines Herzens die Menschen verachtet haben, nur so ist sein bedingungsloser Herrschaftsanspruch zu erklären. Friedrich war Herr über Leben und Tod. Im Staate Preußen und besonders in dessen Armee gab es nur einen Willen: den Friedrichs. Ein so uneingeschränkter Herrscherwille zeichnete weder Ludwig XV. noch Maria Theresia aus. Die Kaiserin war dem Preußenkönig an Zähigkeit und Ausdauer und Arbeitswille ebenbürtig. Sie glaubte an Gott und seine alleinseligmachende Kirche, und dieser Glaube gab ihr in allen Lebenslagen Kraft. Ludwig XV. war auch religiös, aber seine Religiosität war nicht so eindeutig und kraftspendend wie die Maria Theresias. Woran glaubte Friedrich? Gewiß nicht an Gott. An die Vernunft? Vielleicht. Vielleicht aber war es stark genug, zu ertragen, daß er an nichts zu glauben vermochte.

Im August 1756 greift Friedrich, wieder einmal unerwartet für seine Gegner, Sachsen an, er besetzt Dresden und umzingelt bei Pirna die sächsische Armee. Noch sind die österreichischen Gegenmaßnahmen kaum eingeleitet, da zwingt Friedrich die Sachsen schon zur Kapitulation und wendet sich gegen Böhmen. Feldmarschall Browne erwartet ihn dort in starken Stellungen. Die beiden Armeen liefern sich bei Lobositz eine Schlacht, bei der sich die inzwischen durchgeführten österreichischen Heeresreformen zum ersten Mal bemerkbar machen. Die Österreicher ziehen sich hinter den Fluß Eger zurück – man ist im Oktober, eine Entscheidung kann erst im Frühjahr fallen.

In diesem Frühling überquert eine französische Armee von sechzigtausend Mann den Rhein und marschiert über Westfalen und Hannover gegen Preußen. Befehlshaber der französischen Armee ist Marschall Soubise, ein Schützling und Freund der Madame de Pompadour. Auch Rußland und Schweden erklären Preußen den Krieg und setzen Armeen in Marsch. Schon teilen die Alliierten Preußen unter sich auf: Österreich soll Schlesien und Glatz zurückerhalten, Sachsen meldet Anspruch an auf Magdeburg, Schweden auf Pommern . . . Friedrich steht allein. Nicht nur er ist gefährdet: Wenn er nicht siegt, verschwindet der Staat Preußen von der Landkarte. Nun lagert er mit seinem Heer vor Prag gegenüber den vereinten Armeen Karls von Lothringen und des Feldmarschalls Browne. Am 5. Mai überquert er die Moldau und greift am 6. die Österreicher entlang der gesamten Front an. Der Oberbefehlshaber Karl von Lothringen wird von so heftigen rheumatischen Schmerzen heimgesucht, daß er gezwungen ist, die Truppen mitten in der Schlacht zu verlassen. Feldmarschall Browne fällt. Neuntausend Mann verliert die österreichische Armee, aber sie ist nicht besiegt, sondern zieht sich nach Prag zurück. Erbarmungslos läßt Friedrich die Stadt belagern, beschießen. Er muß sie einnehmen, ehe das Entsatzheer unter dem Feldmarschall Leopold Daun heranrückt. Prag geht in Flammen auf, aber es ergibt sich nicht. Friedrich bricht die Belagerung ab, gruppiert seine Armee um und wendet sich gegen Daun. Am 18. Juni greift er mit seiner gesamten Streitmacht die Armee des vierschrötigen Marschalls an. Die beiden Heere stehen bei Kolin einander gegenüber. Der Kampf ist wild und blutig. Anstelle des Grafen Schwerin, der bei Prag gefallen ist, führt Friedrich selbst seine Truppen an. Von uneinnehmbaren Anhöhen herab dezimiert die österreichische Artillerie die angreifenden Preußen. Sechsunddreißig Stunden lang wütet der Kampf. Mit der Peitsche jagt Friedrich seine Grenadiere in das Feuer. In letzter Verzweiflung, als er sieht, daß die Schlacht verloren ist, will er noch mit vierzig Mann eine Batterie erstürmen. Alles vergebens. Dreizehntausend preußische Soldaten bleiben tot auf dem Felde. Friedrich bricht in Tränen aus, als er über das Schlachtfeld reitet. Prag ist verloren, nun muß er auch Böhmen preisgeben . . .

Erst am dritten oder vierten Tag nach der Schlacht erfährt Maria Theresia von dem Sieg. Um sieben Uhr erschallen Trompeten im Hofe Schönbrunns. Halb ohnmächtig sinkt der Kurier, der ohne Rast von Kolin nach Wien geritten ist, aus dem Sattel zu Boden und sagt nur ein Wort: »Sieg!« Binnen weniger Minuten erwacht das Schloß zum Leben. Die Kaiserin, die noch im Bett gelegen, als ihr die Nachricht überbracht wurde, läuft ungekämmt aus ihrem Schlafgemach und umarmt, weinend vor Freude, ihre Hofdamen. Um die Mittagszeit kommt General Bendix angeritten und legt seiner Herrscherin zweiundzwanzig preußische Fahnen zu Füßen. »Daun hat Friedrich geschlagen«, hallt es begeistert durch das Schloß, durch die Hauptstadt, durch ganz Österreich. Maria Theresia läßt die Kutsche vorfahren und macht der Gemahlin des Marschalls Daun in Wien einen Besuch. Sie nennt diesen Tag, den 18. Juni 1757, den Geburtstag der Monarchie.

Friedrich ist umringt wie ein gejagtes Wild. Wohin er sich

auch wendet, nirgends ein Schlupfloch, überall stehen die Feinde, bereit, ihn zu vernichten. Der ganz Europa umspannenden Allianz Versailles', Wiens und Petersburgs treten Schweden, dann die meisten katholischen, aber auch manche protestantischen Reichsstände bei: Württemberg und Mecklenburg-Schwerin; an der Seite Preußens bleiben außer Hannover nur noch Hessen-Kassel, Braunschweig und Gotha. Die Russen dringen in Ostpreußen vor, die Schweden in Pommern, und in Berlin trägt sich ein unfaßbares Husarenstück zu, ähnlich jenem, mit welchem so manche Jahre zuvor der Marschall Maurice de Saxe und seine Mannen Prag eingenommen haben . . .

Am frühen Morgen eines schönen Herbsttages läßt der ungarische Reitergeneral Graf András Hadik sein Schlachtroß satteln und seine Husaren antreten. An der Spitze des verwegenen Heeres trabt er los, einem Sturm gleich jagt er quer durch Preußen, und am 16. Oktober taucht er aus Staubwolken vor den Toren Berlins auf. Bei lautem und drohendem Trompetengetöse reiten drei Husaren zum Rathaus und dringen in die Amtsstuben vor.

»Wer seid Ihr?« fragt der verblüffte Ratsherr.

»Abgesandte des Herrn Generals Graf András Hadik.«

»Was wollt Ihr?«

»Geld!«

»Geld? Wofür?«

»Der Herr General steht mit seinem Heer vor der Stadt. Ihr sollt uns innerhalb einer Stunde 310 000 Taler zahlen. Tut Ihr es nicht, so läßt er ganz Berlin über die Klinge springen.«

»Aber . . .«, stammelt der ratlose Beamte, »wo ist die preußische Armee . . .?«

»Der sind wir nicht begegnet«, knurrt der Husar, macht kehrt und reitet mit seinen beiden Begleitern davon.

Fieberhaft beraten die gut geschulten und gehorsamen Beamten. Die eine Stunde Frist läuft ab. General Hadik läßt Alarm blasen und erstürmt das Köpenicker Tor. Die Husaren dringen in die Stadt ein, liefern der überraschten Garnison ein

232

turbulentes Gefecht (der General Babocsay fällt sogar) und sind bald Herren über Berlin. Nun sind die Ratsherren zu Verhandlungen bereit, doch Graf Hadik verdoppelt die Forderung: 150 000 Taler bekommt er in bar, einen Wechsel über weitere 150 000, zahlbar in Wien zu Händen des Grafen András Hadik, und weitere 250 000 Taler preßt er den Bürgern ab, die er unter seine Husaren verteilt als Schmerzensgeld dafür, daß er ihnen das freie Plündern strengstens untersagt. Vierundzwanzig Stunden lang erteilt er in Berlin Befehle. Dann zieht er, plötzlich, wie er gekommen ist, wieder ab. Gerade noch zur rechten Zeit. Denn Friedrich hat inzwischen von dem frechen Husarenstück erfahren und läßt sieben Regimenter gegen Berlin marschieren. Doch Hadik und seine Husaren lassen sich nicht fangen. Sie statten auf dem Rückweg beiläufig Frankfurt an der Oder einen Besuch ab und machen auch dort ihre Beute. Am 23. Oktober treffen sie in Bautzen ein, im Hauptquartier der in Schlesien operierenden Armeen.

Mit dieser grandiosen Episode aber geht die Siegesfolge der Koalition zu Ende. Karl von Lothringen ist nicht der Feldherr, der die Initiative zu ergreifen weiß, und der Feldmarschall Daun ist viel zu umständlich im Denken und zu vorsichtig im Handeln. Die beiden Heerführer nutzen den Vorteil, den ihnen die Situation bietet, nicht aus. Friedrich ist es, der die Initiative ergreift, diesmal eine diplomatische. Nun weiß er schon, daß Britanniens Hilfe auf dem Festland nicht wirksam genug ist und das militärische Gewicht Frankreichs nicht aufzuwiegen vermag. Bei seinen Entschlüssen spielen Emotionen wie gekränkte Eitelkeit und Stolz keine Rolle, und so unternimmt er den Versuch, sich mit Frankreich auszusöhnen. Allerdings tut er dies über unterirdische Kanäle, über Dritte, die Madame de Pompadour das Angebot machen, gegen eine fürstliche Belohnung Ludwig XV. dazu zu bewegen, daß er mit Friedrich Frieden schließe. Doch Madame de Pompadour läßt sich nicht beirren und auch nicht bestechen. Wieder einmal gelingt es dem rationell denkenden und kühl rechnenden Friedrich nicht, die emotionalen Beweggründe seiner großen weiblichen Gegenspieler zu erfassen.

Es sind diese späten fünfziger Jahre, in welchen der politische Einfluß der Madame de Pompadour ihren Höhepunkt erreicht. Der Feldzug, den Frankreich als Bündnispartner Österreichs einleitet, beginnt mit einem Sieg über die Engländer. Der alte Widersacher der Marquise, der Herzog Louis François de Richelieu, erobert Puerto Mahon auf der Baleareninsel Menorca. Auch eine Landstreitmacht wird aufgestellt, zu ihrem Befehlshaber ernennt Ludwig XV. den Herzog von Estrées, Marschall von Frankreich. Madame de Pompadour ist bemüht, ihre Vertrauten nicht nur in den Ministerien, sondern auch in den Stäben unterzubringen, um alle politischen Fäden in Händen zu halten, um die oft verworrenen und einander widersprechenden Vorgänge in den Kabinetten wie auf den fernen Schlachtfeldern überblicken zu können. In diesen Jahren entgeht ihr kaum eine Nachricht von Bedeutung. Da sie umfassend unterrichtet ist, wird sie zu einem wichtigen Ratgeber des Königs, sie überredet diesen oder jenen Minister, sie trifft Entscheidungen. Ihr Wille herrscht in Versailles, man kann sich seinem Kraftfeld nicht entziehen.

Ihr Schützling, den sie an die Stelle des langsamen und umständlichen Marschalls d'Estrées bringen will, ist Monsieur Soubise. Denn Soubise verspricht ihr den Sieg. Der mächtige Heereslieferant du Verney, einer der Gebrüder Pâris, unterstützt Soubise schon deshalb, weil er mit dem hochmütigen und schwerfälligen Marschall d'Estrées nicht zurechtkommt. Doch man kann den Marschall nicht einfach fortschicken und ihn durch den dienstjüngeren Soubise ersetzen. Also hält Madame de Pompadour Ausschau nach einem Mann, dessen Name und militärischer Rang ihn dem des Marschalls d'Estrées ebenbürtig machen, nach einem Marschall, der d'Estrées ersetzen könnte, ohne daß Unruhe in das Militär hineingetragen würde. Nur einen einzigen Mann gibt es in Frankreich, dessen durch seinen jüngsten Sieg noch erhöhter Ruhm einen solchen Schritt erlaubt: den Herzog von Richelieu. Also beschließt Madame de Pompadour, die Feindschaft zu begraben und den Herzog zu dem Übergangsgeneral zu machen, der die Armee von Marschall d'Estrées übernehmen kann. Der Übergang von ihm auf Soubise ist dann für sie nur eine Frage der Zeit.

Du Verney und Richelieu arbeiten einen Plan aus, den sie bei einer Unterredung in den Gemächern der Marquise dem König unterbreiten. Du Verney weist Ludwig XV. auf die Schwerfälligkeit des Marschalls d'Estrées hin und erläutert den grandiosen Kriegsplan Richelieus: Die französische Armee, vereint mit einer Reichsarmee, sollte auf Magdeburg marschieren, während die Schweden und die Russen vom Norden und Osten her gegen Preußen losschlagen: verproviantiert werden sollte die Armee aus dem Mosel-Rhein-Weser-Gebiet. Es gebe nur einen einzigen französischen Heerführer, der in der Lage sei, diesen großartigen Plan durchzuführen: den Herzog von Richelieu. Und Richelieu, im Bestreben, um seiner weiteren Karriere willen eine Versöhnung mit der Marquise de Pompadour herbeizuführen, schlägt vor, ein Armeekorps unter den Befehl von Soubise zu stellen. Dieser Vorschlag kommt einer in Freundschaft ausgestreckten Hand gleich, und Madame de Pompadour ergreift sie. Die alten Gegner söhnen sich aus in der gemeinsamen Hoffnung auf den Sieg.

Und der Sieg wird auch errungen. Dem Herzog von Cumberland, durch eine Reihe geschickter Züge der Franzosen gegen die Elbemündung zurückgedrängt, bleibt nur die Wahl zwischen einer Niederlage und einem Waffenstillstand. Er macht verzweifelte Angebote, die aber abgewiesen werden. Die Franzosen erfechten am 26. Juli 1757 bei Hastenbeck einen Sieg über die englisch-hannoverschen Truppen, und am 8. September wird die Konvention von Kloster Zeven unterschrieben: Frankreich behält Hannover, Bremen und Verden, die Verbündeten Britanniens ziehen sich in ihre Länder zurück und versprechen, daß sie bis zum Ende des Krieges neutral bleiben. Die gegnerische Armee wird also nicht entwaffnet und gefangengenommen, wie man es nach einem solchen Sieg erwarten durfte, sondern auf Ehrenwort freigelassen. Der Herzog von Richelieu, der die Bedingungen ausgehandelt hat, ein Neffe des großen Kardinals, begeht damit einen schicksalhaften Fehler, der in den kommenden Jahren die ganze französisch-österreichische Allianz belasten wird. Doch Versailles deckt ihn und erteilt ihm die Erlaubnis, die Konvention zu ratifizieren.

Während dieser Zeit führen Madame de Pompadour und Kaunitz über den österreichischen Gesandten Graf Starhemberg eine lebhafte Korrespondenz. Höflichkeiten und Liebenswürdigkeiten werden ausgetauscht, es wird unter Schmeicheleien und endlosen Beteuerungen verhandelt und geplant. Prägnanter als alle Beschreibungen zeigen diese Briefe nicht nur den Geist, in dessen Zeichen die Allianz zustande gekommen war, sondern auch die Positionen der beiden Partner: die der königlichen Mätresse auf der einen und die des Staatskanzlers auf der anderen Seite. Als das erste französische Truppenkontingent in Marsch gesetzt wird, setzt sich Madame de Pompadour am 7. September 1756 an den Schreibtisch und beglückwünscht den Staatskanzler Kaunitz mit Worten, die zweifellos ihre wahren Empfindungen ausdrücken:

»Mit tiefer Befriedigung übermittle ich Ihnen, Monsieur, meine Glückwünsche über den gelungenen Abschluß der Verträge zwischen der Kaiserin-Königin und dem König. Ich bin zutiefst gerührt von der Gerechtigkeit, welche Ihre Kaiserlichen Majestäten mir widerfahren zu lassen geruhen, sowie von den Beweisen des Wohlwollens, mit denen mich zu ehren sie sich herablassen: Dies würde meinen Eifer noch erhöhen, ihnen zu Diensten zu sein, wäre dies nur möglich. Doch die Beweise, die ich davon gab, haben Ihnen vor Augen geführt, Monsieur, daß man ihm nichts mehr hinzufügen kann. Es ist mir immer wieder eine Freude, Monsieur, Ihnen die Versicherung all der Empfindungen zu erneuern, mit denen ich stets Ihre sehr ergebene und gehorsame Dienerin sein werde.

Madame de Pompadour

7. September 1756

Das von Ihnen erbetene Porträt ist endlich fertig geworden. Teilen Sie mir den Zeitpunkt mit, den Sie für die Übersendung als günstig betrachten.«

Kaunitz' Antwort am 10. Oktober klingt etwas gekünstelt, man kann unschwer die Absicht erkennen, dieser für die österreichische und im besonderen die Kaunitzsche Politik im Augenblick so wichtigen Persönlichkeit entgegenzukommen, sie zu verpflichten. Kaunitz muß damit rechnen, daß Friedrich nicht nur auf den Schlachtfeldern mit verzweifelter Anstrengung dem Sturm auf sein Land entgegentritt, sondern auch über geheime diplomatische Kanäle, denn es gibt ja am Hofe von Versailles immer noch einflußreiche Anhänger des alten Bündnisses mit Preußen. Also gibt sich Kaunitz alle Mühe:

»Ich schmeichle mir, Madame, daß Sie mir zustimmen, wenn ich mich beehre, Ihnen durch diesen Kurier meinen sehr untertänigen Dank auszusprechen für den Beweis des Geschenkes, den Sie mir gütigst in Ihrem Brief vom 7. September haben geben wollen (gemeint ist ihr angekündigtes Porträt). Die Komplimente, die Sie mir auf so gütige Weise machen, stehen nur Ihnen zu, dies empfinde ich sehr aufrichtig, und ich wüßte kein größeres Vergnügen, als dies Ihnen zu versichern. Durch die Instruktionen, die ich heute dem Grafen von Starhemberg zukommen lasse, gibt sich die Kaiserin das Vergnügen, dem König einen erneuten Beweis ihrer Denkungsart und ihrer Gefühle für ihn zu liefern. Alles von seiner Seite ist für sie von großem Wert, stets ist sie sehr empfänglich gewesen für alles, was er bis heute in Einlösung des Vertrags von Versailles für sie zu tun beliebt hat, und zwar mit einer Genauigkeit und – wenn ich mir erlauben darf, einen solchen Ausdruck anzuwenden – mit einem Adel und feinem Anstand, wie nur er ihn in sein Verhalten zu legen versteht. Die Historie wird zu allen Zeiten und bei allen Gelegenheiten die Erkenntlichkeit Ihrer Majestät aufzeigen, Sie dürfen davon überzeugt sein, wie auch ich Ihnen fest versichere, daß meine Art zu denken schon heute die Gesamtheit dieses Landes durchdringt und es immer tun wird. Die Berichte des Grafen Starhemberg wie der Gerechtigkeitssinn und die höchste Urteilskraft des Königs und Ihr unermüdlicher Eifer für seine wahren Interessen lassen mich, alles in allem, erwarten, daß wir nahe daran sind, das größte Werk zu vollenden, das je aus einem europäischen Kabinett hervorgegangen ist. Seien Sie bitte überzeugt davon, daß ich dies vom ganzen Herzen hoffe, denn ich nehme Interesse am Ruhm unserer Monarchen gegenüber der Nachwelt, und ich mache mir ein Vergnügen daraus, Ihnen für Ihre Leistung mein Kompliment auszusprechen und meine achtungsvollste und unwandelbare Anhänglichkeit zu versichern, mit der ich niemals aufhören werde, Madame, Ihr sehr untertäniger und sehr ergebener Diener zu sein.

Graf von Kaunitz-Rittberg

P.S. Sie dürfen nicht zweifeln daran, Madame, daß ich mit der quälendsten Ungeduld das reizvolle Porträt erwarte, nach dem der grausame Monsieur de la Tour mich seit langem schmachten läßt. Erlösen Sie mich endlich von dieser Pein, ich flehe Sie an, und erweisen Sie mir die Gnade, es mir so bald wie möglich zu schicken! Ich küsse Ihnen mit tiefstem Respekt die Hand.

Graf von Kaunitz-Rittberg.«

Saint-Séverin, dem wir auf der Konferenz von Aachen kurz begegnet sind, betrachtete den Friedensvertrag als sein Lebenswerk, dazu geeignet, die Zukunft Frankreichs zu sichern. Dieser naturgemäß entschlossene Gegner der neuen Allianzpolitik verstarb zu Beginn des Jahres 1757. Nun war der Weg frei für einen Mann, dessen politische Karriere untrennbar verbunden war mit dem *renversement des alliances* und dessen Erfolg, verbunden auch mit der Stellung der Madame de Pompadour und von ihrem Wohlwollen und Einfluß abhängig. Es war dies der Abbé de Bernis. (D'Argenson, ein heimlicher Gegner des Allianzwechsels und Bewunderer Friedrichs von Preußen, sollte bald aus der aktiven Politik ausscheiden – die spektakulären und sonderbaren Umstände seines Abschieds werden wir später kennenlernen.) Am 2. Februar 1757 berief der König den Abbé in den *Conseil* und ernannte ihn am 25. Juni zum Außenminister. Es will scheinen, daß die französisch-österreichische Allianz erst in diesem Augenblick endgültig gefestigt wurde: Am ganzen Hofe von Versailles gab es keinen einzigen Gegner der neuen Bündnispolitik mehr, der ihr erfolgreich hätte entgegenwirken können. Mit Worten wahren Entzückens feiert Kaunitz am 14. Juni die Berufung Bernis' in den *Conseil*. Auch Kaunitz war ein kühler Denker, ein emotionsloser Rechner und Verkörperung jener *raison*, welche die Epoche als deren Ideal durchdrang, aber er begriff die Emotionen seiner Verhandlungspartner, er vermochte sich in deren Gefühlswelt zu versetzen, er paßte sich ihnen in seiner Handlungsweise an. Diesem feinen psychologischen Gespür verdankte er viele seiner Erfolge. Er schrieb an Madame de Pompadour:

»Madame, Graf von Starhemberg hat mich mit Freude und Genugtuung ausführlich von all dem unterrichtet, was der König unternommen hat, um der Kaiserin und unserer gemeinsamen Sache mit noch größerer Überzeugung beizustehen. Auch von dem Interesse berichtet er, das Sie unseren Angelegenheiten stets entgegenbringen. Ihre Majestäten sind für dieses Interesse stets empfänglich gewesen, und sie sind es auch für das jüngste Zeichen der Anhänglichkeit, das Sie vor kurzem gegeben haben; sie sind es in solchem Maße, daß sie mich beauftragt haben, Ihnen ihre größte Dankbarkeit mitzuteilen. Unser Kurier überbringt die Ratifikation des ruhmreichen Vertrages, der das Werk Seiner Majestät ist und dessen Glorie kommende Jahrhunderte überdauern wird. Nur noch darum geht es, die Durchführung des Vertrages zu beschleunigen, damit allen Eventualitäten vorgebeugt werden könne, damit so bald wie möglich alle ungeheuren Kosten und die entsetzlichen Leiden unter der Kriegsgeißel aufhören. Der König wird die Kaiserin immer wohlwollend bereit finden, mit ihm in allen als notwendig erachteten Maßnahmen zu wetteifern, und sie vertraut darauf, daß auch der König der Meinung sei, dies sei die beste, ja die einzige Art und Weise, auf welche sich schnell und sicher die Früchte seiner Arbeit pflücken ließen. Was meine eigenen Wünsche betrifft, so darf ich gewiß alles hinzufügen, was in meiner geringen Macht steht, und so schmeichle ich mir, damit auch in Ihrem Sinne zu handeln, da ich die Größe Ihrer Seele und Ihr lebhaftes Interesse am Ruhme des Königs und am Glück Frankreichs kenne. Geben Sie mir die Gunst, sich manchmal meine Verehrung und meine ehrfurchtsvolle Anhänglichkeit ins Gedächtnis zu rufen . . .«

Starhemberg ist ein gerngesehener Gast in den Gemächern der Marquise, denn bei gesellschaftlichen Ereignissen wird mindestens ebensoviel Diplomatie betrieben und werden Staatsgeschäfte ebenso eifrig verfolgt wie hinter den verschlossenen Türen der geheimen Sitzungen. So berichtet Starhemberg noch im selben Monat Juni an Kaunitz:

»Erst um zwei Uhr morgens bin ich von Versailles nach Hause gekommen, da Madame de Pompadour mich zum Abendessen zurückgehalten hatte. Mit aufrichtigem Herzen wurde auf die Gesundheit Ihrer Majestät der Kaiserin getrunken . . .«

Nun ist auch Bernis, der Grübelnde und Zweifelnde, überzeugt von der Richtigkeit des Allianzwechsels und verschreibt sich ihm mit all seinen außergewöhnlichen Fähigkeiten und dem ganzen Gewicht seines Amtes. Um so mehr entsetzt ihn die Konvention von Kloster Zeven (die Kapitulation der englisch-hannoverschen Truppen), in der er nicht die militärische Niederlage des Feindes sieht (die sie hätte sein müssen), sondern eine politische Abmachung (die sie nicht hätte sein dürfen) – ein Verhandlungsergebnis, das Frankreich der politischen Instinktlosigkeit des Herzogs von Richelieu und der taktischen Raffinesse Friedrichs von Preußen (wie Bernis vermutet) zu verdanken habe. Die Konvention von Kloster Zeven gibt zu Gerüchten Anlaß, die die Einstellung des Herzogs von Richelieu in Zweifel ziehen. War dieser nicht von jeher ein erbitterter Gegner der Madame de Pompadour und ihrer Politik, mit ihr nur scheinbar versöhnt? Und es wird Richelieu bedeutet, daß der Dauphin (der Sohn Ludwigs XV. und der Maria Leszczyńska, der 1765 verstarb und niemals König von Frankreich wurde), einmal auf dem Thron seiner Ahnen, gewiß zur alten Bündnispolitik zurückkehren würde; der Einfluß der langsam alternden Madame de Pompadour auf den König könne nicht von ewiger Dauer sein – und vielleicht sah sich Richelieu tatsächlich vor die Frage gestellt, welche Stellung er wohl unter solchen Umständen, nach dem Schwinden des Einflusses der Madame de Pompadour in Versailles, noch würde einnehmen können? Richelieu, verwirrt und unfähig zu einer klaren Entscheidung, in seinem Herzen ein Gegner von Frankreichs neuer Politik, bleibt untätig. Er überläßt das Handeln Soubise. Letztlich entscheiden freilich nicht Richelieus Grübeleien den kommenden Kampf und die Auswirkungen des Allianzwechsels. Aber bezeichnend sind sie für die Geheimdiplomatie der Zeit und die Denkweise mancher Zeitgenossen.

Soubise marschiert gegen Preußen, ihm schließt sich eine Reichsarmee unter dem Befehl des Fürsten von Sachsen-Hildburghausen an. Friedrich will sich nach Schlesien retten, doch dann, fast schon in einem Akt der Verzweiflung, kehrt er um und wirft sich dem nahenden Feind entgegen. Eine dreifache Übermacht steht ihm gegenüber, die alliierten Stäbe unterschätzen die Schlagkraft seiner Armee, so sicher sind sie sich des Sieges. Sie musizieren und amüsieren sich. Am frühen Morgen erstürmt die preußische Reiterei unter dem General Seydlitz die Stellungen der französischen und der Reichsarmee. Der Angriff ist wie ein Sturm, er wird mit unwiderstehlicher Kraft vorgetragen. Die beiden Armeen werden schwer geschlagen. Kopflos rettet sich die Reichsarmee in Richtung des Thüringer Waldes und hinter den Rhein. Soubise kommt erst nach einer Woche bei Nordhausen zum Stehen.

Madame de Pompadour ist von der Niederlage, die die französische Armee erlitten hat, tief getroffen. Am 28. November

1757 schreibt sie an ihre Freundin Madame de Lutzelbourg: ». . . Nun wird Monsieur Soubise vom äußersten Unglück verfolgt. Sie kennen meine Freundschaft für ihn – ermessen Sie daran meinen Schmerz wegen der ungeheuren Ungerechtigkeiten, die man ihm in Paris angetan hat. Denn bei der Armee wird er allgemein bewundert und geliebt . . .« Einige Monate später kann sie ihre Verzweiflung nicht mehr beherrschen. In einem Brief vom 26. März 1758 an den Grafen Clermont sind diese selbstquälerischen Worte zu lesen: ». . . Ich kann mich nicht mehr über die Schande der Nation trösten . . .« Am 15. April 1758 entwirft sie ein düsteres Bild: ». . . In ganz Europa entehrt und preisgegeben durch das Bündnis Englands mit dem König von Preußen und vielleicht noch manch anderen, die nach unserer Vernichtung gieren: Das ist das exakte Gemälde unserer Lage . . .«

Die Niederlage von Roßbach am 5. November 1757 ist ein schwerer, aber kein vernichtender Schlag für die Koalition. Friedrichs Lage ist nach wie vor fast hoffnungslos. Während er sich ohne Atempause mit den Franzosen, den Schweden und den Russen herumschlägt, dringt Karl von Lothringen in Schlesien vor, er nimmt Schweidnitz und beginnt, von Maria Theresia angetrieben, die Belagerung von Breslau. Die Hauptstadt kapituliert nach zwei Tagen. Schon jubelt man in Wien. Am 28. November verfaßt Friedrich sein Testament. Er will den übermächtigen Österreichern eine Schlacht liefern und beschließt, sollte er geschlagen werden, sich das Leben zu nehmen. Gegen Abend des 4. Dezember bittet er seine Offiziere zu sich. Er schildert die Lage, wie sie ist, sehr ernst, fast hoffnungslos. Dennoch wolle er Karl von Lothringen und den Marschall Daun angreifen. Er verlange unbedingten Gehorsam und Todesmut. Bei Abenddämmerung reitet er durchs Lager, er spricht zu den Soldaten, er spricht ihr Ehrgefühl und ihren Mannesmut an.

Der österreichische Stab schöpft keinen Verdacht. Schon werden einleitende Kämpfe gefochten, doch man mag nicht annehmen, daß Friedrich eine Entscheidung herbeiführen will. Auch Feldmarschall Daun, der Sieger von Kolin, meint in Anbetracht der österreichischen Übermacht und der guten Stellungen, die Preußen dächten nicht ernsthaft an eine Entscheidungsschlacht, sondern sie wollten nur den Rückzug ihrer Truppen decken. Erst als die preußische Armee schon das dritte österreichische Regiment zermürbt, begreifen die Österreicher, daß dies die Entscheidungsschlacht ist, an die sie nicht geglaubt haben. Da ist es schon zu spät. Die gefürchtete preußische Infanterie wirft die Österreicher zurück, und die Reiterei vollendet den großen preußischen Sieg. So geschehen bei Leuthen am 5. Dezember 1757. Am Rande der Schlacht trägt sich ein sonderbares, aber für die Zeit bezeichnendes Geschehen zu:

Friedrich reitet auf ein Schloß zu, das sich in der Nähe des Schlachtfeldes befindet. Als er es betritt, wird er von österreichischen Offizieren empfangen. Offenbar ist er in eine Falle geraten, sie können ihn gefangennehmen, töten ... Doch die Österreicher denken nicht daran. Friedrich beeindruckt sie, Komplimente werden ausgetauscht. Inzwischen treffen immer mehr preußische Offiziere ein. Man unterhält sich und nimmt das Abendessen gemeinsam ein. Va banque, meint der König, habe er gespielt.

Die Kunde von der schrecklichen Niederlage läßt Wien erzittern. Siebzehn Generale sind gefallen und fast alle ihre Offiziere, es sind kaum einige übriggeblieben, die das Kommando übernehmen konnten, mehr als zwanzigtausend Mann sind gestorben oder verwundet worden. Die Preußen erbeuteten hundertsechzehn Kanonen und einundfünfzig Fahnen. Schlesien ist nicht mehr zu halten. Breslau und Leignitz kapitulieren, bis zum Frühjahr noch hält sich Schweidnitz. Die öffentliche Meinung ruft nach einem Sündenbock, und endlich entläßt Maria Theresia ihren Schwager, Karl von Lothringen, aus dem Oberbefehl.

Friedrich ist unbestreitbar der größte Feldherr seiner Zeit.

Und doch entschied letztlich nicht die gute oder schlechte Strategie des einen oder des anderen Feldherrn über den Ausgang des großen Konfliktes, der in der Geschichtsschreibung als der Siebenjährige Krieg bekannt ist. Der Feldherr jener Zeit zögerte oft die Schlacht hinaus, wenn er aus dem Studium der Stellungen die Erkenntnis gewann, daß der Feind sich in einer besseren Position befand. Man trachtete danach, den Feind zu umzingeln, seine Nachschublinien abzuschneiden. Man erachtete den Krieg als eine Wissenschaft, ein kunstvolles Schachspiel, dessen Spielregeln einzuhalten waren. Und der Schachspieler gab das Spiel mit Noblesse auf, wenn er erkannte, daß das Matt unvermeidlich war. Diese Art Kriegführung machte zwar den Krieg selbst keineswegs menschlicher, aber sie minderte seine Greuel. Aus dem meist dynastischen Charakter dieser Kriege folgte, daß die Gegner einander nicht haßten, denn der Feind von heute konnte morgen Freund sein und übermorgen wieder Feind. Sogar Friedrich hielt sich an diese Spielregeln und änderte seine Strategie erst später, als eine neue Art der Kriegführung ihn dazu zwang.

Denn die Standhaftigkeit Maria Theresias fegte die überlieferte Kriegskunst dahin. Sie haßte Friedrich. Sie vermochte sich nicht in den Verlust Schlesiens zu fügen. Für sie war der Kampf um diese Provinz nicht nur eine der vielen politischen Komponenten, welche das Geschick der Staatenwelt ihrer Regierungszeit mitbestimmte. Im tiefen und aufrichtigen Glauben an die göttliche Gerechtigkeit und die Heiligkeit des gegebenen Wortes empfand sie den Raub Schlesiens durch Friedrich nicht als einen kühl berechneten militärischen und politischen Akt, über den man verhandeln konnte. Nein, den Raub Schlesiens empfand sie als einen meineidigen Angriff auf die hohen Ideale, welche ihre Begriffswelt prägten und ihr Gefühlsleben steuerten. In ihrer Vorstellung gab es keinen Platz für die Art Räson, wie Friedrich und Fleury und sogar Kaunitz sie praktizierten. Darum haßte sie Friedrich. Dieser begriff nie so richtig, daß er Maria Theresia nicht nur eine Provinz geraubt (für die er sogar eine Gegenleistung zu erbringen bereit gewesen wäre, seine militärische Hilfe nämlich), sondern daß er seine Gegnerin in ihrem Selbstbewußtsein und in ihrem ethischen Empfinden tödlich verletzt hatte. Darum war Maria Theresia so unnachgiebig, wenn es um Schlesien ging – für sie war es ein Kampf um die göttliche Gerechtigkeit. Und diese Standhaftigkeit zwang Friedrich, seinen Staat in einen permanenten Kriegsbetrieb umzugestalten. Denn er führte nun den Krieg ums nackte Überleben. Und ein solcher Krieg verlangte eine andere Strategie.

Auf preußischer Seite lenkte ein einziger Wille das Geschick, der Wille des Königs. Er entschied, er befahl, er führte seine Armee persönlich in die Schlacht. Auf österreichischer und auch auf französischer Seite entschieden viele Köpfe, und nicht immer die besten, welche die entfesselten Kräfte nicht zusammenzufassen vermochten. Der Ausbildungsstand und die Ausrüstung der Soldaten waren nicht besser oder schlechter auf der einen oder auf der anderen Seite. Zum Beispiel feuerten zwar die Preußen schneller als ihre Gegner, doch sie ritten ihre Husarenattacken nicht mit solch unwiderstehlichem Schwung wie die Kroaten und die Ungarn. Die Tapferen in den französischen und den sehr gemischten österreichischen Armeen ließen sich zu persönlichen Heldentaten hinreißen (wie in Prag, wie in Berlin), doch ihre Kraft erlahmte nach einer stürmischen Attacke, ihre Offiziere waren nicht durchdrungen von dem persönlichen Todesmut eines einzigen Fürsten, nicht von dem eingehämmerten Bewußtsein: siegen oder sterben. Friedrich befahl. Maria Theresia flehte ihre Generale an, sie möchten doch endlich die Schlacht anzuordnen geruhen und versicherte ihnen im voraus und auch für den Fall der Niederlage ihre Gunst und Gnade. Die unerschütterliche Standhaftigkeit Maria Theresias vom Größenwert einer Glaubensmacht forderte wiederum in Friedrich den unerschütterlichen Willen heraus, auszuharren. Diese tief persönlichen Empfindungen der beiden Fürsten wurden zu einer geschichtlichen Kraft. Im Ersten, viel mehr noch im Zweiten Weltkrieg wurde Friedrichs Durchhaltewille zum Mythos, man beraubte ihn der bedingenden Komponenten – man münzte ihn um in eine Lüge, in den falschen Glauben daran, daß der »Endsieg« zu erfechten sei, wenn man nur – dem friderizianischen Beispiel folgend – ausharrte und durchhielt. Dies war eine historisch unhaltbare, willkürliche Übertragung.

Die schweren Niederlagen, die Franzosen und Österreicher bei Roßbach und bei Leuthen erlitten, blieben auch in Versailles nicht ohne Folgen. Bernis fand seine früheren Bedenken gegen das Bündnis mit Österreich nun bestätigt. Aber er sah auch die Zustände in der französischen Staatsführung. Als Außenminister verkehrte er täglich mit den Verantwortlichen des Königreichs und sah, wie uneinig und wie konzeptionslos die Mitglieder des Staatsrates waren, wie sie um kleinlicher persönlicher Vorteile willen gegeneinander intrigierten; er sah, wie unfähig die hochmütigen Generale waren und wie ihr Nimbus im Felde dahinschwand; er sah das heillose Durcheinander, in das die Finanzen des Landes in den letzten Jahrzehnten geraten waren; er sah, wie unbeholfen und desorganisiert die Verwaltung arbeitete. Und er kam zu der Überzeugung, daß der Krieg nicht mehr zu gewinnen sei. Er wurde noch bestärkt in seinem Pessimismus, als die Hannoveraner, ermutigt durch die Niederlagen der Franzosen und der Österreicher, die Konvention von Kloster Zeven brachen und wieder in den Krieg eintraten. Also dachte er an Frieden.

Er machte aus seiner Überzeugung kein Hehl, sondern trug sie Madame de Pompadour vor. Es scheint, daß die seelischen Erschütterungen der letzten Monate, ausgelöst durch den unglücklichen Gang der Ereignisse auf den Schlachtfeldern und durch seine neuen Einsichten in die Staatsgeschäfte, ihn von seiner an Hörigkeit grenzenden Unterwerfung unter den Willen der Marquise befreit hätten. Denn nun stellte er sich ihr entgegen. Er machte ihr Vorhaltungen und sprach davon, daß man Frieden schließen sollte.

Er hätte, da er sie von Jugend an kannte, wissen müssen, daß die Marquise von einem einmal gefaßten Plan nicht so leicht abzubringen war. Sie betrachtete den neuen Kurs der französischen Außenpolitik als ihr Werk und war nicht bereit, es unter dem Druck einiger unglücklicher Schlachten aufzugeben – sie hätte dazu ihren ganzen Ehrgeiz, ja sich selbst verleugnen müssen. Auch sie berief sich auf historische Beispiele, vor allem auf Ludwig XIV., dessen Gloire unverdunkelt herüberstrahlte aus vergangenen Tagen. Hatte denn nicht dieser große Fürst beinahe ein Leben lang gegen ein Meer von Feinden gekämpft und seinem Land die Vorherrschaft in Europa erfochten? Wie charakteristisch für den Seelenzustand dieser klugen und starken Frau im Augenblick der persönlichen Niederlage (denn ihr persönlich wurde Soubises schmachvolle Flucht bei Roßbach angekreidet) sind die Zeilen, die sie kurz nach Leuthen, am 17. Dezember 1757, an Kaunitz richtet:

»Ich hasse den Sieger mehr denn je . . . Treffen wir richtige Vorkehrungen, treten wir den Attila des Nordens in den Staub, und dann werden Sie mich genauso zufrieden sehen, wie ich jetzt böser Laune bin.«

Auch die folgenden Zeilen, einige Tage später zu Papier gebracht, zeigen deutlich die Unbeugsamkeit, mit der sie unerschütterlich ihre Ziele verfolgte; hierin Maria Theresia und Friedrich durchaus ähnlich:

»Ich bin untröstlich, daß ich Ihnen nicht zwei Glückwünsche übermitteln kann. Lieber möchte ich nur meine Freude über das glückliche Ereignis, über den Sieg der Österreicher bei Breslau, schildern. Dennoch schwächt die Niederlage von Leuthen, die uns sehr beeinträchtigt, nicht meinen Mut. Jede erhabene Seele wappnet sich gegen das Unglück und wird so nur noch angespornt, Mittel und Wege zu suchen, um es auszugleichen. Das ist meine Art zu denken, und ich hoffe, Sie erkennen darin das Original des Porträts, das Sie bald erhalten werden und welches ein Zeichen meiner treuen und ehrlichen Freundschaft sein soll.«

Indessen war Soubise, der hämisch Verspottete (und der

Spott fiel auf Madame de Pompadour zurück), nicht einmal der unfähigste unter den vielen Generalen am Versailler Hof. Wahrscheinlich hatte er die Schlacht bei Roßbach gar nicht annehmen wollen und war nur durch die Unbedachtheit des Fürsten von Sachsen-Hildburghausen mitgerissen worden – dies aber zeigt wieder einmal nur die Unfähigkeit der politischen Führung, die eine so unfaßbare Kopflosigkeit, einen so schweren Autoritätsverlust in der gesamten militärischen Hierarchie nicht nur zuließ, sondern auch durch die ungeklärte Befehlsstruktur herausforderte. Bei späteren Kämpfen bewies dann Soubise seine Fähigkeiten.

Bernis verfiel zunehmend einer Schwermut, die die notwendigen Planungen und Entscheidungen hemmte: »Mir ist zumute, als wäre ich ein Außenminister des Inferno . . . Ich werde mich in das Unvermeidliche fügen . . .«, schrieb er und hörte nicht auf, seine Seelennöte, seine Sorgen und Befürchtungen der Marquise vorzutragen. Die schiere Verzweiflung sprach aus ihm. War denn noch, so muß sich Madame de Pompadour gefragt haben, dieser jammernde Mann, aus dem Willen der stärkeren Persönlichkeit sich befreiend, geeignet, die Verantwortung des Außenministers, irgendeine Verantwortung überhaupt als Politiker zu tragen? Eine verlorene Schlacht, wie vernichtend auch immer, bedeutete noch lange nicht, daß der Krieg verloren war – nichts bewies dies besser als gerade das Beispiel Preußens oder die Geschichte Österreichs im Erbfolgekrieg. Aber Bernis war gequält von dem Gedanken, die Öffentlichkeit könnte der Marquise und ihm die Mißerfolge, die aus dem von ihm unterzeichneten Vertrag mit Österreich resultierten, anlasten. Denn das Volk, meinte er, kenne nicht die geheimen Artikel des Vertrags, die Frankreich so große Vorteile eingebracht hatten, es wisse nur um die schmachvolle Niederlage eines Schützlings der Marquise de Pompadour; willigte er, der Graf von Bernis, in die Fortführung des Krieges ein, so würde man sagen, er habe dies nur auf Betreiben der Marquise getan, um Soubise sein Kommando zu erhalten. Also wolle er versuchen, den König zu einem Friedensschluß zu bewegen; gelänge ihm dies nicht, so sei er bereit, zurückzutreten.

So argumentierte der Graf von Bernis, Außenminister Frankreichs und Freund und Schützling der Marquise de Pompadour, in dieser für die französische Sache höchst prekären Situation. Frankreich befand sich tatsächlich in einer äußerst mißlichen Lage, denn der Seekrieg mit Britannien um die Kolonien, der von größerer Tragweite war als der Landkrieg in Europa, brachte dem Land verheerende Niederlagen – doch dafür konnte man weder Madame de Pompadour noch das *renversement des alliances* verantwortlich machen. Das Versagen der Marquise lag darin, daß sie nicht die zielbewußten Politiker und die fähigen Generale gefunden hatte, die mit klarem Verstand und starkem Willen die gesetzten Ziele verfolgt hätten. Im Staatsrat erklärte Bernis, der Allianzvertrag mit Österreich könne bei der gegenwärtigen Lage nicht verwirklicht werden; zwar solle man das gute Einvernehmen – die *Entente* – mit Österreich weiterhin pflegen, aber die Armee hinter den Rhein zurücknehmen und versuchen, Spanien zu einem Waffengang gegen Großbritannien zu bewegen. Der Dauphin, ein sturer und unversöhnlicher Feind der Marquise, unterstützte Bernis im Staatsrat. Es wurde beschlossen, in diesem Sinne Verhandlungen mit dem Wiener Hof aufzunehmen.

Dort vertrat der Graf von Stainville Frankreich – ihm sind wir bei einer intrigenreichen Liebesgeschichte begegnet, in die der König verwickelt war. Der Graf, der später Herzog von Choiseul wurde, war der Marquise seit jener Zeit ergeben. Pflichtbewußt führte er die Instruktionen seines Außenministers aus, solange er in ihnen die Intentionen der Marquise erkannte. Sobald er sich aber darüber klar wurde, daß zwischen Madame de Pompadour und Bernis nicht mehr das gute und freundschaftliche Einvernehmen bestand wie früher, begann er die offiziellen Instruktionen zu hintergehen, und zwar auf eine sehr geschickte Weise: Er führte sie zwar aus, indem er dem Wiener Hof von den Beschlüssen des Staatsrates in Versailles berichtete, doch mischte er diesen Berichten Andeutungen bei, daß der Außenminister Bernis ein viel zu leicht zu entmutigender Mann sei. Nach Versailles aber meldete er, daß die Kaiserin die Haltung der französischen Regierung sehr bedauere, und auch diesen Berichten fügte er Andeutungen darüber bei, wie wenig standhaft der Außenminister sei, obwohl die Dinge gar nicht so schlecht lägen.

Den Ausschlag gab schließlich die außenpolitische Konstellation – die Siege der Engländer in Nordamerika, die Preußen unterstützten –, die den Intrigen Choiseuls und dem Einfluß der Madame de Pompadour auf den König zu Hilfe kam. Die französische Regierung beschloß, den Krieg fortzuführen. Da aber Bernis dieser Entscheidung nicht zustimmen mochte, entstand für ihn innerhalb der Regierung eine Situation, die ihm eine weitere Mitwirkung unmöglich machte. Also bot er dem König seinen Rücktritt an und schlug vor, den Grafen von Stainville auf seinen Posten zu berufen. Man beschloß, daß Kardinal de Bernis (denn inzwischen war ihm diese hohe Würde zuteil geworden) und der Graf von Stainville zusammen die Geschäfte führen sollten. Dies war ein unglückliches Gespann, weil die beiden nicht im geringsten zueinander paßten. Bernis empfand seine Lage als unerträglich und bat den König, sich unter dem Vorwand angegriffener Gesundheit von den Geschäften zurückziehen zu dürfen. Man wollte ihn halten, weil der König Vertrauen zu ihm gefaßt hatte, weil er hätte nützlich sein können bei der Beschaffung einer dringend benötigten Anleihe durch das Parlament, aber der Kardinal de Bernis lehnte alle Angebote standhaft ab. Er scheint zu sich gefunden zu haben in dem Augenblick, in dem er die Kraft fand, sich dem Willen der Madame de Pompadour zu entziehen. Und die Marquise, maßlos verwundert über das Verhalten ihres Jugendfreundes, witterte einen Angriff auf ihre Stellung und auf das, was sie als ihr politisches Werk betrachtete. Sie meinte, Bernis, ihr einstiger Schützling, sei undankbar und überredete nun den König, den Kardinal bald vom Hofe zu entfernen. Er sollte in seine Abtei St. Medarde zu Soissons verbannt werden. Dies geschah im Jahr 1758. Erst 1764 durfte Bernis zurückkehren.

Durch Zweifeln und Grübeln hatte Bernis eine Überzeugung erlangt, und er blieb ihr durch Charakterfestigkeit treu, allem Druck und – was noch schwieriger war – aller Liebenswürdigkeit zum Trotz. Mit der Würde eines charakterfesten Mannes und eines unbestechlichen Politikers zog sich der Kardinal de Bernis zurück. Und später, als der Marquise staunenvoller Zorn über das Verhalten des Jugendfreundes sich gelegt, später, in einer nicht enden wollenden Nacht, als sie krank darniederlag und Madame du Hausset an ihrem Bett wachte, sah die Marquise de Pompadour klarer als bei Tageslicht und zu Taten drängender Gesundheit. Sehr viel später erst hat die Marquise ihre Härte bereut. Krankheit und Einsamkeit nötigten ihr ein spätes Bekenntnis über den Verbannten ab: »Ich denke zum ersten Mal daran, daß ich mich seiner Gesellschaft hätte erfreuen können, und ich wäre mit einem vertrauten und lieben Freund gealtert.«

Unglücklich für Frankreich verlief auch der Seekrieg. Der neue Premierminister, Choiseul, hatte 1759 die französische Mittelmeerflotte mit dem Auftrag in den Atlantik beordert, eine Invasion gegen das Inselreich vorzubereiten. Doch eine britische Flotte unter dem Admiral Edward Boscawen stellte im August vor der portugiesischen Küste bei Lagos die französische und besiegte sie. Und noch im November desselben Jahres zerstreute ein anderer britischer Admiral, Edward Hawke, die französische Atlantikflotte in der Bucht von Quibéron. Die britische Admiralität konnte siebenundzwanzig französische Kriegsschiffe in ihren Dienst stellen. Damit war die Gefahr einer Invasion der britischen Inseln endgültig gebannt, und Frankreich sollte nie mehr den Vorsprung der Briten auf den Meeren einholen.

Auch in Nordamerika kämpften nun die Engländer nach anfänglichen Verlusten erfolgreich. Sie nahmen das große und ruhmreiche Fort Duquesne und benannten es in Pittsburgh um, zu Ehren von Premierminister William Pitt dem Älteren. Dann nahmen sie Quebec und Montreal. Vergeblich war der todesmutige Kampf der Franzosen: Die britische Überlegenheit zur See vereitelte ihre Anstrengungen, die Nachschublinien aufrechtzuerhalten. Auch in Indien blieben die Briten siegreich. Der letzte französische Stützpunkt, Pondichéry, fiel, ohne Nachschub aus der Heimat zu erhalten, im Januar 1761.

Zwar gelang es Choiseul, Spanien zum Eintritt in den Krieg gegen Großbritannien zu bewegen, zwar bekundeten der neue britische König, Georg III., der erste echte Brite aus dem Hause Hannover, und sein früherer Erzieher, John Stuart Earl of Bute, nun Erster Lord des Schatzamtes, kein großes Interesse mehr an der Fortführung des Kampfes, aber dies erst zu einem Zeitpunkt, als der See- und Kolonialkrieg für Frankreich bereits verloren war. Im November 1762 einigte man sich in Fontainebleau über die Beendigung des Krieges, und im Frieden von Paris, 10. Februar 1763, erhielt Großbritannien von Frankreich Kanada und Kap Breton, von Spanien Florida, wofür die Spanier mit dem französischen Louisiana entschädigt wurden. Ähnliche Verluste erlitt Frankreich auch in Westindien und Afrika. Das weltumspannende französische Kolonialreich, das Colbert unter Ludwig XIV. begründet hatte, war verloren. Großbritannien hatte den Siebenjährigen Krieg auf den Meeren und in den Kolonien gewonnen. Von nun an herrschte London uneingeschränkt über die Ozeane.

Auf dem Festland aber geht der Kampf weiter. Am 18. April 1758 erobert Friedrich Schweidnitz zurück und wendet sich mit seiner gesamten Streitmacht gegen Olmütz. In Wien bricht Panik aus, Olmütz liegt nur zweihundert Kilometer von der Hauptstadt entfernt. Man dringt in die Kaiserin, sie solle nach Graz oder Preßburg fliehen, aber Maria Theresia bleibt. Diesmal ist es der Freiherr von Laudon, der die Lage rettet: Es gelingt ihm, Friedrichs Munitionsnachschub von viertausend Wagen abzufangen. Der König zieht sich zurück, Daun und Laudon verfolgen ihn, aber sie können ihn nicht umzingeln. Am 25. August liefert er der durch die Unverläßlichkeit der Mannschaft und durch Nachschubschwierigkeiten gehemmten russischen Armee unter dem Grafen Fermor bei Zorndorf in Ostbrandenburg eine Schlacht und wirft sie zurück. Dann eilt er wieder nach Schlesien. Daun befindet sich in einer taktisch überlegenen Ausgangslage, seit Wochen schon manövrieren die beiden Armeen. Bei Hochkirch kommen sie endlich zum Stehen. Am 14. Oktober um fünf Uhr früh greifen die Österreicher die preußischen Stellungen an. Der Angriff wird mit durchschlagender Kraft vorgetragen, Laudon führt seine Truppen persönlich an. Ein blutiges Gemetzel nimmt seinen Anfang. Hochkirch geht in Flammen auf, aber Friedrich behält kühlen Kopf und zieht sich rechtzeitig zurück. Es wird weiter manövriert. Friedrich gelingt es, die Österreicher aus Schlesien abzudrängen. Daun konzentriert seine Armee unterhalb von Dresden. Aber beide weichen einer Schlacht aus, beide haben gelernt, nun sind sie vorsichtig. Bald bricht die winterliche Kälte über die Armeen im Felde herein. Eine Entscheidung ist noch immer nicht gefallen, der Kampf geht weiter.

Die Zeit arbeitet gegen Friedrich. Vergeblich erringt er einen Sieg nach dem anderen, seine Gegnerinnen verfügen über unerschöpfliche Machtreserven. Wenn auch die Franzosen Maria Theresia nicht beistehen können (sie erleiden ja eine Niederlage nach der anderen in Übersee), die Schweden und Russen marschieren gegen Preußen. Der König fühlt die erdrückende Übermacht seiner Gegner, sein Haar ist ergraut, obwohl er erst siebenundvierzig Jahre zählt, er ist düster geworden. Er hängt nicht mehr am Leben, also kämpft er noch mutiger, führt seine Truppen mit Todesverachtung in den Kampf. Geld hat er kaum noch, die Armee ist dezimiert, der Nachwuchs spärlich. Und bald, im Frühjahr, setzt sich mit weitausholenden und kaum bekämpfbaren Bewegungen der russische Bär in Bewegung . . . Friedrich versucht ihn aufzuhalten. Vergebens. Die russische Armee vereinigt sich mit der österreichischen, sie rüsten zur

Entscheidungsschlacht, in Brandenburg, bei Kunersdorf. Man schreibt den 12. August 1759. Das ist der dunkelste Tag im Leben Friedrichs. Zwei Pferde werden unter ihm weggeschossen. Ein Kartätschensplitter drückt seine goldene Tabakdose platt. Aber er bleibt am Leben. Die Schlacht geht verloren, aber noch immer gibt Friedrich nicht auf. Er sammelt seine Armee. Nach einigen wirren Tagen wird ihm klar, daß der Krieg noch nicht entschieden ist, Preußen besteht noch. Der russische Feldherr ist viel zu vorsichtig, um nochmals zuzuschlagen und damit das Kriegsende zu erzwingen, obwohl er die zerschlagene preußische Armee vernichten könnte. Das ist der Augenblick, in dem Friedrich von der »himmlischen Eselei« seiner Feinde spricht. Sogar seine Niederlagen mehren seinen Ruhm, denn auch aus ihnen noch schmiedet er Siege. Er muß Dresden räumen, Laudon zerschlägt ein kleines Heer zwar, und der preußische General Finck kapituliert bei Maxen in Sachsen vor Daun, Russen und Österreicher besetzen Berlin – aber Friedrich und seine Heerführer kämpfen weiter. Und dann, am 3. November 1760, wird bei Torgau ein großer preußischer Sieg errungen. Die Österreicher müssen Kosel aufgeben, die Russen ziehen von Kolberg ab, Berlin wird befreit. Preußen bringt ungeheure Opfer in diesem langen und blutigen Krieg. Christian Fürchtegott Gellert, Dichter der »Geistlichen Lieder und Oden«, fleht Friedrich an, der König möge endlich Frieden machen! Frieden – mit wem?

Nach dem Torgauer Debakel rät sogar Kaunitz der Kaiserin, den Krieg zu beenden. Maria Theresia ist jedoch zuversichtlich; nicht mehr lange könne Friedrich den Kampf fortführen, glaubt sie. Friedrich verschanzt sich, Laudon führt einen Überraschungsangriff gegen Schweidnitz und nimmt die Stadt. Zum ersten Mal überwintert die russische und die österreichische Armee auf preußischem Boden. Nun ist auch Kaunitz überzeugt, daß Friedrich nicht weiter ausharren kann. Doch es geschieht ein Wunder: Zarin Elisabeth stirbt am 5. Januar 1762, ihr Neffe, Herzog Karl Peter Ulrich von Holstein-Gottorp, folgt ihr als Zar Peter III. auf dem Thron. Er ist ein fanatischer Verehrer Friedrichs. Noch steht seine Armee in Pommern, aber er läßt die preußischen Gefangenen frei und schließt mit Friedrich am 5. Mai Frieden, dem auch Schweden beitritt. Kurz darauf wird Peter III. gestürzt und am 9. Juli ermordet, seine Gemahlin Sophie Auguste von Anhalt-Zerbst besteigt als Katharina II. den Zarenthron. Friedrich aber hat nun den Rücken frei. Aus dieser Position der Stärke heraus stimmt er Friedensverhandlungen zu.

Durch sächsische Vermittlung treffen sich Diplomaten aller am Krieg beteiligten Mächte auf Schloß Hubertusburg bei Oschatz in Sachsen und handeln den Friedensvertrag aus. Er wird am 15. Februar 1763 unterzeichnet: Der territoriale Besitzstand bleibt unverändert, das heißt: Preußen behält Schlesien, und Friedrich erkennt Josef, den erstgeborenen Sohn Maria Theresias und des Kaisers Franz I., als römischen König an. Der Machtdualismus im deutschen Raum ist damit etabliert. Der historische Prozeß der Einigung dieses in zahlreiche Fürstentümer zersplitterten Raumes nimmt seinen Anfang unter der Fahne Brandenburgs und unabhänig von der kaiserlichen Würde, ja gegen sie.

Im Frieden von Paris, der am 10. Februar 1763 zwischen Frankreich und Spanien einerseits und Großbritannien andererseits geschlossen wird, erhält dieses Kanada, Neuschottland, Kap Breton, Louisiana östlich vom Mississippi und die westindischen Inseln Grenada, St. Vincent, Dominica und Tobago.

IX. Kapitel

Hofgeschehen in mehreren Szenen

Während von 1756 bis 1763 der Siebenjährige Krieg tobte, trug sich manches auch am Hofe von Versailles und in der Innenpolitik Frankreichs zu. Also werden wir in diesem Kapitel Persönlichkeiten begegnen, deren Tun und Lassen und deren Abgang von der historischen Bühne wir bereits im vorigen Kapitel erlebt haben.

Am 5. Januar 1757 besteigt Ludwig XV. in Versailles eine Kutsche, um zum Schloß Trianon zu fahren, wo er das Fest der Heiligen Drei Könige begehen will. Noch sitzt er nicht im Wagen, da drängt sich ein Mann durch die umherstehende Menge, einen Dolch (nach anderen Berichten ein Federmesser) in der Hand, und führt einen Schlag gegen die rechte Seite des Königs. Die Wunde blutet kaum, die Verletzung ist leicht, kaum mehr als ein kräftiger Kratzer. Der Mann wird überwältigt und festgenommen. Sein Name ist Robert François Damiens.

Angst befällt den König, Angst vor dem Tod und der Verdammung, sie ruft in ihm heftige Reuegefühle Maria Leszczyńska gegenüber hervor, er schließt sich mit seinem Beichtvater, dem Pater Desmaret, in seinem Gemach ein, er beruft den Dauphin zum Vorsitzenden des Staatsrates. Eine reuevolle Schulderklärung nach der anderen wird der Königin überbracht, der pflichtbewußte Beichtvater drängt den König, seine Sünden zu bekennen und öffentlich zu bereuen ... Es entsteht eine ähnliche Situation wie zwölf Jahre zuvor in Metz, als der König plötzlich erkrankte und, gepeinigt von Todesangst, Reue übte und seine Mätresse, die Herzogin von Châteauroux, von seinem Bette jagte. Die Todesangst bringt die ganze Charakterschwäche Ludwigs XV. zum Ausdruck, der Hemmungslosigkeit seiner früh angefachten Genußsucht entspricht die übersteigerte Bußfertigkeit, die er nun an den Tag legt. Wie anders blicken seine großen Zeitgenossen Maria Theresia und Friedrich dem Tode ins Auge! Die seit Jahrzehnten vernachlässigte Gemahlin und immer wieder aufs niederträchtigste beleidigte Königin erhält stöhnende Reuebekenntnisse. Keine Nachricht, kein Billett, nicht einmal ein Wort erreicht die *Maîtresse en titre*.

Der festgenommene Damiens wurde der Kriminaljustiz überantwortet. Sie war im ganzen Königreich gefürchtet und verhaßt wegen ihrer Härte, ihrer Unbarmherzigkeit und Roheit. Noch bestand die Folter als legales Mittel, sie wurde vor Hinrichtungen als Strafverschärfung angewandt. Sein ganzes Leben lang hat Voltaire gegen sie gewettert. In Österreich und Preußen war sie längst abgeschafft, als der Protestant Jacques Necker, schon nach dem Tode Ludwigs XV., die Folter in Frankreich endlich aufhob.

Man verfuhr mit dem Unglücklichen so: Ihm wurden die Beine in den spanischen Stiefeln mit Holzklötzen bis zum Bersten der Knochen zusammengeschnürt, dann goß man ihm mit Gewalt etwa zehn Liter Wasser in den Rachen, man stellte ihn an den Pranger, zeichnete ihn mit glühendem Eisen auf Schulter und Wange, geißelte ihn öffentlich. Solches geschah nicht nur mit Männern, sondern auch mit Frauen. Im Prozeßverfahren gegen Damiens wurde die eigentliche Ursache des Anschlags nicht ganz aufgeklärt. Sehr wahrscheinlich ist aber, daß der allgemeine Unwille des Volkes diesen halbverrückten Unglücklichen zu seiner Tat verleitet hatte – ein namenloser Unwille, der sich unterschwellig in ohnmächtiger Auflehnung gegen den Hof verbreitete, einen Hof, der mitten im Massenelend des französischen Volkes verschwenderischen Neigungen rücksichtslos frönte. Damiens war unbewußter Vollzieher dieses Unwillens. Anderthalb Jahrhunderte zuvor, 1610, war ein Mann namens Ravaillac auf die grausamste Weise hingerichtet worden – der Mörder des Königs Heinrich IV. Nun, 1757, suchte man in alten Prozeßakten und fand das Protokoll von der Hinrichtung Ravaillacs. Und genau auf die gleiche Weise sollte Damiens hingerichtet werden, obwohl er den König nicht getötet, sondern ihm nur eine unbedeutende Wunde zugefügt hatte. Also schlug man Damiens die Hände ab, brannte und vierteilte ihn. Anderthalb Stunden lang dauerten die Qualen des Unglücklichen. Die Hinrichtung war öffentlich, und gierig rissen sich Damen aus den höchsten Gesellschaftskreisen um die teuren Fensterplätze, um dem schaurigen Schauspiel genußvoll beizuwohnen. Mit ebensolcher Gier rissen sich drei Jahrzehnte später Weiber aus dem Pöbel um die Plätze in der Nähe der Guillotinen, um kichernd das Schauspiel der Hinrichtung der hohen Damen von einst anzusehen.

Ludwig XV. verschrieb sich ganz dem Heil seiner Seele und seines Leibes, er befand sich in den Händen der Kirche und der Ärzte, und allmächtig regierte der Dauphin ganze elf Tage lang. Madame de Pompadour ließ sich nicht blicken, sie schloß sich in ihre Gemächer ein und wartete angsterfüllt auf eine Nachricht oder auch nur ein Zeichen vom König. Doch dieses Zeichen kam nicht. Nur das schmähende Geschrei des Pöbels drang hinauf zu ihren Fenstern, man drohte ihr, dem schillernd greifbaren Symbol höfischer Verschwendung, der Mätresse und Königsdirne, die alles Geld des reichen Landes verschlungen hatte und deretwegen das Volk hungern mußte.

Bernis tröstete sie, der Jugendfreund, ehrlich bemüht um ihr Wohlergehen, und die Herzogin von Brancas ließ sie nicht einen Augenblick allein. Doktor Quesnay (auch ihm sind wir schon begegnet, als die Marquise einmal, hoffnungslos darniederliegend, Aufputschmittel zu sich nahm) eilte hin und her vom Gemach des Königs in das Boudoir der Marquise, er sprach ihr in seiner burschikos-rauhen Art Trost zu, suchte sie zu beruhigen, indem er ihr den Zustand des Königs beschrieb, und meinte, der Souverän könnte schon am Abend zum Ball gehen, wenn er nicht so weichlich und ängstlich wäre. Die Marquise setzte ihre Hoffungen auf den Großsiegelbewahrer Machault d'Arnouville, einen ihrer Schützlinge, der noch Zugang zum König hatte. Er aber kam nicht und sandte auch keine Nachricht. Madame du Hausset, eine der Damen der Pompadour, kam der Gedanke, ihren Sohn hinüberzuschicken, damit er erfahre, was in den Gemächern des kranken Königs vor sich gehe. Der junge Mann kehrte mit der Neuigkeit zurück, Machault sei zum König vorgelassen worden. Er wurde sofort wieder zurückgesandt, um den Monsieur Machault abzufangen oder zumindest auszukundschaften, was er nach dem Verlassen der königlichen Gemächer tun würde. Niedergeschlagen kehrte der junge Mann wieder: Machault sei sofort nach der Audienz nach Hause gefahren.

»Und das ist mein Freund!« stöhnte Madame de Pompadour verzweifelt. Erfahren in den Intrigen des Hofes, wurde ihr instinktiv klar, daß Machault mit ihrem unnachgiebigsten Gegenspieler d'Argenson gemeinsame Sache machte. Die beiden sahen offensichtlich den Augenblick gekommen, sie, die Marquise, vom Hofe zu verdrängen. Wahrscheinlich redeten d'Argenson und Machault dem verängstigten König ein, das Attentat habe eigentlich der Marquise gegolten, nicht der heiligen Person des Souveräns – jener Marquise de Pompadour, die dem Volk verhaßt sei ob ihrer grenzenlosen Verschwendungssucht. Ja, dieser Machault war nun ein Komplize des Monsieur d'Argenson, stellte Madame de Pompadour fest. Was hatte sie nicht alles für ihn getan! Ihr, nur ihr allein hatte er zu verdanken, daß er heute Großsiegelbewahrer war; sie, nur sie allein hatte ihn unterstützt, als das empörte Volk ihn für das Elend der Provinzen verantwortlich machte und in den Straßen von Paris der Ruf erscholl: »Rädert Machault!« Und nun machte er gemeinsame Sache mit d'Argenson, um sie zu stürzen!

Bernis, die Herzogin von Brancas, Madame de Mirepoix, Madame du Hausset erwiesen sich in diesen Tagen als wahre Freunde. In ihrer Gutmütigkeit gingen sie sogar soweit, daß sie versuchten, ihr auszureden, den altbewährten Machault vorschnell zum Komplizen des scheinheiligen Monsieur d'Argenson zu stempeln . . . In diesem Augenblick wurde der Großsiegelbewahrer gemeldet. Er trat mit ernstem und strengem Gesichtsausdruck ein. In eisigem Ton fragte er nach der Marquise de Pompadour und drang, ohne die Aufforderung zum Eintritt abzuwarten, in ihr Kabinett vor. Etwa eine halbe Stunde blieb Machault bei der Marquise. Als er gegangen war, klingelte sie. Bernis, die Herzogin von Brancas, Madame de Mirepoix und Madame du Hausset traten ein. Ihr schmales, ovales Gesicht war in Tränen gebadet, ihre Zähne klapperten, und ihre Hände zitterten vor Erregung. Sie war nicht imstande, ein Glas zu halten. Man reichte ihr Orangenblütenwasser in einem silbernen Becher. Sie brachte nur ein Wort über die Lippen: »Ich muß fort, mein lieber Abbé!«

Nach einigen Minuten hatte sie sich endlich in der Gewalt. Sie gab Befehl, ihr Pariser Palais herzurichten, die Kutscher sollten sich bereithalten. In aller Hast wurde die Abreise vorbereitet, es wurden verschiedene Gegenstände wahllos in die Koffer gepackt. Die Marquise schien sich in ihr Schicksal zu fügen. Es war Madame de Mirepoix, ihre Freundin, die ihr noch einmal Mut zusprach und damit die Wende einleitete: »Was soll das, Madame, was sollen die Koffer? Die Diener sagen, Sie wollen fortgehen!«

Die »kleine Marschallin« – so nannten ihre Freunde Madame de Mirepoix – wurde hereingelassen. Die beiden Damen standen einander gegenüber.

»Liebe Freundin«, erwiderte Madame de Pompadour leise und wie gottergeben, »mein Gebieter will, daß ich fortgehe. So hat mir Monsieur Machault gesagt.«

»Und was hat er empfohlen?«

»Daß ich mich unverzüglich entferne.«

»So, er will der Herr sein, Ihr Großsiegelbewahrer. Und er verrät Sie . . . Aber wer das Spiel aufgibt, verliert es!«

Madame de Mirepoix sprach diese kurzen Worte mit solch verblüffender Sicherheit, daß die Marquise mitten im Packen stehenblieb. Sie fühlte ihren sinkenden Mut angesprochen. Offenbar bedurfte sie nur eines Funkens der Ermutigung. Madame de Mirepoix, der Abbé de Bernis, Monsieur Soubise, der Marquis de Marigny und die Marquise selbst hielten nun eine kleine Konferenz ab. Etwa nach einer Stunde verließ ihr Bruder, der Marquis de Marigny, das Kabinett und sagte zu Madame du Hausset, die draußen gewartet hatte: »Sie bleibt, aber kein Wort darüber . . .! Wir werden so tun, als ob sie ginge, um nicht ihre Feinde aufzubringen. Die kleine Marschallin hat es geschafft. Aber Machault wird es büßen!«

Und Versailles' neugierige Höflinge erlebten wieder einmal ein kleines Wunder. Denn einige Tage später gelang der Marquise, zum König vorzudringen. Sie wurde empfangen. Man sah das Gerücht im düsteren Gesichtsausdruck Machaults bestätigt: Es bedurfte keines besonderen Scharfsinns, um die Lage richtig zu beurteilen und sich klar darüber zu werden, daß das Schicksal des Großsiegelbewahrers auf dem Spiel stand. Wir wissen nicht, was die Pompadour Ludwig XV. gesagt hatte, aber sie erreichte, daß Machault den unheilvollen *Lettre de cachet* erhielt und vom Hofe verbannt wurde. Doch d'Argenson blieb, und er war der eigentliche Feind der Marquise, ein unerbittlicher, dessen Macht durch die Entfernung des Großsiegelbewahrers kaum geschwächt wurde. Er fühlte sich seiner Machtstellung sicher – hatte denn nicht der verletzte König, als er, zumindest in seinen Angstvorstellungen, schon auf dem Sterbebette lag, ihm, d'Argenson, die Schlüssel zu seinem Schreibtisch im Schloß Trianon anvertraut? In diesem Schreibtisch befanden sich die geheimen Papiere Ludwigs XV. Schon sah sich d'Argenson als der allmächtige Premierminister des Königreichs ohne Rivalen schalten und walten. Ja, er ging soweit, für den König eine neue Mätresse auszusuchen, die hübsche Marquise de Esparbés . . . Der Abbé de Bernis versuchte im Auftrag von Madame de Pompadour zu schlichten, doch d'Argenson wies ihn brüsk ab. Mit verhaltenem Atem sahen die Höflinge dem unvermeidlichen Kampf zwischen der *Maîtresse en titre* und dem Minister entgegen. Auch der österreichische

Gesandte Graf Starhemberg verfolgte die für die österreichische Politik folgenreiche Auseinandersetzung mit gespannter Sorge.

Der Brief hatte damals noch eine andere Rolle als heute: Er war so etwas wie eine handgeschriebene Zeitung, die weitergereicht wurde. Der Leiter der Postanstalten, Janelle, hatte unter anderem auch die Aufgabe, die Korrespondenz des Königs zu befördern. Diesem Janelle hatte Madame de Pompadour einige Tage nach dem Attentat auf Ludwig XV. nahegelegt, in Briefen und Berichten, die er dem König vorlegte, alle Passagen zu streichen, die den verwundeten Souverän an das aufregende Zwischenspiel erinnern könnten. Janelle versprach auch, die Anregung der Marquise zu befolgen, fühlte sich aber zwischen zwei Feuern und wagte nicht, d'Argenson die Anweisung der Marquise zu verheimlichen. Und so erfuhr der Minister von der Anordnung der Madame de Pompadour. Ein so heftiger Wutausbruch erfaßte den sonst beherrschten Mann, daß er Janelle mit der Bastille drohte, wenn dieser weiterhin Anweisungen von der Marquise entgegennähme. Bald erfuhr auch Madame de Pompadour von der Drohung des Ministers, die einmal mehr bewies, wie sicher sich ihr Gegner in seiner Macht fühlte. Sie ließ die Kutsche vorfahren und begab sich, zum verständnislosen Erstaunen ihrer Umgebung, zu Monsieur d'Argenson. Die reiche Memoirenliteratur weiß auch von dieser Begegnung beider zu berichten – der Baron von Besenval schildert, wie sie sich zugetragen habe:

»Ich bin überrascht von der Anweisung«, sagte Madame de Pompadour, »die Sie Janelle gegeben haben. Ich kann nicht verstehen, welche Gründe Sie haben könnten, dem König ein Ereignis vor Augen zu führen, an das erinnert zu werden ihm peinlich sein muß. Übrigens habe ich die Meinung aller Minister eingeholt, ehe ich beschloß, mit Janelle zu sprechen.«

D'Argenson antwortete, er sei dem Souverän die Wahrheit schuldig, und keine Bedenken auf der Welt könnten ihn dazu verleiten, von seiner Pflicht abzusehen.

»Das sind gute Grundsätze«, erwiderte Madame de Pompadour, »aber gestatten Sie mir zu sagen, daß sie in diesem Fall fehl am Platze sind, denn das größere Interesse an der Ruhe des Königs muß über alle Bedenken hinweg beachtet werden.« Kühl erklärte d'Argenson, daß er keinen Grund sehe, seine Meinung zu ändern und sehr überrascht sei, daß Madame de Pompadour, obwohl sie keine Befehle zu erteilen habe, in Dinge sich einmische, die nur ihn angingen und ausschließlich seiner Entscheidung zu überlassen wären.

Daraufhin ließ die Marquise alle Rücksicht fallen und erklärte ihm offen den Krieg: »Schon seit langem kenne ich Ihre Absichten, Monsieur, gegen mich, und ich sehe, daß nichts daran etwas ändern kann . . . Ich weiß nicht, wie das alles enden wird, aber sicher ist, daß entweder Sie oder ich gehen müssen.«

Nach dieser Szene unterhielt sich Madame de Pompadour gerade mit dem Abbé de Bernis, der zu diesem Zeitpunkt noch ein Vertrauter der Marquise und des Königs war, als der genesene (und nicht mehr reuevolle) Ludwig XV. in ihr Gemach trat. Madame de Pompadour berichtete ihrem Gebieter, und eine Schwäche befiel sie während des aufregenden Gesprächs, so daß Ludwig XV. sich gemüßigt fühlte, eigenhändig ein Glas Zuckerwasser für sie zuzubereiten. Er reichte ihr das Glas, und sie, von so viel Güte überwältigt, hauchte einen Kuß auf die königliche Hand. Dann lächelten sie einander verständnisinnig zu. D'Argenson hatte ausgespielt. Zwei Tage später erhielt er einen *Lettre de cachet* folgenden Wortlauts:

»Ich bedarf Ihrer Dienste nicht mehr und befehle Ihnen, mir Ihre Demission als Staatssekretär und Träger aller damit verbundenen Ämter einzureichen und sich auf Ihr Landgut Les Ormes zurückzuziehen.«

Der Sturz d'Argensons wurde nicht nur in der Memoirenliteratur, sondern auch in der diplomatischen Korrespondenz festgehalten. Mit Besorgnis hatte der geschickte und aufmerksame Starhemberg die wechselvollen Intrigenspiele am Hofe verfolgt, und als er sich die Gewißheit verschafft hatte, daß d'Argenson, dieser Gegner der neuen Allianz und Verehrer des Preußenkönigs, das Spiel verloren hatte, berichtete er nach Wien:

»Er war dem neuen System feindlich gesinnt, aber darauf bedacht, das Gegenteil vorzutäuschen, und sprach in einer Weise davon, als wäre er sein eifrigster Parteigänger. Dennoch ist es erwiesen, daß seine Absichten darauf ausgerichtet waren, es umzustürzen, und er machte sich alle Mühe, seine Vorliebe für den König von Preußen und die Furcht, daß die Macht dieses Fürsten ganz vernichtet werden könnte, zu verheimlichen. Es ist unbestreitbar ein großes Glück für uns, daß er gegangen ist, denn wir hätten ihm niemals trauen dürfen, und je geschickter und gewandter er war, um so mehr hatten wir Grund, ihn zu fürchten und auf einen schlechten Dienst von ihm gefaßt zu sein.«

Erst nach dem Tode der Madame de Pompadour durfte d'Argenson, halb erblindet, nach Paris zurückkehren und starb noch im selben Jahr. Und so waren nach einiger Zeit sowohl der Freund, Bernis, als auch der Feind, d'Argenson, aus den Regierungsgeschäften ausgeschieden, beide Gegner jener neuartigen auswärtigen Politik, für deren Baumeisterin Madame de Pompadour sich hielt, für deren Erfolg sie alle ihre Begabungen, ihren Einfluß und das ganze Gewicht ihrer Stellung einsetzte. Nachdem also die beiden fähigen Männer, jeder aus einem anderen Grund, gegangen waren, betrat unser alter Bekannter aus intrigenreichen Friedenszeiten die Szene: der Graf von Stainville – am 10. Dezember 1758 wurde er zum Herzog und Pair von Frankreich ernannt, und die Geschichtsschreibung kennt ihn unter dem Namen Herzog von Choiseul. Er entstammte einem alten lothringischen Adelsgeschlecht. Sein Vater war Gesandter des Großherzogs von Toskana gewesen – diesen Titel führte Franz Stefan von Lothringen, Kaiser und Gemahl Maria Theresias, seit 1737, nachdem in Toskana der letzte Medici gestorben war und Franz Stefan auf Lothringen verzichtet (damit Frankreich die Pragmatische Sanktion aner-

kenne) und als Entschädigung den verwaisten Großherzogs-
thron erhalten hatte. Somit war der Vater des Herzogs von
Choiseul österreichischer Beamter, auch manche seiner Verwandten bekleideten Ämter in der Hofburg zu Wien.

Der Herzog von Choiseul fühlte sich der ehrenvollen Tradition seines Geschlechtes verpflichtet, seine Erziehung und
seine Neigungen drängten ihn zu einer österreichfreundlichen
Politik, die er mit Hilfe der Madame de Pompadour in die Tat
umzusetzen suchte. Glücklich trafen Gefühle, Tradition, Überzeugung und Ehrgeiz aufeinander. Hier begegneten sich zwei
bedeutende Persönlichkeiten in einem historischen Augenblick, der ihren Absichten entgegenkam. In der politischen Gedankenwelt des Herzogs war Britannien der Erzfeind Frankreichs, und es galt für ihn, das Inselreich, dessen Könige viele
dunkle Jahrhunderte lang Anspruch auf französische Territo-
rien und Provinzen erhoben, sie blutig bekriegt und somit die
Einigung all dieser Lande verhindert hatten, mit allen Mitteln
der Diplomatie und mit der Macht der Waffen zu schwächen.
Choiseul drängte auf eine Invasion der britischen Inseln. Nichts
also ist natürlicher, als daß dieser Mann seine Begabungen in
den Dienst der Madame de Pompadour stellte, weil er erkannt
hatte, daß die Marquise einer Sache diente, die auch die seine
war.

Das Urteil der Zeitgenossen und auch der Nachwelt über die
beiden geht auf bezeichnende Weise auseinander. Madame de
Pompadour war bereits zu Lebzeiten unbeliebt, mehr noch: in
weiten Kreisen Frankreichs verhaßt, und auch nach ihrem Tod
wurde ihr alles Mißgeschick und düstere Elend, welches das
Land während des Siebenjährigen Krieges getroffen, tadelnd
angelastet. Offenbar ließen sich viele ihrer Kritiker blenden
von der glänzenden Stellung der *Maîtresse en titre*, die viel Neid
und viel Unwillen hervorrief, und man hat die Rolle, die sie in
der Politik Frankreichs gespielt hat, unter moralischen Aspek-
ten mißverstanden. Man übersah, daß sie nicht verantwortlich
gemacht werden konnte für die Niederlagen der französischen

Flotten, für den wenig ruhmreichen Auftritt französischer Streitkräfte auf den europäischen Schlachtfeldern und für Versäumnisse und mangelndes Kriegsglück in der großen kolonialen Auseinandersetzung mit Britannien. Dies aber wurde weder von den Zeitgenossen noch von der unmittelbaren Nachwelt berücksichtigt. Madame de Pompadour haftete das Schimpfwort »Königsdirne« und die Verruchtheit des Unmoralischen an (und nur zu gerne beschwört man in Zeiten des Elends das allen Unwillen rechtfertigende Moralische). Hingegen wurde ihr Freund und Mitarbeiter, der Herzog von Choiseul, Diener derselben Sache, gefeiert als der Mann der Stunde. Alle Sympathie, welche die Volksgunst nur zu vergeben hat, wurde ihm zuteil, und auch die Nachwelt, dieselbe, die Madame de Pompadour verachtend verwarf, brachte dem Herzog Verständnis und Nachsicht entgegen, dem Minister, der mit äußerster Anstrengung und unter vollem Einsatz seiner starken Persönlichkeit und seines ehrenhaften Charakters jene Politik durchzuführen suchte, zu welcher Madame de Pompadour die Weichen gestellt hatte.

Äußerlich war er gewiß nicht geeignet, in den Augen des Volkes zum Helden zu werden. Er war von kleinem Wuchs, das Gesicht konnte man nicht anziehend nennen, denn er hatte breite und gedrungene Züge – die Zeitgenossen wollten in seinem Kopf den einer Dogge wiedererkennen –, und er hatte rotes Haar. Aber in seinen Augen sprühte Geist, seine lebhaften und blutvollen Lippen konnten einnehmend lächeln, gut proportioniert war seine Figur, und außer all diesen schönen Eigenheiten besaß er noch eine weitere, die gewiß kein verbreiteter Charakterzug unter den Höflingen von Versailles war: Er besaß ein offenes Wesen und ungekünstelt gute Manieren. Wir wissen, daß er bis zu jener ominösen Liebesgeschichte seiner Verwandten mit dem König ein erklärter Gegner der Madame de Pompadour gewesen war wie etwa der unglückliche Maurepas: Er hatte über die Marquise gespottet, nicht fein und geistreich, sondern auch beißend, mit bitteren Worten. Er lehnte sie und die Rolle, die sie am französischen Hof spielte, ab; er wollte verletzen, beleidigen, tödlich treffen. Und so gewann er den Ruf, ein hartgesottener Mann zu sein. Den Frauen gefiel er. Man sagte ihm ausschweifende Nächte nach, bei Tag war er ein kühler Politiker. Und er war stolz, und deshalb überbrachte er der Marquise Ludwigs Brief an seine junge Verwandte. Dadurch lernte er Madame de Pompadour kennen, und von diesem Tag an war er, im Geiste der Zeit gesprochen, ihr ehrfurchtsvollster und ergebenster Diener.

Die Zeitgenossen munkelten, daß die Marquise und der Herzog von Choiseul ein Liebesverhältnis miteinander hätten. Den Grund für dieses Gerücht dürfte der Herzog ungewollt geliefert haben durch sein überaus liebenswürdiges Verhalten der Marquise gegenüber. Doch ein solches Betragen war noch lange kein Beweis. Denn in dieser Zeit war es einem Mann durchaus erlaubt, einer Dame gegenüber Zuvorkommenheit, Diensteifrigkeit, auch einen Hauch von Leidenschaft an den Tag zu legen, ja eine verhalten angedeutete Traurigkeit darüber, daß für ihn die verehrte Dame unerreichbar war. Der tiefe Augenniederschlag und der hingehauchte Seufzer wurde im Zeitalter des Rokoko von einem Herrn und Ritter geradezu erwartet. Es wäre ungewöhnlich gewesen, wenn der Herzog von Choiseul sich anders verhalten hätte, ein Mann, der ohnehin den Ruf hatte, Liebling der Damenwelt zu sein. Wäre er gerade der Madame de Pompadour anders begegnet, so hätte sie sich mit Recht gekränkt fühlen dürfen. Und wenn der Herzog diese zeitbedingte Verhaltensweise im Umgang mit der Marquise noch vertiefte, sie bedeutungsvoller erscheinen ließ als von der Gesellschaft erwartet, dann geschah dies nur aus dem Grund, weil er wußte, wie förderlich sie ihm sein konnte im Dienst an einer Sache, an die der Herzog aus eigener Überzeugung und auch ohne der Marquise Zutun glaubte.

Und Madame de Pompadour? Nun, ihr kann man manches nachsagen, aber gewiß nicht, daß sie heißblütig gewesen sei. Denn es mangelte ihr gerade am Dirnenhaften, ja schon am natürlich Sinnlichen. Wir haben gesehen, wie sie sich mühte, ihr schlafendes Blut zu wecken, damit ihr Herr und Gebieter auch mit ihren Liebesdiensten zufrieden wäre. Sie war nicht die Frau, die ihre Stellung durch ein Liebesabenteuer gefährdete. Außerdem war sie klug genug, um zu wissen, daß ein solches Verhältnis nicht sehr lange ein Geheimnis bleiben konnte – warum hätte sie ihre Beziehung zu Ludwig XV. so schwer belasten sollen? Nein, zu Unrecht bedachten Zeitgenossen sie mit dem Schimpfwort »Königsdirne«, zu Unrecht lebt sie im Bewußtsein späterer Generationen fort als die Verkörperung der sinnlichen Ausschweifung in einer vergnügungssüchtigen Epoche.

Der Herzog von Choiseul war bei Hofe beliebt. Er heiratete eine reiche Tochter aus der Finanzwelt, mit der er eine glückliche Ehe führte. Er war ein Edelmann, und so schien sein Lebensweg im voraus bestimmt gewesen zu sein: Er diente zunächst in der Armee und brachte es bis zum Adjutanten des Generalstabschefs. Diese nicht gerade herausragende Tätigkeit gab er bald auf und widmete sich fortan der Politik. Er kam als Gesandter nach Rom, dann nach Wien. Von dort wurde er auf den Posten des zurückgetretenen Abbé de Bernis berufen. Mit diesem Amt wuchs er. Er muß eine starke persönliche Ausstrahlung gehabt haben. Sein spöttelnder Witz wurde zurückhaltender, die Manieren edler. Vor allem aber legte er in den Verkehr mit dem König eine Würde und ein Selbstbewußtsein, das sich von den kriecherischen Umgangsformen der anderen Höflinge abhob. Er war höflich und achtunggebietend zugleich, und das überraschte Ludwig XV., der kaum Menschen begegnete, die nicht schmeichlerische Heuchler waren. Choiseul zeigte seinen Mitmenschen, daß man edle Manieren haben und dabei die Würde auch im Umgang mit dem Monarchen bewahren konnte.

Er war ein energiegeladener Mann. In dieser Zeit der Korruption und Frivolität, der Genußsucht und Faulheit zeigte er einen Arbeitswillen, der alle Welt überraschte: Tag für Tag acht Stunden saß er in seinem Ministerium, eine Autorität für seine Untergebenen, im Dienste an einer Politik, die er als gerecht und glückbringend ansah. Unterstützt wurde er darin von einer Frau, die nicht minder willensstark war, nicht minder charaktervoll als er: von seiner Schwester.

Die Gräfin Choiseul-Stainville war mit dem Herzog von Gramont verheiratet. Wie ihr Bruder besaß sie Energie und Durchsetzungskraft. Die Zeitgenossen sagten ihr hochfahrendes Benehmen nach. Sie identifizierte sich mit den ehrgeizigen Bestrebungen ihres Bruders, sie teilte seine Erfolge und seine Gedanken, sie stützte die Anstrengungen, die sein Ministerium unternahm. Ihr Salon war ein *Bureau d'esprit*, eine Art beigeordnetes Amt, in dem man über die anstehenden Geschäfte diskutierte, wo Intrigen ersonnen und vorbereitet wurden. Wahrscheinlich reiften im Salon der Herzogin von Gramont manche Vorstellungen von der zukünftigen Politik in Europa zu einer Formel, die eine »Allianz der Länder der Mitte« genannt werden dürfte: ein Bündnis Frankreichs mit Spanien und Österreich, ein katholisches Bündnis als Gegengewicht zur protestantischen Union Großbritanniens und Preußens. Das *renversement des alliances* war ein Versuch, die vorgezeichneten und nach dem Ausscheiden des Osmanenreichs als wirkungsvollster Verbündeter Frankreichs im Rücken der habsburgischen Länder zu einem Axiom erstarrten Bündnissysteme aufzulösen und umzuwandeln. Urheber dieses Versuchs war Kaunitz. Erschwert wurde diese völlige Umkehrung der Außenpolitik Frankreichs durch die Kriegslage, die in den vorhergehenden Kapiteln dargestellt wurde. Aber Frankreich wurde nicht nur durch den äußeren Krieg belastet, durch die große Auseinandersetzung in Europa und auf fernen Kontinenten – ein erbitterter Kampf tobte auch im Lande selbst zwischen dem Hof, dem Klerus und dem Parlament von Paris. In diesem Kleinkrieg zwischen der Regierung und den Ständen und Institutionen ging es um das Mittel, mit welchem der große Krieg bestritten wurde: um Geld.

Finanzminister Machault d'Arnouville, damals noch ein Freund und Schützling der Madame de Pompadour, wollte das Geld aus der Quelle holen, die am reichlichsten floß, und erlegte auch den geistlichen Gütern den »Zwanzigsten« auf. Noch war der einschlägige Erlaß nicht ergangen, schon witterte der Klerus Gefahr. Man hielt ein Konzil in der Erzdiözese von Paris ab und erklärte einstimmig, daß die Steuerfreiheit der Kirche als eines der ursprünglichsten und unabdingbaren Rechte der Kirche anzusehen sei, in seiner Unantastbarkeit ebenso alt wie die Monarchie selbst und ein Bestandteil des französischen öffentlichen Rechts. Es sei ein geheiligtes Vorrecht der Kirche, dem König nur aus freien Stücken Geschenke anzubieten (auf welche Weise und in welchem Ausmaß dies geschah, haben wir bereits gesehen). Doch Machault setzte sich durch und ließ den Erlaß registrieren. Der Klerus aber wandte sich an den König und legte ihm nahe, daß ein solches Edikt, das heilige Recht der Kirche antastend, nur dazu geeignet sei, die Achtung, die jeder der Religion schulde, sündhaft zu mindern. Was denn, fragte man Ludwig XV., wenn diese Achtung einmal dahinschwände? Es gäbe dann kein geistiges Mittel mehr, das Volk in schuldiger Ehrfurcht und gebührendem Gehorsam dem Souverän gegenüber zu halten! Die Bischöfe erklärten, sie seien nicht bereit, dem Finanzminister zu gestatten, die Einkünfte des Klerus zu kontrollieren. Durch diese Weigerung des Klerus wurde es unmöglich, den »Zwanzigsten« einzutreiben.

Die Verteilung der Steuerlast war höchst ungleich. Ursprünglich sollte die Kopfsteuer nach dem Maß des Besitzes und des Vermögens bezahlt werden. Der Klerus ging dabei ganz frei aus, der Adel zahlte wenig, das Bürgertum, das aus so verachteter Beschäftigung wie Handel und Manufaktur Einkünfte bezog, übermäßig viel. Einige Beispiele zeigen dies deutlich: Nach dem Tarif von 1695, also aus der Zeit Ludwigs XIV., sollte ein Edelmann, der eine Rente von 40 000 Francs im Jahr verbrauchte, eine Kopfsteuer zwischen 1700 und 2500

Francs bezahlen – in Wirklichkeit erlegte er aber nur 400 Francs; ein Bürgerlicher hingegen gab bei einer Einnahme von 6000 750 Francs ab. Unterschiedlich war die Versteuerung in den Provinzen. So wurde in der Franche Comté das Einkommen von 240 Francs eines Adligen mit drei, eines Bürgerlichen aber mit einundzwanzig Francs belegt. In anderen Provinzen wurde der Adel sogar nur mit einem Achtzigstel oder einem Hundertstel veranlagt. Hyppolite Taine hat errechnet, daß die nichtadligen Armen im allgemeinen relativ gesehen achtmal mehr zahlten als die Vermögenden und Besitzenden. Die alte Einkommensteuer des »Zwanzigsten«, deren Neuauflage Machault durchzusetzen versuchte, wurde nicht nur vom Grundbesitz und Vermögen erhoben, sondern auch von der Einnahme aus den kaufmännischen Betrieben und den Manufakturen, ja auch aus der geistigen Arbeit. Unter Ludwig XV. nun wurde sie verdoppelt, aber die Regierung war außerstande, gegen den Willen der Provinzvertretungen eine gerechte Verteilung der Steuerlast einzuführen oder, nach zaghaften Anfangsversuchen, durchzuhalten. Und obwohl die Steuern von Jahr zu Jahr anschwollen – 1757 nahm man 283 Millionen ein, 476 Millionen schon 1789 –, blieb der Staat verschuldet. Den entscheidenden Grund dafür kennen wir: Etwa die Hälfte der eingezogenen Summen blieb in den Taschen der Steuereintreiber, der Generalsteuerpächter. So erhielt der König von 100 Millionen Francs erhobener Steuern nur etwa 45 Millionen.

Noch waren die Kosten des Erbfolgekrieges, der mit dem Aachener Frieden von 1748 beschlossen wurde, nicht beglichen, schon verlangte der neue Krieg, der 1756 begann, weitere enorme Ausgaben. Also setzte die Regierung am 7. Juli 1756 einen neuen »Zwanzigsten« fest. Der König erließ ein zweites Edikt, durch welches die Erhebung von zwei Sous für jeden Livre des Zehnten angeordnet wurde; aus diesem Fonds setzte Ludwig XV. 1 800 000 Livre erbliche Renten aus. Um Zugeständnisse zu erkaufen, verlängerte er die Rechte der Stadt Paris auf gewisse Vergünstigungen, so daß das Parlament seine

Proteste vorübergehend einstellte. Doch bald ging der zermürbende Kleinkrieg weiter. In ihm deutete sich schon die kommende große Auseinandersetzung um die Gleichheit aller an, zunächst noch in der Forderung nach gerechter Verteilung der Steuerlasten. Es war ein ermüdender und höchst unerfreulicher Kampf gegen die zahlungsunwilligen Stände, ein Kampf, dem Ludwig XV. nicht gewachsen war und dem er gerne auswich, obwohl der Siebenjährige Krieg bereits in vollem Gange war und riesige Summen verschlang. Dem Volk waren die parlamentarischen Auseinandersetzungen gleichgültig, es empfand nur das Elend, in dem es lebte. Und dieses Elend trieb es im Herbst 1756 auf die Straße. Die Empörung richtete sich gegen die Person, die, in den Epigrammen unbekannter Autoren und in den beißenden »Poissonaden« ohnehin schon seit einem Jahrzehnt verteufelt und verdammt, zur Symbolfigur der Verschwendungssucht geworden war.

Angefeuert wurde die Volkswut gegen die »Königsdirne« auch noch durch die Predigten des Erzbischofs von Paris, Christophe de Beaumont. Ein düsterer Priester war dieser Erzbischof, ein streitbarer Prediger und Bekehrer von hochmittelalterlicher Leidenschaft, unbeugsam in Sachen des Gewissens, ein Prophet voll alttestamentarischen Zorns gegen den aufklärerischen Geist seiner Zeit und gegen den spottenden Atheisten Voltaire – einen erkärten Freund und Schützling der Madame de Pompadour. Wie ein Racheengel des Himmels predigte er, unterstützt vom moralisch strengen Dauphin, von manchen Mitgliedern der königlichen Familie und der ganzen kirchlichen Partei am Hofe, gegen die Verkörperung aller Sünden: die Marquise de Pompadour. Sie, nur sie allein sei verantwortlich für alles Übel und jedes Mißgeschick, welches das Königreich und sein Volk in der Vergangenheit getroffen habe und in Zukunft heimsuchen würde. Sie und ihre gotteslästerlichen Freunde hätten einen teuflischen Plan ausgeheckt, um den König dem Glauben abtrünnig zu machen und der Religion und der heiligen Kirche zu entreißen. Der Erzbischof nannte die

Marquise nicht beim Namen, aber alle Welt erkannte sie in den glühenden Worten seiner Hirtenbriefe. Der Tugendstarke ließ sich sogar dazu hinreißen, zu sagen, er wünsche sie verbrannt zu sehen. Doch, und das ist einer der großen Widersprüche im Zeitalter der Aufklärung, unzeitgemäß war ein solches Wort nicht. Dergleichen wurde noch immer – wir werden es sehen – in den Folterkammern und auf den Scheiterhaufen praktiziert.

Nicht nur die Kirche und ihre hohen Vertreter wandten sich gegen die *Maîtresse en titre* mit gefühlsgeladenen Argumenten, welche nicht mehr die gedankliche Substanz der Aufklärung bildeten, sondern auch manche Mitglieder des Parlaments. Sie sahen in ihr die Ursache für die horrende Verschuldung des Staates. Im Streit zwischen dem König und seiner Regierung einerseits und dem Parlament von Paris andererseits stand Madame de Pompadour natürlich für den König ein. Mit beinahe schon naiver Überzeugung stellte sie Ludwig XV. als den großen und verehrungswürdigen Fürsten hin, der nur mit einem Ludwig XIV. verglichen werden konnte und dem Sonnenkönig in jeder Hinsicht ebenbürtig war. Für die Art, wie sie in der Öffentlichkeit von diesem weichlichen und charakterschwachen Mann sprach, ist ein Dialog bezeichnend, der in der Memoirenliteratur erhalten blieb. Gesprächspartner der Marquise war de Meinières, ein streitbarer Parlamentarier und ausgezeichneter Kenner des öffentlichen Rechts. Schon 1755 hatte er um einen Ratsposten für seinen Sohn nachgesucht, wurde aber abgewiesen. Später bemühte er sich, seinen Sohn als Fähnrich bei der Garde unterzubringen, doch auch diesmal hatte er kein Glück. Freunde nahmen Anteil am Kummer des Vaters und seines Sohnes und bahnten ein Zusammentreffen mit dem Abbé de Bernis an. Endlich wurde ihm eine Einladung der Madame de Pompadour übergeben: Er sollte sich am 26. Januar 1757 um sechs Uhr nachmittags in Versailles einfinden und nach dem Kammerdiener Gourbillon fragen. Monsieur de Meinières traf pünktlich ein und wurde von Gourbillon zu Marquise geführt. Streitigkeiten zwischen der Regierung und dem Parlament waren auf einem Höhepunkt angelangt, und Madame de Pompadour glaubte offensichtlich, der Parlamentarier könnte als Vermittler nützlich sein.

Die kleine Szene, die Meinières selbst schildert, wirft auch ein scharfes Licht auf die Art der Marquise, mit Menschen, die nicht zu ihren gesellschaftlichen Kreisen gehörten, umzugehen. Nur ein Kämmerer war anwesend, als der Parlamentarier eintrat.

»Aufrecht neben dem Feuer, allein«, erzählt Meinières, »schaute sie mich vom Kopf bis zu den Füßen mit einer Überheblichkeit an, die mir mein ganzes Leben lang im Geist eingeprägt bleiben wird, erhoben das Haupt, ohne auf meine Verbeugung zu achten, und maß mich hochfahrend.« Zweifellos wollte sie den Mann, den sie für den König zu gewinnen suchte, zunächst einmal einschüchtern. Dem Kämmerer befahl sie dann: »Ziehen Sie einen Stuhl heran«, und beide setzten sich einander gegenüber.

Meinières hatte für das Parlament mehrere Gutachten geschrieben, die es in seiner Haltung gegen die finanziellen Forderungen der Regierung bestärkte. Diese seine Tätigkeit dürfte wohl der Grund dafür gewesen sein, daß seine Bemühungen, seinem Sohn eine staatliche Stelle zu verschaffen, erfolglos geblieben waren. Nun saß er der Frau gegenüber, von der er wußte, daß sie ihm behilflich sein konnte, wenn sie nur wollte. Aber er wußte auch, daß er nichts widerrufen und schon gar nicht seine Überzeugung preisgeben würde. Es mußte ein hartes Gespräch werden.

Meinières begann: Hochachtung empfinde er für die Marquise, sagte er, und er sei von dem Wunsch beseelt, ihr seine Rechtschaffenheit darzulegen und sie zu überzeugen, daß alle Intrigen, die man gegen ihn und seinen Sohn angezettelt habe, zwei Schuldlose träfen. Er pries die Menschlichkeit der Marquise, ihre wohlbekannte Güte und Bereitschaft, Unglücklichen zu helfen, und Madame de Pompadour, die bis dahin reglos dagesessen, nickte bei diesen Worten. Er hoffe, sagte Meinières, die Marquise würde ihm ihre Protektion bei dem König gewähren, damit sein Sohn die ihm gebührende Stelle erhalte, denn er wisse nicht, was man ihm oder seinem Sohn zur Last legen könnte.

»Wieso«, fragte Madame de Pompadour in einem Ton, der ihren Gesprächspartner in Verlegenheit bringen sollte, »Sie wollen Ihre Schuld nicht kennen?« Und dann nannte sie die Schuld des Parlamentariers. »Seine Majestät hat sich auf Grund Ihrer Gutachten eine Meinung von Ihnen gebildet, die zu ändern unmöglich ist.«

Meinières erwiderte, daß es üblich sei, solche Gutachten zu schreiben. Er beklagte sich darüber, daß der König den Unwillen gegen den Vater auf den Sohn übertrage, auf einen Schuldlosen also. Nun ließ Madame Pompadour den Anschein der Teilnahmslosigkeit fallen:

»Der König ist der Gebieter, Monsieur, und er hält es nicht für richtig, Ihnen seinen Unwillen persönlich kundzutun, er begnügt sich damit, daß Sie ihn erfahren, indem er Ihrem Sohn einen Posten vorenthält. Doch Sie auf eine andere Weise strafen,, hieße, eine Angelegenheit daraus machen, und das will er nicht. Es liegt bei ihm allein, das ihm richtig erscheinende Mittel anzuwenden, und man muß seinen Willen achten. Ich aber bedauere Sie und sähe gern, daß Sie mir die Möglichkeit geben, Ihnen einen Dienst zu erweisen. Gewiß werden Sie wissen, daß der König im Augenblick Zeichen der Unterwerfung von den Herren des Parlaments erwartet, die ihre Entlassung eingereicht haben, und daß er den Parlamentariern, die ihm entsprechende Briefe geschrieben haben, seine Gunst erwiesen hat. Würden Sie ebenfalls in diesem Sinne schreiben und dadurch andere dazu bewegen, sich auf ähnliche Weise zu äußern, dann würden Sie unter den gegenwärtigen Umständen der Regierung einen Dienst erweisen, auf den ich dann hinweisen könnte, und dann dürften Sie hoffen, daß der König in Ihren Angelegenheiten andere Anordnungen trifft. Aber wenn ich Seiner Majestät nichts anderes zu sagen habe, nur: ›Sire, ich habe heute Monsieur de Meinières getroffen, er hat mich seiner ehrfurchtsvollen Anhänglichkeit für Ihre Person versichert‹ und ähnliches, dann wird der König nur antworten: ›Was hat er getan, um sie mir zu beweisen?‹«

Geduldig setzte Meinières der Marquise auseinander, daß er einen solchen Schritt als unnötig für den König, als gefährlich für das Parlament und als entehrend für sich selbst ansehe. Nun wurde Madame de Pompadour zugänglicher, ja freundlicher im Ton: »Monsieur de Meinières, ich möchte ja Ihnen einen Gefallen tun, aber das wird kaum möglich sein, weil Sie zu gar nichts bereit sind. Ihre Argumente sind nicht überzeugend. Erstens würde man Ihnen ohnehin nicht sofort bewilligen, was Sie für Ihren Sohn verlangen, so daß Sie nicht zu befürchten brauchen, daß Ihr Verhalten als der Preis eines Gnadenerweises angesehen würde. Auch wird es nicht Ihre Schuld sein, wenn niemand Ihrem Beispiel folgt. Es ist nur wünschenswert, daß jemand damit beginnt, sich dem König zu unterwerfen.«

In dem Maße, wie Madame de Pompadour freundlicher wurde, kehrte auch Meinières' Selbstsicherheit wieder. Mit nicht zu überhörendem Stolz wies er die Marquise darauf hin, daß er ein Mann von einwandfreiem Ruf sei; sich so zu verhalten, wie die Marquise es von ihm verlange, würde ihm die Achtung vor sich selbst nehmen; dann wollte er lieber Kapuziner werden.

Madame de Pompadour lachte. Dann begann sie zu sprechen, und zwar mit einer Wortgewalt, die den Monsieur de Meinières überraschte. In ihren Worten lag ein Nachdruck und eine ehrliche Überzeugung, die ihre Wirkung auf den Parlamentarier nicht verfehlte.

»Ich wundere mich immer, wenn die Herren des Parlaments von ihrer Ehre sprechen – als ob es ehrenhaft wäre, dem König gegenüber ungehorsam zu sein, den Lauf der Gerechtigkeit aufzuhalten und Unordnung in die Regierungsgeschäfte zu bringen. Bisher war in Frankreich das gerade Gegenteil eine Ehre, daß man nämlich Unrecht, Leichtsinn oder Voreile in einer gewissen Angelegenheit einsah und durch ein verändertes Verhalten beim König und seinen Untertanen den schlechten

Eindruck auszulöschen suchte, den eine bestimmte Handlungsweise hatte entstehen lassen. Ich glaube, niemand ist in Unkenntnis darüber, wie sehr ich die Beamtenschaft achte. Aber es gibt nichts, was ich nicht hingeben würde dafür, wenn ich nur keinen solchen Vorwurf gegen dieses Tribunal erheben müßte! Gegen dieses Parlament von Frankreich, das sich in all seinen Berichten und Eingaben prunkvoll hervorhebt und in Szene setzt und ununterbrochen die Regierung korrigieren will! Und doch bedarf es nur einer Leidenschaft, eines Zorns, einer Blindheit, einer Wut, und schon sind die Entlassungsgesuche abgesandt. Und zusammen mit jenen Weltverbesserern haben auch Sie, Monsieur, Ihre Entlassung eingereicht. Und Sie setzen Ihre Ehre darein, sich nicht von jenen zu distanzieren? Sie ziehen es vor, das Königreich, die Finanzen, den ganzen Staat zusammenbrechen zu sehen, und sind Sie auch noch stolz darauf? Nein, Monsieur de Meinières, das ist nicht die Ehre eines Untertans, der seinem König wahrhaftig verbunden ist, nicht einmal die Ehre eines gewöhnlichen Bürgers!«

Die Marquise sprach mit einer Leidenschaft und mit einer Würde, die de Meinières Achtung abverlangte.

»Ja, Monsieur, die Güte des Königs ist es, die Sie alle so unternehmungslust und so schwierig macht. Doch eines schönen Tages wird seine Gutmütigkeit ermüden, und dann wird er Gehorsam fordern! Ich bitte Sie, meine Herren vom Parlament, wer sind Sie denn, daß Sie sich in dieser Art und Weise dem Willen Ihres Gebieters widersetzen? Oder glauben Sie etwa, Ludwig XV. sei nicht ein ebenso großer Fürst wie Ludwig XIV.? Oder meinen Sie, daß das Parlament von heute aus Personen besteht, die an Qualität, an Fähigkeiten und an Verdienst denjenigen überlegen sind, die damals das Parlament bildeten? Ja, ich wünschte sogar, es wäre so! Doch es fehlt so manches, damit sie jenen auch nur ähnlich sähen. Bedenken Sie nur, was das Parlament seit 1673, als Ludwig XIV. ihm das Recht des Einspruchs entzogen hat, gewesen ist bis 1715, und Sie werden einsehen, daß diese Körperschaft niemals größer und angesehener war als gerade in jener Zeit . . .!«

Meinières war verwirrt und fand kein Gegenargument. Er sagte lediglich:

»Damals wagte man nicht, zu protestieren.«

»Glauben Sie das wirklich, Monsieur de Meinières? Also: Jene wagten es nicht, und Sie wagen es! Das heißt, Sie meinen, der König sei weniger machtvoll als sein Vorfahre? Jene wagten es nicht . . .! Mein Gott, was für eine Haltung, welch ein Ausdruck! Ich weiß, diese Art zu denken ist den Herren des Parlaments gemein, doch wenige nur geben es zu. Es tut mir leid, aus Ihrem Munde zu hören, daß auch Sie diesen Standpunkt einnehmen.«

Der Parlamentarier, bezwungen von der Beredsamkeit der Marquise, entschuldigte sich. Dann sagte er, es sei ein Unglück, wenn ein Fürst nicht auf wohlmeinende Warnungen höre; es würden nicht auf Ludwig XV. die ungeheuren Schulden lasten, die er von Ludwig XIV. übernehmen mußte, wenn des Sonnenkönigs Parlament der Sturzflut von Amtsvergaben und Renten sich widersetzt hätte, die den Staat überschwemmten.

Madame de Pompadour stand auf und bedeutete damit, daß die Audienz zu Ende war. Sie begleitete Monsieur de Meinières zur Tür und sagte zum Abschied:

»Ich sehe ein, daß ich bei Ihnen nichts erreichen kann, dennoch begreife ich Ihren Kummer. Ich bin selbst Mutter gewesen und weiß, wieviel es Sie kosten muß, daß Sie Ihrem Sohn in einer schweren Lage nicht helfen können.«

Monsieur de Meinières ging voll aufrichtiger Bewunderung für die Marquise de Pompadour.

Die Auseinandersetzung zwischen ihm und der Marquise ist bezeichnend für das Zeitalter der Aufklärung in seinen Widersprüchen und gegensätzlichen Tendenzen. Madame de Pompadour vertrat hier die mystische, historisch geheiligte Idee des großen Herrschers, des unfehlbaren Königs, eigentlich die Idee des Gottesgnadentums. De Meinières dagegen war ein Mann des Parlaments, hinter dem die aufklärerische Idee der Wahrheitsfindung durch den Widerstreit der Meinungen vieler stand. War dies eine weitgehend ideelle Auseinandersetzung (auch wenn dahinter handfeste materielle und politische Interessen standen), so gab es in dieser Zeit auch weitaus radikalere Zusammenstöße zwischen dem Denken des Mittelalters und den neuen Tendenzen der bürgerlichen Aufklärung. Einen blutigen Höhepunkt fand der Zusammenprall der historischen Strömungen in Frankreich in dem Fall Jean Calas. Und dieser Fall zeigte auch, daß im Parlament selbst die Ideen der Vergangenheit noch sehr lebendig waren.

Die feindliche Einstellung des Staates und des machtbewußten katholischen Klerus den Protestanten gegenüber blieb lange Zeit unberührt von der Aufklärung, auch dann noch, als in den Salons schon heftig debattiert wurde über die Enzyklopädie, über Newtons Theorien und über die *raison* als lenkende Kraft der Politik. Ein Protestant, einer von vielen, wurde 1756 wegen Ausübung seiner Religion zu den Galeeren verurteilt. Die Strafe aber trat für ihn sein Sohn an. Dieses seltene Beispiel kindlicher Liebe ergriff einen zeitgenössischen Autor so, daß er dem Pariser Publikum die rührende Geschichte in einem Theaterstück aufzeigte, und es rief eine so anhaltende Stimmung zugunsten des schuldlos Büßenden hervor, daß der Herzog von Choiseul im Jahre 1762 dem Bedauernswerten die weitere Strafe erließ. Noch hatten sich die Wellen dieser Affäre nicht gelegt, da erfuhren die französische Öffentlichkeit und Europa durch Voltaire von jenem Gerichtsprozeß und Justizmord, der Zeugnis gab von dem mächtigen Zusammenprall politischer und religiöser Überlieferung mit den neuen Geistesströmungen. Es war dies der Prozeß gegen Jean Calas.

Ein 63 Jahre alter unbescholtener Kaufmann war dieser Jean Calas, er lebte mit Frau, vier Söhnen und zwei Töchtern in Toulouse. Die Familie war protestantisch. Der zweitgeborene Sohn Louis wollte Jurist werden und trat um der Karriere willen zur katholischen Kirche über, lebte aber weiterhin im besten Einvernehmen in der Familie. Der Erstgeborene, Marc Antoine, war ein schwieriger Charakter, er wußte nicht recht, was er mit sich anfangen sollte, bald entschloß er sich für dieses, bald für ein anderes Studium, doch er hatte nicht die Ausdauer, einen Beruf zu erlernen und ihn auszuüben. Es häuften sich bei ihm depressive Stimmungen, und am 13. Oktober 1761 erhängte er sich im Laden seines Vaters.

Selbstmord galt damals als schmachvoll, er warf ein sehr ungünstiges Licht auf die Familie des Selbstmörders. Jean Calas, der Biedere, meinte wohl, sich als Kaufmann öffentlichem Spott und allseitiger Verachtung nicht aussetzen zu können. Als Wiederbelebungsversuche mißglückten, wollte man die Spuren des Selbstmordes verwischen, doch auch dieser Versuch mißlang. Die Hetze gegen die Familie nahm ihren Anfang. Der eine Nachbar flüsterte dem anderen den schrecklichen Verdacht ins Ohr, bald schon zeigte man mit dem Finger auf Jean Calas. Die Dominikaner in Toulouse heizten die Stimmung im Volke an, sie schürten sie mit allem Eifer der religiösen Leidenschaft und im stolzen Bewußtsein, im Besitz des wahren Glaubens zu sein. Denn das Gerücht wollte wissen, daß der alte Calas seinen Erstgeborenen mit eigenen Händen erwürgt habe! Und warum? Nur weil der unglückliche Jüngling katholisch werden wollte! Man machte aus dem Selbstmörder einen Märtyrer des katholischen Glaubens und hielt ihm ein prachtvolles Leichenbegängnis.

Jean Calas wurde vor Gericht gestellt und des Mordes an seinem Sohn angeklagt. Er berief sich auf seinen tadellosen Ruf als Bürger der Stadt und als Kaufmann, er berief sich auf die aller Welt offenkundige Liebe, die er seiner Familie, auch dem katholisch gewordenen zweitgeborenen Sohn, stets entgegengebracht, er berief sich auf sein Alter, darauf, daß er mit den schwachen Kräften eines Greises nicht einen starken jungen Mann hätte erwürgen können – alles vergeblich. Am 9. März 1762 verurteilte ihn das Parlament von Paris mit acht gegen fünf Stimmen zum Tode. Am 10. März wiederholte sich das schaurige Beispiel von Paris, als Damiens hingerichtet worden war. Man folterte den alten Calas, man räderte ihn, und man

warf seinen noch lebenden Körper in den glühenden Scheiterhaufen. Seine Frau und die beiden Töchter steckte man in ein
Kloster, die Söhne flohen in die Schweiz.

Voltaire erfuhr von der Sache und griff sie auf. Mit ganzer
Leidenschaft und mit aller Macht seiner Eloquenz setzte er sich
dafür ein, daß die entsetzliche Ungerechtigkeit, dieses ungeheure Beispiel religiöser Verblendung aus versunkenen Jahrhunderten, ganz Europa bekannt werde: diese Hetzjagd der
Macht unter dem Vorwand des Glaubens, gerade von solchen
geführt, denen selbst die Thesen des eigenen Glaubens nicht
heilig waren.

Noch wütete der Krieg, als er den Fall Calas aufzurollen begann, schon war der Friede gestiftet, als er nach drei Jahre wäh-
rendem unermüdlichen Einsatz erreichte, daß das Urteil revi-
diert wurde. Am 9. März 1765 entschied das Parlament, daß
Jean Calas unschuldig sei und seiner Familie eine Entschädigung zuteil werden müsse. Der Hauptschuldige an der gnaden-
losen Verfolgung des unschuldigen Mannes, der Domkapitel
David de Beaudrigue, wurde wahnsinnig und nahm sich das
Leben.

Im selben Jahr, da an dem Jean Calas der Justizmord aus religiöser Leidenschaft verübt wurde – auch aus politischen Gründen, denn die Machtstellung des katholischen Klerus im Staate
war mit ein Faktor des gegen die Protestanten immer noch ge-
predigten Kreuzzuges –, in jenem denkwürdigen Jahr 1762 erschien ein Werk in Amsterdam, das den hellen und schönen
Geist der Toleranz ausstrahlte. Es entwarf die milden Gebote
eines ethischen Christentums ohne die Vorurteile konfessio-
neller Leidenschaft. Der Autor hieß – so zu lesen auf dem Ti-
telblatt – »J. J. Rousseau, Citoyen de Genève«. Und der Titel
lautete: »Emile ou de l'Education.«

X. Kapitel

Zu Gast im Bureau d'esprit

»Machen Sie sich lieber Freundinnen als Freunde, denn mit Hilfe der Frauen macht man aus den Männern, was man will«, sagte Madame de Tencin zu Jean François Marmontel, dem Schriftsteller. Diese Madame de Tencin haben wir schon einmal, zu Beginn unserer Geschichte, kurz gesehen, sie war gerade damit beschäftigt, die ersten Schritte der jungen Jeanne-Antoinette d'Étioles zu lenken. In ihrem Salon wurde sie umschwärmt von Männern, und so manche von ihnen verdankten ihr eine Karriere, die nicht mehr wegzudenken ist aus der Geschichte jener Epoche, in der Voltaire und Rousseau, Diderot und d'Alembert, Duclos und Marmontel und andere über Landesgrenzen hinweg und zu Zeiten blutiger Kriege in Europa eine geistige Entwicklungseinheit geschaffen haben, wie sie seither in solcher Intensität nur noch in den letzten Jahrzehnten des 19. Jahrhunderts zu finden ist. Der gute Rat der Madame de Tencin war Ausdruck einer gesellschaftlichen Wirklichkeit.

Denn in den geistigen Zentren, den Salons, ironisierend auch *Bureaux d'esprit* genannt, wurde eine Geselligkeit gepflegt, die nicht gleichzusetzen ist damit, was man heute, oft mit gequältem Lächeln,»zwangloses Beisammensein« nennt. In den *Bureaux d'esprit* wurden Ideen entwickelt, aufgegriffen und weiterentwickelt. Der Geist brachte die eitle Hierarchie der adligen Gesellschaft ins Wanken, denn Geist adelte und machte seinen Besitzer in den Salons Herzögen und Marquis ebenbürtig. In den volkreichen *Bureaux d'esprit* entfaltete sich der sprühende Geist eines Voltaire oder eines Montesquieu und all der anderen zu dem, was heute die Zeit der Aufklärung genannt wird. Die Frau war Gastgeberin des Geistes.

Auf das männliche Barock folgte das zierliche Rokoko. Es war zierlich, weil Frauen es bevölkerten. Die Anfänge reichen zurück in das 17. Jahrhundert. Im berühmten Hôtel Rambouillet trafen sich Gebildete beider Geschlechter und übten sich in einer Geselligkeit, deren Substanz Geist und feine Manieren waren, zunächst eher noch Manieriertheit, wie Molière sie in der Komödie »Die gelehrten Frauen« verspottet. Ludwig XIV. schon grüßte jede Frau, die ihm begegnete, mit aller Zuvorkommenheit eines Ritters und dem Zeichen jener Verehrung, die einer Dame vom Manne gebührte, ohne Rücksicht auf ihre gesellschaftliche Stellung. Seine berühmte Mätresse, die Marquise de Maintenon, übte schon politische Macht aus, allerdings weit mehr aus dem gesellschaftlichen Hintergrund als die Madame de Pompadour. Diese Tradition setzten fort, gemäß ihrer Persönlichkeit mehr oder minder wirkungsvoll, die Mätressen Ludwigs XV.: die Comtesse de Mailly, die Comtesse de Vintimille, die Duchesse de Laurguais, die Marquise de Tournelle, die Duchesse de Châteauroux und schließlich eine gewisse Madame d'Étioles. Die Stellung einer Marquise de Pompadour, ihre Karriere und ihre Art, Macht auszuüben, waren also keineswegs einmalig. Ihr Erscheinen am Hofe, die verschiedenen Gebiete ihrer Betätigung – Politik, Gesellschaft, Literatur, Bauwesen, bildende Kunst – und selbst ihr offizieller Titel: *Maîtresse en titre* waren das Ergebnis einer bereits zur Zeit ihres Auftritts jahrzehntealten Entwicklung. Einmalig an ihrer Karriere waren ihre bürgerliche Herkunft, ihre Bildung und ihr Ehrgeiz.

Es gab im Frankreich des 18. Jahrhunderts nur in beschränktem Umfang eine periodische Presse, so den *Spectator* von 1711 bis 1760 oder *Le Pour et le Contre* von 1733 bis 1760 und einige andere, welche der übrigen Welt regelmäßig Nachrichten aus Frankreich übermittelten. Schriftsteller und Philosophen, aber auch Naturwissenschaftler und Künstler konnten ihre Arbeiten nicht einfach in einer Zeitschrift veröffentlichen und so dem breiten Publikum zugänglich machen, ganz abgesehen davon, daß es ein aufnahmefähiges, das heißt lesendes breites Publikum nicht gab. Darum auch bevölkerten sie die Salons, jene *Bureaux d'esprit* der tonangebenden Damen, um dort im Kreise Interessierter ihre Gedanken vorzutragen. Oder sie schrieben Briefe. Oder sie publizierten, seltener, Bücher. Die Enzyklopädie wurde in 4250 Exemplaren gedruckt, ihre Leser kamen aus dem Stand der Schriftsteller, Gelehrten, Ärzte und Handwerker.

Und es waren die Frauen, die die Konversation in den Salons zu einer Kunst erhoben. Aus ihr entwickelte sich eine hohe Kultur, die lange Zeit hindurch, auch noch nachdem die Revolution den Salon auf die Straße gezerrt und die meisten seiner Gäste aufs Schafott geschickt hatte, die Formen des gesellschaftlichen Beisammenseins und dessen geistige Richtungen in ganz Europa bestimmte. Das geschriebene Wort war Macht gewesen in dieser Zeit.

Einflußreiche Damen der Zeit, die nacheinander bedeutungsvolle Salons unterhielten, waren: die Marquise de Lambert, Madame de Tencin, Madame Geoffrin, die Marquise du Deffand und andere. Sonderbar, aber vielleicht treffend stellte der Engländer Horatio Walpole, Dichter mittelalterlicher Schauerromane, die Französin dem Franzosen gegenüber: »Die Männer sind im allgemeinen schwerfällig und hohl, sie äffen Ernsthaftigkeit, weil ihnen das philosophisch und englisch erscheint. Hingegen sind die Frauen wie aus einem anderen Land. Ich kenne sechs oder sieben von hervorragender Intelligenz, einige besitzen viel Geist, großen Reiz und gesunden Menschenverstand.« Zu Beginn des Jahrhunderts noch beklagte sich Liselotte von der Pfalz, daß außer Ludwig XIV. kaum noch ein anderer Mann um die Gebote der Höflichkeit wisse. Einige Generationen später dagegen wurde so vom Umgang des Mannes mit der Frau Kunde gegeben: »In der guten Gesellschaft behandelten die Herren die Damen mit ganzem Respekt, wie es für den Umgang mit Prinzessinnen von Geblüt vorgeschrieben war. Sie redeten sie nur in dritter Person an, duzten sich nicht untereinander in Gegenwart von Damen, sie sprachen sie, mochten diese mit ihren Brüdern und Ehemännern noch so vertraut sein, nie mit dem bloßen Namen an . . . Wenn sie zu ihnen sprachen, dann mit gedämpfterer Stimme als mit Männern. Diese Ehrfurcht offenbarte eine Feinheit, die sich nicht beschreiben läßt«, meinte die Gräfin Genlis.

Einer der ersten bedeutenden Salons war der der Marquise de Lambert. Sie unterhielt eine große Wohnung im ehemaligen Palais Mazarin aus dem Hause der Herzöge von Nevers. Ihr Salon hatte seine Glanzzeit, als unsere Heldin noch Mademoiselle Poisson hieß und ein anmutiges kleines Mädchen war. Madame de Lambert empfing hier im dritten Jahrzehnt des Jahrhunderts Gesellschaft. Sie war das, was Molière eine »gelehrte Frau« genannt hätte. Jeden Dienstag und Mittwoch empfing sie, und an diesen Tagen versammelte sich in ihrem Salon die Elite von ganz Paris. Man sagte ihr einen so großen Einfluß nach, daß d'Argenson meinte, zukünftige Mitglieder der Akademie müßten von Madame de Lambert präsentiert werden. Steif und gewollt würdevoll war noch der Ton der Unterhaltung, man hörte aus ihr heraus, daß die Dame des Hauses ihre Jugend zu Zeiten des Sonnenkönigs verlebt hatte. Sie starb 1733, ihr Salon aber wurde weitergeführt von einer der bedeutendsten Damen der Epoche, von Claudine Alexandrine Guérin de Tencin.

Sie war aus dem Kloster, in dem sie, ein mittelloses Mädchen, untergebracht worden, entlaufen und hatte sich nach Paris durchgeschlagen. Sofort errang sie große Erfolge in den höchsten Kreisen der Gesellschaft, denn nacheinander wurde sie die Mätresse des Regenten, des Abbé Dubois, des Herzogs von Richelieu und d'Argensons. Und manches anderen. Auch mit einem Chevalier Destouches hatte sie eine Zeitlang ein Liebesverhältnis und gebar ihm einen Sohn. Den ließ sie vor einer Kirchentür aussetzen und kümmerte sich nicht mehr um ihn. Auch dann nicht, als das Kind schon ein berühmter Mann und führender Kopf der Enzyklopädisten war. Er hieß Jean le Rond d'Alembert.

Mit Aktienspekulation gewann sie ein beträchtliches Vermögen. Zusammen mit einem ihrer damaligen Liebhaber wickelte sie ihre Geschäfte ab. Der Mann beging später Selbstmord, hinterließ ihr aber sein Vermögen. Wegen dieser dunklen Angelegenheit kam Madame de Tencin in die Bastille, doch sie schmachtete dort nicht lange. Sie hatte Zutritt zum Hofe, und in Gemeinschaftsunternehmen mit dem Kardinal Fleury und dem Herzog von Richelieu ebnete sie für die Schwestern aus dem Hause Nesle den Weg zum Schlafgemach Ludwigs XV. Bei all ihren Liebesaffären blieb sie nüchtern genug, nicht ihre Interessen zu vergessen. Ihrem Bruder verschaffte sie ein Erzbistum und den Kardinalshut. Dann zog sie, einundfünfzig Jahre alt schon, in eine Mietwohnung in der Rue St. Honoré, wo sie ihr *Bureau d'esprit* eröffnete, gleichsam als Erbin des Salons der verstorbenen Marquise de Lambert, in dem sie oft und gerne erschienen war.

Sie unterhielt aber nicht nur einen Salon, in dem die hellsten Köpfe des Jahrhunderts zusammenkamen, sondern sie schrieb auch Romane, und das war damals für eine Dame der Gesellschaft etwas absolut Ungewöhnliches. Ein großer Schriftsteller der Zeit, Marivaux, sagte von der Inhaberin dieses berühmten Salons: »Niemand brauchte sich in ihrer Gesellschaft zu fürchten, geistlos zu sein, denn sie verlangte von niemandem mehr, als er besaß.« Aber gerade dadurch, daß sie selbst nicht glänzen wollte mit ihrem Geistesreichtum und ihrer erzählerischen Begabung, sondern ihre Gäste ohne besondere Aufforderung, einfach durch ihre Gegenwart dazu anregte, Gedanken auszusprechen, Pläne zu entwickeln, in Gespräche mit Gleichgesinnten einzutreten, waren diese Salonunterhaltungen für schöpferische Geister Anregung und kritische Kontrolle zugleich. Ein Siebengestirn bedeutender Männer bildeten den Kern ihrer Gesellschaft, man nannte sie die sieben Weisen des Salons Tencin. Zeitweise kamen auch langweilige und steife Hofleute hinzu, namenlose Beamte und Generale, Finanziers und Geistliche, die sich nach langem Werben schließlich Eintritt verschafft hatten, denn es galt in Paris als guter Ton, bei Madame de Tencin eingeführt zu werden. Einige unserer Bekannten verkehrten bei ihr auch, so Montesquieu und Marmontel und manch berühmter Ausländer wie Lord Chesterfield, der ausführliche Briefe an seinen Sohn schrieb darüber, wie man in der großen Welt am sichersten vorwärts- und zurechtkomme, und ihm den weisen Ratschlag erteilte, möglichst mehrere Geliebte auf einmal zu halten, denn man könne nie wissen . . . Dieser gelernte Weltmann schien im Salon der Madame de Tencin doch noch einiges dazugelernt zu haben. Zwanglos und heiter war der Ton. Marmontel entwarf ein treffendes Bild von der »Menagerie«, wie die Dame des Hauses ihre Stammgäste zu nennen pflegte: »Montesquieu, Fontenelle, Marivaux, Helvetius, Astruc – das war für mich auf einmal zuviel Geist, und bald bemerkte ich, daß man sich schon vorm Eintritt darauf vorbereitet hatte, eine gewisse Rolle zu spielen, und daß das Verlangen, sich in Szene zu setzen, der Unterhaltung nicht immer die Freiheit ließ, daß sie leicht und natürlich hätte verlaufen können. Es kam darauf an, daß man sich schnellstens und wie im Flug des Augenblicks bemächtigte, um das Stichwort zu geben, seine Geschichte oder Anekdote aufzusagen, seinen Geistesblitz loszulassen, und diesen Augenblick zog man sehr oft an den Haaren herbei. Marivaux zeigte die Ungeduld, seine Feinheit und seinen Scharfsinn zu offenbaren, ganz deutlich. Montesquieu besaß mehr Ruhe, doch auch er wartete darauf, daß der Ball zu ihm rollte, und er war darauf vorbereitet. Mairan wartete die Gelegenheit ab, Astruc legte keinen Wert darauf. Fontenelle nahm die Gelegenheit wahr, ohne sie zu suchen, und wußte die Aufmerksamkeit, die ihm zuteil geworden, so bescheiden zu nutzen, daß seine Einfälle, die reizenden Erzählungen nie mehr als einen Augenblick in Anspruch nahmen. Helvetius, aufmerksam und schweigsam, nahm alles in sich auf, um es eines Tages auszugeben.«

Als Madame de Tencin das Zeitliche segnete, war das *Bureau d'esprit* schon eine Institution, und so setzte eine andere Dame, von gesellschaftlichem Ehrgeiz beseelt, ihr Werk fort und entwickelte ihren Salon zu einem Musterbild dieser Kunstgattung. Marie Therese Rodet, Tochter des Kammerdieners einer bayrischen Prinzessin, war ganze vierzehn Jahre alt, als der viel ältere und wohlhabende Monsieur Geoffrin sein Herz an sie verlor und sie ehelichte. Nicht abwechslungsreicher Liebschaften, auch nicht künstlerischer Betätigung oder krummer Geschäfte wegen erlangte Madame Geoffrin Berühmtheit, sondern einzig und allein als Gastgeberin ihres *Bureau d'esprit*. Denn ihre Ehe verlief ohne bemerkenswerte Ereignisse, zumindest bis zu dem Tag, an dem sie beschloß, einen Salon aufzumachen. Oft war sie zu Gast bei Madame de Tencin gewesen und hatte wahrscheinlich dort den Reiz dieses Lebensstils kennengelernt. Gegen den Widerstand ihrer Familie trat sie dann das Erbe der Madame de Tencin an und war mit dessen Verwaltung in solchem Maße beschäftigt, daß sie es kaum bemerkte, als ihr Gemahl am 20. Dezember 1749 bescheiden und in der Stille vornehmer Wohlerzogenheit, wie er gelebt, verstarb. Er hinterließ ihr eine jährliche Rente von 150 000 Livre. Nun konnte sie sich mit ihrem ganzen Eifer dem Salonleben widmen.

Nichts war ungewöhnlich an ihr, ihr Äußeres nicht und auch nicht ihre Bildung, ihre Erziehung war mangelhaft und unterentwickelt ihr Kunstsinn. Dennoch hat sie es verstanden, dreißig Jahre lang Mittelpunkt einer geistigen Welt zu sein, nach der eine ganze Epoche benannt wurde. Denn sie besaß eine Begabung, die selten war: Sie konnte geben, ohne Dank zu erwarten, sie liebte es, Freude zu schenken. Sie war von spontaner Hilfsbereitschaft, und sie ließ sich dies etwas kosten. Sie wußte, daß Takt und Diskretion Bindemittel waren, die ein *Bureau d'esprit* zusammenhielten. Und sie wußte maßzuhalten. Allerdings griff sie manchmal, wenn ein Gespräch in eine unliebsame Auseinandersetzung auszuarten drohte, in herrischer Art ein, so daß ihre Freunde sie insgeheim eine Schulmeisterin nannten. Sie gab ihnen alles, Wohnung und Kleidung, Verpflegung und sogar Leibrenten, aber sie forderte dafür unbedingten Gehorsam. Marmontel, den sie samt anderen hellen Köpfen von der Madame de Tencin geerbt hatte, liefert uns eine prachtvolle Schilderung dieser bemerkenswerten Frau:»Ohne die leiseste Ahnung von Kunst und Literatur stand sie, die in ihrem Leben nichts gelesen und nicht einmal durch Zufall etwas gelernt hatte, inmitten der einen oder anderen Gesellschaft und fühlte sich wohl dabei. Sie war einsichtig genug, nie über etwas zu sprechen, das sie nicht ganz begriff, und über alles unterrichteten Leuten das Wort zu lassen, immer nachgebend und doch stets aufmerksam. Sie langweilte sich nicht einmal, wenn von Dingen die Rede war, die ihr fremd sein mußten. Am hervorragendsten wußte sie den Vorsitz zu führen und so die Gesellschaft in der Hand zu behalten, sie durch ein Wort oder eine Geste wie an einem unsichtbaren Faden zurückzuführen in die Grenzen, wenn sie diese Grenzen überschritt. ›Nun ist's genug‹ war meistens ein Signal ihrer Weisheit, das sie ihren Gästen gab.«

Ihr Salon war in ganz Europa berühmt. Fremde, die in Paris zu Besuch weilten, drängten darauf, ihr vorgestellt zu werden: Horatio Walpole war bei ihr zu Gast gewesen, David Hume, Benjamin Franklin, und Europas Wunderkind aus dem schönen Salzburg, der siebenjährige Wolfgang Amadeus Mozart, hat in ihrem Salon gespielt. Ausländer nahmen alles in diesem Salon Gehörte als die letzte Offenbarung des französischen Geistes mit in ihre Heimat. Gekrönte Häupter korrespondierten mit ihr: Gustav III. von Schweden und Katharina II. von Rußland. Kaunitz war als Botschafter in ihren Salon eingeführt worden und blieb auch später ein glühender Verehrer. Einer ihrer Schützlinge, zugleich ein Günstling Katharinas II., Stanislaus August Poniatowski – er lebte in Paris als armer polnischer Edelmann –, wurde am 7. September 1764 unter dem Namen Stanislaus II. zum König von Polen gekrönt. Er teilte ihr dieses Ereignis in sechs kurzen Worten mit:»Schelten Sie mich, Mama, ich regiere« (er hatte sie scherzeshalber immer mit »Mama« angeredet) – und von diesem Tag an nannte man Madame Geoffrin in den anderen Salons von Paris die »Königinmutter von Polen«.

Sie war wählerisch. Den Herzog von Richelieu empfing sie nicht. Doch den Enzyklopädisten stand ihr Haus offen – und es war Madame Geoffrin, die das Erscheinen der Enzyklopädie mit 100 000 Talern unterstützte. Diderot verdankte ihr seine Wohnungseinrichtung. Eine Hochburg der Philosophen war ihr Salon, sie selbst eine leidenschaftliche Botschafterin des französischen Geistes. Als sie auf einer Reise nach Polen in Wien Station machte, wurde sie von der Kaiserin und dem jungen Kaiser Josef II. auf ehrende Weise empfangen. Am Hofe von Versailles dagegen wurde sie niemals vorgelassen.

Was war das Geheimnis ihres Erfolgs? Ihre Freigebigkeit, ihr Takt vielleicht? Es war wohl vor allem das Bedürfnis der Politiker und Denker nach Kommunikation, das den Salon erfolgreich machte. Denn der Salon war ein Teil der Öffentlichkeit, ähnlich einer Kolumne in einer Zeitung. Madame Geoffrins Erfolg war der Erfolg des neuen Denkens, das sich in ihrem Salon – und in anderen ähnlichen – manifestierte. Und auch sie, wie Madame de Pompadour, war eine Bürgerliche.

Nicht minder berühmt, gesucht und erfolgreich war der Salon der Marquise du Deffand, geborene Marie-Anne de Vichy-Chamrond, Tochter einer vornehmen Familie aus der Provinz. Ihr Gemahl, der Marquis du Deffand, den sie mit 21 Jahren geheiratet hatte, muß ein eigentümlicher Mann gewesen sein, »der sich immer Mühe gab zu mißfallen« – so zumindest charakterisierte ihn seine eigene Ehefrau. Nach zwölfjähriger Ehe trennten sich die beiden endgültig. Und damit brach für die Marquise du Deffand die große Zeit an.

Sie begann damit, daß sie nun häufig vom Schlafgemach des einen Verehrers in das des nächsten wechselte. Am längsten währte ihre Anhänglichkeit beim Präsidenten Hénault, der sie als ein »unentbehrliches Übel« empfand und dem sie daraufhin nicht weniger liebenswürdig antwortete: »Wie reizend Sie sind, wenn Sie nicht da sind!« Doch sie scheinen einander tatsächlich unentbehrlich gewesen zu sein, denn ihre Freundschaft überdauerte allen Mißmut, es war eine von eigentümlicher Haßliebe getragene Freundschaft, die erst mit ihrem Tod endete.

Als sie ihren Salon 1753 eröffnete, schickte sich Kaunitz an, Paris zu verlassen, um am Wiener Ballhausplatz die Leitung der Staatskanzlei zu übernehmen; Madame de Pompadour war gerade dabei, ihr Pariser Palais einzurichten und die kleinen Lustschlösser rund um die Hauptstadt so prunkvoll auszustatten, wie die von ihr angeregten Künstler es nur vermochten, alles zu dem Zweck, daß Ludwig XV. Gefallen finde am Aufenthalt in ihnen und nicht von der immer drohenden Langeweile befallen würde. Die Marquise du Deffand wohnte damals im Kloster St. Joseph in der Rue St. Dominique. Es waren dieselben Räume – seit mindestens zwei Generationen berühmt –, in welchen einst die unvergeßliche Madame de Montespan gewohnt hatte. Bis zu ihrem Tod blieb die Marquise du Deffand Bewohnerin dieser bereits zu ihren Lebzeiten als historisch anmutenden Räumlichkeiten, die jahrzehntelang Sammelpunkt der besten Köpfe Frankreichs waren.

Es ist Sonntag, denn an Sonntagen empfängt sie, und man wird eingeführt. In einer Ecke sitzen einige Herren, und die Umherstehenden lauschen der Konversation, die dann und wann von einem hellen Lachen unterbrochen wird. Dort sitzt Monsieur de Montesquieu, über sechzig Jahre alt, beinahe sein eigenes Denkmal schon, in seinen Werken hat er bereits alles oder beinahe alles gesagt, was er während seines langen Lebens zu sagen gedacht, neben ihm steht der drei Jahrzehnte jüngere d'Alembert, der erst vor kurzem mit dem Vorwort zur Enzyklopädie von sich reden gemacht hat, und einige Schritte von ihnen entfernt unterhält sich die Dame des Salons lächelnd mit dem ebenfalls nicht mehr jungen d'Argenson. Marmontel lauscht und sammelt Eindrücke, auf einmal blickt er zur Tür, denn in diesem Augenblick tritt ein Gast ein, dem alle mit unleugbarer Neugier und doch mit einer gewissen, wenn auch wohlwollenden, Abwehr entgegensehen, ein Gast aus dem Land, das als einziges in ganz Europa dem Frankreich der Aufklärung nicht bedingungslos ergeben ist, mehr noch: es beeinflußt sogar aus eigener Kraft das Denken Frankreichs – ein

Gast aus England tritt ein, Horatio Walpole, und schaut neugierig um sich. Er ist nicht der einzige Engländer, der die Pariser Salons aufsucht. Auch der junge Edward Gibbon kommt und sammelt Wissen und Eindrücke, noch ist er unbekannt, sein großes Werk über den Niedergang des Römischen Reichs erscheint viel später. Aber eine Berühmtheit ist schon David Hume, der seine achtbändige »Geschichte Großbritanniens« gerade herausgibt, Philosoph, Historiker und Nationalökonom (noch sind die einzelnen Fachgebiete nicht streng voneinander getrennt). Sie alle kommen und machen durch den Gedankenaustausch im Salon, ohne es zu wissen oder zu wollen, Geistesgeschichte.

Sie kommen, obwohl der Rahmen, in dem sie sich hier treffen, eher bescheiden ist. Denn Madame du Deffand verfügt nur über eine jährliche Rente von 37000 Livre, und dementsprechend ist auch ihre Küche. Bei ihren sonntäglichen Soupers glänzt nicht ihr Koch, sondern der *Esprit* ihres Salons. Sie ist eine Dame von Welt, und sie setzt ihren ganzen Ehrgeiz darin, ihre Gäste zu inspirieren, die Konversation zur Entfaltung zu bringen. Sie selbst bleibt dabei bescheiden im Hintergrund. Diese Eigenschaft macht ihr die Gäste zu Freunden. Ihre Korrespondenz ist weitverzweigt. Sie schreibt der Herzogin von Choiseul, Walpole und Voltaire, um nur einige Namen zu nennen.

Im Alter von fünfzig Jahren erblindete Madame du Deffand. Sie ertrug dieses böse Schicksal mit der gleichen Würde, mit der sie ihren Salon geführt hatte: »Sie war blind, ohne daß wir oder sie selbst es merkten«, schreibt später Madame Necker. Ihr blieb nur noch die Unterhaltung, die nach ihrem Erblinden noch klüger und geistreicher war als früher.

Jedes *Bureau d'esprit* warb um eine Berühmtheit, einen Schriftsteller oder Philosophen oder Gelehrten, um mit ihm zu glänzen. Wenn auch der berühmteste nicht, so doch der sonderbarste unter ihnen mag der Stammgast im Salon der Madame Geoffrin gewesen sein, dessen Werk über die Pluralität

der Welt, *Entretiens sur la pluralité des mondes*, im vorausgegangenen Jahrhundert erschienen und der nun, munter und
witzig, an die hundert Jahre alt war: Bernard Le Bovier de Fontenelle. Der Mittelpunkt im Salon der Mademoiselle de Lespinasse war der junge d'Alembert, der auch zu spaßen verstand.
Und mit ihm kamen die Enzyklopädisten. Marmontel, rührig
und neugierig, war in mehreren Salons Stammgast, vom Hause
der Julie de Lespinasse, die eine entfernte Verwandte der Madame du Deffand war, entwarf er das folgende Bild und beschrieb damit zugleich die Rolle der idealen Gastgeberin: »Der
Kreis um Mademoiselle de Lespinasse bestand aus Leuten, die
untereinander nicht zusammenhingen. Sie hatte sie hier und da
in der Welt aufgegriffen, doch so gut ausgewählt, daß, wenn sie
bei ihr versammelt waren, sie in Harmonie sich befanden wie
die Saiten eines Musikinstruments, das eine geschickte Hand
gestimmt hat. Sie spielte dieses Instrument mit einer Kunst, die
schon Genialität zeigte. Sie schien genau zu wissen, welchen
Ton eine Saite erklingen lassen würde, wenn sie sie anschlug.
Damit will ich sagen, daß ihr unsere Begabungen und Charaktere so gut bekannt waren, daß sie nur ein Wort zu sagen
brauchte, um sie in Schwingung zu versetzen. Nirgends war die
Unterhaltung lebhafter, schillernder oder besser geregelt als
bei ihr. Sie hielt sie auf einem mäßigen und stets gleichbleiben-
den Wärmegrad, den sie dadurch erzielte, daß sie ihn je nach
Notwendigkeit dämpfte oder anfeuerte. Ihre andauernde seeli-
sche Tätigkeit teilte sich unserem Geist mit, doch mit Maß; ihre
Phantasie war das bewegende Element, ihre Vernunft die regu-
lierende Instanz. Ihre Begabung, Gedanken in die Unterhaltung von solchen Männern zu werfen, selbst darüber zu disku-
tieren, ihr Talent, die Unterhaltung durch neue Einfälle zu vari-
ieren, und alles das mit der Leichtigkeit einer Fee, deren Zau-
berstab die gesamte Szene mit einem Schlag wie durch Hexerei
änderte – das waren nicht die Talente einer gewöhnlichen
Frau.«
Und alle oder fast alle großen Köpfe, die in den Salons dieser

begabten Damen auftraten, kehrten auch bei Madame de Pompadour ein. Sie begriff sehr wohl, daß der Adel des Geistes ein mindestens ebenso bedeutender Bestandteil des gesellschaftlichen Lebens war wie der Adel der Titel. Die Atmosphäre des *Bureau d'esprit* ist ihr von Jugend auf vertraut gewesen. Sie selbst hatte ja als junge Madame d'Étioles Männer von Geist um sich versammelt und war zu den Veranstaltungen in den damals schon modischen Salons gebeten worden. Madame de Pompadour war um diese Männer ebenso bemüht wie um jene des Hofes und der großen Gesellschaft. Sie verschaffte ihnen Renten und Wohnungen in den Staatspalästen, sie bewahrte sie vor dem Gefängnis, wenn sie mit der stupiden Obrigkeit in Konflikt geraten waren, sie ebnete ihnen den Weg in die Unsterblichkeit, das heißt in die Akademie. Und sie machte die Enzyklopädie salon- und hoffähig – dies allerdings auf eine anekdotenhafte Weise, wenn wir Voltaire als Zeugen gelten lassen wollen. Das war so: Dieses Werk und seine Verfasser waren dem Klerus verhaßt und der Regierung nicht willkommen. Die große Auseinandersetzung des Jahrhunderts, die in der Französischen Revolution gipfelte, schwelte, und die geistigen Vorläufer dieser Umwälzung waren es, die das *Bureau d'esprit* als ihr Forum der Öffentlichkeit schufen und berühmt machten.

Für Voltaire ist die Natur noch ein eher abstrakter Begriff, Diderot dagegen spricht in der Enzyklopädie vom Naturrecht. In diesem Jahrhundert der Vernunft entdeckt der Mensch – eines gekünstelten Daseins, dessen höchste Ausdrucksform der Hof ist, überdrüssig – seine Sehnsucht nach der Natur, nach dem einfachen Leben. In seinen Romanen beschreibt Diderot soziale Verhältnisse, die das Verhalten des Menschen mitbestimmen. Er betont die Notwendigkeit, das gesellschaftliche Milieu genau nachzuzeichnen. Voltaires Art zu sehen und zu schreiben ist noch klassisch, Diderot aber wagt auszusprechen, daß das klassische französische Drama nicht das letzte Ideal der Dichtkunst sei. Er fragt nach dem Wesen der Kunst und zeichnet Charaktere, die nicht schematisch und abstrakt sind, sondern lebensnah in ihrer ganzen Kompliziertheit. Auch er wird weltberühmt und an einen Fürstenhof geladen, an den der Zarin Katharina II.

Der andere Große dieser Epoche, Rousseau, schreibt musikalische Stichworte für die Enzyklopädie. Er bleibt der einzige, der die Freundschaft der Madame de Pompadour verschmäht, obwohl sie sich alle Mühe gibt, ihn unter ihre Fittiche zu nehmen (in Fontainebleau läßt sie sogar ein Theaterstück von ihm aufführen). Rousseau aber will frei und unbestechlich bleiben, er lehnt es ab, dem König vorgestellt zu werden, und will auch keine Pension von ihm beziehen. Doch mit tiefer Überzeugung schließt er sich den Enzyklopädisten an. Auch er kämpft gegen die Voruteile, er nimmt das Empfinden, bedingt auch das Leben, der Vernunft gegenüber in Schutz, er betont die Rechte des Einzelmenschen, seines Gefühls, dem selbst die Vernunft keine Grenzen setzen dürfe. Rousseau ist unter den Enzyklopädisten der wahre Revolutionär. In Vincennes sind sie einander begegnet, Diderot und Rousseau, und bei diesem Treffen machte Diderot den Kollegen auf eine Ausschreibung der Akademie von Dijon aufmerksam. Die Akademie suchte die Antwort auf die Frage, ob die Zivilisation die Moral des Menschen gebessert habe. Das war 1750. Wie konnte man im Jahrhundert der Vernunft anders auf diese Frage antworten als mit Ja? Rousseau antwortete mit Nein. Der Mensch sei gut geboren, argumentierte er, denn seine Empfindungen seien ursprünglich edel und alles Böse und alle Unmoral nur eine Folge der Zivilisation. Daraus aber folge, daß nur die Befreiung des Empfindens aus allen Fesseln, auch aus den Fesseln der Erziehung, die Rückkehr in den ursprünglichen, den natürlichen, böselosen Zustand ermögliche. Rousseaus romantischer Glaube an die natürliche »Unschuld« des Menschen hatte enorme Folgen für das Denken des Abendlandes.

Überwältigend ist die Mannigfaltigkeit der Epoche, überwältigend auch das Aufeinanderprallen der als schlecht erkannten

Wirklichkeit und des durch diese Erkenntnis hervorgerufenen schöpferischen Zweifels, aus welchem dann jene Ideen sich entfalteten, welche noch heute der Verwirklichung harren.

Auch Diderot und d'Alembert kamen ins Blickfeld der Madame de Pompadour, und die ganze Enzyklopädie, deren erste sieben Bände zwischen 1751 und 1757 erschienen, wurde durch jenen Zufall hoffähig, von dem Voltaire plaudert. Bei einer Jagdpartie kehrten der König und seine Begleitung im Trianon ein, und nach dem Abendessen kam man auf das Schießpulver zu sprechen.

»Sonderbar ist es schon«, sagte der Herzog von Nivernois, »daß wir uns Tag für Tag damit vergnügen, junge Rebhühner im Park von Versailles zu schießen, daß wir manchmal auch Menschen erschießen, sogar uns selbst erschießen lassen und doch nicht genau wissen, womit man tötet.«

»Aber so ist es ja mit allen Dingen der Welt«, antwortete Madame de Pompadour. »Ich weiß nicht, woraus das Rouge besteht, das ich auf meine Wangen lege, und ich geriete in große Verlegenheit, wenn man mich fragte, wie die seidenen Strümpfe hergestellt werden, die ich trage.«

»Es ist doch schade«, meinte nun der Herzog von la Vallière, »daß Seine Majestät unsere enzyklopädischen Wörterbücher beschlagnahmt hat, die uns jeden hundert Pistolen gekostet haben. Wir würden in ihnen sofort die Antwort auf alle unsere Fragen finden.«

Und so ließ man nach dem Abendessen Exemplare der Enzyklopädie holen. Drei Kammerdiener schleppten jeder sieben Bände mit großer Mühe heran. Man schlug beim Stichwort *Poudre* nach, und Madame de Pompadour lernte den Unterschied kennen zwischen dem alten spanischen *Rouge*, mit dem die Madrider Damen die Wangen schminkten, und dem Rot der Pariserinnen. Sie erfuhr auch, daß die griechischen Frauen mit einem *Poudre* bemalt waren, das man aus der Stachelschnecke hergestellt hatte, und daß unser Purpur die rote Farbe der Antike gewesen; sie las, wie man Seidenstrümpfe am Webstuhl herstellte, und die Beschreibung der Maschine, die man dazu benutzte, erfüllte sie mit Bewunderung.

»Das ist ein schönes Buch!« rief sie. »Sire, Sie haben also diese Sammlung aller nützlichen Dinge beschlagnahmt, um sie allein zu besitzen und der alleinige Gelehrte Ihres Königreichs zu sein?«

Madame de Pompadour war es auch, die von Ludwig XV. eine Pension für d'Alembert verlangte. Den aufbrausenden Feuerkopf Diderot mahnte sie oft mit milden Worten zu Vorsicht und Mäßigung. In ihrem Salon wurden sie stets gerne empfangen. Doch Voltaire blieb ihr literarischer Liebling – man dürfte im Geiste der Zeit auch sagen: literarischer Höfling –, bei ihm hatte sie für Hoffestlichkeiten die »Prinzessin Navarra« und den »Tempel des Ruhmes« bestellt, und Voltaire durfte sogar sein Amt als Kammerherr verkaufen. Manchmal gab es auch Streit zwischen den beiden wie zwischen alten Freunden. Madame de Pompadour fand manchmal, daß ihr Dichter zu vertraulich wurde, und Voltaire ärgerte sich von Zeit zu Zeit, weil die Marquise ihn, wie er meinte, nicht wirksam genug förderte. Dann brummte er grimmig, daß die Pompadour ihn vernachlässige, und schrieb schnell ein paar boshafte Verse. Doch sehr bald verflogen solche Verstimmungen, und Voltaire durfte sicher sein, daß die Marquise ihn stets schützen und fördern würde. Das tat sie bis an ihr Lebensende.

Zu dieser Zeit lebte ein Deutscher in Paris, der jahrzehntelang damit beschäftigt war, die Höfe Europas mit Nachrichten aus Frankreich zu versorgen: Baron Friedrich Melchior von Grimm, Schriftsteller und Kritiker, Verfasser und Herausgeber der *Correspondence littéraire*. Mit den Enzyklopädisten war er eng befreundet, besonders mit Diderot und d'Alembert, und gut bekannt mit allen anderen bis auf Rousseau. In Paris schuf er die geistigen Grundlagen der modernen literarischen Kritik. Die Empfänger seiner periodischen Zeitschrift waren die politischen Größen der Zeit wie Friedrich II. von Preußen, Katharina II. von Rußland, Stanislaus II. von Polen, der Großherzog von Toskana und andere. Seine Korrespondenz, die er in einem so schönen und geistreichen Französisch führte wie kaum ein anderer Ausländer, erschien erst nach seinem Tode in Druck, und die kritischen Bewertungen der Literatur seiner Zeit, die er zu Lebzeiten zu Papier brachte, wurden von der Nachwelt bestätigt.

Außer in den zahlreichen Salons entwickelte sich das, was man den Geist der Zeit, das Denken dieser Epoche, nennen könnte, noch auf anderem Boden: in den Cafés. Sechshundert zählte man während der Regierungszeit Ludwigs XV., zwei von ihnen erlangten besonderen Ruhm unter den Literaten. Das eine war das *Café Procope* gegenüber der Comédie Française, das andere das *Café Gradot* auf dem Quai de l'École. Es trafen sich in ihnen Dichter und Schriftsteller, Kritiker und Schauspieler, Künstler und Journalisten, kurz alle, die literarische Neigungen hatten und künstlerisch interessiert waren. Man tauschte Nachrichten und Einfälle, man machte boshafte Bemerkungen und lächelte den somit Bedachten, wenn er gerade eintrat, liebenswürdig an, man horchte den Rivalen aus, man bemühte sich um Anerkennung, man hielt die Hand am Puls des Publikumsgeschmacks. »Das Café Procope«, schreibt Marmontel, »war ein Forum der Kritik und eine Schule für angehende Dichter, wenn sie die Stimmung und den Geschmack des Publikums kennenlernen wollten.« Und Antoine Houdar de La Motte, der Tragödien in Prosa schrieb, nannte man den »Gott des Café Gradot«. Er war liebenswürdig und beliebt. So sehr hatte er sich an das Kaffeehausleben gewöhnt, daß er sich, in hohem Alter erblindet und gelähmt, Tag für Tag hintragen ließ, um teilzuhaben an der Unterhaltung und nicht zu altern im Geiste.

Madame de Pompadour war wie geschaffen für diese Zeit. Ihre hohe Bildung, vor allem aber ihr nie nachlassendes Interesse für die geistigen Strömungen machten sie zu einer der großen Gestalten des französischen Salons, in dem all die Gedanken heranreiften, in endlosen Gesprächen geprüft wurden, die sich dann von Paris aus über ganz Europa verbreiteten. Sie war nicht nur die politisch einflußreiche *Maîtresse en titre*, sie war zugleich eine bedeutende Anregerin auf geistigem Gebiet.

Und so fügten sich Interessen, Neigungen und Bildung der Madame de Pompadour, ihr Ehrgeiz, sich als Förderer von Literaten und Künstlern einen Namen zu machen in der Gegenwart wie für die Nachwelt, ihre rastlose Geschäftigkeit als Dame von Welt und auch ihr Lebenswandel in das bewegte Gesamtbild des geistigen und gesellschaftlichen Lebens ihrer Zeit.

XI. Kapitel

Der letzte Auftritt

Pompadour, ton crayon divin
Devrait dessiner ton visage:
Jamais une plus belle main
N'aurait fait un plus bel ouvrage!

(Pompadour, dein göttlicher Stift / Sollte zeichnen dein Antlitz: / Nie gab es noch eine schönere Hand, / Die ein schöneres
Werk hätte hervorgebracht!)
Die vier Zeilen sind von Voltaire, dem Freund und
Schmeichler, Höfling und Revolutionär mit dem Lorbeerkranz
der Epoche, Voltaire dem Vergöttlichten, der dieses Gedicht
mitten in seiner regen Geschäftigkeit, in die er ganz Europa
einfängt, als Fingerübung vielleicht, aus Routine und Gewohnheit aufs Papier wirft. Wahrscheinlich will er nichts anderes und
nicht mehr als eines der üblichen galanten Komplimente machen in einem flüchtigen Augenblick der Zufriedenheit und der
Dankbarkeit. Und schon denkt er wieder an die ersten Worte
des Briefes, den er sogleich an Friedrich von Preußen oder an
die Zarin Katharina II. schreiben wird. Er beehrt freilich nicht
nur diese fürstlichen Zeitgenossen mit seinem fleißigen Schreiben – mögen auch die Adressierten glauben, er, Voltaire, ver-
fasse Briefe, die ausschließlich ihnen gälten –, sondern er
schielt, wenn er sich über die politische Moral seiner Zeit aus-
läßt, zugleich auf die Nachwelt. Er weiß, daß er von kommenden Generationen als Zeuge aufgerufen werden wird, und er
tritt im Bewußtsein seiner Verantwortung, wenn auch nicht
ohne ein kaltes spöttisches Lächeln, in den Zeugenstand der
Zeit. Er weiß, daß die »göttliche« Pompadour – immer wieder

verleiht er ihr dieses Attribut – ebenfalls Gestalterin und Symbol der Epoche ist, er weiß, daß die Nachwelt auch die Marquise als Kronzeugin zitieren wird. Er besitzt einen scharfen, leuchtenden Verstand, aber dieser Verstand wärmt nicht. Auch seine Komplimente erwärmen das Herz nicht, sie blenden das Auge nur und dienen dem Mechanismus der praktizierten Galanterie, einem berechnend auf das Ziel der eigenen Absichten ausgerichteten Mechanismus.

Doch diese Aufforderung, die Pompadour solle ihr eigenes Antlitz zeichnen, da kein schöneres Werk entstehen könnte, diese gleich einem hübschen Blumenstrauß dargebotene Huldigung ist so leer nicht. Denn gezeichnet hat sie es, ihr verborgenes Antlitz, oft genug, wenn auch nicht mit dem Zeichenstift, so doch mit der Schreibfeder . . .

Masken hat sie getragen, viele Briefe geschrieben: als schlaue Diplomatin, als Dame von Welt, als ergebene Dienerin des Souveräns, als liebende Tochter und Schwester, als gewiefte Intrigantin, als feinsinnige Gönnerin von Künstlern, Dichtern und Gelehrten; in viele Rollen ist sie geschlüpft und eins gewesen mit ihnen, und diese Rollen zeigen ihr Wesen auf wie einen Brillanten, der, auf besondere Weise geschliffen, durch vielfache Lichtbrechung strahlt und doch immer derselbe Stein bleibt. Und wenn das Licht aus einem seltenen Winkel auf eine der verborgenen Flächen fällt, offenbart sie ein Antlitz, das, wenn auch nicht unbedingt so schön, wie Voltaire uns verspricht, so doch das wahre ist.

Ihre Umwelt kannte sie nur in den Rollen, in deren Vielfalt sie in ihr auftrat, immer in überwältigender Aufmachung, immer auf der Höhe des Lebens sich zeigend, sieghaft, machtvoll und allgegenwärtig, reich und gnädig. Bei solchen Auftritten hielt sie zwischen sich und die Welt stets ein Lächeln wie eine Larve. Diese Larve verbarg etwas. Immer verbarg sie etwas. Wenn die Marquise mit Madame du Hausset einen ausgedehnten Spaziergang nach Sèvres unternahm, um zu sehen, ob die Glasur ihres geliebten Porzellans jene aus Meißen schon erreicht oder sogar übertroffen hätte, schimmerte die Larve über ihrem Antlitz. Oder wenn sie, einen Stahlstich in der Hand, bei der Ausführung eines Phantasiewerks von Boucher sich unterweisen ließ, trug sie dieses Lächeln. Wenn sie eine Bilderausstellung eröffnete und zu den Anwesenden, dem plaudernden Publikum und den zweifelnden Kritikern, ein paar treffende Worte sprach – kamen sie hinter einer Maske hervor. Sie lächelte ihr strahlendes Lächeln, wenn sie in einem großen leeren Raum in Versailles eine Druckmaschine aufstellen und eine Tragödie von Corneille drucken ließ, einiges Blei in die Hand nahm und aus ihm eine Zeile setzte und über den ersten feuchten Abzug sich beugte. Gütig lächelnd unterhielt sie sich mit Cochin, dem stets Willfährigen, über sein Buch *Voyage d'Italie*, das der Zeichner nach einer Italienreise, die er in Begleitung des Bruders der Madame de Pompadour unternommen hatte, 1758 herausgab und das den Franzosen viele Jahre lang als begehrter Reiseführer diente. Angeregt sprach sie mit den Dekorateuren, Handwerkern, Malern und Steinmetzen, Gärtnern und Tischlern, als sie in einer Augustnacht des Jahres 1748 auf dem »kleinen Schloß« La Celle ein Fest gab, bei dem die Wasserwege illuminiert waren und kleine Kinder auf der Waldeslichtung tanzten . . . Es war immer die Maske, die sprach.

Die Maske fiel nur in der beruhigenden und weltentrückten Sphäre ihrer Bibliothek. Boucher und La Tour zeigen auf ihren Porträts der Marquise einen kleinen Teil dieser erlesenen Bücherei, einige Regale mit dicken Bänden. Diese wenigen Bücher, die den Malern als würdevoller Hintergrund dienen, muten eher wie eine Dekoration an, doch sie sind es nicht oder sie sind es nicht nur. Die vielen wissenschaftlichen Werke, die besten des Jahrhunderts, welche die reichgeschnitzten Gestelle füllten, vervollkommneten während der kurzlebigen Jahre am Hof die Bildung der Marquise, in ihnen fand sie die verläßlichsten Verbündeten und die schärfsten Waffen, die sie bei den Konferenzen mit dem König und seinen Ministern ins Treffen führte, und so mancher eitle Teilnehmer an den geheimen Unterredungen und bösartige Widersacher in den Ämtern blickte verlegen auf seine Manschettenspitzen, wenn die Marquise, hoheitsvoll und unwiderlegbar, eine nicht bekannte geographische Tatsache als Argument anführte. In anderen stattlichen Büchern war die ganze Terminologie des Staatswesens nachzuschlagen, und die Marquise bediente sich ihrer unbeirrbar. Aneinandergereiht, in kostbares Leder kunstvoll gebunden, standen Werke des öffentlichen Rechts, die Deckel abgenützt. Die Geschichte Frankreichs nahm mehrere Regale ein, an sie reihte sich die Geschichte anderer Länder. Dann sah man die Modernen, die Werke Voltaires etwa und der Moralisten, neben ihnen die Großen des Altertums und die Weisen des Heidentums. In der gegenüberstehenden Bücherwand fand man heiteres Schrifttum. In der illusionären Welt dieser Romane suchte sie manchmal Zuflucht. Die beiden mächtigsten Illusionen des menschlichen Daseins, die Liebe und die Religion, erlebte sie nicht. Aber die Romane und die Komödien auf den Regalen erheiterten sie an trüben Nachmittagen. Sie blätterte in den Ritterromanen, den Schauerromanen, den historischen Erzählungen aus aller Herren Länder, in den lebensnahen Komödien des schauspielernden Schelms, den sich Ludwig XIV. – und das zeugte von seiner Urteilskraft – gleich einem literarischen Hofnarren hielt: Molière. Und wenn eine Intrige ihr eine besonders heimtückische Wunde schlug, dann nahm sie vom Regal ein bilderreiches Buch zur Hand, in dem Feen auf mondbeschienenen Wiesen tanzten (wie damals auf La Celle die Kinder im Walde) und phantastische Tiere mit menschlicher Zunge sprachen. Oder sie schrieb Briefe, Briefe an die Freundin, Briefe an die Freunde. Da fiel die Larve, diese Briefe verrieten ihr Geheimnis. Was war dieses Geheimnis? Oh, nicht aufregend, nur ein sehr menschliches. Aber es durfte nicht bekannt werden! Ein armseliges Geheimnis war es, eines, dessentwegen man die Frau, die es mit sich trug, nur bemitleiden konnte. Oder bewundern. Bewundern, weil sie trotz des elenden Geheimnisses das geworden, was sie war: ungesalbte Königin einer Epoche, ihre Verkörperung und ihr Symbol.

Sie schrieb:
»Ich hatte zwei Anfälle von Wechselfieber, aber es ist jetzt zehn Tage her, und ich bin ganz darüber hinweg. Ich habe sehr viel Opium genommen. Zwei Aderlässe und viel Medikamente haben mich völlig wiederhergestellt . . .« Kaum zwanzig Jahre ist sie alt, als sie zum ersten Mal, in diesem Brief an Vater Poisson vom 3. September 1741, von einer längeren Erkrankung spricht.

Die aufrichtigsten und intimsten Worte schrieb sie an eine verständnisvolle Freundin, an Madame de Lutzelbourg, die sie im Scherz *la grande femme* (die große Frau) nannte – in den Scherz mischten sich Anerkennung und Anhänglichkeit, auch Dank für das Verständnis, das Madame de Lutzelbourg ihr entgegengebracht wie niemand sonst. Aber auch in diesen Briefen finden sich verräterische Worte. In Choisy, am 29. September 1751: ». . . Ich bin so ergriffen gewesen, daß ich im Vorzimmer der Madame la Duchesse ohnmächtig wurde. Zum Glück hat man mich hinter einen Vorhang getragen, und nur Madame de Villars und Madame d'Estrades waren Zeuginnen . . .«

Am 5. Dezember 1751: »Ich fühle nur zu gut, grande femme, welch ein Unglück es ist, eine viel zu empfindsame Seele zu haben. Meine Gesundheit war durch den Tod von Monsieur de Tournehem etwas angegriffen. Seit vier Tagen geht es mir besser . . .«

Im Oktober 1752 an Vater Poisson: ». . . Ich habe zehn Tage lang das Fieber gehabt . . .«

Am 18. September 1756, wieder an Madame de Lutzelbourg: ». . . Mein Fieberanfall hat keine weiteren Folgen gehabt, und es geht mir so gut, wie es mir mit meinem armen Herzen eben gehen kann.«

Vom 1. September 1757 sind diese Zeilen datiert: »Meine Gesundheit, grande femme, ist seit vierzehn Tagen nicht sehr gut. Die Krise, in der wir wegen des Parlaments stecken, hat mir ein furchtbares Nervenleiden beschert . . .« (Erinnern wir uns an das Gespräch mit dem Parlamentarier Monsieur de Meinières.)

Irgendwann im Jahre 1758 berichtet sie, beiläufig nur, als wären die Erkrankungen eine Selbstverständlichkeit, der man keine besondere Bedeutung mehr beimißt: ».. . Ich bin auf dem Wege der Besserung . . .«

Einem anderen Vertrauten, dem Herzog d'Aiguillon, Gouverneur der Bretagne, schreibt sie scherzend, mahnend, aufmunternd, und auch in diese Briefe mischen sich hier und da, fast routinemäßig schon, trübe Worte wie diese vom Mittwochabend, dem 28. Juni 1758: »Obwohl mich das Fieber verschont hat, habe ich noch starke Kopfschmerzen, sie lassen mich aber nicht meine unveränderte Anhänglichkeit Ihnen gegenüber vergessen.« Und vom 6. Februar 1759 diese Worte: ».. . Ich kann mich schonen, wie ich nur will, meine Gesundheit bleibt immer miserabel, ich hatte auch heute nacht einen Fieberanfall . . .«

Dann etwas später, am 14. Oktober 1759: ».. . Endlich weckt meine sehr schmerzhafte Krankheit Sie aus Ihrer Lethargie . . . Es geht mir jetzt sehr gut, nachdem ich grausam gelitten habe . . .«

Im September 1762: »Meine Gesundheit ist stark angegriffen, und ich habe nur noch die Kraft, Sie meiner wärmsten Anhänglichkeit zu versichern.«

Das war also das Geheimnis, das armselige, elende, quälende Geheimnis der schillernden Larve: die Krankheit. Es war eine heimtückische Krankheit, die sie auf ihrem Lebensweg begleitet und sie einem schmerzvollen frühen Tod zugeführt hat. Es wird berichtet, daß sie schon als Kind Blut gespien habe. Die Fieberanfälle suchten sie immer wieder, in größeren oder kleineren Zeitabständen und auch in aller Öffentlichkeit, meuchlings heim. Und so konnte das ängstlich gehütete Geheimnis kaum verborgen bleiben vor der gaffenden Neugier der Höflinge: Fleißig notierten sie jede Erkältung der »Favoritin«, eifrig zählten sie Stunden und Tage, welche die Fiebernde im Bett zugebracht, gut informiert flüsterte der eine dem anderen ins Ohr, Madame la Marquise habe gestern abend sechs Blutegel angesetzt bekommen. Unermüdlich waren die Höflinge von Versailles, wenn es darum ging, festzustellen, wie oft in einer Woche und zu welcher Stunde des Tages oder der Nacht Madame de Pompadour zur Ader gelassen worden, welche Menge Chinin oder Opium sie zu sich genommen hatte. Darum, nickten sie hämisch grinsend, darum also hat sie den König nie begleitet – wie die Herzogin von Châteauroux es getan! (wenn auch zu ihrem Unglück) –, sooft der Souverän seine Truppen im Felde aufsuchte, um Siegerruhm zu ernten. Kaum siebenundzwanzig Jahre alt, 1748, kam sie an einem Vormittag im Morgengewand in die Kapelle von Versailles, um der heiligen Messe beizuwohnen, und d'Argenson blieb der Gruß beinahe stecken im Halse, denn er erschrak bei ihrem Anblick: Das Antlitz war bleich wie ein wolkengedämpfter Sonnenschein an einem müden Novembermittag und auch so kalt, die Brust eingefallen, trocken und ohne Schimmer die Lippen. In den Augen nur strahlte Glanz, sie waren aufgerissen, groß und ruhelos, und selbst dieser Glanz war sonderbar wie ein Schleier, hinter den man nicht blicken konnte. Es war Fieberglanz. Man begaffte die Marquise, weil sie plötzlich abgemagert war. So abgemagert, wie man sie noch nie gesehen.

Mühevoll schleppte sich der Körper durch die dahinschwindenden Jahre, doch der Geist war immer lebendig. Auch er fieberte, aber es war ein geschäftiges Fieber. Ihr Geist plante, er führte aus, er focht einen Kampf, der nie enden konnte, weil sie das Ende nicht wollte. Der fiebernd kämpfende Geist mußte dann auch noch erleben, daß alles, was er groß und siegreich und epochemachend geplant, zu einem Alptraum der Erfolglosigkeit und der Schande geworden: Nicht gekommen war der mit heißem Fieber herbeigesehnte Augenblick, in dem Friedrich von Preußen um ihre Gnade betteln würde, kein einziges Mal trug das Siegesglück im Felde die französischen Fahnen hinein in die Länder Europas, im Gegenteil, das französische Rheinufer war den Stiefeln fremder Soldaten ausgesetzt. Gedemütigt wurde ihr Land und gedemütigt auch sie persönlich, als die französischen Flotten von den Ozeanen vertrieben wurden und die kühlen und stolzen Engländer (in den Pariser Salons waren sie nicht so kühl!) die nordamerikanischen Festungen Montcalms, in Westindien die Inseln St. Vincent, Dominica und Tobago und in Afrika Senegal in Besitz nahmen; als das unter Ludwig XIV. ausgebaute Kolonialreich nun unter Ludwig XV., dem sie den Sieg versprochen hatte, zur Bedeutungslosigkeit zusammenschmolz. Und kommende Generationen würden für die Erfolglosigkeit der Politik und die Schande der militärischen Niederlagen sie allein, die Marquise de Pompadour, verantwortlich machen.

Sie war ein trauriger Mensch. Die Fähigkeit zum Glück fehlte ihr. Ihre schauspielerischen Fähigkeiten täuschten viele Zeitgenossen, die ihr Unbekümmertheit und Verspieltheit zugeschrieben, wie auch dirnenhaft heißes Blut und die Lust am Liebesabenteuer.

Sie war ein nachdenklicher Mensch. Eine traurige Frauengestalt. Alles, dessen ihr Geist nur fähig gewesen, hat sie eingesetzt, und alles, wofür sie ihren Geist und ihren fiebernden Willen eingesetzt, zerrann ihr unter den Händen.

Traurigkeit wohnte in ihrer Seele. Auch hinter dem Glanz ihrer großen, verführerisch schönen Augen lauerte unbestechlich die Traurigkeit. Wie sahen ihre Freunde sie? »... Alle Welt«, schreibt der Herzog von Luynes, »findet Madame de Pompadour außerordentlich höflich. Nicht nur, daß sie selbst nicht boshaft ist und von niemandem übel redet, sie duldet auch nicht, daß es bei ihr geschieht. Sie ist vergnügt und spricht gerne...« Madame du Hausset, Kammerfrau und Vertraute: »Inmitten des Glanzes mußte sie viele Anfeindungen erleiden, besonders die vielen anonymen Drohbriefe, dazu gesellte sich noch die Angst, durch eine andere ersetzt zu werden...« Der Herzog von Choiseul, vielleicht ihr einziger wahrer Freund, gewiß der einzige in ihren letzten Jahren, sah hilflos zu, wie qualvoll unfähig sie war, Trost zu empfangen. »Ich fürchte, meine Liebe«, sagte er einmal, nach einem kurzen Besuch bei der kranken Marquise, zu Madame du Hausset,»sie wird sich von der Schwermut übermannen lassen und vor Kummer sterben.«

Wie sah sie sich selbst? Gewiß mit klarem Blick, soweit ein Mensch die Fähigkeit besitzt, sich wie ein fremdes Objekt zu betrachten, und soweit eine wesenhaft eitle und ehrgeizige Frau – Eitelkeit und Ehrgeiz waren ihre Antriebskräfte – es zuwege bringt, von ihrem Charakter wirkliche Kenntnis zu gewinnen. »Je älter ich werde«, schrieb sie einmal in den ersten Jahren am Hofe, also noch jung, ihrem Bruder,»um so mehr denke ich nach . . . Außer dem Glück, mit dem König beisammen zu sein, das mich über alles tröstet, ist doch das Leben nur ein Gewebe von Bösartigkeit und Platitüden und von allem Elend erfüllt, das die armen Sterblichen nur zu ertragen vermögen. Ein schöner Stoff zum Philosophieren, besonders für jemanden, der so nachdenklich veranlagt ist wie ich . . .« Und später einmal, ebenfalls an den Bruder:»Sie werden überall bei den Sterblichen Falschheit und alle Laster antreffen, derer sie nur fähig sind. Doch es wäre viel zu langweilig, allein zu leben, also muß man sie samt ihren Fehlern erdulden und so tun, als merkte man sie nicht.« Im kleinen Kreise Vertrauter sprach sie einmal leise, ein bitteres Lächeln um die Lippen, das selbstironisch klingende, aber ernstgemeinte Wort:»Mein Leben ist wie das eines Christen: ein ständiger Kampf.«

Liebte sie den König? Selbstverständlich»liebte« sie ihn. Aber diese Liebe war sicher ein vielschichtiges und verwickeltes Gefühl. Ludwig XV. war die Quelle ihrer Macht und ihres Reichtums. Alles, was sie unternahm, tat sie in direkter oder indirekter Verbindung mit dem König – aller Ruhm und aller Glanz, der ihr zuteil geworden, etwa ein huldigender Vierzeiler von Voltaire oder ein Gemälde von La Tour, war Folge ihrer Stellung am Hofe als *Maîtresse en titre* Ludwigs XV. (Das soll nicht heißen, daß sie allein, auf sich gestellt, sich nicht eine glänzende Stellung in der Pariser Gesellschaft erkämpft hätte, nicht einen berühmten Salon geführt hätte!) Ludwig XV. war

der Spiegel ihrer Eitelkeit und das Werkzeug ihres Ehrgeizes –
ein recht unzuverlässiger Geliebter, um dessen Besitz sie unab-
lässig kämpfen mußte. Ihre sehr komplexe Macht über diesen
in seiner Schwäche ebenfalls komplexen Charakter war stets
gefährdet. Sie liebte Ludwig XV. als den Gegenstand des
Kampfes um die Befriedigung ihres Ehrgeizes – und dieser
Kampf war der einzige Sinn ihres Lebens. Sie hat ihm mehr gegeben als er ihr. Denn er konnte ihr nur den Glanz einer frag-
würdigen Stellung geben, sie gab ihm nicht nur Liebe und
Wärme, sie war auch ihr Leben lang um seine historische Rolle
bemüht, darum, ihn selbst und die Welt glauben zu machen,
daß Ludwig XV. ein großer Fürst sei, ein ebenso bedeutender
Herrscher wie sein Vorfahre, der als fernes und verpflichtendes
Beispiel insgeheim gefürchtete Sonnenkönig. Und selbstverständlich wollte sie – gemäß den hervorstechendsten Grundzü-
gen ihres Wesens, der Eitelkeit und dem Ehrgeiz – die Mätresse
eines großen Fürsten sein. Diesen imaginären großen Fürsten
liebte sie in Ludwig XV. Sie liebte ihn in der nachgiebigen Zärt-
lichkeit, in der eine starke Frau einen weichlichen Mann liebt.
Man darf annehmen, daß sie eine aufrichtige Empfindung aus-
drückte, als sie ihrem Bruder vertraulich vom »Glück, mit dem
König beisammen zu sein«, schrieb.

Hat er sie je geliebt? Zu Beginn war er ihr verfallen, ihrer
Schönheit und ihrem regen Geist, mit dem sie seine Sinne anzu-
stacheln verstand. Er ließ sich auch treiben von dem stärkeren
Willen, amüsiert, achselzuckend. Später, als er nicht mehr, oder
kaum noch, Sinnesfreude bei ihr empfing, blieb er ihr dennoch
ergeben, weil sie ihm über seinen angeborenen lähmenden
Hang zur Langeweile, seine Trägheit und Entscheidungs-
schwäche hinwegzuhelfen verstand. Er brauchte ihre Klugheit,
ihre Entschlossenheit. Sie wurde für ihn zur Gewohnheit, die er
nicht aufgeben mochte. Erotisches Amüsement suchte er
fortan in der üppigen Atmosphäre des Versailler Hirschparkes,
bei jungen Frauen, die ihm nichts bedeuteten, die man ihm von
Zeit zu Zeit zuführte. Wenn eine dieser Frauen schwanger

wurde, schickte man sie in ein Haus in der Avenue de Saint-Cloud, wo sie bis zu ihrer Niederkunft blieb. Für das Kind wurde gewöhnlich eine Rente von zehn- bis zwölftausend Livre ausgesetzt, die Mutter erhielt eine Mitgift von zehntausend Livre, damit sie sich in der Provinz verheiraten konnte – und es war Madame de Pompadour, die, mit Hilfe der Madame du Hausset, alles regelte, lächelnd, überlegen, ohne Eifersucht. »Sie begeben sich für einige Tage in das Haus in der Avenue Saint-Cloud«, sagte sie einmal in Anwesenheit des Königs zu Madame du Hausset, »dort werden Sie eine junge Person vorfinden, die kurz vor der Entbindung steht. Sie werden der Taufe beiwohnen und Namen der Mutter und des Vaters angeben.« Und der König, der schweigend dasaß, küßte sie und sagte: »Wie gut Sie sind!« Als die Einzelheiten geregelt waren, als Madame du Hausset erfahren hatte, welche Namen sie angeben sollte, wandte sich Ludwig XV. an sie: »Sie werden für die Wöchnerin sorgen, nicht wahr? Sie ist ein gutmütiges und etwas dummes Kind. Ich verlasse mich darauf, daß Sie die Angelegenheit mit der notwendigen Diskretion behandeln«, und er übergab Madame du Hausset fünfzig Louisdor. Als er gegangen war, fragte Madame de Pompadour ihre Kammerfrau: »Wie finden Sie mich in dieser Rolle?«, und ihre Stimme klang dumpf, als schämte sie sich. »Einer hochgestellten Dame und einer wahren Freundin würdig«, lautete die pflichtschuldige Antwort der Madame du Hausset. Diese Frauen konnten die Stellung der Marquise nicht ernstlich gefährden, und sie gab sich mit ihnen auch nicht anders ab als mit nachsichtigem Verständnis für die Spielereien des Königs. Gefährlich waren nur jene, die Ludwig XV. von hohen Persönlichkeiten mit der Absicht zugeführt wurden, die Marquise de Pompadour aus ihrer Stellung zu verdrängen und durch eine neue offizielle *Maîtresse en titre* das politische Geschehen zu beeinflussen. Gefährlich war die junge Gräfin Choiseul gewesen, doch ihr Angriff wurde mit Hilfe des Herzogs von Choiseul erfolgreich abgewehrt. Gefährlich war auch zu Beginn der sechziger Jahre die schöne und hingebungsvoll dreinblickende Mademoiselle de Romans, die dem König einen Sohn gebar und das hübsche Kind dann im Garten der Tuilerien in unschuldiger Naivität den müßigen Spaziergängen als den neugeborenen Sproß Ludwigs XV. zu enthüllen pflegte. Auch Madame de Pompadour, die während ihrer Verbindung mit dem König mehrere, nicht nur körperlich schmerzvolle Fehlgeburten erlitten hatte, durfte das Kind dort bewundern, und bohrende Verzweiflung befiel sie, vierzigjährig schon und durch die Krankheit geschwächt. Denn der König war nahe daran, den Neugeborenen als seinen Sohn anzuerkennen. Aber Ludwig XV. war schon über fünfzig Jahre alt, unverändert sein trüber Hang, beim Gewohnten auszuharren, beinahe unbeweglich in seinen lauen Gefühlen, die auch eine Mademoiselle de Romans, mochte sie mit noch so süßer Naivität zu ihrem Souverän emporblicken, nicht mehr zur Glut entfachen konnte. Schließlich verschwand sie aus dem Blickfeld Ludwigs XV. wie die vielen anderen auch. Die »kleine Marschallin« Mirepoix, die der Marquise schon einmal, in einem entscheidenden Augenblick, als durch die gekonnt eingefädelte Intrige d'Argensons alles verloren schien, Mut zugesprochen hatte, stand ihr auch bei diesem Abenteuer Ludwigs XV. bei. Mit wenigen treffsicheren Worten einer klugen Frau charakterisierte sie den Mann, den seine Untertanen einst den Vielgeliebten genannt hatten: »Des Königs Freundschaft für Sie«, sagte sie schlicht zu Madame de Pompadour, »ist wie seine Vertrautheit mit seiner Wohnung und seiner Umwelt. Sie sind an seine Art und seine Affären gewöhnt, und er legt sich in Ihrer Gegenwart keinen Zwang auf. Er fürchtet nicht, daß er Sie langweilen könnte. Woher sollte er den Mut nehmen, all das auf einmal preiszugeben, sich auf etwas Neues einzustellen und der Öffentlichkeit durch eine solche Umstellung auf eigene Kosten ein Schauspiel zu bescheren? Und was Ihre andere Sorge betrifft, nun, seien Sie gewiß, daß der König sich aus Kindern nichts macht. Er hat ja genug und möchte nicht mit Mutter und Sohn Scherereien haben. Sie wissen ja, wie wenig er sich um den Comte de Luc kümmert, obwohl ihm das Kind ja so ähnlich sieht! Er spricht nie von ihm, und ich bin sicher, daß er nichts für ihn tun wird ...« Dennoch wußte Madame de Pompadour, daß Ludwig XV. sie nicht mehr liebte, sie nicht einmal mehr aus Gewohnheit mochte. Er duldete sie nur noch. Es gab kein äußeres Zeichen für das Erlahmen dieser fast schon zwei Jahrzehnte währenden Beziehung. Und doch: Mit ihrem wachen Verstand, der im Erahnen von Gefühlsregungen besonders feinfühlig war, begriff sie eines Tages, daß Ludwig XV. für sie nur noch Mitleid empfand. Sie begriff auch, daß er nicht die Kraft aufbrachte, sie mit einem schnellen Entschluß zu verabschieden, vielleicht aus Angst davor, sie könnte in Gegenwart des Hofes manch unheilvolles Wort sprechen oder ihm mit einem Selbstmordversuch Unannehmlichkeiten machen. Doch darüber sprachen sie nicht. Und so blieb Madame de Pompadour und spielte, mit Hilfe der Maske, die alte Rolle weiter, und Ludwig XV. ertrug, achselzuckend, ihre Gegenwart.

Sie war ein todkranker Mensch. Wußte sie darum? Oft weiß der Mensch untrüglich um das Verhängnis, das an ihm nagt, wenn er es auch mit dem Verstand nicht wahrhaben will. Die Lungentuberkulose zeichnete sie von zartester Kindheit an. Nach neuester Forschung war Lungenkrebs die Todesursache. Zeitgenossen, die ihr nicht nur geschäftlich begegneten, sondern ihr persönlich näherkamen, verspürten bei ihr stets einen tiefen Lebensschmerz. Zugleich aber bewunderten sie ihre Willenskraft. Vielleicht war die tödliche Krankheit die Quelle ihrer überwältigenden Lebenskraft und ihrer Schwermut zugleich.

Wußte sie also, daß sie todkrank war? Im Jahr 1757, erst fünfunddreißigjährig, auf dem Höhepunkt ihrer Macht, als sie, die unumstrittene Herrin von Versailles, rege Korrespondenz mit Kaunitz führte und die Weltgeschichte mitbestimmte, in diesem denkwürdigen Jahr 1757, umworben von den Ministern fremder Mächte, von Diplomaten und gekrönten Häuptern, beneidet von Höflingen und angebetet von Heerführern – hatte sie ein Testament verfaßt:

»Im Namen des Vaters und des Sohnes und des Heiligen Geistes.

Ich, Jeanne-Antoinette Poisson, Marquise de Pompadour, in Gütertrennung lebende Gattin des Charles-Guillaume Lenormant, habe dieses mein Testament aufgesetzt und meinen Letzten Willen niedergeschrieben und wünsche, daß er in vollem Umfang vollstreckt werde:

Ich empfehle meine Seele Gott und beschwöre Ihn, Erbarmen mit mir zu haben, mir meine Sünden zu verzeihen und mir die Gnade zu gewähren, Buße zu tun und in einer Verfassung zu sterben, die Seiner Barmherzigkeit würdig ist. Ich hoffe, daß mir seine Gerechtigkeit durch das Verdienst des teuren Blutes Jesu Christi, meines Heilands, und durch die machtvolle Hilfe der Heiligen Jungfrau und aller Heiligen zuteil wird.

Es ist mein Wunsch, daß mein Körper ohne Feierlichkeiten nach Paris zu den Kapuzinerinnen an der Place Vendôme gebracht und dort in der Gruft beigesetzt werde, die mir in ihrer Kapelle gewährt wurde.

Aus Dankbarkeit für seine Anhänglichkeit an meine Person hinterlasse ich Monsieur Collin eine Pension von 6000 Livre, Monsieur Quesnay 4000 Livre, Monsieur Nesmes 3000 Livre, Monsieur Lefèvre 1200 Livre; meinen drei Kammerfrauen, Mademoiselle Jeanneton, meinen drei Kammerdienern, meinen Köchen und Bediensteten, dem Haushofmeister, dem Kellermeister und dem Portier für jedes Dienstjahr eine Lebensrente von zehn Prozent aus einem Fonds von 500 Livre – um es genau zu sagen: Madame Labbary ist seit zwölf Jahren in meinem Dienst; würde ich in diesem Augenblick sterben, dann bekäme sie 12 mal 10 Prozent von 500 Livre Fonds ausgezahlt, also 600 Livre als Rente, eine Summe, die sich mit jedem Dienstjahr um 50 Livre erhöht. Des weiteren hinterlasse ich meinen Lakaien, Kutschern, Schweizern, Dienstmännern, Pförtnern, Gärtnern, Garderobenfrauen und Zofen je einen Fonds von 300 Livre, deren Zinsen sie ausbezahlt bekommen, auch meinen übrigen Dienstboten, die in diesen Gruppen nicht einbegriffen sind, je einen Fonds von 150 Livre, aus welchen man ihnen die Rente zahlen wird. Außerdem verfüge ich, daß alle Pensionen und Stiftungen, die zu meinen Lebzeiten ausgesetzt wurden, in Gänze beibehalten werden.

Meinen Kammerfrauen schenke ich alles, was in meiner Garderobe an Toiletten, an Wäsche und Kleidungsstücken zu finden ist, samt den Spitzen. Zusätzlich zu den Lebensrenten erhalten an Gratifikationen meine dritte Kammerfrau 3000 Livre, die Garderobenfrau, die mich täglich bedient hat, 1200 Livre und meine drei Kammerdiener 3000 Livre.

Ich flehe den König an, mein Haus in Paris als Geschenk anzunehmen, es ist geeignet, als Palais für eines seiner Enkelkinder zu dienen. Es ist mein Wunsch, daß es für Monseigneur den Grafen von Provence bestimmt sei. Des weiteren bitte ich Seine Majestät, meine von Guay geschliffenen Steine von mir anzunehmen, Armbänder, Ringe, Siegel und anderes, um seine Sammlung bearbeiteter edler Steine zu bereichern.

Den Rest meiner Mobilien, Liegenschaften und sonstigen Güter, welcher Art sie auch sind und an welchem Ort sie auch liegen, gebe und vermache ich François-Abel Poisson, Marquis de Marigny, meinem Bruder, den ich zu meinem Universalerben ernenne. Für den Fall seines Ablebens setze ich Monsieur Poisson de Malvoisin, Quartiermeister beim Heer, zur Zeit Brigadechef der Karabiniers, und dessen Kinder an seine Stelle.

Zum Vollstrecker meines Testaments bestimme ich Monsieur de Soubise und ermächtige ihn, alles ins Werk zu setzen und zu unternehmen, was zur restlosen Vollstreckung meines Letzten Willens notwendig sein wird. Er möge besonders alle jene Fonds, Renten und Wertpapiere in meinem Nachlaß benennen, die er für geeignet hält, die Pensionen zu decken, die ich ausgesetzt habe. Wenn keine ausreichenden Werte vorhanden sind, erteile ich Monsieur de Soubise Vollmacht, mein Barvermögen heranzuziehen, aus dessen Zinsen die ausgesetzten Pensionen zu bezahlen und jene Personen zu entlohnen, die mit der Durchführung dieser Bestimmung beauftragt werden. Ich erkläre mit Nachdruck, daß über die besagte Verfügung hinaus die genannten Erben weder irgendwelche Ansprüche erheben können noch Vorrechte oder Hypotheken auf andere Güter meines Nachlasses erhalten.

Mag auch dieser Auftrag für Monsieur de Soubise mit Mühe verbunden sein, so sei er ihm doch sicherer Beweis des Vertrauens, das seine Redlichkeit und seine Tugenden mir eingeflößt haben. Ich bitte ihn, zwei meiner Ringe anzunehmen: den großen aquamarinblauen Diamanten und den Stein, auf dem Guay die Freundschaft dargestellt hat. Ich schmeichle mir, daß er sich nie von ihnen trennen wird und daß sie ihm jene Frau in Erinnerung rufen werden, die ihm die zärtlichste Freundschaft der Welt entgegengebracht hat.

Gegeben zu Versailles, 15. November 1757

Jeanne-Antoinette Poisson,
Marquise de Pompadour.«

Sie nahm das Testament, das sie vor sieben Jahren niedergeschrieben hatte, zur Hand und las es wieder durch. Sie überlegte sich, ob sie wohl jeden bedacht hatte, der es verdiente, von der Marquise de Pompadour bedacht zu werden. Ihr Blick fiel auf das Datum des Testaments. Gerade zehn Tage zuvor, am 5. November 1757, war der Marschall Soubise, dem sie »die zärtlichste Freundschaft der Welt« entgegenbrachte, von Friedrich von Preußen bei Roßbach in die Flucht geschlagen worden. Welch ein Geschrei hatte sich erhoben! Ein Geschrei der Schadenfreude und des Hohnes! Sogar der alte Schmeichler und Freund, sogar Voltaire hatte gespottet! Nicht wenige Höflinge hatten ihre Mäuler aufgerissen und Soubise verflucht und wild und genußreich über ihn geschimpft, ihn, den Freund und Schützling der Madame de Pompadour! Sie wußte wohl, daß aller Schimpf und jeglicher Spott nur ihr gegolten hatte, denn glücklich waren sie gewesen, die feigen Feinde, als sie unter

316

dem Vorwand, den Feldherrn Soubise zu kritisieren, endlich ihr, der *Maîtresse en titre*, ihre wahren Gefühle zeigen konnten. Doch sie hatte zu ihm gehalten, ihn zum Vollstrecker ihres Letzten Willens bestimmt, und nun freute sie sich, daß sie standhaft geblieben war. Auch ihm, dachte sie, auch dem Soubise war das Glück nicht hold gewesen.

Sie hielt das Testament in der Hand und drehte es um. Auf die Rückseite hatte sie später, am 30. März 1761, einen Zusatz geschrieben. Ihr Bruder hatte geheiratet . . . Auch er, der geliebte »kleine Bruder«, hatte sie um manche Hoffnung betrogen. Ihr Vater und ihre Tochter waren gegangen, geblieben war der Bruder, auf den sie ihre ganze ehrgeizige Liebe, die einst der fröhlichen Alexandrine gegolten, übertragen hatte. Ihr Bruder hatte geheiratet, doch die Ehe war nicht glücklich. Nein, auch François-Abel war das Glück nicht hold – oder war es vielleicht sein Naturell, das Glück nicht zuließ. Sie las den Zusatz:

»Zu Nacherben meines Marquisats Ménars mit der Pairswürde und allen Dependancen, das ich meinem Bruder François-Abel Poisson, Marquis de Marigny, vermacht habe, bestimme ich seinen erstgeborenen Sohn und dessen jeweils ältesten männlichen Nachkommen. Wenn mein Bruder nur Töchter hat, soll das Besitztum unter ihnen geteilt werden. Die Bestimmung über die weitere Nacherbschaft ist dann ungültig. Falls mein Bruder ohne Nachkommen stirbt, setze ich an seine Stelle zu denselben Bedingungen Monsieur Poisson de Malvoisin, zur Zeit Brigadechef der Karabiniers, ein.«

Seit einigen Wochen war sie bettlägerig. Kurz nachdem man gemütlich den Neujahrstag 1764 gefeiert hatte, war sie wieder von dem heimtückischen Fieber befallen worden, diesmal auf der Fahrt nach Choisy. Sie hatte sich dort vergnügen wollen, sich erholen und ausruhen wollen. Während der Fahrt dorthin hatte das Fieber eingesetzt. Und so hatte sie sich zu Bett begeben müssen. Seitdem lag sie im Bett und hustete. Sie nahm einen Spiegel zur Hand.

317

Schon erschreckte das Gesicht, das ihr entgegenblickte, sie nicht mehr. Es war ein sonderbar entrücktes und entblößtes Gesicht. Hatten sie, der König und die Freunde – und die Feinde –, dieses Gesicht je gesehen? Ihr wahres Gesicht, wenn es nicht bedeckt war mit Weiß und hellem Rot? Hatten sie die verzweifelten Bemühungen in den letzten Jahren wahrgenommen, ihre erbärmliche Magerkeit hinter Seide und Spitze und Rüsche zu verbergen? Hatten sie je diese Haut gesehen, ihre farblose, trockene, unaufhaltsam in tausend feine Falten schrumpfende Haut? Sahen sie, fragte sie ihr bloßes Gesicht im Spiegel, sahen sie denn, wie siech, wie zermürbt, wie verbraucht, wie alt und wie müde sie war? Und wenn sie es sahen, wußten sie, welcher Art diese Müdigkeit war?

Tage und Wochen schwanden dahin, und sie hustete, sie hustete immer dumpfer, immer trockener. Die Ärzte machten kein Hehl aus ihrer Besorgnis. Ludwig XV., ganz Ritter und charmanter Mann, besuchte sie jeden Tag, und wenn die Geschäfte ihn in Versailles zurückhielten, brachten ihm Kuriere stündlich die Nachrichten von der Kranken in Choisy.

Doch eines Morgens stand sie auf. Die Freunde der Marquise freuten sich. Das Fieber habe ausgesetzt, erzählte man sich aufgeregt, Jeanne-Antoinette habe ganze fünf Stunden in einem Sessel zugebracht, darin gut und erholsam geschlummert. An einem warmen Frühlingsmorgen ließ sich die Marquise anziehen und bestellte die Kutsche für eine Spazierfahrt. Fröhlich ging es durch Wälder und an Lichtungen vorbei, die durchflutet waren von hellem Sonnenschein – zwei Jahrzehnte lang Schauplätze von Spiel, Eifersucht, Triumph, Intrige und seltenem Glück: Schauplätze ihres Lebens. Ihre Freunde rechneten nun mit ihrer Genesung. Die Ärzte kamen und bestimmten den Tag, an dem sie nach Versailles zurückkehren durfte.

Sie wurde ins Schloß gebracht, in ihre Gemächer. Ihr Faktotum, der auch im Testament bedachte Monsieur Collin, machte ein trübes Gesicht. Erst einige Tage zuvor, berichtete er im Flüsterton, hatte er sich gezwungen gesehen – während die Marquise krank in Choisy lag –, einen Kredit von siebzigtausend Livre aufzunehmen. Denn im prachtvollen Haushalt der Marquise de Pompadour, offizielle Mätresse des Königs, gab es kein Geld. Sogar die laufenden Ausgaben konnten kaum noch bezahlt werden. Sie hatte sich während der zwei Jahrzehnte ihres glanzvollen Daseins am Hofe von Versailles verausgabt – denn dazu besaß sie ein besonderes Talent –, sie hatte nicht geknausert mit ihrem Geist, mit ihrer Energie und auch nicht mit ihrem Geld. Sie hatte Paläste gebaut und sie verschwenderisch eingerichtet, sie hatte Künstler und Dichter und Gelehrte angeregt und unterstützt: mit Titeln und Renten, die sie ihnen verschafft, mit wertvollen Geschenken, auch mit Bargeld, mit viel, sehr viel Geld. Ihr ganzes Leben lang hatte sie wie besessen Paläste entwerfen und bauen lassen, hatte Gobelins und Porzellan gesammelt, die Aufführungen in ihrem Theater aufs kostbarste ausgestattet. Sie war immer auf der Suche nach schönen Dingen. Alles das kostete Geld, viel Geld. Und ihre Einkünfte schrumpften im Laufe der Jahre. Sie schrumpften in dem Maße, in welchem Ludwigs Leidenschaft für sie erkaltete. Nach jenem denkwürdigen 22. April 1745, als sie zum ersten Mal der Einladung Ludwigs XV. ins »kleine Kabinett« gefolgt war, hatte der König ihr eine monatliche Rente von vierundzwanzigtausend Livre zur Verfügung gestellt. Ihr dann einige Jahre lang Neujahrsgeschenke, anfangs fünfzigtausend, später nur noch zwanzigtausend Livre, zukommen lassen. Von 1750 an vergaß Ludwig XV. geflissentlich, seiner *Maîtresse en titre* zum Auftakt eines neuen Jahres mit einer kostbaren Aufmerksamkeit, wenn schon keine Liebe, so doch Freundschaft zu beweisen. Auch die monatliche Rente schrumpfte und betrug am Ende nur noch viertausend Livre. Madame de Pompadour verkaufte im Laufe der Jahre Schmucksachen und Tabakdosen, Gold und Perlen, um die notwendigsten Ausgaben zu decken, und oft versuchte sie ihr Glück am Spieltisch. Sie häufte Schulden auf Schulden, so daß Collin gerade in den Wochen, als sie darniederlag, die ungeheure Summe von siebzigtausend Livre auftreiben mußte.

Als man sie von Choisy nach Versailles brachte, besaß sie an Bargeld ganze siebenunddreißig Louisdor. Man fand es später in ihrem Schreibtisch.

In großer Zuversicht hatte man sie von Choisy nach Versailles gebracht. Doch die Hoffnung schwand bald dahin. Man hatte damit gerechnet, daß sie an den Osterfeierlichkeiten des Hofes in gewohntem Glanz teilnehmen würde. Doch schon am Palmsonntag lag sie im Sterben. Sie nahm das Testament zur Hand und las es durch, sie las auch den Zusatz. Dann ließ sie Collin kommen. Sie besaß nicht mehr die Kraft, selbst zu schreiben, also diktierte sie ihm einen zweiten Zusatz:

»Es ist mein Wille, daß die nachstehend angeführten Personen, als Zeichen meiner Freundschaft und damit sie meiner gedenken, aus meinem Besitz folgendes erhalten:

Madame de Roure das Bildnis meiner Tochter in einem diamantenbesetzten Kästchen; die Marschallin von Mirepoix meine neue, mit Diamanten besetzte Uhr; Madame de Châteaurenaud ein Kästchen mit dem diamantenbesetzten Bild des Königs, das in diesen Tagen geliefert werden sollte; die Herzogin von Choiseul eine mit Diamanten besetzte silberne Dose; die Herzogin von Gramont eine Dose mit einem diamantenen Schmetterling; der Herzog von Gontaut einen Trauring aus rosa und weißen Diamanten, in ein grünes Band gefaßt, und ein Kästchen aus Karneol, das er immer gemocht hat; der Herzog von Choiseul ein durchbrochenes schwarzes Kästchen mit verschiedenen Fächern; Herr von Soubise, wie schon gesagt, einen aquamarinfarbenen Diamanten und einen Ring von Guay, eine Darstellung der Freundschaft, ein Bild unserer unwandelbaren Beziehung während der zwanzig Jahre, die ich ihn kenne; Madame d'Amblimont meinen Smaragdschmuck.

Sollte ich einen meiner Leute bei diesen Bestimmungen vergessen haben, so bitte ich meinen Bruder, für Ausgleich zu sorgen.

Hiermit bestätige ich mein Testament und hoffe, daß mein

Bruder auch diesem zweiten Zusatz zustimmen wird, den mir die Freundschaft eingegeben hat und den ich Herrn Collin habe schreiben lassen, da ich nur noch die Kraft hatte, es zu unterschreiben.

Zu Versailles, 15. April 1764   Marquise de Pompadour.«

Sie lag im Sterben an diesem sonnigen Nachmittag und hielt Hof. Sie ließ Janelle kommen, der ihr von der einlaufenden Staatspost berichtete. Höflinge und Freunde kamen, und sie sprach zu ihnen wie eine Königin: freundlich und hoheitsvoll zugleich. Sie wollte dem Feind, dessen Angriff auch ihr großer Wille nicht abwehren konnte, mit Haltung entgegentreten, sie wollte den Zeugen ihres Todes Achtung abnötigen. Noch im Sterben hielt sie Hof, aufrecht im Liegen, milde lächelnd und gekonnt gütig. Unbeteiligt ließ sie den Pfarrer gewähren, der ergriffen seine Pflicht tat. Die ersten Schatten des nahenden Abends traten ins Zimmer. Der Pfarrer nahm Abschied von der Sterbenden und den betroffen und verlegen Umherstehenden und wandte sich zur Tür. Sie scheint den nahenden Tod gespürt zu haben. Sie richtete sich auf, lächelte und sagte: »Warten Sie einen Augenblick, Herr Pfarrer, wir werden gemeinsam fortgehen.«

Gegen sieben Uhr abends am Palmsonntag, dem 15. April 1764, entschlief im Schloß zu Versailles Jeanne-Antoinette Poisson, Marquise de Pompadour und Palastdame der Königin. Sie hat zweiundvierzig Jahre, drei Monate und fünfzehn Tage gelebt – sieben Tage fehlten ihr an einer neunzehnjährigen »Regierungszeit«.

Ihrem Letzten Willen gemäß wurde sie in der Gruft der Kapuzinerinnen in Paris zur Ruhe gelegt. Die Nachwelt besitzt keinen verläßlichen Bericht von ihrem Leichenbegängnis. Die einen sagen, Ludwig XV. habe mit der Uhr in der Hand dem von Versailles in Richtung Paris langsam sich entfernenden Leichenzug nachgesehen und lediglich bemerkt: »Madame la

Marquise hat schlechtes Wetter zur Reise.« Doch der Herzog von Lauzun, Sproß eines alten Adelsgeschlechts, weiß anderes zu berichten:

»Ein striktes Gesetz verbot in unanfechtbarer Form, einen Leichnam in einem königlichen Schloß zu belassen: Nichts durfte an das Ende des menschlichen Lebens erinnern. Dieses barbarische Verbot wurde ohne Erbarmen auch auf die Frau angewendet, der vor wenigen Tagen noch ganz Frankreich zu Füßen lag. Noch war der Leichnam nicht erkaltet, da wurde er nackt auf eine Tragbahre gelegt und mit einem Leichentuch bedeckt. Es war so eng gespannt, daß die Formen des Körpers sich deutlich abzeichneten. In dieser sonderbaren Aufmachung trugen zwei Leichenträger die sterblichen Überreste der Marquise durch die Gänge des Schlosses und die Straßen von Versailles; der Leichnam wurde bis zum Begräbnis in einem bestimmten Haus in der Stadt aufbewahrt. Der König war, wie gewöhnlich, sehr zurückhaltend und zeigte nicht die Gefühle seines Herzens, obwohl er, was man auch immer sagen mag, aufrichtigen Schmerz empfand.

Am Tag der Bestattung wütete ein furchtbarer Sturm. Es war sechs Uhr abends, als der Leichenzug in die Hauptstraße einbog. Der König nahm in Begleitung Champlosts, seines Ersten Kammerdieners, auf dem Balkon seines Zimmers Platz. Er bewahrte andächtiges Schweigen, und düsteren Blicks sah er dem traurigen Schauspiel zu. Nicht Regen noch wütender Sturm rührten ihn, er blieb auf dem Balkon, solange der Zug zu sehen war. Dann trat er ins Zimmer zurück. Zwei große Tränen rannen ihm über die Wangen, und schluchzend rief er aus: ›Oh, das war die einzige Ehre, die ich ihr erweisen konnte!‹«

Auch die Königin Maria Leszczyńska gedachte ihrer verstorbenen Palastdame. In aller Wehmut, derer ihr kleines Herz nur fähig war, schrieb sie einige Tage nach der Bestattung dem Parlamentspräsidenten Hénault: »Übrigens fragt man nun ebensowenig nach ihr, die nicht mehr ist, als ob sie nie gewesen wäre. So ist die Welt. Es lohnt sich wahrhaftig nicht, sie zu lieben.«

Die schönste, aufrichtigste und der Wahrheit wohl nächste Grabrede hielt ihr alter Freund, der allseits verehrte, siebzig Jahre alte Voltaire. Er schrieb:

»Ich trauere um sie aus Dankbarkeit . . . Von Geburt aufrichtig, liebte sie den König um seinetwillen. Sie besaß Güte in ihrer Seele und Gerechtigkeit in ihrem Herzen. All dem begegnet man nicht jeden Tag . . .«

Und später: »Ich war sehr betrübt über den Tod der Madame de Pompadour . . . Es ist doch lächerlich, daß ein so alter Tintenkleckser wie ich, der kaum mehr gehen kann, noch am Leben sein soll, und eine Frau von vierzig Jahren mitten in der schönsten Laufbahn der Welt stirbt . . .«

Ausklang

Wenn der Reisende in Paris das Grab einer von ihm verehrten Gestalt aufsuchen will, pilgert er in den Père Lachaiches oder den Friedhof von Montmartre. Nach dem Grabmal, einem steinernen oder ehernen Sarkophag der Marquise de Pompadour oder auch nur nach der Stätte, wo ihre irdischen Überreste ruhen, sucht er vergeblich.

Das Kloster der Kapuzinerinnen an der Place Vendôme, in dessen einer Kapelle sie bestattet worden war – Träger großer Namen ruhten hier: die Gramont, die La Vallière, die Noailles, die Créqui, die Louvois und andere, denn die Marquise wollte in würdiger Gesellschaft in die Ewigkeit eingehen –, das Kloster hatte man während der großen Revolution geschlossen, die Bilder und Denkmäler verkauft. Zur Zeit des Konvents besann man sich auf diese Kunstwerke und sammelte manche, die auffindbar waren, wieder ein: So kann der Reisende das herrliche Mausoleum des François de Bonne, Marquis de Créqui, Marschall von Frankreich, in der Kirche von Saint-Roche in Paris, das Mausoleum des François Michel Le Tellier, Marquis de Louvois, in der Kirche von Tonnerre bewundern. Um die anderen Grabmäler in den Kapellen des Kapuzinerinnen-Klosters kümmerte man sich nicht, noch weniger um die Gebeine, die in ihnen ruhten.

Auf einem großen quadratischen Grundstück war das Kloster errichtet worden, umzäunt vom Boulevard, der Rue de Capucines, der Rue de Petit-Champs und der Rue Louis-le-Grand. Im Jahr 1806 wurden das Gebäude und das Grundstück versteigert, Kloster und Kapelle abgerissen – an ihrer Stelle entstand die Rue de la Paix. Es ist nicht bekannt, ob die Gebeine der Marquise de Pompadour eingesammelt oder liegengelassen wurden.

Zeittafel

1703   Geburt Maria Leszczyńskas, Tochter Stanislaus Leszczyńskis (23. 6.), in Posen, Geburt des Malers François Boucher (29. 9.) in Paris.

1704   Absetzung August des Starken und Wahl Stanislaus I. Leszczyński zum König von Polen durch den Reichstag.

1705   Tod Kaiser Leopolds I. (5. 5.), sein Sohn Josef I. folgt ihm auf dem Thron.

1706   Sieg des Herzogs von Marlborough über die Franzosen in den spanischen Niederlanden und des Prinzen Eugen in Oberitalien; Karl XII. von Schweden rückt in Sachsen ein und zwingt August den Starken zum Verzicht auf die polnische Krone und zur Anerkennung Stanislaus Leszczyńskis als König von Polen.

1707   England und Schottland werden zum Königreich Großbritannien mit einem Parlament vereinigt; Karl XII. von Schweden wendet sich gegen Rußland.

1708   Der Herzog von Marlborough und Prinz Eugen besiegen das französische Heer bei Oudenaarde; Karl XII. bricht seinen Marsch auf Moskau ab und wendet sich gegen die Ukraine, wo er sich mit dem Hetman der Dnjeprkosaken vereinigt.

1709   Sieg des Herzogs von Marlborough und des Prinzen
Eugen bei Malplaquet über die Franzosen;
die Engländer erobern Menorca;
Zar Peter der Große besiegt König Karl XII. bei
Poltawa (8. 7.);
August der Starke vertreibt Stanislaus I. Lesz-
czyński aus Polen, der mit seiner Familie nach
Frankreich flüchtet; Ludwig XIV. schließt das Zen-
trum des Jansenismus, das Kloster Port Royal, und
läßt es 1710 zerstören;
Johann Friedrich Böttger stellt Hartporzellan her.

1710   Geburt Ludwigs XV., Urenkel Ludwigs XIV.,
(15. 2.), in Versailles;
die Friedenspartei der englischen Tories unter dem
Earl of Oxford und dem Viscount of Bolingbroke
erringt die Macht;
August der Starke gründet in Meißen eine Porzellanmanufaktur.

1711   Tod Kaiser Josefs I. (17. 4.);
sein Bruder wird als Karl VI. zum römischen Kaiser
erwählt (12. 10.);
Geburt von Anton Wenzel Graf Kaunitz-Rittberg
(2. 2.) in Wien;
Marlborough verliert alle Ämter, Bolingbroke
führt Verhandlungen mit Frankreich.

1712   Geburt Friedrichs II., Kurfürst von Brandenburg
(24. 1.) in Berlin;
Geburt von Jean-Jacques Rousseau in Genf
(28. 6.).

1713   Im Hause Habsburg wird die weibliche Erbfolge
durch die Pragmatische Sanktion festgelegt (19. 4);

Preußen erhält die Königswürde: Friedrich Wilhelm I. regiert nach dem Tod seines Vaters Friedrich I. als König von Preußen;
Papst Clemens XI. verurteilt in der Bulle »Unigenitus« die jansenitischen Thesen;
Geburt Denise Diderots (5. 10.) in Paris.

1714 Königin Anna von England stirbt, Kurfürst Georg von Hannover besteigt als Georg I. den Thron Großbritanniens;
der Spanische Erbfolgekrieg wird nach der Eroberung von Barcelona durch Philipp V., Enkel Ludwigs XIV., beendet (11. 9.).

1715 Ludwig XIV. stirbt (1. 9.), sein Urenkel folgt ihm als Ludwig XV. auf dem Thron;
Regentschaft Philipps II. von Orléans (bis 1722), er gibt dem Parlament von Paris das diesem von Ludwig XIV. genommene *Recht der Remonstranz* wieder, das heißt das Recht, zu verhindern, daß königliche Edikte Gesetzeskraft erlangen;
in Frankreich herrscht der »Régencestil« (Übergang vom Barock zum Rokoko) bis 1726 vor;
Geburt von François Joachim de Pierre de *Bernis* (22. 5.).

1716 Der schottische Finanzmann John Law of Lauriston gründet mit Unterstützung des Regenten Philipp von Orléans auf Aktiengrundlage die *Banque générale*.

1717 Geburt Maria Theresias, Erbtochter Kaiser Karls VI. (13. 5.);
Prinz Eugen von Savoyen besiegt bei Belgrad die Türken (16. 8.);

Geburt Jean le Rond d'Alemberts, unehelicher Sohn der Madame Tencin (16. 11.) in Paris; Voltaire wird wegen satirischer Gedichte in die Bastille gesperrt, wo er die Tragödie *Oedipe* schreibt.

1718   Frankreich gründet New Orleans als Hauptstadt von Louisiana;
Karl XII. von Schweden fällt vor der norwegischen Festung Fredrikshall;
großer Erfolg von Voltaires Tragödie *Oedipe*;

François Poisson heiratet Louise-Madeleine de la Motte.

1719   John Law of Lauriston wird Finanzminister von Frankreich;
in Preußen wird das Bauernlegen verboten.

1720   Zusammenbruch des Lawschen Finanzsystems und Staatsbankrott in Frankreich;
Zusammenbruch der englischen Südseekompanie;
Österreich erhält Neapel und Sizilien, Savoyen Sardinien mit dem Königstitel.

1721   Robert Walpole wird Großbritanniens erster »Premierminister«;
Peter I., der Große, von Rußland nimmt den Kaisertitel an;
Charles Secondat de Montesquieu gibt seine *Lettres persanes* (Persische Briefe) heraus;

Geburt von Jeanne-Antoinette Poisson in Paris (29. 12.).

1722	Jean Philipp Rameau, bedeutender Musiker des Rokoko (1683–1764), gibt seinen berühmten *Traité de l'Harmonie* (Harmonielehre) heraus.
1723	Ludwig XV. wird für großjährig erklärt; nach dem Tod des Regenten Philipp von Orléans wird Louis Henri de Bourbon (Condé) Erster Minister; Clemens August von Wittelsbach wird Erzbischof von Köln.
1724	Kongreß von Cambrai zur Verhinderung eines Krieges um die Erbfolge in Parma und Toskana.
1725	Hochzeit Ludwigs XV. und Maria Leszczyńskas (5. 9.) in Fontainebleau; Tod des Zaren Peter I. (8. 2.), Regierungsantritt seiner Gemahlin Katharina I.
1726	Sturz des unfähigen Herzogs von Bourbon durch den Erzieher Ludwigs XV., den dreiundsiebzigjährigen Kardinal André Hercule de Fleury, der bis zu seinem Tod (Januar 1743) als Erster Minister Frankreichs Geschicke leitet; Jonathan Swift gibt *Gulliver's Travels* heraus; Voltaire geht wegen eines Streites mit dem Chevalier de Rohan nach England (bis 1729); Tod Michel-Richard Delalandes (geb. 1657), bedeutender Organist und Komponist, von Ludwig XIV. mit der musikalischen Erziehung der Prinzessinnen beauftragt.
1727	Peter II., Enkel Peters des Großen, wird nach dem Tod Katharinas I. Zar von Rußland;

Geburt von François-Abel Poisson.

1728 Friedrich Wilhelm I. richtet »Departement der
auswärtigen Affären« für Preußen ein und erkennt
die Pragmatische Sanktion an;
Robert de Cotte erbaut das Fürstbischöfliche Palais
Rohan in Strasbourg;
in England erscheint Voltaires Epos *La Henriade.*

1730 Tod Zar Peters II., ihm folgt Anna Iwanowna, Herzogin von Kurland;
Fluchtversuch des preußischen Kronprinzen Friedrich, seine Gefangennahme, Hinrichtung seines
Freundes Hans Hermann von Katte;
René Antoine Réaumur konstruiert die Weingeist-
thermometerskala;

*eine Kartenlegerin weissagt der kleinen Jeanne-An-
toinette Poisson, sie werde des Königs Mätresse:*
»*Un morceau de roi.*«

1731 Anerkennung der Pragmatischen Sanktion durch
Großbritannien gegen Verzicht Kaiser Karls VI.
auf den Handel mit Ostindien;
Voltaires *Histoire de Charles XII.* (Geschichte
Karls XII.) und *Mort de César* (Cäsars Tod) er-
scheinen.

1732 Die Reichsstände garantieren auf dem Regensbur-
ger Reichstag die Pragmatische Sanktion;
Jean-Nicolas Servandoni errichtet die Fassade von
Saint-Sulpice in Paris.

1733 Tod Augusts des Starken (1. 2.);
auf Betreiben Frankreichs wird Ludwigs XV.

Schwiegervater, Stanislaus Leszczyński, zum König von Polen gewählt;
Österreich und Rußland erzwingen von einer Minderheit die Wahl Friedrichs II. August, Sohn Augusts des Starken, zum König August III.;
Polnischer Erbfolgekrieg bis 1735;
Frankreich besetzt Lothringen;
Escorialvertrag: erster Familienpakt zwischen der französischen und der spanischen Linie des Hauses Bourbon (7. 11.);
Johann Joachim Kändler wird Modellmeister der Meißner Porzellanmanufaktur; erste Oper Rameaus, *Hippolyte et Aricie*, wird aufgeführt.

1734   Österreich verliert im Krieg gegen Spanien und Frankreich und räumt Neapel-Sizilien und einen großen Teil Oberitaliens;
Voltaire gibt die »Englischen Briefe« heraus: *Lettres philosophiques sur les Anglais*, Montesquieu seine Betrachtungen über die alten Römer: *Considerations sur les causes de la grandeur des Romains et de leur décadence*, François Gayot de Pitaval beginnt mit der Herausgabe der Sammlung interessanter Kriminalfälle: *Causes célèbres et intéressantes* (insgesamt 20 Bände).

1735   Wiener Präliminarfriede zwischen Österreich und Frankreich: August III. wird als König von Polen anerkannt, Stanislaus Leszczyński mit der Anwartschaft auf das Herzogtum Lothringen entschädigt, Franz Stefan von Lothringen verzichtet gegen die Anwartschaft auf das Großherzogtum Toskana auf sein Erbland, das nach dem Tod Leszczyńskis auf Frankreich fällt, dafür erkennt Frankreich die Pragmatische Sanktion an.

1736   Franz Stefan von Lothringen heiratet Maria Theresia, Erbtochter Kaiser Karls VI.;
Fassade von St. Roche zu Paris wird nach dem Entwurf von Robert de Cotte errichtet.

1737   Franz Stefan wird nach dem Aussterben des Hauses Medici Großherzog von Toskana, Stanislaus Leszczyński Herzog von Lothringen.

1738   Papst Clemens XII. verurteilt in der Bulle »In eminenti« die Freimaurerei;
Voltaire schreibt die Studie *Eléments de la philosophie de Newton*.

1739   Kronprinz Friedrich von Preußen schreibt sein »Antimachiavel«, Jean-Joseph de Mondonville, bedeutender Musiker des Rokoko, wird Königlicher Kammermusiker.

1740   König Wilhelm I. von Preußen stirbt (31. 5.), ihm folgt Friedrich II.;
Kaiser Karl VI. stirbt (20. 10.), ihm folgt Maria Theresia;
Voltaire gibt in Den Haag Friedrichs II. Essay heraus: *Anti-Machiavel, ou essai de critique sur le Prince de Machiavel*;
Friedrich II. marschiert in Schlesien ein, Beginn des Ersten Schlesischen Krieges (16. 12.);
Friedrich II. schafft in Preußen die Folter ab;
Zarin Anna stirbt, ihr folgt Iwan VI.;
das Lied *Rule Britannia*, ein akustisches Symbol des britischen Imperialismus, entsteht im Operntext *Alfred* von James Thomson.

1741	Maria Theresia wird zur Königin von Ungarn gekrönt (25. 6.), die Stände schwören ihr Treue (»vitam et sanguinem«, 11. 9.);
	Frankreich, Sachsen, Bayern und Spanien greifen an der Seite Preußens in den Schlesischen Krieg ein, der sich dadurch zum Österreichischen Erbfolgekrieg ausweitet; einstweiliger Waffenstillstand zwischen Österreich und Preußen zu Kleinschellendorf (9. 10.); französische, bayrische und sächsische Truppen nehmen Prag ein (26. 11.), wo Kurfürst Karl Albrecht von Bayern sich als König von Böhmen huldigen läßt; Elisabeth, Tochter Peters des Großen, wird durch einen Staatsstreich Zarin von Rußland;
	Charles-Guillaume d'Étioles heiratet Jeanne-Antoinette Poisson (9. 3.).
1742	Kurfürst Karl Albrecht von Bayern wird in Frankfurt am Main zum Kaiser Karl VII. gewählt (24. 1.); Präliminarfriede von Breslau: Österreich tritt Ober- und Niederschlesien und die Grafschaft Glatz an Preußen ab (11. 6., ratifiziert am 28. 7.); Österreich erobert Böhmen zurück (Dezember); Jean-Jacques Rousseau kommt nach Paris und reicht der Akademie seinen »Entwurf« über die neuen Merkmale der Musik ein: *Projet concernant de nouveaux signes pour la musique.*
1743	Tod von Kardinal Fleury (Januar); Marc-Pierre Marquise d'Argenson wird Kriegsminister; Maria Theresia wird zur Königin von Böhmen gekrönt (12. 5.); Schlacht bei Dettingen (26. 7.);

Wormser Vertrag: Sardinien tritt mit Österreich und Großbritannien gegen Frankreich und Spanien in den Krieg ein (13. 9.);
2. bourbonischer Familienpakt in Fontainebleau.

1744 Friedrich II. erneuert das Bündnis mit Frankreich (5. 6.) und marschiert in Böhmen ein – Zweiter Schlesischer Krieg (bis 1745); Frankreich tritt an der Seite Spaniens in den Seekrieg gegen Großbritannien ein;

Geburt von Alexandrine-Jeanne d'Étioles (10. 8.); plötzlicher Tod der Herzogin von Châteauroux, offizielle Mätresse Ludwigs XV. (8. 12.).

1745 Bündnis Österreichs, Sachsens, Hollands und Großbritanniens (Januar); der Wittelsbacher Kaiser Karl VII. stirbt (20. 1.), sein Sohn Maximilian verzichtet auf seine Erbansprüche gegen Rückgabe Bayerns: Friede von Füssen (22. 4.); Franz von Lothringen, Großherzog von Toskana, Gemahl Maria Theresias, wird in Frankfurt am Main zum Kaiser erwählt (13. 9.) und als Kaiser Franz I. gekrönt (4. 10.); Friedrich II. erkennt die Wahl gegen die Bestätigung des Besitzes von Schlesien an: Friede von Dresden (25. 12.);

Hochzeit des Dauphins, Sohn Maria Leszczyńskas und Ludwigs XV., mit der Infantin Maria Theresia Antoinette von Spanien wird in Versailles auf einem Maskenball gefeiert (25. 2.), auf dem Madame d'Étioles dem König begegnet; Jeanne-Antoinette d'Étioles wird die Geliebte Ludwigs XV. (22. 4.);

La Temple de la Gloire, Text: Voltaire, Musik: Rameau, wird in Versailles aufgeführt (27. 11.); Baubeginn des Schlosses Sanssouci; Rameau erhält den Titel eines königlichen Komponisten der Kammermusik; Freundschaft zwischen Diderot und Rousseau;

Vorstellung der Madame d'Étioles, Marquise de Pompadour, bei Hof in Versailles (14. 9.).

1746   Bündnis zwischen Österreich und Rußland (2. 6.); die österreichische Herrschaft in Oberitalien wird durch den Sieg über Franzosen und Spanier bei Piacenza gefestigt (15. 6.);
Marschall Maurice de Saxe besiegt die »pragmatische Armee« bei Rocourt (11. 10.);
Friedrich II. vollendet seine *Histoire de mon temps;* Voltaire wird in die Académie Française gewählt.

1747   Britischer Seesieg über die französische Flotte bei Kap Finisterre (3. 5.);
Wilhelm IV. von Oranien wird Erbstatthalter der niederländischen Provinzen;

erste Vorstellung im Théâtre des Petis appartements unter Leitung von Madame de Pompadour (Tartuffe, 17. 1.).

1748   Friede von Aachen zwischen Österreich, Holland, Großbritannien und Sardinien einerseits und Frankreich, Spanien, Modena und Genua andererseits: Ende des Österreichischen Erbfolgekrieges, Österreich und Sardinien verzichten auf Parma, Piacenza und Guastalla zugunsten der spanischen

Bourbonen; die Pragmatische Sanktion einerseits und der preußische Besitz Schlesiens andererseits wird garantiert;
Montesquieu: *L'esprit des Lois* (Vom Geiste der Gesetze) erscheint;

Nattier le Jeûne, Maler der königlichen Familie und begehrter Porträtist der höfischen Kreise, schafft das Bildnis der Königin Maria Leszczyńska, Gemahlin Ludwigs XV.;
Eröffnung des »Pompadourschen Theaters« (27. 11.).

1749   George Louis Leclerc de Buffon: *Histoire naturelle* (Naturgeschichte) erscheint (in 36 Bänden, bis 1788);

François-Abel Poisson tritt in Gesellschaft von Boucher eine Italienreise an (Dezember);

Rousseau schreibt Artikel über Musik für die Enzyklopädie;

Verbannung von Jean Frederic Phélippeaux de Maurepas vom Hofe;

1750   Voltaire am Hof von Sanssouci (bis 1753);
Graf Kaunitz wird österreichischer Botschafter in Paris (Oktober);

Madame de Pompadour wohnt dem Conseil des Kriegsministers d'Argenson bei (22. 5.).

1751   Voltaire schreibt das Geschichtswerk *Le siécle de Louis XIV.* (Das Jahrhundert Ludwigs XIV.);

Denis Diderot und Jean-Baptiste d'Alembert geben heraus: *Encyclopédie, ou Dictionnaire raisonné des sciences, des arts et des métiers par une société de gens de lettres . . .* (in 35 Bänden bis 1780);

Abbé de Bernis Gesandter in Venedig (2. 11. bis April 1755);
Tod von M. Lenormant de Tournehem;
Ernennung von François-Abel Poisson zum Generalinspekteur der Baulichkeiten;
École militaire de Paris unter Mitwirkung von Madame de Pompadour wird gegründet (Vollendung: 1756).

1752   Friedrich II. verfaßt sein »Politisches Testament«; Benjamin Franklin konstruiert den ersten Blitzableiter;

François Boucher schafft das Bild Madame de Pompadour, Kreide und Pastell;
M. Q. de La Tour schafft das Portrait de la Marquise de Pompadour (bis 1755), Pastell.

1753   Graf Kaunitz kehrt als Leiter der neugeschaffenen österreichischen Hof- und Staatskanzlei für die Außenpolitik nach Wien zurück;
Graf Starhemberg wird neuer österreichischer Botschafter in Paris;
der Architekt Jacques Ange Gabriel beginnt mit dem Bau der Place de la Concorde in Paris;
Voltaire verläßt Preußen, beginnt mit der Arbeit am *Essai sur les mœurs et l'esprit des nations* (Essay über die Sitten und den Geist der Nationen, endgültige Fassung 1766);

Madame de Pompadour wehrt eine Intrige d'Argen-
sons erfolgreich ab.

1754 Siege der Engländer unter Robert Clive in Indien:
die französische Ostindienkompanie verzichtet auf
ihr früheres Einflußgebiet;
Zusammenstöße zwischen Franzosen und Englän-
dern auch in Nordamerika;
Denis Diderot: *Pensées sur l'interprétation de la na-*
ture (Gedanken zur Interpretation der Natur) erscheint;

der Landbesitz Marigny wird zum Marquisat erho-
ben, dadurch François-Abel Poisson Marquis de
Marigny;

d'Alembert wird in die Académie Française gewählt.

1755 Krieg zwischen Großbritannien und Frankreich in
Nordamerika (bis 1763);
Errichtung der *Place Stanislas* in Nancy;

Madame de Pompadour finanziert den Bau der
École militaire;
auf Betreiben von Madame de Pompadour wird
Madame d'Estrades vom Hofe verbannt.

1756 Die Westminsterkonvention zwischen Großbri-
tannien und Preußen (16. 1.);
»Renversement des alliances«: Bündnis Frank-
reichs und Österreichs (1. 5.);
Friedrich II. greift Sachsen an (29. 8.);
Beginn des Siebenjährigen Krieges;

Großbritannien und Frankreich erklären einander den Krieg;
die Franzosen erobern Menorca;

Madame de Pompadour gründet die Porzellanmanufaktur von Sèvres;
Madame de Pompadour wird Palastdame der Königin (7. 2.);
Vollendung der École militaire (18. 7.).

1757   Reichskrieg gegen Preußen (10. 1.);
österreichisch-russisches Bündnis (1. 5.), dem sich Schweden anschließt;
Kaunitz errichtet Koalition gegen Preußen durch Erweiterung des österreichisch-französischen Bündnisses zur Offensivallianz;

Attentat auf Ludwig XV. (5. 1.);

Sieg Marschall Dauns über Friedrich II. bei Kolin (18. 6.);

Madame de Pompadour unterstützt die französisch-österreichische Allianz und führt rege diplomatische Korrespondenz mit Kaunitz;

ein französisches Heer besiegt die englisch-hannoverschen Truppen unter dem Herzog von Cumberland bei Hastenbeck;
Konvention von Kloster Zeven (8. 9.);

Verbannung d'Argensons vom Hofe;
Abbé de Bernis wird zum Gesandten in Wien, dann zum Außenminister ernannt (25. 6.);

russischer Sieg in Ostpreußen (30. 8.);
die Schweden fallen in Pommern ein (September);
der ungarische Reitergeneral András Hadik besetzt Berlin (16./17. 10.);
Sieg Friedrichs II. über Franzosen und Reichsheer unter Marschall Soubise bei Roßbach (5. 11.);
Sieg Friedrichs II. über die Österreicher bei Leuthen (5. 12.);

erstes Testament der Madame de Pompadour (15. 11.);

William Pitt d. Ä. führt die preußenfreundliche Außenpolitik Großbritanniens (bis 1761);
Sieg Robert Clives in Indien, Beginn der Eroberung Indiens durch Britannien.

1758   Subsidienvertrag Großbritanniens mit Preußen (11. 4.);
die Engländer erobern in Nordamerika Fort Duquesne und benennen es in Pittsburgh um (25. 11.);

Abbé de Bernis erhält den Kardinalshut und wird seines Amtes als Außenminister enthoben;
ihm folgt der Herzog von Choiseul (10. 12.).

1759   Sieg Laudons über Friedrich II. bei Kunersdorf (12. 8.);
der preußische General Finck kapituliert vor Daun (21. 11.);
die Engländer erobern in Nordamerika das französische Quebec (18. 9.);
die französische Mittelmeer- und Atlantikflotte wird durch britische Seesiege vor Lagos und Quiberon vernichtet;
Voltaire: Candide erscheint.

1760	Berlin vorübergehend von österreichischen und russischen Truppen besetzt (9.–12. 10.).
1761	William Pitts d. Ä. Nachfolger John Stuart Bute erneuert nicht den Subsidienvertrag mit Preußen; Briten erobern den letzten französischen Stützpunkt in Indien, Pondicherry (10. 1.); Jean-Jacques Rousseau: *Julie, ou la nouvelle Heloise* erscheint; *Madame de Pompadour ergänzt ihr Testament (30. 3.).*
1762	Zarin Elisabeth stirbt (5. 1.), ihr folgt ihr Neffe als Peter III., er schließt Frieden mit Friedrich II., dem sich Schweden anschließt, wird ermordet (9. 7.), ihm folgt seine Gemahlin als Katharina II.; Jean-Jacques Rousseau: *Du contrat sociale, ou principes du droit politique* (April) und *Emile, ou l'éducation* (Mai) erscheinen.
1763	Friede von Hubertusburg: Ende des Siebenjährigen Krieges Preußens gegen Österreich und Sachsen (15. 2.); Friede von Paris (10. 2.) zwischen Frankreich und Spanien einerseits und Großbritannien andererseits, dieses erhält Kanada, Neuschottland, Kap Breton, Louisiana östlich vom Mississippi, die westindischen Inseln Grenada, St. Vincent, Dominica und Tobago; August III. stirbt (5. 10.), die sächsisch-polnische Personalunion geht zu Ende; die Königlich-Preußische Porzellanmanufaktur in Berlin wird gegründet;

Voltaire: *Traité sur la tolérance* zum Fall Calas.

1764   Katharina II. erzwingt die Wahl Stanislaus Ponjatowskis zum König Stanislaus II. von Polen; Choiseul verbietet den Jesuitenorden in Frankreich;

Tod der Marquise de Pompadour (15. 4.).

Literatur- und Quellenverzeichnis

Biographien

Goncourt, E. et J. de: Maîtresses de Louis XV, Paris, 1861
Leroy, A.: Madame de Pompadour, Paris, 1964
Levron, J.: Mme de Pompadour, Grenoble und Paris, 1961,
London, 1963
Mitford, N.: Madame de Pompadour, London, 1954
Thierry, A.: La Marquise de Pompadour, Genf und Paris, 1959

Quellen:

Pompadour, Mme de: Lettres de Mme la M^{ise} de Pompadour,
imprimés pour la Société des bibliophiles français (publiées
par le M. Du Roure) . . . (Paris), impr. de Firmin-Didot,
1828. In-8°, 23 p.; Lettres de Mme la M^{ise} de Pompadour
écrites à plusieures personnages illustres du XVIIIe siècle.
Nouvelle édition, augmentée d'une notice sur la vie de cette
femme célèbre . . . – Paris, Lonchamps, 1811; Briefe, hgb.
von M. Adler, Dresden, 1923
Mélanges de la Société des bibliophiles, 1856
Autorenkatalog der Bibliothèque Nationale, Paris
Autorenkatalog der Österreichischen Nationalbibliothek, Wien
*Österreichisches Staatsarchiv, Abteilung Haus-, Hof- und Staats-
archiv, Wien*

343

I. Kapitel: Das Jahrhundert der Vernunft

Braubach, M.: Der Aufstieg Brandenburg-Preußens, 1640–1815 (Geschichte der führenden Völker), Freiburg i. B., 1935

Carré, H.: Le règne de Louis XV, Histoire de France depuis les origines jusqu' à la révolution, hgb. von E. Lavisse, Bd. 8, Paris, 1911

Hantsch, H.: Die Entwicklung Österreich–Ungarns zur Großmacht (Geschichte der führenden Völker), Freiburg i. B., 1935

The New Cambridge Modern History: Bd. 7, The old regime, 1713–1763, hgb. von J. O. Lindsay, Cambridge, 1957

Voltaire: Lettres philosophiques, 1734

II. Kapitel: »Das Schnupftuch ist geworfen«

Barbier, E.-J. F.: Journal historique et anecdotique de règne de Louis XV, 1802

Caraman, Duc de: La famille de Madame de Pompadour, 1911

Luynes, Duc de: Mémoires, 1860–1863

Marville, de: Lettres de M. de Marville, lieutenant général de police, au Ministre Maurepas, 1790

Maurepas, Comte de: Mémoires, 1790–1792

Richelieu, Duc de: Mémoires, 1790

III. Kapitel: Feldzug in Bosheit

Hausset, Mme du: Mémoires, 1824

Maurepas, Comte de: Recueil manuscrit des chansons de Maurepas, 1790–1792

Roth, G. D.: Kurze Wirtschaftsgeschichte Mitteleuropas, R. Oldenbourg, München, 1961

Voltaire: Œuvres complètes, hgb. von L. Moland, 1877–1882

IV. Kapitel: Einladung nach Versailles

Argenson, R.-L. d': Mémoires, 1802

Barbier, E.-J. F.: Journal historique et anecdotique du règne de Louis XV, 1802

Bernis, Cardinal de: Mémoires et lettres, Œuvres du Cardinal de Bernis, 1825 (dt.: Staatsmann und Weltmann, 1878; Erinnerungen und Briefe von Bernis, 1917)

Campan, J.: Mémoires, 1822 (dt.: Memoiren über das Privatleben der Königin Marie-Antoinette, 1824)

Casanova, G. G.: Geschichte meines Lebens, hgb. von E. Loos, Berlin, 1964–1967

Chateaubriand, F.-R. de: Mémoires d' outre-tombe, 1849–1850

Dubois-Corneau: Pâris de Monmartel, 1917

Gaxotte, P.: La France de Louis XIV (in: Les grandes epoques de l'histoire), Paris, 1946 (dt.: Ludwig XIV. Frankreichs Aufstieg in Europa, München, 1951)

Luynes, Duc de: Mémoires, 1860–1863

Mirabeau, H. de: Ami des hommes, 1765

Montesquieu, CH.-S. de: Lettres persanes, 1721 Œuvres complètes, hgb. von A. Masson, Paris, 1955

Pitaval, F.-G. de: Causes célèbres et intéressantes (dt.: Erzählungen sonderbarer Rechtshändel), 1747–1768

Saint-Simon, Duc de: Mémoires, 1740–1750

Schönberger, A. / Söhner, H., unter Mitarbeit von Th. Müller: Die Welt des Rokoko, Callwey, München, 1963

Taine, H.: L'Ancien Régime, 1875

Voltaire: Dictionnaire philosophique, 1764

V. Kapitel: Der Hof amüsiert sich

Argenson, R.-L. d': Mémoires, 1802

Bückner, E.: Die Musik des Rokoko und der Klassik (Handbuch der Musikwissenschaft), Potsdam, 1927

Duclos, Ch.: Mémoires secrets, 1790–1791
Hausset, Mme du: Mémoires, 1824
Maurepas, Comte de: Mémoires, 1790–1792
Schönberger, A. / Söhner, H., unter Mitarbeit von Th. Müller: Die Welt des Rokoko, Callwey, München, 1963

VI. Kapitel: Die Schatten der Macht

Argenson, R.-L. d': Mémoires, 1802
Barbier, E.-J. F.: Journal historique et anecdotique du règne de Louis XV, 1802
Carlyle, Th.: The French Revolution, 1837; Hero and Hero-worship, 1840
Carré, H.: Le règne de Louis XV, Histoire de France depuis les origines jusqu' à la révolution, hgb. von E. Lavisse, Bd. 8, Paris, 1911
Funck-Brentano, F.: Die Bastille in der Legende und nach historischen Dokumenten (dt. Übersetzung, Breslau, 1899)
Latude, Masers de: Despotisme dévoilé ou Mémoires de Latude, rédigés sur des pièces originales, 1792
Maurepas, Comte de: Mémoires, 1790–1792
Tocqueville, A., Comte de: L'Ancien régime et la révolution, Paris, 1856 (dt.: Das Alte Regime und die Revolution, hgb. von J. P. Mayer, Stuttgart, 1959)
Young, A.: Travels during the Years 1787, 1788, 1789, hgb. 1792–1794

VII. Kapitel: Intimes und Familiäres

Boehn, M. von: Rokoko. Frankreich im XVIII. Jahrhundert, Berlin, 1921
Casanova, G. G.: Geschichte meines Lebens, hgb. von E. Loos, Berlin, 1964–1967
Hausset, Mme du: Mémoires, 1824
Richelieu, Duc de: Mémoires, 1790

VIII. Kapitel: Weltgeschehen in zwei Akten

Arneth, A. von: Geschichte Maria Theresias, Wien, 1863–1879; Biographie des Fürsten Kaunitz. Ein Fragment, Wien 1900

Braubach, M.: Der Aufstieg Brandenburg-Preußens, 1640–1815 (Geschichte der führenden Völker), Freiburg i. B., 1935

Friedrich II., König von Preußen: Antimachiavell, 1739; Histoire de mon temps (1740–1745); Politisches Testament, 1752

Hantsch, H.: Die Entwicklung Österreich–Ungarns zur Großmacht (Geschichte der führenden Völker), Freiburg i. B., 1935

Jedlicka, L. F., Hgb.: Maria Theresia in ihren Briefen und Staatsschriften, Wien, 1955

Kunisch, J.: Das Mirakel des Hauses Brandenburg, R. Oldenbourg, München–Wien, 1978

Küntzel, G., Hgb.: Preußische und österreichische Akten zur Vorgeschichte des Siebenjährigen Krieges, Berlin, 1899

Novotny, A.: Staatskanzler Kaunitz als geistige Persönlichkeit. Ein österreichisches Kulturbild aus der Zeit der Aufklärung und des Josephinismus, 1947

Voltaire: Siècle de Louis XV et correspondance générale / Œuvres complètes, hgb. von L. Moland, 1877–1882

IX. Kapitel: Hofgeschehen in mehreren Szenen

Argenson, R.-L. d': Mémoires, 1802

Bernis, Cardinal de: Mémoires et lettres, Œuvres du Cardinal de Bernis, 1825 (dt.: Staatsmann und Weltmann, 1878; Erinnerungen und Briefe von Bernis, 1917)

Besenval, P.-V. de: Mémoires, 1806

Choiseul, E.-F., Duc de: Mémoires, 1790

Hausset, Mme du: Mémoires, 1824

Hénault, Ch.-J.-F. Président: Mémoires, 1855
Küntzel, G., Hgb.: Preußische und österreichische Akten zur
  Vorgeschichte des Siebenjährigen Krieges, Berlin, 1899
Marmontel, J.-F.: Mémoires, 1804
Voltaire: Traité sur la tolerance, 1763

X. Kapitel: Zu Gast im Bureau d'esprit

Argenson, R.-L. d': Mémoires, 1802
Boehn, M. von: Rokoko. Frankreich im XVIII. Jahrhundert,
  Berlin, 1921
Marmontel, J.-F.: Mémoires, 1804
Masson, T.-M.: Une vie de femme au XVIIIe siècle, Mme de
  Tencin, 1910
Voltaire: Siècle de Louis XV et correspondance générale /
  Œuvres complètes, hgb. von L. Moland, 1877–1882

XI. Kapitel: Der letzte Auftritt

Besenval, P.-V. de: Mémoires, 1806
Choiseul, E.-F., Duc de: Mémoires, 1790
Hausset, Mme du: Mémoires, 1824
Luynes, Duc de: Mémoires, 1860–1863
Voltaire: Œuvres complètes, hgb. von L. Moland, 1877–1882

Namensregister

Aiguillon, französisches Adelsgeschlecht 306

d'Alembert, Jean le Rond 62, 93, 283, 286, 292, 294, 296, 298

d'Argenson, Marc-Pierre, Marquis, Staatssekretär des Kriegswesens 73, 93 f., 102, 121, 149 ff., 155, 216, 238 f., 260 ff., 307, 312

–, René-Louis, Marquis, Staatssekretär des Auswärtigen, Schriftsteller 68 f., 93, 117, 159, 286, 292

August der Starke, König von Polen, Kurfürst von Sachsen 104, 111

Babocsay, ungarischer Reitergeneral 233

Bachelier, Leiter der Porzellanmanufaktur von Sévres 111

Barbier, Edmond-Jean-François 19, 22, 93, 99, 131

Barry, Jeanne Gomard de Vaubernier, Gräfin du 49 ff., 140 f.

Bartenstein, Johann Christoph, Freiherr von 18, 179, 207, 212

Beaudrigue, David de 282

Beaumarchais, Pierre Augustin Caron de 123

Beaumont, Christophe de, Erzbischof von Paris 98, 273 f.

Belle-Isle, Charles-Louis-Auguste Fouquet, Duc de 69, 136, 180, 187, 189, 192 f., 198, 200 f.

Benedikt XIV., Papst 174

Bernis, François Joachim de Pierres de, Kardinal 25, 46 f., 94, 216 ff., 221 f., 227 ff., 238 ff., 246–251, 259 ff., 264 f., 269, 274

Berrier, Polizeileutnant von Paris 139

Besenval, Pierre-Victor, Baron de 263

Binet, Kammerdiener Ludwigs XV. 28, 37 ff., 55

Blamont, Colin de 31

Boscawen, Edward, britischer Admiral 251

Boucher, François 23, 112, 115, 164, 303

Bourbon, Herzog Louis Henri de 30, 87

Boyer, Bischof von Mirepoix, Hofmeister des Dauphins 40 f., 55

Brancas, Herzogin von 163, 259 ff.

Breteuil, Minister des Inneren 139

Brézé, Gräfin von 106, 108

Broglie, Marschall von Frankreich 198, 200

Browne, Johann Georg Graf von, österreichischer Feldmarschall 230

Calas, Jean 280 ff.

Campan, Jeanne 81, 83, 92

Carlyle, Thomas 143

Carteret, John, Earl of Granville 195 f.

Cartouche, Louis Dominique 85

Casanova, Giacomo Giovanni 80, 165

Chateaubriand, François René, Vicomte de 99

Châteauroux, Herzogin von, Mätresse Ludwigs XV. 32 f., 36, 45, 57 f., 74, 90, 148, 202, 257, 284, 307

Chavannel, Graf von 206
Chesterfield, Philipp Dorner Stanhope, Lord 288
Chever, Oberst 189 ff., 201
Chevreuse, Herzogin von 25, 36, 90
Choiseul, Étienne-François Duc de, Graf von Stainville 153 f., 249 ff., 265 ff., 280, 308, 311, 320
Choiseul-Romanet, Gräfin von 152 ff., 311, 320
Clemens XI., Papst 97
Clemens August von Wittelsbach, Erzbischof von Köln 192
Cochin, Charles Nicolas, der Jüngere 124 f., 174, 303
Coislin, Marquise de 217 f.
Colbert, Jean Baptiste 87 f., 252
Collin, Verwalter der Mme. de Pompadour 72, 314, 318 ff.
Conti, französisches Fürstengeschlecht 74
–, Prinzessin von 47, 74
–, Prinz von 90, 121, 217 f.
Cooper, James Fenimore 213
Courths-Mahler, Hedwig 26
Créqui, französisches Adelsgeschlecht 72, 323
Crébillon, Prosper Jolyot 23, 25
Cromwell, Oliver 9
Cumberland, Herzog von 205, 235

Dagé, Friseur 165
Damiens, Robert François 257 ff., 281
Danry, s. Latude, Masers de
Danton, Georges 143
Daun, Leopold Graf von, österreichischer Feldmarschall 230 f., 233, 242 f., 252, 254
Deffand, Marie Anne de Vichy-Chamrond, Marquise du 285, 291 ff.
Delalande, Michel-Richard 120
Destouches, Chevalier de 286
Diderot, Denis 62, 93, 95, 283, 291, 295 ff.

Drouais, François-Hubert 28
Duras, M. de 83

Elisabeth I., Zarin von Rußland 113, 210, 215, 228, 254
Elisabeth Charlotte, Herzogin von Orléans, Liselotte von der Pfalz 55, 285
d'Estrades, Comtesse 47, 146, 149–156, 305
d'Estrées, Marschall von Frankreich 234 f.
d'Étioles, Alexandrine-Jeanne 33, 114, 169 ff.
–, Jeanne-Antoinette, s. Pompadour, Marquise de
–, Charles-Guillaume Lenormant 24, 43 f., 157, 314
Eugen, Prinz von Savoyen 11, 179

Falari, Herzog von 91
Falconet, Étienne-Maurice 109, 112
Fermor, Graf von, russischer Feldherr 253
Finck, Friedrich August, preußischer General 254
Fleury, André Hercule de, Kardinal, Staatsmann 14, 45, 93, 133, 180 ff., 187, 195, 198, 201, 244, 287
Floyon, Marquis de 91
Fontenelle, Bernard le Bovier Sieur de 25, 40, 288, 294
Fournier, Marquis de 22
Franklin, Benjamin 290
Franz I. (Stephan), Kaiser, Herzog von Lothringen, Großherzog von Toskana, Gemahl Maria Theresias 12 f., 180, 182, 188, 190, 192 ff., 198 ff., 204, 255, 265, 298
Franz I., König von Frankreich 15, 220
Friedrich August II., Kurfürst von Sachsen, als August III. König von Polen 155, 187

350

Friedrich II., König von Preußen 9, 13f., 17, 22, 28, 113, 180ff., 186ff., 192ff., 196, 201ff., 210, 213ff., 221, 228ff., 233, 237f., 240ff., 244ff., 252ff., 258, 298, 301, 316
Friedrich Wilhelm I., König von Preußen 183
Fronsac, Herzog von, Sohn des Herzogs von Richelieu 171

Gellert, Christian Fürchtegott 254
Genlis, Stéphanie Félicité Gräfin von 286
Geoffrin, Marie Thérèse Rodet, Mme. de 285, 289ff.
Georg II., König von England, Kurfürst von Hannover 184, 201f., 215
Georg III., König von England, Kurfürst, (seit 1814) König von Hannover 252
Gibbon, Edward 293
Goldoni, Carlo 123
Goncourt, Edmond et Jules 141, 143
Gourbillon, Kammerdiener der Mme. de Pompadour 274
Gramont, französisches Adelsgeschlecht 270, 320, 323
–, Herzogin von, Gräfin Choiseul-Stainville 270
Grimm, Friedrich Melchior Baron von 298
Großherzog von Toskana s. Franz I. (Stephan)
Gustav III., König von Schweden 290

Hadik, Graf András, ungarischer Reitergeneral 232f.
Hausset, Mme. du, Kammerfrau der Mme. de Pompadour 121f., 163, 170, 177, 251, 260ff., 302, 308f., 311
Hawke, Edward, britischer Admiral 251

Heinrich IV., König von Frankreich 27, 135, 258
Helvétius, Claude Adrien 288
Hénault, Ch.-J.-F., Parlamentspräsident 291, 322
Hume, David 290, 293
Hyndford, Lord, britischer Gesandter in Berlin 188, 192, 196f.

d'Isle, Garnier 109

Janelle, Leiter der königlichen Poststelle 67f., 263, 321
Jansen, Cornelius 97
Jélyotte, Pierre 23, 120
Josef II., Kaiser 255, 291

Karl der Große, Kaiser 12
Karl V., Kaiser 15, 220
Karl VI., Kaiser 12, 14, 179f., 205
Karl VII., Kaiser, Kurfürst von Bayern 11, 184, 186ff., 192ff., 201, 203
Karl XII., König von Schweden 15, 29
Karl Albert, Kurfürst von Bayern s. Kaiser Karl VII.
Karl von Lothringen, österreichischer Feldherr 195ff., 203ff., 230, 233, 242f.
Katharina II., Zarin von Rußland 15, 112f., 255, 290, 296, 298, 301
Kaunitz, Wenzel Anton Graf von, Reichsfürst von Kaunitz-Rittberg, österreichischer Staatskanzler 14, 130, 206–213, 214, 216ff., 222ff., 227f., 236ff., 244, 247, 254, 270, 290, 292, 313
Khevenhüller, Graf, österreichischer Feldmarschall 193ff., 198, 200

La Bruyère, Jean de 99
Lachau-Montauban, Marquise de 47
Lambert, Anne Thérèse, Marquise de 285ff.

La Rochefoucauld, François 83
Lassurance, Pierre 109
La Tour, Maurice Quentin de 23, 238, 303, 309
Latude, Masers de 138ff.
Laudon, Gideon Ernst Freiherr von, österreichischer General 252ff.
Lauraguais, Herzogin von 45, 284
Lauzun, französisches Adelsgeschlecht 322
Law of Lauriston, John 55ff., 133
Leblanc, Abbé 174
Le Blanc, Staatssekretär des Kriegswesens 22
Lebon, Mme. 34f.
Lecouvrer, Adrienne 190
Leopold I., Kaiser 53
Leopold II., Kaiser 215
Leroy, de, Oberjagdmeister in Versailles 23
Lespinasse, Mademoiselle de 294ff.
Lessing, Gotthold Ephraim 113f., 123
Leszczyńska, Maria, Königin von Frankreich 29ff., 37, 48ff., 64f., 67, 80, 82, 118, 134, 156, 158, 165, 168, 241, 257f., 322
Leszczyński, Stanislaus I., König von Polen 15, 29f.
Liechtenstein, Joseph Wenzel Fürst von 205
Liselotte von der Pfalz s. Elisabeth Charlotte
Louvois, französisches Adelsgeschlecht 232
Luc, Comte de, unehelicher Sohn Ludwigs XV. 170, 313
Ludwig XIII., König von Frankreich 27, 77, 88, 221
Ludwig XIV., König von Frankreich, der »Sonnenkönig« 7, 26, 28, 54f., 61, 70f., 78, 87ff., 97, 103, 106, 123, 133, 252, 271, 278, 284ff., 304, 308, 310
Ludwig XV., König von Frankreich, der »Vielgeliebte« 14, 19, 22, 28ff., 34ff., 41ff., 46ff., 55, 57, 61, 63f., 68, 73, 76, 78ff., 84, 86ff., 89, 94, 101ff., 106f., 117ff., 123, 126f., 130, 133, 135, 140, 144, 148, 150ff., 156, 158, 160, 163, 166f., 170, 172, 180, 198, 202f., 209, 216ff., 221f., 225f., 229, 233ff., 239, 241, 247, 257, 259, 262ff., 268f., 271ff., 278f., 284, 287, 292, 297ff., 308–313, 319, 321f.
Ludwig XVI., König von Frankreich 31, 130, 149
Ludwig, Dauphin, Sohn Ludwigs XV. 37, 155, 241, 259, 273
Lully, Jean-Baptiste 119
Lutzelbourg, Herzogin von 110, 126, 242, 305
Luynes, Herzog von 28, 31, 42ff., 82f., 85, 109, 124, 308
–, Herzogin von 31, 65f., 82, 158
–, Herzog von, Kardinal 31

Macaulay, Thomas 141, 143
Machault d'Arnouville, Jean-Baptiste 133, 157, 176, 216, 228, 259f., 271f.
Machiavelli, Niccolò 181
Maillebois, Marschall von Frankreich 198ff.
Mailly, Marquise de, Mätresse Ludwigs XV. 19f., 43, 45, 198, 284
Maintenon, Marquise de, Mätresse Ludwigs XIV. 102, 284
Mareschall, österreichischer Gesandter in Versailles 210
Maria Josepha, Tochter Friedrich August II., Dauphine von Frankreich 155
Maria Theresia, Königin von Ungarn, Königin von Böhmen, Erzherzogin von Österreich, »die Kaiserin« 9, 12ff., 17f., 22, 28, 31ff., 49f., 113, 179–188, 192, 195ff., 198ff., 202ff., 207ff., 212, 214, 216f.,

219, 221, 223, 225 ff., 231, 237, 242, 244 f., 247, 252 ff., 258, 265, 291

Maria Theresia Antoinette, Dauphine von Frankreich 37, 40 f.

Marie Antoinette, Tochter Maria Theresias, Dauphine, später Königin von Frankreich 31, 49 f., 81 f., 165, 223

Marigny, Marquis de, François-Abel Poisson 22, 172–178, 262, 315, 317

–, Julie, Marquise de 178

Marivaux, Pierre Carlet de Chamblain de 287 f.

Marlborough, John Churchill Herzog von 11

–, Herzogin von 186

Marlitt, Eugenie 26

Marmontel, Jean François 89, 283, 288, 290, 292, 294, 299

Maurepas, Jean Frédéric Phélippeaux de 58, 60, 63, 73, 117, 144–149, 151, 153, 267

Maurice de Saxe, Marschall von Frankreich 104 f., 121, 127, 190 f., 200, 204 ff., 216, 232

Maximilian, Kurfürst von Bayern 203

Meilleraye, Duc de la 91 f.

Meinières, Mitglied des Parlaments von Paris 274 ff., 305

Mercy, Graf von, österreichischer Gesandter in Versailles 130

Mirabeau, Honoré Gabriel Victor Riquetti, Marquis de 90, 100, 143

Mirepoix, »die kleine Marschallin«, Marquise de 260 ff., 312, 320

Molière, Jean Baptiste Poquelin 26, 40, 120, 122, 284, 286, 304

Mondonville, Jean-Joseph 120

Montcalm, Louis-Joseph, Marquis de 213

Montesquieu, Charles Secondat Baron de 25, 78, 83 f., 91, 283, 288, 292

Mozart, Leopold 165

–, Wolfgang Amadeus 290

Napoleon I., Kaiser der Franzosen 133, 143

Necker, Jacques 130 f., 258

Neipperg, Reinhard Wilhelm Graf von, österreichischer Feldmarschall 187 ff.

Nevers, französisches Fürstengeschlecht 286

Newton, Sir Isaac 10, 280

Nivernois, Herzog von 287

Noailles, französisches Adelsgeschlecht 121, 323

–, Louis Antoine, Kardinal 97

Pâris, Gebrüder, Finanziers 67 ff.

–, Jean, Montmartel 109, 152

–, Joseph du Verney/Duverney 102, 234 f.

Peter I., Zar von Rußland 14 f., 112

Peter III., Zar von Rußland 254 f.

Philipp V., König von Spanien 37

Philipp VI., König von Frankreich 27

Philipp, Herzog von Orléans 55, 91, 106, 137

Pitt, William, der Ältere 252

Podewils, Graf von, preußischer Gesandter in Wien 18

Poisson, François 21 f., 24 f., 141, 169, 172, 305

–, François-Abel s. Marigny

–, Jeanne-Antoinette s. Pompadour

–, Louise-Madeleine, Mme. 22, 34, 65, 169

Pompadour, Marquise de 20, 22 f., 24 ff., 33 ff., 39–51, 57 ff., 62 ff., 76 f., 81, 85, 87, 89, 91 f., 94 f., 101 ff., 117 f., 122, 124 ff., 150 f., 153 ff., 138 f., 144–149, 150 f., 153 ff., 160, 162–166, 169–178, 202 f., 209 ff., 216 ff., 220 ff., 226 ff., 230 ff., 238, 240 f., 246 ff., 251,

259 ff., 266 ff., 273 ff., 278 f., 284, 286, 291 f., 295 ff., 301 ff.
Poniatowski, Stanislaus II., König von Polen 290, 298
Puisieux, Marquis de 68, 73

Quesnay, François 152, 163, 259, 314
Quesnel, Paschasius 97

Rameau, Jean-Philippe 119
Ravaillac, Mörder Heinrichs IV. 258 f.
Richelieu, Armand-Jean du Plessis, Herzog von, Kardinal 27, 79, 88, 221
–, Louis François Armand de Vignerot du Plessis, Herzog von 38, 42, 83, 87, 92 f., 117, 137, 168, 171, 234 ff., 240, 286, 291
Robinson, Sir Thomas, britischer Gesandter in Wien 183
Rochechouart, Herzogin von 38
Rohan, Chevalier de 137
–, Louis Prinz von, Kardinal, Fürstbischof von Straßburg 93 f., 136
Rohan-Léon, Prinz von 137
Romans, Mlle. de 312
Rousseau, Jean-Jacques 62, 84, 113, 282 f., 296, 298

Sabatin, Mme. de 144
Sachsen-Hildburghausen, Fürst von 241
Sacy, Pater de, Beichtvater der Mme. de Pompadour 157
Sade, Marquis de 135, 139
Saint Jacob, Pierre de 55
Saint-Séverin, Marquis de 68 f., 206, 238
Saint Simon, Herzog von 89
Saissac, Marquise de 25, 50
Sandwich, Lord 206
Ségur, Vicomte de, französischer Heerführer 193 f.
Seran, Comtesse de 178

Seydlitz, Friedrich Wilhelm von, preußischer Reitergeneral 241
Sieyés, Emmanuel Joseph, Marquis de 26
Solages, Graf von 137
Soliman, Sultan, »der Prächtige« 15
Sotomayor, Marquis de 206
Soubise, Charles de Rohan, Fürst von, Marschall von Frankreich 157, 230, 234 f., 241, 247 ff., 262 ff., 315 ff., 320
Soufflot, Jacques-Germain 174
Stainville, Graf von s. Choiseul, Herzog von
Stanislaus I. s. Leszcyński
Stanislaus II. s. Poniatowski
Starhemberg, Graf von, österreichischer Gesandter in Versailles 212, 216, 218 f., 222 ff., 227 f., 236 ff.
Sterne, Laurence 113 f.
Stuart, John Earl of Bute 252
Sully, Herzog von 137
Swift, Jonathan 10, 17

Taine, Hyppolite Adolphe 93, 272
Talleyrand, Charles-Maurice Périgord, Herzog von 143
Tencin, Claudine Alexandrine Guérin de 57, 283–289, 290
Tocqueville, Alexis Charles Henri Maurice Clérel, Comte de 132
Torring, bayrischer General 193 f.
Tournehem, Charles-François-Paul Lenormant de 22 ff., 102, 109, 121, 127 f., 173, 175, 305
Tournelle, Marquise de la 45, 284
Traun, Otto Ferdinand Graf von, österreichischer Feldmarschall 203
Turgot, Anne Robert Jacques, Baron d'Aulne 21, 130

Uhlfeld, Graf von, Reichskanzler, 207, 212

Vallière, französisches Adelsgeschlecht 120, 176, 297, 323
Villars, Marquise de 158, 305
Vintimille, Marquise de 45, 170,
284
Voltaire, François-Marie Arouet
10, 13 f., 16 ff., 22, 25, 40, 62, 75,
83, 93, 96, 119, 137, 164, 181,
258, 273, 280, 282 f., 293, 295,
297 f., 301 ff., 309, 316, 323
Vrillière, Herzog de la 144

Voyer, Marquis de, Sohn Marc-
Pierre d'Argensons 122

Walpole, Horatio 285, 293
–, Sir Robert 195
Washington, George 213
Wilhelm, Herzog von Aquitanien
95

Young, Arthur 134

Danksagung

Für die freundliche Hilfe bei der Niederschrift dieses Buches danke ich Herrn Prof. Dr. Fritz Nies, Universität Düsseldorf, Romanisches Seminar, der den Brief der Madame de Pompadour an Maria Theresia und zwei ihrer Briefe an den Grafen Kaunitz aus dem abgelichteten Original dieser Briefe übersetzt hat;
Frau Dr. Brenner, Haus-, Hof- und Staatsarchiv, Wien und Frau Dr. Annie Haberkalt, die in Wien wichtige Unterlagen beschaffte.

T. S.

Arnold Toynbee

Menschheit und Mutter Erde
Die Geschichte der großen Zivilisationen
528 Seiten, 11 Seiten Karten,
Leinen

»Das posthum veröffentlichte ›Menschheit und Mutter Erde‹
des großen Historikers Arnold Toynbee ist ein außergewöhnliches Werk. Es gibt dem Leser einen zusammenhängenden
dramatischen Überblick über die Geschichte der Menschheit.
Es ist eine glänzende Einführung in Toynbees humanistische
Sicht der Geschichte.« *Publishers' Weekly*

»Arnold Toynbee gehört zu den herausragenden Denkern un-
seres Zeitalters. Als Historiker steht er neben Gibbon und
Macauly.« *Daily Telegraph*

»Dieses letzte Werk von Toynbee ist ein Triumph! Es ist eine
Botschaft – eine wichtige Botschaft, die kein verantwortungs-
bewußter Mensch leichtnehmen kann.« *The Observer*

»Das Buch ist in einem bewunderungswürdigen Stil geschrieben. Toynbee war ein Meister der englischen Prosa. ›Menschheit und Mutter Erde‹ ist Toynbees historisches Testament, und
es ist ein hervorragendes Werk.« *The Ecconomist*

claassen Verlag, Postfach 9229, 4000 Düsseldorf 1